『十四五』安徽省重点出版物规划项目

当代徽学名家学术文库

徽州社会文化存续基础研究

王世华◎主编

刘伯山◎著

安徽师范大学出版社

·芜湖·

图书在版编目(CIP)数据

徽州社会文化存续基础研究 / 刘伯山著. — 芜湖 :安徽师范大学出版社，2024.6
(当代徽学名家学术文库 / 王世华主编)
ISBN 978-7-5676-5330-6

Ⅰ.①徽… Ⅱ.①刘… Ⅲ.①文化史—研究—徽州地区 Ⅳ.①K295.42

中国国家版本馆CIP数据核字(2023)第209527号

徽州社会文化存续基础研究

刘伯山◎著

HUIZHOU SHEHUI WENHUA CUNXU JICHU YANJIU

总 策 划:戴兆国
责任编辑:孔令清　　　　　　　　责任校对:汪碧颖
装帧设计:张　玲　冯君君　　　　责任印制:桑国磊
出版发行:安徽师范大学出版社
　　　　　芜湖市北京中路2号安徽师范大学赭山校区　　　邮政编码:241000
网　　　址:http://www.ahnupress.com/
发 行 部:0553-3883578　　　5910327　　　5910310(传真)
印　　　刷:江苏凤凰数码印务有限公司
版　　　次:2024年6月第1版
印　　　次:2024年6月第1次印刷
规　　　格:700 mm×1000 mm　　1/16
印　　　张:25.5　　　插页:1
字　　　数:400千字
书　　　号:ISBN 978-7-5676-5330-6
定　　　价:200.00元

凡发现图书有质量问题,请与我社联系(联系电话:0553-5910315)

总　序

　　任何一门学科的诞生和发展都是不寻常的，无不充满了坎坷和曲折。徽学也是一样，可谓走过了百年艰辛之路。尽管徽州历史文化的研究从清末就开始了，但徽学作为一门学科，却迟迟没有被"正名"，就好像婴儿已出世，却上不了户口一样。在徽学成长的过程中，总伴随着人们的怀疑和否定，甚至在20世纪末，还有专家发出"徽学能成为一门学科吗"的疑问。其实，这并不奇怪。因为新事物总有这样那样的缺陷和不完善之处，但新事物的生命力是顽强的，任何力量也难以阻挡。难能可贵的是，前贤们前赴后继，义无反顾，孜孜不倦地研究，奉献出一批又一批的研究成果，不断刷新人们对徽学的认识。

　　"到得前头山脚尽，堂堂溪水出前村。"1999年，教育部拟在全国有关高校设立一批人文社会科学重点研究基地，促进有关学科的发展。安徽大学在安徽师范大学的支持、参与下，申报成立"徽学研究中心"，经过专家的评审、鉴定，获得教育部的批准。这标志着"徽学"作为一门学科，迈入一个全新阶段。

　　新世纪的徽学研究呈现出崭新的面貌：老一辈学者壮心不已，不用扬鞭自奋蹄；中年学者焚膏继晷，勤奋耕耘；一大批后起之秀茁壮成长，新竹万竿，昭示着徽学研究后继有人；大量徽学稀见新资料相继公之于世，丰富了研究的新资源；一大批论著相继问世，在徽学的园地里，犹如百花盛开，令人神摇目夺，应接不暇，呈现出一派勃勃生机。2015年11月29

日，由光明日报社、中国社会科学院历史研究所、中共安徽省委宣传部、中共江西省委宣传部联合举办的"徽商文化与当代价值"学术座谈会在安徽省歙县召开。2019年6月18日，由中共安徽省委宣传部、光明日报社指导，安徽大学主办的首届徽学学术大会在合肥市召开。2021年10月19日，由中共安徽省委宣传部、光明日报社联合主办，中国历史研究院学术指导，中共黄山市委、黄山市人民政府、安徽大学、安徽省社会科学界联合会承办的第二届徽学学术大会在黄山市召开。国内很多高校的学者都参加了大会。更令人欣喜的是，日本、韩国、美国、法国等很多外国学者对徽学研究也表现出越来越浓厚的兴趣，新时代的徽学正阔步走向世界。可以说，这是百年来徽学迎来的最好的发展时期。这一切都昭示：徽学的春天来了。

在这徽学的春天里，安徽师范大学出版社和我们共同策划了这套"当代徽学名家学术文库"。我们约请了长期从事徽学研究的著名学者，请他们将此前研究徽学的成果选编结集出版。我们推出这套文库，是出于以下几点考虑：

首先是感恩。徽学研究能有今天这样的大好形势，我们不能忘记徽学前辈们的筚路蓝缕之功。这些学者中有的已归道山，如我们素所景仰的傅衣凌先生、张海鹏先生、周绍泉先生、王廷元先生，但他们对徽学的开创奠基之功，将永远铭记在我们心中。这套文库就是对他们最好的纪念。文库还收录了年近耄耋的耆宿叶显恩先生、栾成显先生的研究文集，两位我们敬仰的先生，老骥伏枥，壮心不已，继续为徽学做贡献。这套文库中的作者大多是年富力强的中坚，虽然他们的年龄还不大，但他们从事徽学研究却有数十年的时间，可以说人生最宝贵的年华都贡献给了徽学，堪称资深徽学研究者。正是上述这些前辈们在非常困难的条件下，骈手胝足，荷锄带露，披荆斩棘，辛苦耕耘，才开创了这片徽学园地。对于他们的拓荒之劳、奠基之功，我们能不感恩吗？我们正是通过这套文库，向徽学研究的先驱们表达崇高的敬意！

其次是学习。这套文库基本囊括了目前国内专门从事徽学研究的大家的论著，展卷把读，我们可以从中受到很多启迪，学到前辈们的很多治学方法。他们或以世界的视野研究徽学，高屋建瓴，从而得出更新的认识；或迈进"历史现场"，走村串户，收集到很多资料，凭借这些资料探究了很多历史问题；或利用新发现的珍稀资料，在徽学研究中提出不少新见；或进行跨区域比较研究，得出的结论深化了我们对徽州历史文化的认识；或采用跨学科的方法研究问题，使我们大开眼界；或看人人可以看到的材料，说人人未说过的话。总之，只要认真阅读这些文章，我们就能感受到这些学者勤奋的治学精神、扎实的学术根柢、开阔的学术视野、严谨的治学态度、灵活的治学方法，可谓德识才学兼备，文史哲经皆通。我们为徽学有这样一批学者而庆幸，而自豪，而骄傲。这套文库，为我们后学提供了一个样板，细细品读这些文章，在选题、论证、写作、资料等方面确实能得到很多有益的启示。

最后是总结。这套文库是四十年来徽学研究主要成果的大展示、大总结。通过这套文库我们可以知道，几十年来，学者们的研究领域非常广泛，涵盖社会、村落、土地、风俗、宗族、家庭、经济、徽商、艺术、人物等等，涉及徽州的政治、经济、文化、社会等各个方面，既有宏观的鸟瞰综览，又有中观的探赜索隐，也有微观的专题研究。通过这套文库，我们能基本了解徽学研究的历史和现状、已经涉及的领域、研究的深度和广度，从而明确今后发力的方向。

总结过去，是为了把握现在，创造未来。这就是我们推出这套文库的初心。徽州历史文化是个无尽宝库，徽学有着光明的未来。如何使徽文化实现创造性转化、创新性发展，如何更生动地阐释徽学的理论价值，更深入地发掘徽学的时代价值，更充分地利用徽学的文化价值，更精彩地展示徽学的世界价值，通过文化引领，促进经济与社会发展，服务中华民族复兴伟业，这是我们每一位徽学研究者的光荣使命。"路漫漫其修远兮，吾将上下而求索。"但愿这套文库能成为新征程的起点，助推大家抒写徽学研究的新篇章。

另外要特别声明的是，由于各种原因，国内还有一些卓有建树的徽学研究名家名作没有包括进来，但这套文库是开放的，我们乐于看到更多的学者将自己的成果汇入这套文库之中。我相信，在众多"园丁"的耕耘、浇灌下，我们的徽学园地一定会更加绚丽灿烂。

王世华

二〇二三年六月

千年徽州　百年徽学

这是一片神奇的土地，位处江南，遥望东海，"东有大鄣之固，西有浙岭之塞，南有江滩之险，北有黄山之阨"。秦时始设黟、歙二县，西晋之后的新安时代到来，这块土地开始接受北方中原世家大族源源不断的迁入。土著越人与中原客人的充分融合，体现的是中华民族的包容精神；各个宗族聚族而居、和睦相处，礼仪之邦形成。

宋宣和三年（1121年），改"歙州"为"徽州"，辖歙县、休宁、婺源、祁门、黟县、绩溪六县，"徽州"的概念出现。然而，徽州时代的真正到来是在南宋以后。"靖康南渡"，徽州出现了自魏晋"永嘉之乱"、唐末黄巢起义之后的第三次移民高潮，这块面积仅一万平方公里左右的土地，本是山多、地少、土瘠，却出现了"人稠"的现象，生存问题产生。"前世不修，生在徽州"开始成为徽州人的千年之叹，创新与创业成了徽州人的宿命选择。

以"治生"为准衡，理性的徽州人突破中国传统的"四民观"，将具有身份等级意味的士、农、工、商，回归为安身立命的四种职业。

读书及第可以进仕。于是徽州读书之风很盛，教育受到高度重视，"山间茅屋书声响""远山深谷，居民之处，莫不有学、有师、有史书之藏""东南邹鲁"之风形成。

教育发达，夯实的是徽州社会的人文基础，直接带来的是科举业的成就。宋、明、清三代，徽州本籍中进士者1242人，素有"连科三殿撰，十里四翰林""一门八进士，两朝十举人"的佳话；仅休宁一县就出过文武状元19位，堪称"中国第一状元县"。

"寄命于商"是务实徽州人的另一条生活道路选择。南宋以后，徽州人纷纷走出大山，外出经商，形成"人十三在邑，十七在天下"的局面。八百年的徽商，足迹遍天下，曾创造了"无徽不成镇"的辉煌，既为徽州本土提供源源不断的经济支持，也在中国近代化进程中发挥了巨大的促进作用。

或许是历史的垂青，在徽州时代开启之初，一位圣贤诞生，他就是新安朱氏九世孙朱熹。很快，北宋大儒程颢、程颐兄弟也被认同为新安程氏后裔。徽州是"程朱阙里"，对此，徽州人无比自豪，也有了担当。深深的"阙里情结"背后，是儒家文化在徽州乡村民间的厚实沉淀，儒家文化价值观构成徽州人传统价值观的基础与核心。

在徽州，山是稳重与刚毅的，水是激情与开放的，这影响了徽州人的性格；生存压力的持续和儒家文化价值观的禀赋，叠加与共振，塑造了徽州人厚德载物、自强不息的精神，激励了徽州人在各行各业的全情投入和精细管理，徽州文化的庞大体系由此形成。

徽州文化被誉为宋代以后中国传统文化的典型标本，在思想学术、文学艺术、科学技术、印刷出版、医药卫生、宗教信仰等领域和在社会关系、社会经济、社会生活、传统工艺等方面，都具有非凡的创造和突出表现，文成风、学成派、商成帮、俗益雅，文化流派多达20个，各领风骚千百年，在五千多年中华民族文明发展史上，写下了浓墨重彩的一笔。

徽州文化的魅力还在于今天有大量遗存。截至2021年，这里有世界文化与自然遗产黄山，有世界文化遗产西递村和宏村，有全国重点文物保护单位58处、省级重点文物保护单位178处。在非物质文化遗产中，"徽州传统木结构营造技艺"作为"中国传统木结构建筑营造技艺"子项目和"程大位珠算法"作为"珠算"子项目被列入联合国教科文组织"人类口头和非物质文化遗产代表作"，另有28项是国家级，75项是省级，各市和县区还有市级、县区级项目，仅黄山市就达119项。

徽州遗存的文书目前已发现上百万份，上至南宋，下至20世纪80年代，均是珍贵的第一手文献资料，反映的是徽州社会和文化发展的具体实态。

一方水土孕育的文明，近百年来被一代代学人整理、研究、定义和认识，关于徽州历史与文化的研究成为一门专门的学问，诞生了"徽学"。

这是学术研究的一方新天地。早在清末民初，国内外就有人专门研究徽州；之后，郭沫若、吴晗、郑振铎、傅衣凌等一批著名学者，都开展了关于徽州问题的研究，为后人研究奠定了基础；20世纪90年代后，徽学研究趋于火热，国际学术交流全面展开。1993年10月，中国社会科学院历史研究所、安徽大学、黄山市社科界联合主办了第一次全国性徽学学术研讨会。之后的7年，有关徽学的国际性学术会议连续召开了8次，密度之高、影响之大，为学界少见；各种研究组织和机构相继成立，在日本、韩国等地也有相应的研究团体，徽学大踏步地走向世界。

进入新时代，徽州文化遗产的保护、传承、利用与开发，强势而有序；徽州文化生态的概念，深入民心；新安江流域生态补偿机制作为全国首个跨省生态补偿试点，已经形成了"新安江模式"。徽州文化正在努力实现创造性转化和创新性发展，把优秀传统文化中具有当代价值、世界意义的文化精髓提炼出来、展示出来；徽学研究充分体现出多学科的研究价值，充分发挥为现实服务的智库作用，真正成为一门国际性显学。

千年徽州，传承优秀文化；百年徽学，担当时代新使命。

目　录

第一章　千年徽州社会与文化

第二章　徽州宗族论

第三章　程朱阙里论

第四章　徽商论

第五章　徽州教育论

第六章　徽州乡村治理论

第七章　余　论

附　录

第一章 千年徽州社会与文化

『徽州』是一个历史文化地理的概念，其地域空间特指北宋宣和三年（1121年）改『歙州』为『徽州』后所辖的歙县、休宁、黟县、祁门、绩溪、婺源六个县，即后来俗称的『一府六县』。其地域空间长期保持稳定，直至民国。后行政区划分有变动。目前，歙县、休宁、黟县、祁门四县归属于安徽省黄山市；绩溪归属于安徽省宣城市；婺源归属于江西省上饶市。本书所说的『徽州』是指历史上的徽州『一府六县』。

徽州文化的基本概念

形成于黄山脚下，与黄山神奇的自然山水内在发生、并存关联的徽州文化，是我国极具特色、深切透露了东方之谜、全息包容着中国传统社会后期民间经济与文化社会之内容的地方文化，其辉煌性、典型性，以及独具的特色和重要的地位，萌发以致诞生了一门专门的学问，形成了"徽学"。它一开始就是一门国际性的学问，今天更是大踏步地走向世界，日益成为一门国际性的显学，并列于敦煌学和藏学。

笔者主张徽学就是关于徽州历史文化及其发展问题研究的学问[①]。徽学研究尽管目前在国内外学术文化界已是十分红火，然而对什么是徽州文化，对其研究有何学术价值等问题还缺乏整体的、系统的、清晰的认识和研究。下文旨在此方面做点工作，以抛砖引玉。

一、徽州文化的界定

要研究徽州文化，首先就要有对徽州文化较为清晰的界定。对此，可以说，学术界至今没有统一的、明确论及的界说。据笔者理解，所谓徽州

---

① 关于徽学的研究对象，学术界有多种说法，无确切定论。《中国人民大学学报》1995年第一期上曾发表了曹天生《本世纪以来国内徽学研究概述》一文，其中就列举了数种研究对象。但在该文中，曹先生将笔者列定为是主张徽学研究的对象为徽州社会经济史说的代表，这恐是对笔者研究成果的误解，在此辨明。

文化是指发生与存在于历史上徽州的以及由此发生辐射、影响于外的一种典型传统文化。如此定义，至少包含以下四个方面的内容：

其一，我们说的徽州文化是指历史上徽州区划范围内的文化，其地理区域范围包括当年徽州府所辖的六个县，即歙县、休宁、黟县、祁门、绩溪和婺源。

其二，徽州的历史至少有五六千年，其文化可归为广义的徽州文化的范围，但严格意义上的徽州文化，亦即今天我们在一般典型意义上所说的徽州文化，主要还是指北宋宣和三年（1121年）设立了"徽州"的概念和确定了徽州的区域范围后才全面崛起，并在明清达到鼎盛的文化，但这一文化与其早期发展及后期演变都有内在关联。

其三，徽州文化不能仅仅指在徽州本土上存在的文化，亦还包括由徽州而产生，由本籍包括寄籍、侨居外地的徽州人而创造并辐射于外、影响于外的文化，其中的关键是要有对徽州的强烈认同。如朱熹，尽管他生在福建，主要活动也在福建，但他的祖籍在徽州，朱熹本人对徽州有着强烈的认同感，素来号称"新安朱熹"等；同时，徽州人也强烈地认同朱子，视朱熹为徽州人的骄傲，在思想意识、观念、道德、伦理、社会行为等诸多方面都自觉不自觉地深受朱子思想的影响，故朱子的思想、学术活动等亦可作为徽州文化的内容。

其四，这里所说的"文化"应是取其广义的概念，不仅指学术理论、文化艺术，还包括商业经营、宗法伦理、精神信仰、风俗民情、文献著作、社会经济、土地制度、历史人物等。

如此界定的徽州文化概念，实际是将徽州历史文化作为严格独立的、多元的、系列的整体，既有鲜明的地理空间和时间上的限定性，又有内容上的限定性，确定了徽学研究对象。由此，笔者不同意有人将徽学（或称之为"徽州学"）的研究对象仅仅限定为"是研究中国封建社会后期——特别是封建社会衰落时期，在徽州这个封闭、落后、贫穷的山区出现的一种具有丰富性、辉煌性、独特性、典型性、全国性五大特点的徽州文化产生、繁荣、衰落的规律的学问"①，将宋之前的徽州历史文化断然地排除在徽学研究之外。这里且不论其界定的内容是否准确（实际上，亦多有可商榷之处），仅忘记了徽州文化当由其来源即产生的历史条件基础及以后的演变来说，就应是不够完整的。历史当是不能简单、武断地加以人为分割而将分割后的片段独立纯化成块的。南宋至清末的徽州文化应是徽学研究的主要内容或重点内容，而不应是唯一内容。

二、徽州文化的来源

当然，严格意义上的"徽州文化"概念与"徽州历史文化"概念是不同的，后者的外延更为广阔，而前者只是后者发展的一个阶段。我们要明确"徽州文化"的概念，了解徽州历史文化的过去及未来的发展，这点十分重要。

徽州历史文化应是指所有发生、存在于徽州地域内及由之影响于外的文化，它源远流长，其发展至少经历了四个阶段。

第一，早期江南越文化阶段，时间当从远古至战国中后期。徽州早期生活的是越人。越人一般是指那些善于使用"戉"这种劳动工具的人的群体，他们是从华夏的炎黄族系和东夷的太少暤族系中分离出来的，最初生活在黄河中下游一带，后与炎黄、东夷部落争斗，形成大小不一、互不相属的"百越"部落。徽州大地上的越人属于哪一支，目前很难考证，但他们在徽州土地上生活并创造了文化，这是肯定的。我们考察徽州历史文化的发展就是在学术逻辑上将徽州历史文化从母体的中华民族历史文化中凸显出来。从目前我们已掌握的材料以及众多徽州新石器时代遗址，如新洲遗址、下冯塘遗址、桐子山遗址，特别是从屯溪西郊挖掘出的七座跨度从西周到春秋的土墩墓的出土文物看，当时徽州土地上的文化与中原地区或长江中上游的文化既有联系又有明显区别，但与江南越地的文化同体，且

---

① 赵华富：《论徽州学的研究对象和意义》，张脉贤、刘伯山、陈平民编《徽学研究论文集（一）》，1994年，第21页。

文化发展水平明显同步。如在徽州出土的大量几何印纹硬陶，其所属的部属就应是古越族，而其上所发见的刻划文字与符号，在江南地区其他遗迹的出土文物中同见[①]。据此，笔者称这一时期徽州土地上的文化为早期江南越文化时期，这一时期的徽州历史文化还没有呈现出从母体越文化系列中独立出来的特征，故此为第一阶段。

第二，山越文化阶段，时间当从战国中后期至东汉末年。徽州在秦之前一直没有明确的行政设置。从屯溪西郊墓葬出土的文物看，春秋之前，她可能属于一个独立的越人族国——"囝"国。秦王政二十五年（前222年）后，王翦开始率师定江南，降百越；约在秦始皇二十六年（前221年）始设黟县和歙县，归会稽部；在秦始皇三十年左右，黟、歙二县归属郡郡，以加强对徽州本土的越人及由东越和南越迁徙来的越人的统治[②]。徽州本处在万山峻岭丛中，原生活在这里的越人本就是持戈而作，劳迹于山林；秦始皇统一中国、平定百越后，因害怕大越之民剽悍难治，又采取迁徙政策，"乌程、余杭、黟、歙、芜湖、石城县以南，皆故大越徙民也。始皇刻石徙之。"[③]那些被迁徙来的和不服被迁徙而逃窜至徽州来的越人，因不堪和不服秦王朝的暴政，难以承受苛重的赋税、徭役，凭借徽州山水的奇险多峻，纷纷入山为民，形成山越，构成一支相对独立的与政权相抗拒的群体力量。"山越亦越人，依山阻险，不纳王租，故曰山越。"[④]这些山越人，长期与政权对抗，既不服统治，又经常出扰。有汉一代至三国，特别是孙吴，常举兵平息山越暴乱，其中最惨烈的平息是建安十六年（211年）孙权部将贺齐率兵镇压，仅黟县林沥山一战，"凡斩首七千"。平息后，"齐复表分歙为新定、黎阳、休阳。并黟、歙，凡六县。权遂割为新都郡，齐为太守，立府于始新，加偏将军"[⑤]，既析分了徽州的行政区

---

① 王业友：《安徽屯溪发现的先秦刻划文字或符号刍议》，《东南文化》，1991年第2期。

② 翟屯建：《徽州先秦史初探》，《徽学》，1986年第1期。

③ 《越绝书·越绝外传·吴地传》。

④ 《资治通鉴》卷五十六《汉纪四十八》，中华书局，1976年，第1817页。

⑤ 《三国志》卷六十《吴书·贺齐》，中华书局，1964年，第1379页。

划，又加强了军事力量，强化了统治与管理。嘉禾三年（234年），孙权再拜诸葛恪为抚越将军，领丹阳太守，采取断粮围困的方法，逼迫山越人出山，花了整整三年时间，才完全平服徽州山越。此后，徽州山越人走上了一条与汉族融合的道路。但正是从战国至东汉后期这七百多年的时间里，北方中原一带的经济文化已快速发展。战国时期出现了诸子百家；作为中华传统文化主体的儒家文化，这一时期已经历了孔孟经典学说和董仲舒学说两个重要阶段，封建统治的意识形态成熟；农业与手工业大步发展，灌溉技术和铁农具制造与使用等都居世界领先水平。而这时的徽州，由于山越人一味地遁迹于山林，长期与政权对抗，自我封闭，"山谷万重，其幽邃民人，未尝入城邑，对长吏，皆仗兵野逸，白首于林莽"[1]，缺乏与外界正常良性的交往与联系，经济与文化发展停滞：习俗保留传统，"椎髻鸟语""志勇好斗"；生活方式上，聚族就坑，临坎著麻，着葛居栏；生产方式上，持戈而作，刀耕火种，取给山林等，从而烙有很深的半原始社会丛林经济与文化的痕迹。因此，这一时期实际是徽州经济文化社会发展明显地落后于中原经济文化社会发展的时期，徽州的历史文化从此时起开始呈现出从母体中凸显出来并相对独立发展的特征，可称之为山越文化阶段。

第三，新安文化阶段，时间当从东汉末年至北宋末期。这是徽州社会发展的一个十分重要时期。东汉末年以后，中原一带战乱频仍，中原及黄河中下游一带许多名门望族、仕宦人家、平民百姓为避战祸，纷纷南迁，中华民族历史上人口由北向南大迁徙过程也由此开始。徽州位居江南，处"万山丛中"，自成一统，山水秀丽，如世外桃源，于是，许多南迁的中原人或逾白际山，或逆新安水，或沿阊江进入徽州，择地定居。也有在徽州为官者，或偶游徽州者，迷恋山水，遂作定居。据明嘉靖程尚宽等撰《新安名族志》记，徽州望族方姓，就是西汉司马方纮因王莽篡汉，为避祸由河南固始迁居歙县东乡的；汪姓是东汉建安二年（197年）汉龙骧将军汪

---

[1]《三国志》卷六十四《吴书·诸葛恪》，中华书局，1964年，第1431页。

文和为避乱渡江南，孙策表授会稽令，遂安家于歙；余姓是在西晋永嘉年间迁居歙；程姓是程元谭东晋初年出任新安太守因居于歙；黄姓是东晋初迁居歙之黄墩，"黄墩"之名也由是为；郑姓是西晋永嘉元年（307年）郑庠从荥阳渡江，居丹阳秣陵，传至郑思再迁歙县北乡；戴姓是在唐末迁歙之黄墩；陈姓是陈禧唐末为避黄巢起义锋芒，由浙之桐江迁居休宁；朱姓是朱师古在黄巢之乱时由姑苏迁歙之篁墩；其他诸如江姓、罗姓、王姓、潘姓等皆在唐末为避黄巢之乱而迁居徽州的。纵观徽州历史上的移民，东汉末年以后，至少有三次迁居高潮，即魏晋时期的"永嘉之乱"、唐末的"黄巢之乱"、两宋时期的"靖康南渡"，其中尤以"黄巢之乱"为著，一次就迁居了近20个姓族。大量北方汉人迁入的结果，其一是改变与整合了徽州的人口结构。据史料记载，隋大业五年（609年）徽州户数为6164户[①]，至唐天宝年间猛增至38 330户[②]，增加到六倍；唐元和年间（806—820年）有记载户数16 754户，至宋初增至51 763户，其中主户48 560户，客户3203户[③]，增长了两倍多。这些新增人口都为迁居来的北方汉人，他们充分地与山越土著人融合，至少是到宋时，山越族就再也不见文字记载[④]。其二是引进了北方相对发达的农业生产技术和手工业技术，从而一定程度上改变了徽州的经济社会结构。如北方发达的农业灌溉技术与徽州山区经济的结合，就使得古徽州的水利工程"以埧塘为主"，极具地方特色。徽州鲍氏家族是在西晋太康年间（280—289年）由青州迁新安的，至少是在东晋咸和末期（330年左右）该族就曾修筑了"鲍南埧"，这是徽州豪族开发农业、兴修水利工程的较早例证[⑤]。梁大通元年（527年）由南阳迁来任新安内史的吕文达在歙县修筑了吕埧，可灌田万亩；梁中大通元年（529年）黟人胡明星在黟县开凿槐渠，可灌田千顷等。与此同时，适应山

---

① 魏徵等撰：《隋书·地理志》，中华书局，1973年，第878页。

② 《旧唐书》卷四十《地理志》，中华书局，1975年，第1595页。

③ 《太平寰宇记》卷一百四《江南西道二·歙州》，中华书局，2007年，第2059页。

④ 何光岳：《百越源流史》，江西教育出版社，1989年，第167页。

⑤ 斯波义信：《宋代徽州的地域开发》，《徽州社会经济史研究译文集》，黄山书社，1987年，第10页。

区特点的农技改良也在进行。徽州任姓是梁天监年间（502—519年）任昉出任新安太守，"尝行春，爱富资山水之胜，遂家焉。"[①]任昉的一大政绩就是在新安推广种植"桃花米"；至梁末，程灵洗"性好播植，躬耕稼，别水陆所宜，刈获早晚，虽老农不及。"[②]昔时的"刀耕火种"渐转为深耕细作，山间盆地不断开垦，山场逐渐开发。至于手工业，唐末由河北易水因避战乱而举家迁至徽州的制墨名家奚超父子研制了徽墨就是典型。其三是带来了发达的中原文化，从而冲击、整合了徽州的山越文化。这一过程甚至可追到山越时代。据《后汉书·李忠传》记："建武六年（30年），（忠）迁丹阳太守……忠以丹阳越俗不好学，嫁娶礼仪衰于中国，乃为起学校，习礼容，春秋乡饮选用明经，郡中向慕之。"[③]这里的丹阳当包括徽州在内。之后的中原各大姓大族的迁居，由于这些人多为"中原衣冠"，名门世族，备受教育，有的本就是宿儒教授，他们在徽州除了一方面恪守宗谊，严守谱系，完善徽州的宗法文化外，另一方面，就是自觉或不自觉地在徽州传播教化发达的儒家文化，敦进儒学文礼。如徽州谢氏，先祖从晋元帝渡江而南，谢安之十三世孙谢杰仕隋，"为歙州教授"[④]，由会稽而歙。徽州洪姓始迁祖洪经纶："淮阳人，唐天宝六年擢进士……改为宣歙观察使……稍暇与士人讲论，为歙宣文学首倡。"[⑤]后迁居婺源官源等。于是，人口的、经济的和文化的这三大过程性的整合与变化，使徽州社会进入了一个告别半原始社会形态的山越丛林社会而直接进入了封建社会的封建化时期，时间长达一千多年。由于晋太康元年（280年）已设新安郡，故称此为新安文化阶段。

---

① 程尚宽，等：《新安名族志》前卷《任》，明嘉靖刻本，第八十八叶上，国家图书馆藏。下引此书，不再注明版本与藏处。

② 淳熙《新安志》卷六《先达》，《宋元方志丛刊》第8册，中华书局，1990年，第7678页。下引此书，不再注明版本。

③ 《后汉书》卷二十一《李忠传》，中华书局，1973年，第765页。

④ 程尚宽，等：《新安名族志》前卷《谢》，第八十八叶下至第八十九叶上。

⑤ 嘉靖《徽州府志》卷二十之二《寓贤》，《明代方志选（二）》，学生书局，1965年，第415页。下引此书，不再注明版本。

第四，徽州文化阶段，时间当从南宋初期一直到20世纪80年代。新安在隋唐曾改歙州，北宋宣和三年（1121年），又改歙州为徽州，领歙县、休宁、婺源、祁门、黟县、绩溪六县，一直到20世纪。公元1132年，宋王朝由于北方金人的不断南侵，不得不迁都江南临安，从此，整个中华民族的政治、经济、文化中心也移向江南。徽州由于紧靠临安，一千多年的新安文化发展又使它积蓄了跃迁式充分发展的力量，于是切合民族文化中心大转移的契机，占尽天时、地利、人和，经济和文化全面崛起，至明清而鼎盛，产生并形成了我们今天在一般意义和典型意义上所说的徽州文化，独领风骚达七八百年。

具体说来，典型意义上的徽州文化之所以在南宋以后能够切合民族文化中心大转移的契机而得以崛起，主要有以下几个方面的决定因素与标志：

其一，近千年的新安时代所进行的徽州社会由山越的半原始社会向典型封建社会的跳跃性转化，这一过程，到了唐末之后至南宋时，已彻底完成，土著的山越人已经与迁居而来的中原"客人"充分融合，共同构成了新型新质的"徽州人"；半原始的丛林经济被发达的农业经济改造，使徽州本土的经济发展为较成熟的山区农业经济（封建经济本身就是以自给自足的农业经济和手工业经济为主体）；土著越人的文化已难见留存，封建社会文化及意识形态在徽州逐渐成熟。徽州社会的这种由半原始社会向典型封建社会快速过渡的发展，其速度是可以保持强大的惯性的，由是决定了当时的徽州能够快速并有效地切合民族社会文化中心大转移的有利时机而进行全面发展，决定了体现传统文化时代发展之典型的徽州文化得以形成。其二，新安时代的由外地向徽州的移民，到了唐末特别是宋"靖康南渡"后，人口趋达饱和，由是，徽州人多地少的矛盾开始呈现，由徽州本土再向外的移民过程——通过科举和经商——已开始，这些都决定了以后徽州文化发展的特点。其三，南宋以后，徽州人重儒、重教、重文的风气已彻底形成。宋淳熙年间罗愿所撰的《新安志》记："黄巢之乱，中原衣冠，避地保于此，后或去或留，俗益向文雅，宋兴则名臣辈出。"①元代休宁学者赵汸亦记："新安自南迁后，人物之多，文学之盛，称于天下。当其时，自井邑、田野以至于远山深谷，居民之处，莫不有学、有师、有书史之藏。……故四方谓'东南邹鲁'。其成德达才之出为当世用者，代有人焉。"②其四，南宋时，作为徽州文化之理性内核的程朱理学尤其是朱子之学已形成，徽州是"程朱阙里"，是其发祥地。徽州建置于公元1121年，宋王室正式定都临安的时间是1138年，而作为程朱理学集大成的朱熹生于1130年，卒于1200年。徽州文化是在朱子之学的内在影响下形成并发展的。据此而论，我们说典型意义上的徽州文化当是在南宋以后开始崛起，是有其深刻的历史与现实根据的。

三、徽州文化的基本内容

徽州文化在南宋崛起之后，经元代的发展，至明清，其发展已达到充分化。体系系统完善，内容深刻多样，特点鲜明典型，其辉煌性、丰富性，至少表现在以下几个方面：

其一，南宋以后，徽州人几乎是在文化的所有领域都有突出的贡献，在文化的许多方面都有独特的创造与发展，以致形成了各自有着自己风格与特点的流派。如商业经营上有著名的徽商。哲学上有新安理学，亦即朱子之学，其开山祖即朱熹本人，主要代表人物有婺源的程洵、休宁的程永奇、汪莘及程大昌等，源远流长。特别是在明清，"朱子之学虽行天下，而讲之熟、说之详、守之固，则惟新安之士为然"③。考据学上有徽派朴学亦即江戴朴学（江即江永，婺源人；戴即戴震，休宁人），它作为乾嘉学派中的皖派，影响极大。清江藩评价说："三惠之学兴于吴，江永、戴

---

① 淳熙《新安志》卷一《州郡·风俗》，第7604页。
② 赵汸：《东山存稿》卷四《商山书院学田记》，《景印文渊阁四库全书》第1221册，商务印书馆，1986年，第287页。下引此书，不再注明版本。
③ 赵汸：《东山存稿》卷四《商山书院学田记》，第287页。

震继起于歙，从此汉学昌明，千载沉霾，一朝复旦。"①绘画上有新安画派，歙县江韬（即渐江）被认为是早期重要代表，近代有歙人黄宾虹等。据有人统计，从明朝万历年间到清乾隆年间的二百年时间里，徽州共出属新安画派的大画家60多人，其中名家、大家的水平，按黄宾虹的评定，当"均在江浙之上"，可想影响之大②。篆刻上有徽派篆刻，它兴盛于明清，著名代表人有何震、黄士陵等。据冯承辉编纂的《印识》记，仅明代一代，全国有篆刻家190余人，其中仅徽州的歙县、休宁两地就占35人，清代更多③。刻书上有徽派刻书，它始于南宋，兴于明清，在我国雕版印刷史上占有重要的地位。在明清，"时人有刻，必求歙工"，徽刻俨然与常（州）刻、苏（州）刻齐名为当时全国三大刻。版画上有徽派版画，它在中国美术史上独树一帜。明朝万历年间有"无剧不图"，"刻图必求歙工，歙工首推黄氏"之说。据统计，从明朝万历到清初的一百多年时间里，仅歙县虬村的黄姓以版画为业者就有100多人④。戏曲上有徽剧，它是京剧的前身，清乾隆年间，曾出现"四大徽班进京"，名噪一时，到了道光年间，北京则是"戏庄演剧必徽班"⑤。建筑上有徽派建筑，为中国建筑史上一绝。医学上，有极负盛名的新安医学，为我国医学学术体系的重要组成部分。据有人统计，从东晋到清末，徽州有史料可查的名医就有668人，有225人撰写了461部医著，其中明清两代有名医605人，有245人撰写了445部医著，在中国医学史上留下了光辉的一页⑥。棋艺上，新安围棋自古至今就高手辈出，明清时期曾有风行围棋界的"新安派"，并列于当时的"永嘉派"和"京师派"。其中，歙县人程汝亮是被王世贞在《弈旨》一书中列四个"明代第一品"的第一人；歙县人程兰如是与范西屏、施定庵、

---

① 江藩：《汉学师承记》。
② 李明回：《谈新安画派》，《安徽文博》，第4期。
③ 郑清土：《何震和徽派篆刻》，《徽州学丛刊》创刊号。
④ 周芜：《徽派版画史论集》，安徽人民出版社，1983年，第7页。
⑤ 道光《梦华琐簿》，《笔记小说大观（四编）》第9册，新兴书局，1979年，第6121页。
⑥ 李济仁、胡剑北：《新安名医志》，安徽科学技术出版社，1990年。

梁魏今齐名的盛清四大国手①。近代以后,有著名国手歙县人过惕生、过旭初兄弟俩,他们是当今围棋界著名国手罗建文、聂卫平、张文东的老师。徽州的传统工艺更是蜚声于外,涉及各个领域。文房四宝艺术,徽州至今还占有正宗两宝,即徽墨、歙砚,元之前还有澄心堂纸、汪伯立笔;饮食烹调上,有著名的徽菜,它精选食料,重色、重油、重火功,为全国八大菜系之一;雕刻工艺上,除上述版画等外,还有著名的徽派砖雕、木雕、石雕,并称"徽州三雕"。此外,还有徽派盆景、徽漆及各种竹、木编织工艺等。这些都是徽州文化的重要内容,也是当时中华民族文化的发展在这些领域里的精粹,曾各领风骚几十年、几百年甚至上千年。

其二,在文化发展的有些领域,徽州或许尚未形成自己的派别,却也出现了一批著名学者和杰出人物。如在自然科学界,徽州是群星灿烂。数学上,有数学大师屯溪人程大位,他著有《算法统宗》十七卷,最大贡献是将数学从筹码计数发展为珠算计数,确定了珠盘式运算并完善了珠盘口诀,在国内外影响极大。同时,他还发明了"丈量步车",系全世界最早的卷尺,在《算法统宗》第三卷中有完整的零件图、总装图、设计说明等。有清代著名数学家歙县人汪莱,著有《衡斋算学》七卷,在割圆术、级数、方程式论等方面有独到贡献。物理学上,出现了一位大物理学家歙县人郑复光,他精通数学、物理和机械制造,特别是在光学上贡献最大,著有《镜镜泠痴》五卷,专论光学原理和光学仪器制造,是我国当时最主要的一部光学著作。工程建筑上,有近代著名铁路工程专家、中国铁路事业的创始人婺源人詹天佑,1905—1909年,他主持建造了中国第一条自己设计、自己施工的铁路——京张铁路等。据有人不完全统计,从春秋战国到辛亥革命,今安徽省境域内共出了297个有重大贡献的自然科学技术人才,其中,徽州就有114人,研究涉及的面几乎是自然科学所有领域,甚至可以说,一部徽州自然科学史也就是一部安徽自然科学史②。徽州的诗

---

① 吴小汀:《明清时期围棋"新安派"初探》,《徽学通讯》,总第17—18期。

② 张秉伦:《明清时期安徽的科学发展及其动因初析》,《徽州学丛刊》创刊号,1985年。

词文学,虽然难以断定它存在一个流派,但至少是存在一个庞大的创作群体,影响很大。朱熹本人就是一位大诗人、大文学家,其古诗在南宋堪称第一,传世的就有1200余首;祁门人方回的词风、思想与辛弃疾相近;休宁人程敏政为文倡导"载道",风格近似明文学"前七子";明歙县人汪道昆不仅官居显位,文学造诣也颇深,被誉为明中期文学复古派"后五子"中的重要代表人物之一。特别是在布衣诗上,王士禛曾记:"论明布衣诗,极推吴非熊、程孟阳,海内莫不闻两先生皆新安产也。"①有清一代的270年间,徽州可称得上词人的有200多人,词万首。如歙县人凌廷堪为乾隆进士,他不仅是清代著名经学家和音律学家,其词仅叶恭绰编选的《全清词钞》中就选有几十首。徽州还特别出了不少女诗词人,如笔者所藏的一份绵纸回文诗,就是一位典型的徽商妇思夫悌独教子颂德而创作的佳品。在其他方面,马克思在《资本论》中提到的唯一的中国人是歙县人王茂荫,他是我国近代史上一位著名的理财家和经济思想史专家;休宁人朱升不仅是一位著名的经学家,还是一位著名的军事家,元至元三年(1337年)他曾进言朱元璋"高筑墙,广积粮,缓称王",对朱明王朝的建立起了重要作用;南宋歙县人罗愿著有《新安志》;歙县人程瑶田被誉为清代一代通儒,不仅在朴学上齐辈戴震,且在天文、地理、生物、水利、兵器、农器等领域颇有建树;黟县人俞正燮是清朝著名的经学家和史学家;戏曲家有目连戏集大成者祁门人郑之珍、休宁人汪延讷,特别是汪延讷,其作品博采众家之长、独树一帜,同时,他还是一位围棋理论家,著有《坐隐老人弈薮》一卷和《坐隐先生精订捷径棋谱》五卷;语言学界,除朱熹、江永、戴震等硕儒大家多有研究外,不经名人士的研究也相当深入,如在徽州方言研究上,笔者就收藏有由清代婺源人胡绍潜抄、婺源人江湘岚编著的《婺北十二都东山乡音字类》手抄本上下两册和胡绍潜自著

---

① 《新安二布衣诗》,清稿本,现藏祁门县博物馆。

《休宁土音》稿本书上下两册①，分类详细，音准，可见徽州民间语言学研究之底蕴；乐律界，除江永、戴震有重大贡献外，近代还有著名革命音乐家张曙等；教育学界，徽州更是名人辈出，朱熹、郑玉、赵汸、汪克宽等都是徽州有名的教育家，当代则有伟大的人民教育家歙县人陶行知；绩溪人胡适是当代文化巨子；等等。这些人都对中国文化的发展做出过突出贡献，其学术思想，都不仅是徽州文化的重要内容，也是中国文化乃至世界文化的重要内容。

其三，除上述两方面外，徽州文化的内容还内在包括受上述因素及地理因素影响，由徽州社会自然衍生和客观形成的一些独特文化现象。如徽州的契约社会现象，至今仍完好保存的民间契约文书有百万份，早的是宋代的，明清最著，迟的有1955年、1965年和1985年的（据笔者对原件过眼的论定），内容包括土地山场房屋池塘等买卖的文约、租佃雇佣关系的成约、过继入赘关系的成约、商业资本筹集的成约、诉讼案卷、宗族公约、民间借贷、阄书、票据、会书等，不仅数量多，年代持续时间长，而且还很系统，具有很强的归户性。如此契约社会现象是徽州独有或最典型的，它透露了很深层次的徽州社会及人际关系的理性成分。再如徽州的宗法制度与宗族文化，其典型性和独特性亦极显著。徽州人由移民而来，聚族而居，休宁人赵吉士曾言："新安有数种风俗胜于他邑：千年之冢，不动一抔；千丁之族，未尝散处；千载之谱系，丝毫不紊。主仆之严，数十世不改，而宵小不敢肆焉。"②敬宗重族，强化修谱，谓之："夫人之一生莫大乎纲常之事，纲常之大莫过于谱牒。""三代不修谱，则为不孝"③等。

---

① 这四册手抄本书系笔者访得于婺源同一户人家，同得还有胡昭潜手抄《照录家乘》《八音之谱》、收租账本等，现原件均藏在安徽大学徽学研究中心"伯山书屋"。经查考，胡昭潜，字羽云，婺源方思山人，清宣统庚戌年生；江湘岚，名峰青，婺源鳌溪人，清光绪丙戌年进士，曾任嘉善知县，总纂民国庚申《婺源县志》。《婺北十二都东山乡音字类》胡昭潜抄写时间为民国十八年。

② 赵吉士：《寄园寄所寄》卷之十一《泛叶寄·故老杂记》，《续修四库全书》第1197册，上海古籍出版社，2002年，第127页。下引此书，不再注明版本。

③ 祁门《武溪陈氏宗谱》，安徽大学徽学研究中心"伯山书屋"藏。

还有徽州的经济社会结构和土地佃仆关系、徽州人的意识与价值观念、徽州的风俗与信仰、徽州方言现象、徽州棚民现象等，这些都是徽州特有或表现极为典型、极具特色的文化现象，也都是徽州文化的重要内容。

四、徽州文化兴盛的原因

徽州文化当年能如此繁荣，并保持几百年不衰是有其内在原因和基础的。

首先是经济基础，这就是徽商。徽商是徽籍人的商帮。徽州介于万山丛中，八山一水一分田，山多田少地瘠，"即富者无可耕之田"，"田瘠确，所产至薄，……视他郡农力过倍，而所入不当其半。又皆仰高水，故丰年甚少，大都计一岁所入，不能支什之一"①。粮食从来不能自给，所需粮食皆"仰四方之来"。特别是到了唐宋以后，"黄巢之乱"和"靖康之乱"连续两度徽州移民的高峰，使徽州人口大增，以当时的徽州耕地状况和生产力水平，几乎达到饱和，于是民众生存空间更小，徽民们"非经营四方，绝无治生之策矣"②。于是"天下之民寄命于农，徽民寄命于商"③。正所谓"前世不修，生在徽州，十二三岁，往外一丢"，徽商遂在南宋时开始形成。当然，徽商的形成还内在地与徽州本土经济结构和以新安江为主干流的纵横便利水系有关。山经济结构本身的盈缺待补不平衡性，内在需要以流通与交流来获得平衡，满足徽民的基本需求；发达的水系又带来运输的便利，使地处僻野山区的徽州商品的流通得以最为经济地实现④。但早期的徽商还是一种简单的以徽州山林盛产的茶、木、瓷土及二次生产的漆、墨、纸、砚等换取徽州所需的粮、布、盐等的盈缺互补贸易。到明

---

① 顾炎武：《天下郡国利病书》。

② 许承尧：《歙事闲谭》卷二十六，黄山书社，2001年，第930页。下引此书，不再注明版本。

③ 康熙《徽州府志》卷八《营建志下·蠲赈》，《中国方志丛书》华中地方第237号，成文出版社，1975年，第1218页。下引此书，不再注明版本。

④ 刘伯山：《徽商概论》中"徽商兴起的原因"，《黄山日报》，1996年5月4日天都版。

以后，徽商才得到大发展，不再局限于以徽州为中心的贩买贩卖，而是面向全国，经营规模越来越大，经营之道日益成熟，成为中国商界一支劲旅。清时，徽商已跃为中国十大商帮之首帮，其中尤以盐商、木商、茶商、典当四项为最盛，足迹遍及全国，远涉海外，正所谓"钻天洞庭遍地徽"，影响极大，以至有"无徽不成镇"之谚。从贾道特点来看，徽商作为当时中国一代儒商，其"贾而好儒"，注重贾儒结合，贾仕结合，强化宗谊，重视教育，恪守贾道，营利甚巨，"百万上贾者众，二三十万中贾者不计其数"。所赚的钱，一是扩大再生产；二是弄文附雅，宿养文士，建会馆、办文会、兴诗社、蓄戏班、印图书、藏书史、筑园林等；三是发展教育，以"富而教不可缓，徒积赀财何益乎"①的思想意识，延师课子以加强对子弟培养，输金资助以置学田和义田、办族学、建书院、资府县学等；四是输入故里，修桥补路、兴建土木、撰文修谱等。这就在客观上为徽州文化的发展提供了强大的经济后盾。

其次是徽州文风与教育的基础。徽州历史上文风昌盛，教育发达，府县学、书院、社学、私塾、文会极为昌盛。如书院，据有人统计，自宋至清，徽州六县共建书院、精舍、书屋、书堂等共260多所，其中，宋代11所，元代21所，其余皆明清②；社学，明洪武八年（1375年）正月诏书天下立社学，"延师儒，教民间子弟"。是年，徽州六邑有社学462所③，康熙时，则达521所④。私塾更是林立。"远山深谷，居民之处，莫不有学、有师、有书史之藏。""十家之村，不废诵读"，就是当时的写照。教育发达，人才也就辈出。据统计，明清两代科举及第中进士者，仅徽州本籍，宋代624人，明代392名（占明代全国进士总数的1.55%），清代226名（占清代全国进士总数的0.86%）⑤；再加上寄籍者人数更多。状元，仅清代，本

---

① 歙县《新馆鲍氏著存堂宗谱》卷二。

② 刘秉铮：《徽州书院沿革述略》，《徽学研究论文集（一）》。

③ 《徽州教育记》，《徽学通讯》，第13—14期增刊。

④ 康熙《徽州府志》卷七《营建志上·学校》，第1055—1078页。

⑤ 叶显恩：《明清徽州农村社会与佃仆制》，安徽人民出版社，1983年，第192页。

籍加寄籍合计有17人，占全国总数的14.9%[①]，次于苏州府，全国名列第二。人才的辈出，以致徽州历史上有"同胞翰林""连科三殿撰，十里四翰林""兄弟九进士，四尚书者，一榜十九进士者""一科同郡两元者"等之说。发达的教育，是徽州文化得以繁荣的温床。

其三是程朱理学的影响。徽州号称东南邹鲁，是"程朱阙里"，程朱理学的发祥地。作为程朱理学的创始人程颢、程颐祖籍歙县篁墩，集大成者朱熹则是真正的徽州人。据雍正《程朱阙里志》记："程朱之学大明于天下，天下之学宫莫不崇祀程朱三夫子矣。乃若三夫子肇祥之地又举而合祀之，则独吾歙。……朱学原本二程，二程与朱之所自出，其先世皆由歙黄墩徙，故称程朱阙里。"[②]"程朱三夫子，一自婺入闽，一自中山徙洛，其先世出歙之黄墩。"[③]特别是朱熹的思想，对徽州的影响至深。朱熹与徽州存在内在的双向认同。朱熹本人向来号称"新安朱熹""紫阳朱熹"，虽然他出生在福建，但强烈认同徽州，两次回徽省墓皆讲学授徒，论定高足者至少12人。在徽州，朱熹为其朱氏及他姓撰源考、作谱序、题牌匾、留诗句等，文迹甚众，留墨甚多，如笔者就收藏有一块较大的朱子当年题写"鸢飞鱼跃"的碑刻，弥足珍贵。同时，徽州人对朱熹更是强烈认同，引以自豪，内在自觉地接受朱子思想的影响，"一以郡先师子朱子为归"。正如清休宁《茗洲吴氏家典》中所云："我新安为朱子桑梓之邦，则宜读朱子之书，服朱子之教，秉朱子之礼，以邹鲁之风自待，而以邹鲁之风传之子若孙也。"[④]徽商建立在全国各地的会馆皆崇祀朱子等。于是朱子的思想、程朱理学的教训，不仅深深影响徽州入仕、入学、入贾之人，也深入民众意识，使徽州构成儒家思想进而兼容佛道思想的厚重沉淀区，使封建化程度在徽州尤为甚重。这些都内在深沉地左右和指导着徽州文化的发

---

① 吴建华：《清代徽州状元》，《徽学通讯》，第13—14期增刊。

② 鲍应鳌：《程朱阙里志序》，雍正《程朱阙里志》卷首，《四库全书存目丛书》史部第85册，齐鲁书社，第225页。下引此书，不再注明版本。

③ 汪应蛟：《程朱阙里志序》，雍正《程朱阙里志》卷首，第222页。

④ 休宁《茗洲吴氏家典》卷首"序"，雍正十一年（1733年）刻本，第一叶上。下引此书，不再注明版本。

展，使朱子之学成为徽州文化发展的强大思想意识上的支柱，构成徽州文化之理性内核。

其四，除上述三点外，徽州文化能突出个性和特色的地方还包括三个方面。第一，内在接受着徽州独特的地理环境特别是山水资源的影响；第二，内在深刻地接受着徽州移民社会和文化性质的决定和影响；第三，同步发生干涉、双向作用地接受徽州文化本身存在与发展过程之决定和影响，其中存在地缘与地理文化、文化发生的边界与前提条件、文化整体系统内部的协同影响等决定性因素。

五、徽州文化研究的学术价值

中国传统社会的发展从宋代以后是进入后期发展阶段。徽州社会在北宋时期趋于成熟，徽州文化在南宋时期开始形成，是伴随着中国传统社会后期的开始而开始、发展而发展，它的系统性、丰富性、辉煌性，体现出它是宋代以后中国传统社会与文化发展的整体投影；同时，又由于其内容的深刻性、典型性和全国影响性，决定了它是典型缩影，是宋代以后中国传统文化发展的系列典型标本之一。

千年徽州社会与文化正是有着如此独特的价值和地位，因此，早在20世纪头10年的清代晚期，徽州本土就有一大批人自觉开展了关于徽州社会与文化问题的自我认识与调查。最有代表性的，是宣统元年徽州知府刘汝骥主持的徽州民情习惯之调查，形成12卷的《陶甓公牍》，1910年夏由安徽印刷局校印。民国建立后，一批学者开始专题性地研究徽州问题，其领域逐渐扩大到社会、经济、文化、艺术、历史、人物等诸方面。1932年，大画家黄宾虹在致歙县老乡、清末翰林许承尧的信中正式提出了现代意义上的"徽学"概念，徽学的研究全面进入专题研究阶段。20世纪50年代，10余万份的徽州民间档案文书的发现，被誉为20世纪继甲骨文、汉晋简帛、敦煌文书、明清档案之后中国历史文化上的第五大发现，震惊学术界和文化界，徽学的研究成为学术界的一大热点。

20世纪80年代后，以研究徽州历史文化为主要内容的"徽学"概念广泛传播，人们已不再满足对徽州问题的专题性研究，而是向学科化方向发展，原徽州地区（今黄山市）、合肥、芜湖、上海、北京、杭州等地及海外许多国家都相继成立徽学研究的组织机构，涌出了一大批成果，创办了各种专门刊物，使徽学研究达到第二个高潮①。20世纪90年代后，徽学研究又踏上更高阶段，特别在学术活动的开展和交流上日趋频繁和深入。1991年8月1—6日，徽州师范专科学校、黄山文化书院、黄山市徽学会在屯溪成功召开第二届戴震学术思想研究会，会上笔者曾提出要研究戴震与徽州文化的关系②；1991年11月2—5日，黄山文化书院、华东师范大学、上海社会科学院、黄山市社会科学界联合会在休宁县齐云山宾馆成功地召开了大陆首届胡适学术思想讨论会，会上笔者又强调提出要研究胡适与徽州文化的关系③。之后几年，国内、国外徽学学术活动的开展和交流日趋频繁，1993年8月4—7日，黄山市社会科学界联合会暨《徽州社会科学》编辑部、黄山文化学术交流中心在屯溪成功地召开了全国元明清文学与徽州学讨论会；1993年10月，中国社会科学院历史研究所、安徽大学、黄山市社会科学界联合会在黄山市召开首届全国徽学学术讨论会；1994年11月，黄山市人民政府又会同安徽大学、安徽师范大学、安徽省新闻出版局、安徽省社会科学院、安徽省社会科学界联合会等五家单位在黄山市召开首届国际徽学学术讨论会，包括来自美国、日本、韩国等地代表共有90多人；1995年8月，黄山市社会科学界联合会又与中国社会科学院徽学研究中心、安徽大学徽州学研究所在黄山市联合主办了第二届国际徽学学术讨论会，代表共有70人，其中日本、美国、韩国等代表17人；1995年10月，黄山市社会科学界联合会又与上饶师范专科学校、江西教育学院、安徽省朱子学会（筹）、中华朱子研究会（筹）等单位合作，在黄山市成功主办了国际朱子学术讨论会；1997年11月18—20日，黄山市新安朱子研

---

① 刘伯山：《徽学研究的历史演变》，《安徽日报》，1997年2月17日六版。

② 刘伯山：《第二届戴震学术讨论会综述》，《戴学新探》，1992年南京大学学报增刊。

③ 刘伯山：《大陆首届胡适学术思想研讨会综述》，《徽州社会科学》，1992年第4期。

究会成立暨朱子学术讨论会召开，来自马来西亚、加拿大、英国、比利时、南非及中国十几个省（区、市）的代表共有100多人；1998年8月15—20日，由中国社会科学院历史研究所、安徽大学、绩溪县人民政府主办的第三届国际徽学学术讨论会在绩溪县召开，包括来自日本、韩国等学者共有80多人。这些活动的开展，使徽学研究得到了宣传和深入，笔者最早于1993年春提出的"徽学是并列于敦煌学和藏学的中国三大走向世界的地方学"定位宣传口号，被新闻界和舆论界广为推广，并日益取得人们认同，徽学走向世界成为国际性显学已成为大趋势。所幸的是，20世纪90年代后徽学研究的系列活动，笔者基本上都是主要发起者和具体筹划、操作承担者之一，有些是参与协办者。

徽州文化何以具有如此魅力？徽州文化的研究究竟有何学术上的价值和意义？对此，笔者以为，至少存在以下四个方面的学术意义：

第一，可藉以了解与弄清中国传统农村社会的真实情况。大家知道，了解中国传统社会的历史，我们一般有二十四史或二十五史可读，再加上各种宫廷文书、野史、逸文、杂记、笔记、小说等，典籍浩如烟海，其可作历史学研究的资料之多，是世界上任何一个民族或国家无与伦比的。然而，史志官记述历史，尽管多为公正或诚实，但多少带有文饰或烙上个人主观意见，且记述的亦多为上层社会大事、国家民族大事或地方区域大事，民间的、老百姓自己的事例则很少问及。正如我们今天到北京、西安去考察传统文化一样，接触的多为宫廷文化、仕宦文化、上层社会文化。即使是正直文人、学富五车的彦儒和文士记述、描述了下层社会的一些事件，也总难免受中国传统文化及封建社会价值观念的内在不自觉的影响而存有偏见，或囿于一叶障目。于是，对反映作为一个世界农业大国的中国农村基层社会文化和现实的资料甚少，有则亦多有选择和文饰，而这恰是徽州社会与文化的空间。

徽州介于万山丛中，如世外桃源，历史上除太平军乱外，少有战祸，人文荟萃，文风昌盛，教育发达，素有"东南邹鲁""文礼之邦""文物之海"之誉称。再加上徽州人由于宗族观念强、文化素质较高，因此，文物、文化的保护和保存意识极强，方法也极多、极有效。目前，仅黄山市境内的徽州古代地面文物如古牌坊、古祠堂、古民居、古桥、古塔等就留存有近5000处，特别是徽州古代文书的大量保留和发现，更称得上是世界一大奇迹。20世纪50年代当这些文书第一次被大量发现时，曾被誉为是与甲骨文、汉简、敦煌文书、故宫明清档案等齐名的中国五大发现之一[①]，目前已被各博物馆、图书馆、大学、研究所收藏的文书就达几十万件。加上至今还散落在民间未被发现的，两者的总数，据笔者大致估算至少还有近百万件。这些徽州文书，上可溯至宋，下至20世纪60年代和80年代，均属极为珍贵的历史文物资料，且绝大部分是徽州民间老百姓自己为自己各自切身利益等而实在真实形成的，第一手性强，真实可靠性强，数量多，涉及面广，内容丰富。研究它，可真实地了解和再现当时徽州农村社会与文化发展的真实情况，其中包括老百姓真实的生活、劳动及社会结构、土地关系、商业经营、人际交往、宗族社会、风情习俗、文化发展等。徽州不仅有历史文书、档案资料，还有几乎保存原貌完好的村落、祠堂、民居、原始物件及当事人的后代等，内容鲜活，因此，学术价值极高，意义重大。

第二，具有中国传统社会后期社会文化发展典型的标本研究价值。中国传统社会的历史长达几千年，唐时达鼎盛，至两宋以后，则开始进入后期阶段，中国社会的经济、文化发展的中心也随着南宋王朝的"靖康之渡"而彻底移向江南，江南从此成为中国经济社会发展、文化发展最为活跃、最具代表性的地区。徽州文化正是在南宋以后切合了整个中华民族经济文化中心大转移这一契机而全面崛起，明清时达到鼎盛的中国典型传统文化，内容广博，全面系统，纷呈的学派、流派，都是典型代表，具有标本性的意义。新安理学即如是。再如，徽派朴学是中国学术史上开一代学术风气的乾嘉学派中的皖派，在中国近300年学术史上地位显赫，不仅在当时独领风骚，还一直影响到"五四"新文化运动。因此，徽派朴学极具

① 王钰欣、周绍泉等编:《徽州千年契约文书》第一卷，"前言"，花山文艺出版社，1991年。

中国近代学术思想特别是经学的典型标本研究价值。又如，新安画派是中国画艺术在发展到两宋以后开始进入山水画艺术全面发展阶段的最高代表，研究新安画派就可以标本性地研究整个两宋以后的中国画发展，并且其师承和影响一直至今。所以，进行徽学研究实际上就是进行中国传统社会后期社会与文化的典型标本研究，其个别中透露一般，特殊中能反映普遍，学术价值极高。

第三，徽学研究还具有文化地理单元的人类文化学研究价值。徽州地处皖南，毗邻江浙，在北纬30°左右。自然环境神奇，境内既有世界文化与自然遗产黄山及景色奇异被称为"尚待开发的黄山"的国家级自然保护区牯牛降和清凉峰，还有全国道教名山齐云山、"几百里山水画廊"新安水系等，自然地理环境自成一统，相对独立，"东有大鄣之固，西有浙岭之塞，南有江滩之险，北有黄山之阨"①。区域范围只一万平方公里左右（指古徽六邑），历史上总人口最多充其量百万人，然其却孕育、衍生、发展出了极具特色且辉煌的文化现象，这些文化现象既有整体上的共性——包括与整个中华民族文化相比的共性和针对自己统一性的共性，更极具地理区域上的个性；既包容了东方文化的一般，更蕴藏了徽州这一方山水、土地环境的个别，影响极大，特色鲜明。如徽派建筑艺术，其独树一帜的特色，就是内在地包容和照应了徽州地理环境、山水、资源、风俗及文化的特点；再如新安医学、徽派盆景、徽州三雕艺术、徽州文房四宝艺术、徽漆、徽菜等，都既具有在中华民族特色和东方色彩上的实用、审美的价值和意义，又是内在地与徽州地理环境及资源的条件相关联，具有文化地理单元上的缘起发生和现象存在的意义等。还有如徽州人的宗法观念和社会结构的"聚族而居"习惯及现象，对于研究各个宗族、姓氏村落的演变、变迁及历史发展情况，研究不同姓氏家族及村落的相互交往、纠葛共存关系等，有重要的研究价值。如笔者曾收藏拥有一套较为完整的祁门康氏家族从明嘉靖二十八年十月至民国八年六月长达约370年的宗族公约及

---

① 道光《徽州府志》卷二《舆地志下·形胜》，《中国地方志集成·安徽府县志辑》第48册，江苏古籍出版社，1998年，第134页。下引此书，不再注明版本。

官方告示文书等35件，信息涉及宗族教育、宗族管理、宗族纠纷等，内容翔实，原件俱在，十分珍贵。总之，研究徽州这一方相对独立的土地上诸多文化现象是何以形成、如何发展、内在关联程度如何、何以衰落、未来有何走势等问题，都应是东方人类文化学、文化地理学的重要课题，与现实的切合性很大，极具研究价值和意义。

第四，具有移民文化研究价值。徽州文化是一种移民文化，其一表现在徽州的社会、人口、文化原本就是由移民而形成，由此决定了其社会与文化的诸多现象和特点都深受移民问题影响。如徽州重儒、重教、重对子弟的培养、重"亢吾宗"等思想意识及价值观念的形成，就很受徽州人本为中原世家望族的移民，各宗族多有自己曾为显赫家族的姓族记忆以时刻不忘再显宗族辉煌的移民特性的影响；徽州的宗族文化、聚落文化、水口村庄布置等，都直接与移民问题关联；特别是徽州的方言，在其语音的复杂性上，十里不同音，山南山北各方言，堪称一奇，对其研究，亦称世界性难题，究其原因，与移民问题紧密相关。其二表现在徽州文化的昌盛与发展，本身还存在一个由徽州本土再向外移民的问题。徽州文化不仅包括本土的诸文化，更包括由本土而移出于外，影响于外，发扬发展于外，同时还保存着自身顽强的同一性的文化。如徽商就是徽州人出游外地的经商之帮。徽商虽远离徽州本土走四方，聚居全国各地，但他们总不忘宗族，不失乡谊，修谱收宗，建会馆、聚同乡，同祀朱子等，文化上保持顽强的同一性，构成独特的移民现象。再如，徽剧主要是由侨居、寓居于外地主要是扬州、苏州的徽州人倡兴、扶持、鼓动发展起来的，也是一种典型的移民文化现象。其他还有如徽州园林艺术、建筑艺术、徽派刻书、徽派篆刻等，也多与移民问题有关。因此，研究徽州问题，要不忘它的移民性质，不忘从移民学的角度，强化多角度、多思维研究；同时，研究了徽州的移民社会性质及文化特点，又可望从中获寻有关移民文化的一般与个别规律，构建中国传统社会的移民学。

正因为徽州文化的研究是有着中国传统文化研究及海外中国学研究的不可替代性，由此奠定了它必然作为一门国际性的显学的地位。

20世纪80年代后，徽州社会与文化的发展进入了一个新的历史时期。其一，1949年中华人民共和国成立后，中国长达两千多年的封建时代宣告彻底结束，开始进入一个更高级的社会主义时代，一切都在发生根本性的变化。其二，1979年邓小平同志视察黄山，登高一呼："把黄山的牌子打出去！"从此开辟了一个崭新的黄山时代，随之而来的是这些充满现代气息和开放色彩的旅游经济、旅游人口与旅游文化第一次、正式进入徽州传统的经济社会、人口社会、文化社会的结构之中，带来和产生着一种传统与现代、历史与未来的撞击与整合，使一切都在不可逆转地、真实实在地发生着根本性的、跃迁式的变化。其三，正如历史上晋太康元年（280年）设新安郡、北宋宣和三年（1121年）设徽州，从而预示和标志着新安时代和徽州时代正式到来一样。1987年黄山市成立，偶然中的必然，预示和标志着长达近一千年的徽州时代正在告别与结束，新型的、跨入新的百年与千年世纪的黄山时代已经到来，它体现的是一种深沉的、不可逆转的时代进步。所以，研究徽州文化，还有着很强的现实意义，这主要体现在：其一，这是一个直接触及历史与现实的结合点问题，至少是为我们探讨一个典型的中国传统农村社会如何实现现代化的转型与发展，以探究和构建新型的社会形态与结构，提供了一个真实、具体的范本；其二，它能够直接推动经济的发展，为探索传统的历史文化如何为现实社会发展服务，至少是在直接推动黄山市的文化旅游事业发展及文化事业的开发上，具有非常现实的价值与意义；其三，能够直接有利于我们的文化事业建设，至少是为我们更为深刻地弄清与鉴别中国传统文化中的精华与糟粕，在探寻文化发展的历史与现实结合点上，探寻如何继承发展优秀的传统文化及如何辩证扬弃糟粕的传统文化问题上，具体到黄山市来说，在如何实现由传统徽州历史文化向新型的现代化的黄山文化的转型、跃迁问题上，提供了一个实在具体的和可操作的案例；其四，它还直接有利于文物的保护，强化历史文化遗产保护的自觉性和自为性。

徽州传统社会的近代化

徽州传统社会的发展在清中期以后开始进入近代社会，社会开始转型。这一过程严格说来是清同治年间才真正开始，一直持续到中华人民共和国的成立。但徽州社会的近代化主要体现在人文精神方面。受自身因素的制约，其近代化进程发展缓慢，甚至严重受阻，转型极不充分。

一、徽州传统社会的特点

学术界对"近代""近代社会"及"近代化"的概念持有不同的意见。笔者在这里无意介入争论，而是直接将"近代"理解为古代至现代的中间代，"近代社会"是指传统社会发展到现代社会的过渡社会，而"近代化"则是指传统社会向现代社会的转型过程。

要研究徽州社会的近代化，首先要了解徽州传统社会的特点。徽州的传统社会是典型的中国传统社会，但由于区域社会自身的特点，成熟的徽州传统社会严格说来还是宋以后才真正形成，明清时获得充分发展的[1]。除了中国传统社会的一般特点之外，徽州传统社会自身还呈现出以下几个方面的特点：

---

① 徽州是一个移民社会，早期生活的人是越人，东汉末期以前是落后的山越时代，之后至北宋末期是展开封建化进程的新安时代，宋宣和三年进入徽州时代。参见刘伯山：《徽州文化及其研究价值》，《徽州文化研究》第一辑，黄山书社，2002年。

第一，程朱理学影响极大。徽州是"程朱阙里"。"程朱之学大明于天下，天下之学宫莫不崇祀程朱三夫子矣。乃若三夫子肇祥之地又举而合祀之，则独吾歙。……朱学原本二程，二程与朱之所自出，其先世皆由歙黄墩徙，故称程朱阙里。"①"程朱三夫子，一自婺入闽，一自中山徙洛，其先世皆出歙之黄墩。"②理学特别是朱熹的思想在徽州影响至深至彻，"一以郡先师子朱子为归"。正如清休宁《茗洲吴氏家典》中所云："我新安为朱子桑梓之邦，则宜读朱子之书，服朱子之教，秉朱子之礼，以邹鲁之风自待，而以邹鲁之风传之子若孙也。"③程朱理学的思想浸透在徽州社会的各个方面，从而使徽州社会构成以儒家思想为主体进而兼容佛道思想在内的厚重沉淀区。

第二，宗族社会极其繁荣。徽州是个宗族社会。人们聚族而居，保持血统，强化宗谊，所谓人必有姓，姓必有族，族必有宗，宗族、宗法意识极强。明嘉靖《徽州府志》就记载："家多故旧，自唐宋来数百年世系比比皆是。重宗义，讲世好，上下六亲之施，村落家构祠宇，岁时俎豆。"④明休宁进士赵吉士也记载："新安各姓，聚族而居，绝无一杂姓挽入者。其风最为近古，出入齿让，姓各有宗祠统之。岁时伏腊，一姓村中千丁皆集。祭用文公家礼，彬彬合度。父老尝谓，新安有数种风俗胜于他邑：千年之冢，不动一抔；千丁之族，未尝散处；千载之谱系，丝毫不紊。主仆之严，数十世不改，而宵小不敢肆焉。"⑤为强化统治，各宗族还采取了建祠堂、置族产、修谱牒等方式以敬宗收族。每一个宗族都将宗族的生存和发展问题作为最高利益代表，将"亢吾宗"作为宗族发展的最高追求，由之规束、带动和影响其他事业的发展。

第三，社会结构极其稳定。徽州是一个礼、法兼治的社会，人与人之间的交往及社会关系的处理以礼仪为先。"新安自昔礼义之国，习于人伦，

---

① 鲍应鳌:《程朱阙里志序》,雍正《程朱阙里志》卷首,第225页。
② 汪应蛟:《程朱阙里志序》,雍正《程朱阙里志》卷首,第222页。
③ 休宁《茗洲吴氏家典》卷首"序",第一叶上。
④ 嘉靖《徽州府志》卷二《风俗》,第67页。
⑤ 赵吉士:《寄园寄所寄》卷之十一《泛叶寄·故老杂记》。

即布衣编氓，途巷相遇，无论期功强近、尊卑少长以齿。此其遗俗醇厚，而揖让之风行，故以久特闻贤于四方远甚。"①如果发生了纠纷，徽州人一般不是采取械斗等暴力手段加以解决，而是首先进行协商，以协议的方式处理问题；再就是通过祠堂、乡约、文会等，进行一种社会的调解；最后就是采取诉讼方式，以维护各自的利益。故徽州首先是个"礼仪之邦"，社会关系的处理惯例又使它成为一个"契约社会"，矛盾和纠纷的终极解决方式的选择又导致了徽州人的"繁讼"②和"健讼"③，由此动态保证了徽州社会的长期稳定。

第四，历史文化极其发达。徽州自南宋以后，文化事业得到极大的发展，至明清达到辉煌。流派纷呈，仅历史上确其实、有其名的就有新安理学、新安医学、新安画派、徽派朴学、徽派刻书、徽派篆刻、徽派版画、徽派建筑、徽派盆景、徽剧、徽菜、徽漆、徽墨、歙砚、徽州三雕艺术等；人才辈出，历史上有文献可证的杰出人物就达五千人之多；再如徽州的契约理性、宗法伦理、土地制度、佃仆制度、风俗信仰、风水礼学、人口迁徙、方言俚语等无不特色鲜明。徽州文化既是中国传统社会后期社会文化发展的典型投影，又是典型缩影，从而具有了标本的价值与地位④。

第五，经济结构的双重构成。徽州地处江南，介于万山丛中，八山一水一分田，本土经济的主体长期以来都是赖以山林的山经济⑤，"山限壤隔，民不染他俗，勤于山伐"⑥。由于"地狭人稠，耕获三不瞻一。即丰

---

① 汪道昆：《太函集》卷一《黄氏建友于堂序》，《四库全书目丛书》集部第117册，齐鲁书社，1997年，第71页。下引此书，不再注明版本。

② 万历《休宁县志》卷一《舆地志·风俗》，万历三十五年刻本，第五十五叶下。下引此书，不再注明版本。

③ 王士性：《广铎志》卷二《两都》。

④ 刘伯山：《徽州文化的基本概念及历史地位》，《安徽大学学报》（哲学社会科学版），2002年第6期。

⑤ 刘伯山：《戈经济：徽州本土经济的主体》，张脉贤、刘伯山、陈平民编《徽学研究论文集（一）》，1994年。

⑥ 淳熙《新安志》卷一《州郡·风俗》，第7604页。

年亦仰食江、楚，十居六七，勿论岁饥也"[1]，于是"天下之民寄命于农，徽民寄命于商"[2]。南宋以后徽商崛起，明清时达鼎盛，足迹遍天下，以至沿江地区有"无徽不成镇"之谚。徽商的经营主要是一种徽州人走出山门之外而远走他乡的两头在外的经营，它带给本土的一般是钱财的输入，这就推动了本土消费型经济的发展，形成徽州本土经济结构的双重构成局面。

第六，人口的高移民输出。由于徽州地狭人稠，"土田依原麓，田瘠确，所产至薄，独宜菽麦红虾籼，不宜稻粱。壮夫健牛，日不过数亩。烘瓮缉枡，视他郡农力过倍，而所入不当其半。又田皆仰高水，故丰年甚少，大都计一岁所入，不能支什之一"[3]。粮食从来不能自给，所需粮食皆"仰四方之来"，人们"非经营四方，绝无治生之策矣"[4]。这就导致徽州人的高移民输出，以此来拓展自己的生存空间。其具体途径，一是读书以科举及第，二是经商。特别是经商之风，在明代中期以后形成了一种社会习俗。

二、清中后期徽州传统社会发生的几个变化

清中期以前，徽州传统社会一直十分稳定，之后出现了几个显著的变化：

第一，男丁劳动力不足。明中期以后，随着经商之风的兴盛，徽州大量的男丁人口外出经商，同时带走大量的资金，以致形成"人十三在邑，十七在天下，其所蓄聚则十一在内，十九在外"[5]的局面，久而久之就给本土带来了社会经济问题。主要表现在：其一，男丁劳动力缺乏，本土的

---

① 康熙《休宁县志》卷七《题·奏疏》，《中国方志丛书》华中地方第90号，成文出版社，1970年，第1083页。下引此书，不再注明版本。
② 康熙《徽州府志》卷八《营建志下·蠲赈》，第1218页。
③ 顾炎武：《天下郡国利病书》。
④ 许承尧：《歙事闲谭》卷二十六，第930页。
⑤ 王世贞：《弇州山人四部稿》卷六十一《序·赠程君五十叙》。

农业和林业生产发展受到制约，从而使传统的山林经济长期以来只有量上的变化而在质上得不到长足发展。如祁门县的环砂村是程氏家族聚集地，遗存有《祁门环砂程氏文书》1383份，其中最早的一份为《明宣德四年四月王仕贤立卖山赤契》，最晚的一份为《民国二十年十一月汪松九等立承佃山约》，总时间跨度为502年①。从这些文书可以看出，明代后期以后，程氏家族的山场已需要承租给外人来经营，从而遗存下来大量的出佃文书和承佃文书。这其中，出佃文书44份，最早的一份是《明崇祯四年七月山主程与缙等立出佃山约》；承佃文书291份，最早的一份是《明万历四十七年八月汪天祖等立承佃山约》。其二，人口结构不尽合理，本土长居的主要是老人、妇女和儿童，各项社会事业的发展受到制约。其三，经济资本缺乏，使得本土的商业和产业经济得不到大的发展。

第二，徽商的衰落。清中期以后徽商开始衰落，特别是在清嘉庆道光以后，衰落的迹象十分明显。它表现在各个方面，涉及许多行业，尤其是占主导的盐业衰落最厉害，近乎是从此退出历史舞台②。这就对徽州本土造成了极大的影响。其一是由徽商支撑的本土消费型经济趋于终结，山林经济重占主导。其二是徽州人经商的积极性和信心遭受打击，经商之风遂减，人们的思想观念逐渐趋于安于现状的保守。

第三，棚民的迁入。明代后期以后，由于徽州本土农林生产劳动力的缺乏，许多山场抛荒，于是周边安庆、池州及江西等地的人就纷纷涌入徽州，或承租或抢占山场，搭山棚、垦山地、种玉米，成为"棚民"。此在清道光、咸丰、同治期间达到高潮，举凡祁门、休宁、黟县、歙县等地都有棚民居住。棚民的输入最初是要解决徽州本土的劳动力的缺乏，但在达到了一定的数量以后，就会带来一系列社会问题。其一是生态问题。由于棚民的开山种地，主要种植的又是不利于水土保持的玉米，因此造成许多

---

① 刘伯山主编：《徽州文书》第一辑第六至八卷，广西师范大学出版社，2005年。

② 叶显恩：《徽商的衰落及其历史作用》，《江淮论坛》，1982年第3期；张海鹏、王廷元主编：《徽商研究》，安徽人民出版社，1995年；王廷元、王世华：《徽商》，安徽人民出版社，2005年。

地方水土流失，一定程度上破坏了自然环境。清乾隆中后期以后，徽州发生了许多禁召和驱逐棚民案。如《清乾隆五十九年四月休宁浯田岭严禁召棚民种山碑》就明确指出："异地棚民挖山垦种，地方无知贪其小利，滥召妄租。不惟山遭残废，樵采无资，砂石下泻，田被涨荒，国课奚供。况深山大泽，异族盈千，哨聚成群，恐贻害匪浅。……公吁俯鉴下情，赏示严禁，勒石垂后。"《清嘉庆八年十月休宁浯田岭严禁私召棚民入山垦种碑》再次强调："嗣后，如有不法之徒故智复萌，混将山业私召异民入境搭棚开种苞芦，为害地方者，许该处地保、山主、邻佑查实，指名禀县，以凭立拿究，决不宽贷。"[①]其二是文化问题。这些棚民来自不同的文化圈，有着不同的方言、习俗和生活习惯，移民到徽州后，与徽州主流的社会生活和文化产生摩擦，直至产生交互的影响，冲击着徽州自身的传统。如在语言上对徽语的影响就很大，像屯溪方言中"着"的使用及以"着"代"了"、"着"与"了"相通等，探其来源，就是安庆官语向屯溪土著方言渗透的结果[②]。其三是社会问题。徽州本是地少人多，棚民的大量涌入必然要挤占徽州人的生存空间，加上文化背景的不同，摩擦和纠纷难以避免，增加了徽州社会的不安定因素。

第四，战争的破坏。发生在19世纪五六十年代的清政府与太平军之间的战争对徽州本土造成的影响最大。从清咸丰四年正月开始至同治三年七月，徽州就一直是清军与太平军拉锯作战的主战场之一，战火蔓延了各县，从而给徽州本土带来了巨大的灾难。其一是大量士民死于战乱及战乱之后的饥荒和瘟疫，徽州人口锐减，甚至造成本土"男丁百无一二"[③]。其二是许多村庄被毁、房屋被烧、财产遗失，"颓垣碎瓦，填塞于河"[④]。

---

① 两碑现嵌立于休宁县龙田乡龙田村村中。
② 钱惠英：《屯溪方言中的"着"——官话方言向土著方言渗透的又一例证》，《徽州社会科学》1998年第3期。
③ 徐珂：《清稗类钞》第五册《婚姻类》，中华书局，1984年，第2093页。
④ 光绪《婺源县志》卷三十五《人物志·义行八》，光绪九年（1883年）刻本，第十四叶下。下引此书，不再注明版本。

"其尤甚者，或终日不过行人，百里不见炊烟。"①徽州本土历来鲜有兵燹，这是唯一遭受大规模破坏的一次，千年厚积毁于一旦。

上述四大历史变化都集中在清嘉庆至同治年间，叠加的结果表征传统已经遭受破坏，长期稳定的社会结构出现了裂痕，徽州传统社会开始衰落。

三、清末民初徽州人的自我认识

徽州传统社会在清后期已经呈现出衰退的趋势，特别是太平天国兵燹给徽州造成了史无前例的破坏，辉煌仿佛成了过去。但生活还要继续，历史还要发展。徽州人痛定思痛，开始正视现实，清理历史，了解和把握他们的现状。于是在清同治以后至民国初年的一段时间，徽州人展开了一次大规模的自我认识运动。

第一，重修谱牒。兵燹造成了许多徽州人的死亡和流离，但徽州社会的基础还是宗族社会，了解自己宗族的劫后余生情况，重新收族，成为每一个宗族的大事，于是在清同治以后的一段时间，徽州人大兴家谱重修之风。婺源的《腴川程氏宗谱》就是清同治七年续修的，"序"中写道："咸丰癸丑，粤匪肆扰皖南，我婺遭劫，殆遍本里，亟被蹂躏，奔走流离，人无生意，遑问谱系……戊辰春，会议设局续修。"②黟县北部有一支吴氏族人，其族谱在太平军乱时被毁，之后一直想重修，终于在民国甲子年（1924年）完成，"序"中写道："予族自牛公迁居塔上，传至三世，分为二支，……讵意劫遭红羊，致令三百余年之掌记，一旦化为乌有。……今春予业师吉人兄，因宗姓之日繁，忧家谱之未修，提议编辑，出其珍藏古谱，奉为范模。"③

---

① 《曾文正公全集·奏稿》卷二十。

② 程瑞：《戊辰续修腴川程氏宗谱序》，婺源同治七年《腴川程氏宗谱序》卷一，安徽大学徽学研究中心"伯山书屋"藏。

③ 吴美熙：《吴氏族谱叙》，民国甲子年《黟北吴氏族谱底册》，安徽大学徽学研究中心"伯山书屋"藏。

第二，清理财产。兵燹造成徽州许多家庭财产遗失，特别是契约文书很多被毁，于是在战火平息之后，人们要对自己的财产进行清理和确认，以了解自己的家底。笔者在收集抢救徽州文书时就发现，农户家保存的文书一般是被文书主人叠成小长方块，用包契纸包着，放在木箱子里的。包契纸里所包的文书有的是一份，有的是好几份；包契纸上有的有文字说明，有的没有。如果同一个包契纸里包着几份文书，则这些文书之间一定存在某种内在关系，属于一种归类。这种有分类的用包契纸包契的行为就是历史上一种对文书的整理行为。通过对目前我们已发现的包契纸的分析、鉴别及考究上面所注的内容，可以知道，历史上徽州人对文书的整理至少有两次，一次是在清同治至光绪年间，还有一次是在民国早期。前者是兵燹后对财产的清理，后者则是民国改朝换代后对财产的确认。如《黟县一都榆村邱氏文书》共有280份，其中包契纸有27份①。从包契纸的纸张和上面所注的内容看，它们当是在同治后期和光绪早期所为，但后期有变动。2002年2月，笔者在屯溪老街寻获到《歙县三十七都三图许氏文书》共73份（册），其民国七年桂月许立贤订立的《置产簿》上就记载了许立贤在民国初年整理其家庭契据、文书的情况，如："实征归户一本；阄书一本；许云清、胡连宝老扒坑二张；立存膳荣之业合同契一纸，祖父留根；许廷玉卖契一纸，土名高冲岭熟地赤契，许新高寄查；许大德、大为卖孙姓当契，土名松儿坞，赤、当、卖契共三张。又云租批一纸，现在失去。"②

第三，乡村调查。兵燹后，除各宗族、家庭要了解家底外，官府和社会也加强了自我摸底式认识，开展了乡村调查，内容包括地理、风物、习俗、语言等。如清同治六年（1867年）黟县进行了全县户口调查；光绪三十四年（1908年）婺邑畅纪公司印制活字本《婺源地理教科书》；清同治至光绪年间徽州还印制了《新安风物志》等。规模最大的一次调查是清宣统元年（1909年）徽州知府刘汝骥主持的徽州民情之习惯调查。它以县为

① 刘伯山主编：《徽州文书》第一辑第一卷。

② 刘伯山：《我与徽州文书的寻获（中）》，《徽学丛刊》第三辑，2005年12月。

单位，制作统一的调查格式，委派各县"学识兼优，热心公益"的士绅分任①；然后各县成稿，相对独立，如《振均公遗墨》就是祁门的调查；最后由刘汝骥核实，汇编成《陶甓公牍》，计12卷，宣统三年夏由安徽印刷局校印②。王振忠先生指出："徽州府的此次调查，主要是通过当地士绅，采用社会调查的方式，调查有着固定的格式，形成的报告内容也就颇为详赡、可靠。笔者以为，这是所有言及徽州一府六县民俗中最为详尽的一种文献，因此具有极高的史料价值。"③

第四，编修方志。官府和社会自我认识的一项突出成果就是编纂出版了一批县志、乡土志和乡镇志。如同治八年祁门知县周溶聘海阳进士汪韵珊续修县志，同治十二年成；同治十年黟县知县谢永泰主修《黟县三志》；光绪八年婺源编写县志，至民国九年又再编。光绪三十四年，董钟琪、汪廷璋编纂的《婺源县乡土志》（七章）刊刻出版；此后不久，李家骧编纂的《祁门县乡土地理志》（不分卷）也相继付梓。民国期间，婺源、歙县、绩溪相继完成了县志，歙县完成了3部乡土、乡镇志；1944年祁门胡光钊刻印了《祁门县志·艺文考》和《祁门县志·氏族考》等。

第五，徽学的兴起。清末民初徽州人还开始了对自我的自觉认识，出现了不少研究家乡历史人物和文化流派的文章、图书。如1907年黄质在《国粹学报》《滨虹羼抹》栏目上发表《叙摹印》，谈到了徽派篆刻；1915年吴士鉴在《中国学报》发表《纂修清史商例》，谈到了徽州商人；等。除徽州人之外，1919年，江苏吴中人陈去病撰写了《徽商便览》等。徽学研究的序幕就此拉开④。

---

① 刘汝骥：《陶甓公牍》卷十二《法制科·申送六县民情风俗绅士办事习惯报告册文》，《官箴书集成》第10册，黄山书社，1997年，第578页。

② 影印本见《官箴书集成》第10册，黄山书社，1997年。

③ 王振忠：《晚清徽州民众生活及社会变迁——〈陶甓公牍〉之民俗文化解读》，《徽学》2000年卷，安徽大学出版社，2001年。

④ 刘伯山：《徽学研究的历史轨迹》，《探索与争鸣》，2005年第5期。

四、徽州社会近代化的举措

中国的近代社会是伴随着血与火的教训而进入的，徽州社会的近代化尽管是伴随着国家和民族的近代化脚步而整体推进，但真正的开始还是在遭受了太平天国运动的巨大破坏之后。考察徽州社会的近代化举措，至少需要关注以下几个方面：

1.近代徽州对先进文化和意识的接受

徽州虽然地处山区，交通闭塞，但对外界先进文化和意识的接受还是比较通畅和及时的，由此产生了一定的影响。

（1）清末以后徽州人书信频繁。清后期徽商尽管有所衰退，但经商的人士毕竟还是很多，他们与家乡都有密切的交往，其中书信是重要的方式。徽州早在明代就有"信客""信使"，传递着大量的信函。清后期邮政事业有所发展，徽州本土创建邮局是比较及时的，如光绪三十年歙县创办邮局，光绪三十二年祁门县邮局成立，宣统二年歙县深渡设立电报局等，信函的来往就更加密切。黟县宏村有汪、万、吴等姓，其中汪是大姓。2000年5月，笔者在该村获得《黟县十都宏村汪氏文书》计210份，其中有9通清末民初的信函，现藏安徽大学徽学研究中心"伯山书屋"。2002年，笔者在该村又获得万氏信函近60通，年代为清末至民国，主要是在浙江兰溪经商的宏村万氏与家人的通信，涉及了几代人，内容除了诸如报平安、通人情之外，还包括子女教育、资本融通、商业经营、商品价格、时局、世风等，现藏笔者处。黄山市的吴敏先生收集到了清道光年至民国末年徽籍商人的信札2000余件，其中黟县商人王家瑞兄弟俩的十余件信札涉及了徽商"卖官鬻爵""捐翎"的内容[①]。

（2）清末以后徽州人对时尚报刊的订购。徽州虽然隶属偏僻的山区农村，但文化底蕴深厚，外出的人多，因此对外界新鲜事物的接受很快，大

---

① 吴敏：《发掘近百年来徽商信札史料侧记——附录王家瑞、江耀华等商界名人书信十八通》，《徽学丛刊》第二辑，2004年12月。

凡北京、上海、杭州等地所办的一些报纸和刊物，总有许多人订阅和购买。对此，笔者在收集抢救徽州文书的过程中多有发现。如目前笔者收藏的刊物有上海生活周刊社主办的《生活》民国十九年第五卷第四期和民国二十年第六卷第五、六、四十八期；杭州黄钟文学社主办的《黄钟》民国二十二年第一卷第十五期；《时兆月刊》民国二十年第五期；《中国工业杂志》第九卷第十期；上海编辑人协会主办的《文化战线》旬刊民国二十六年第五期等。报纸更多，许多原是徽州人用作包契纸的，如《黟县十都丰登江氏文书》中就有一张包契纸是民国四年十一月十二日上海的《申报》；《歙县十八都郑氏文书》的包契纸除了民国《徽州日报》外还有一张是民国十六年上海的《新闻报》；祁门一户人家的文书共有十余包，全是民国十九年《新民报》等。这些时尚的报纸既然被徽州人用作了包契纸，至少说明它们当时在徽州已是十分普遍，人们不以为贵。安徽大学徽学研究中心"伯山书屋"还藏有《清光绪芜湖〈商务日报〉档案》计23份，有《清光绪三十一年六月芜湖商务日报处等立合议草底》《清光绪末年芜湖商务日报禀请商务局宪文稿》《清光绪末年芜湖商务日报登记账目规定草底》等，系笔者2000年2月20日在黟县宏村获得。该档案被黟县人留存至今，合理推测应是该《商务日报》与某个黟县人关系紧密，甚或是创办者之一。

（3）近代徽州兴办报刊之风。徽州人不仅要订购报刊，更是要自己创办。民国元年，屯溪的共和党人在屯溪就创办了《新安报》，此为目前已知徽州最早的地方报。民国二年，歙县省立第二师范学校编辑出版校刊《黄山钟》，后随学校迁到休宁万安；同年，歙县人还在县城创办了《徽州新闻》。民国十二年，北京高校的黟县籍学生舒耀宗、王同甲、欧阳道达等人组织了黟麓学社，创办了《古黟新语》；同年，休宁省立二师和歙县省立三中在休宁组织"徽州二三同学会"并创办了刊物，宣传民主。民国十一年至二十年，在上海和芜湖从商的青年余一晨、汪励吾、汪晋侯、舒人文、陈默若等组织了励志会、黟社和同乡会，创办了《黟山青年》《乡潮》《黟声》《双溪潮声》。民国十四年，歙县新安少年俱乐部编辑出版了

《先声报》《新声月刊》；稍后，休宁隆阜的安徽省立第四女子中学的师生创办了《徽音》、祁门县立小学的教师创办了《阊潮周刊》等。到了20世纪30年代和40年代，徽州本土所办的报刊更多[①]。

接受了先进文化意识，人们的思想观念发生了变化。据笔者的考察，至少体现在以下三个方面：

其一是政治敏感。徽州尽管地处封闭的山区，民国时的本土经济已是比较落后的山区自然经济，但徽州人的政治意识并不落后，对时局的把握和对政治的关心丝毫不亚于当时中国的一些大城市。1919年北京爆发了"五四"运动，徽州各县都举行了集会游行，高呼"响应北京学生的爱国行动""外争国权，内惩国贼""取消二十一条""拒绝接受巴黎和约"等口号，参加者不仅有学生，还有商民、工人等，有些地方不仅有学生罢课，还有工人罢工、商家罢市；1923年曹锟贿选，徽州各地又举行集会示威，呼喊"打倒'猪仔'议员""打倒贿选总统"等口号；1925年上海发生"五卅"惨案，徽州很快就开展了罢课、罢工、罢市和抵制英、日货的斗争，其中仅歙县检查、登记和封存的英、日货价值就达30万元，占当时全县商界资金（不包括茶叶资金）的四分之一，封存的日货有鹤阳细布、四君子布、胶靴、仁丹、臭虫粉、金刚石牙粉、海菜等[②]。

其二是妇女解放。突出表现在两个方面：一是女子越来越多地接受教育。在中国古代，女子教育是不被重视的，徽州也是如此。尽管历史上徽州女子接受教育的情况要比其他地方好，识字的人多，舞墨的人多，以至于还出现了不少的女诗人，如清乾隆时人汪韫玉著有《兰雪诗抄》《听月楼遗草》2卷137首，清后期商山人程淑著有《苏幕遮》《绣桥诗词存》等[③]，但女子普遍接受正式教育还是近代的事，特别是一大批女子学校的出现，极大地推动了女子教育的发展。如光绪三十一年绩溪汪秀英于县城

---

① 《黄山市报业志》编纂委员会编：《黄山市报业志》，黄山书社，1998年，第295—304页。

② 中共黄山市委党史研究室编：《中共黄山地方史》，1997年，第8页。

③ 刘伯山、蒋毅华：《徽州的文风与教育》，《徽州文化研究》第二辑，安徽人民出版社，2004年。

毓才坊创办女子学校，民国十一年改为县立女子高级小学；光绪三十二年许承尧在唐模创办端则女子学堂，同年黟县西递黄杏仙创办私立崇德女校；宣统二年绩溪仁里创办端本女学；民国九年祁门创办私立女子国民学校；民国十一年安徽省第四女子师范学校在屯溪隆阜创办；民国十二年祁门县女子高等小学成立等。二是妇女意识的觉醒。徽州是受中国封建伦理教化最甚、所受影响最深、体现封建儒教伦理最为典型的地区。受传统伦理的影响，徽州妇女的婚姻是不可能自主的，并且是"嫁鸡随鸡，嫁犬随犬"，夫权思想十分严重；受程颐"饿死事极少，失节事极大"说教影响，"新安节烈最多，一邑当他省者之半"①。民国修订的《歙县志》有16本，其中《烈女传》就有4大本。这种状况在民国时期有了很大的改善。拿夫妻离婚来说，过去只有丈夫休妻子，而据笔者所见，至少是在民国中早期徽州就出现大量的夫妻协议离婚情况。安徽大学徽学研究中心"伯山书屋"就藏有一份民国二十七年的离婚协议书，当事人是休宁人。至少是在20世纪30年代，徽州社会还出现大量的协议离婚登报声明情况。2005年7月，笔者在屯溪老街收集到《婺源东关村胡氏文书》计21份，其中有三份包契纸是民国时期婺源的报纸，分别是民国二十五年五月三十一日的《星江报》、民国二十八年十月十八日和民国二十九年七月二十六日的《婺源联合日报》。三张报纸就有两张上登有"离婚声明"，其中《星江报》上登有两则，兹照录一则如下："刘岩顺、江德凤离婚声明：我俩现因意见不合，已各央证人订立协约，同意离婚。自本年五月六日以后，男婚女嫁，各听自由，两不干涉。特此声明。"②由之可窥见当时登报声明离婚的风气之甚。民国二十五年，黟县还成立了新生活运动委员会妇女工作委员会，发出《告女同胞书》，劝告妇女不再缠足等。

其三是生活习惯出现小的变化。目前可直接印证的是在民居建设上。徽州民居的传统建筑是徽派建筑，但在近代，随着中西文化的交流，西式

① 赵吉士：《寄园寄所寄》卷之二《镜中寄·孝》，第516页。

② 该报为手工刻印印刷，四版，版式27.7厘米×39.7厘米，报头注明社址在婺源城内西培里132号。现藏笔者处。

风格也在影响徽州。有些徽州人在设计建造自己的住房时，既要保持传统，又要结合西方的东西，由此就产生了一些中西合璧的建筑形式，至今仍有遗存，笔者至少分别在黟县的西递、南屏和绩溪的上庄等村都有发现。如传统的徽派建筑，其整体结构近乎是封闭的，高高的"马头墙"亦即防火墙营造的是与外界隔离的小环境，天地的相通是通过内部的天井，尤其是内室绝不对外开放，窗子很少并且很小。而中西合璧的建筑，考虑到更好的采光，往往是采取半开放型，窗户很多并且很大，西递的一座建筑竟并排设计了好几扇大窗户。有意思的是，绩溪上庄是中国新文化的一大旗手胡适的故居地，其村的一座新式建筑是民国年间由一个留洋文化人引进的；而黟县的西递和南屏村出商人多，其新式建筑是由商人引进。士商异业而趣同。

但总体上看，上述的变化除了妇女解放具有时代进步性质外，其他两方面的变化或时代新特征不显著，或影响不是很大。徽州人关心政治主要表现在反外侮方面，而这是徽州人的传统，从元代徽州人大量遁入山林避世以专心从事文化教育事业，到明中期徽州人抗击倭寇以致出现绩溪人胡宗宪等抗倭英雄，再到清前期徽州有大量的明遗民等可证。徽州作为程朱理学的发祥地，儒家的忠义观念深入人心。近代徽州人反外侮的一系列斗争，及抗日战争期间徽州成为华东地区重要的抗日后方基地，这都是传统在近代延续的表现。至于近代徽州人在生活习惯上出现了一些变化，那也只是在一些小的方面，并且仅具有个别性，不仅不代表主流，而恰是要被传统的生活习惯和方式所淹没。

2.徽州近代教育的发展及职业技术教育的开展

徽州人对教育历来十分重视，重文重教之风至少是在南宋以后就沉淀为厚重的社会习俗。清末以后，徽州传统的教育开始步入近代转型期，其中发生了一些有着徽州特点的变化。

（1）学堂制的推行及与传统教育的冲突。近代学堂制教育开展，徽州人接受是比较及时的。光绪二十六年，歙县基督教堂在城内创办了徽州最早的新式学校——崇一学堂。光绪二十九年，绩溪人胡晋接应绩溪富商程序东等人的邀请在绩溪仁里创办了私立思诚小学校。光绪三十年，绩溪知事李第青倡议在城郊东山创办东山高等小学堂。光绪三十一年，歙县创办了徽州第一所中等学校——新安中学堂；同年，歙县又在县城九管创办了官立两等小学堂、唐模创办私立敬宗两等小学堂等；同年，祁门南乡在平里创立乡立高等小学堂，此为祁门新学之始。光绪三十二年，歙县县城创办了安徽省第一所中等师范学校——徽州府紫阳师范学堂；同年，黟县创办碧阳高等小学堂；同治年间，祁门还重修了东山书院，至光绪三十二年，改办为县立高等小学堂。光绪三十三年，徽州各县基本成立教育会、劝学所。1910年清廷颁布《私塾改良章程》，全国书院改为学堂。拿歙县来说，民国十六年成立民众教育委员会，次年成立民众教育馆，民国十八年创办民众学校，至民国二十六年，民众学校就发展到63所。但徽州毕竟是一个传统教育极为发达的地区，尤其是私塾教育根基深厚。因此，在近代教育的转型期间，传统教育与新式教育的冲突不断。笔者就收藏一本《呈文留稿》，反映的是20世纪30年代后期，歙县官川私立储英初级小学校"呈为故兴私塾障碍教育进行、恳请给谕责令取缔以维教育前途事"的案例。

（2）开展了面向世界和关注科学的教育。徽州的新式教育面向世界、关注科学。同治十三年，中国首次派赴美国官费留学生，徽州休宁人吴敬荣和黟县人程大业被选取，次年八月赴美。为走向世界，徽州人还十分重视外语的学习，尽管由于方言的问题，徽州人学外语存在许多困难，但总是努力克服。2002年，笔者在婺源的上晓起村曾收到一本《徽属乙种农校杂俎》，作者是民国年间一个名叫汪叔芬的婺源人。内容较多，其中就有《日语课程》和《英语练习》，《英语练习》中有许多是用婺源方言注单词的读音。为关注科学，徽州人还印制了不少科学普及的教科书。2004年，笔者在屯溪老街收集到一部清光绪二十八年徽郡屯镇抱吟馆刻印的《溥通学》10册，内容涉及数学、力学、光学十个学科，它就是一部科技教科书；安徽大学徽学研究中心"伯山书屋"藏有黟县宏村万氏所藏的古籍图书100余册，其中科技方面的图书就有不少，而据笔者的整理和研究，这批图书的主人至少有一位是清同治至光绪年间的私塾先生。

（3）职业技术教育在徽州的发展。徽州对职业教育历来十分重视。徽州人一般在十二三岁以前普遍接受启蒙教育，之后凡是要经商做生意的人都要接受职业教育。但以往的职业教育主要是通过学徒来完成的，清末以后，徽州人则创办了许多正规的职业技术学校。如光绪三十四年休宁人戴瑛在隆阜创设休宁县立农业初等小学堂，设有蚕桑科，开有实业课。宣统二年，茶商吴俊德等人投资在屯溪阳湖创办徽州农业学堂，以蚕桑为主科；第二年扩增中等农科、预科两班；民国二年改办徽州乙种商科学校。民国三年，我国职业教育的开创者黄炎培先生第一次来徽州考察教育，民国九年又再来。民国六年，徽州人又动用紫阳书院的六邑公款在屯溪创办新安公立甲种商业学校，民国二十一年易名为省立第八职业中学。民国七年安徽省实业厅在屯溪高枧创立茶务讲习所，是为屯溪茶校的前身。民国二十九年江西省农学院在婺源武口彭公庙设立省立制茶科初级实用职业学校等。应该说在近代，徽州职业教育是比较发达的，这与历史上徽州人的经商传统内在关联。

（4）陶行知教育思想在徽州的实践。陶行知（1891—1946年）是歙县人，曾读书于歙县崇一学校。民国十二年，陶行知赴省城安庆倡导平民教育，成立安徽省平民教育促进会，开展平民教育和乡村教育，徽州各县纷纷响应；民国十六年，陶行知在南京郊区创办了试验乡村师范学院——晓庄师范，提出"社会即教育""生活即教育""教学做合一"的生活教育理论，这些在徽州本土都造成了很大影响，徽州的省立三中、省立四女中及歙县烟村、稠墅、伊坑等地的小学都办起了平民学校，许多地方还办起了工学团等。休宁的隆阜和西村曾是中国乡村平民教育开展的最初试办地[1]。在《普及现代生活教育之路》一文中，陶行知先生还将歙县的王充评价为全国推行"小先生"生活运动十来个成绩显著的地方之一[2]。陶行知教育

---

[1] 陶行知：《平民教育概论》"平民教育现行系统"。安徽省教育厅初教处、安徽省陶行知教育思想研究会选编：《普及教育》，1984年，第11页。

[2]《普及教育》，1984年，第66页。

思想在徽州的实践应该说比较成功。

徽州教育的上述变化有时代进步的性质，但也有不足。

徽州至少在元代就有"东南邹鲁"的美誉，历史上除了府学、县学和社学的发展十分充分外，私塾教育和书院教育尤其发达。其中，作为蒙学教育的私塾教育普及面最广，几乎涉及了各家各户，以至在明清时期徽州形成了"远山深谷，居民之处，莫不有学、有师、有书史之藏"①"十家之村，不废诵读"②的局面。如此局面的取得，宗族的重视和支持最为关键。徽州是个宗族社会，每一个宗族都将"亢吾宗""显吾室"看成宗族发展的最高追求，这在"士农工商"的价值观念占统治地位的中国传统社会，重视教育，鼓励支持族内子弟科举及第才是最高的追求。于是，徽州的各个宗族都将教育问题作为族内大事，置族产、办族学，不遗余力。私塾教育是各个宗族和家庭最容易办到和最起码要重视的教育，于是塾学在徽州民间发展最普遍，基础也最深厚。安徽大学徽学研究中心"伯山书屋"藏有《祁门南乡十三都康氏宗族文书》计35份，其中就有一份《清同治元年三月十八日石溪康永清祠秩下经手允例等立议束心预储塾学合文》，微观具体地反映了徽州宗族对教育的重视及资金保证情况。而近代徽州教育的发展首先就是淡化了宗族在教育中的影响，学堂制直接冲击了塾学制。尽管女子学校的发展使更多的女子接受了教育，这是一大时代进步，但总体上，徽州民众接受教育的绝对人数在这一时期竟然是较过去有所下降，徽州农村的文盲人数在这一时期有所上升。拿祁门县来说，民国二十六年全县文盲人数竟然达到6.5万人③，而全县的总人口，民国二十二年是90474人，民国三十二年是85356人④。民国期间文盲人数的整体上升，导致中华人民共和国成立以后，农村扫盲成了一项重要的工作，一直持续不断，1958年还掀起了"扫盲大跃进"。由于历史所欠太多，即使到了1958

① 赵汸：《东山存稿》卷四《商山书院学田记》，第287页。
② 光绪《婺源县志》卷三《疆域志·风俗》，第一叶上。
③ 祁门县地方志编纂委员会办公室：《祁门县志》，安徽人民出版社，1990年，第576页。下引此书，不再注明版本。
④ 祁门县地方志编纂委员会办公室：《祁门县志》，第85页。

年，祁门仍有文盲、半文盲2.4万人[1]，而1957年底祁门的总人口是102089人[2]；歙县溪头区辖溪头、黄村、大谷运、上丰四个乡，该年"全区青壮年文盲、半文盲5535人，占青壮年总数67.5%"[3]。实际上，陶行知先生所开展的平民教育运动也是一项扫盲运动。1923年10月30日，陶行知在写给休宁人金鸣歧的信中，盛赞金鸣歧在休宁北乡推行平民教育一事，指出这是"欲将不识字之北乡化为识字之北乡，将黑暗之北乡化为光明之北乡"[4]。陶行知先生是在民国十二年以后才致力于平民教育的，为此，他还在这年的8月正式辞去了东南大学教育科和教育系主任的职务[5]。如此举动应是时代的呼唤。不仅如此，近代徽州教育的发展在性质上也没有突破传统。它基本上还是一种源于自身发展的乡村教育，尽管有面向世界的内容，也在接受科学的思想，但总体态势上还是一种传统教育的延续，具有近代性质的民主思潮没有贯彻到教育体系之中；所进行的职业教育主要是服务于传统的农业和商业，具有近代性质的工业化和产业化的教育没有得到重视。这些都直接影响了徽州的近代化进程。

五、徽州社会近代化进程的受阻

徽州社会的近代化尽管从清末以后就开始，但其发展存在极大的自身缺陷。近代徽州对新事物的接受一般停留在思想文化方面，所进行的近代化转型主要出现在人文社会上，而恰是在根本体现近代化实质的工业化和产业化方面，徽州几乎没有什么发展。至少是在民国期间，徽州本土所拥有的工业还只是传统的手工业，它们一般只是满足本土自身的需要，产业化经济特别是工业经济直至中华人民共和国成立前夕还几乎为零；商业资本在本土的发展也极不充分，尽管徽州历史上有经商的传统，但本土所拥

---

[1] 祁门县地方志编纂委员会办公室：《祁门县志》，第576页。

[2] 祁门县地方志编纂委员会办公室：《祁门县志》，第86页。

[3] 溪头志编纂委员会编：《溪头志》，合肥工业大学出版社，2003年，第639页。

[4] 陶行知：《行知书信集》，安徽人民出版社，1981年，第24页。

[5] 朱泽甫：《陶行知年谱》，安徽教育出版社，1985年，第51页。

有的商业只是满足当地人一般生产、生活消费的商业，充其量也就是传统的山区市镇商业，资本的集约化程度较低。清末以后，随着徽商的衰落，本土的消费型经济趋于终结，至民国期间，徽州本土的经济社会不仅没有实现近代化转型而体现进步，甚至有所倒退，实际上又回到了宋代以前的单一型山区农耕社会。即使出现了一些人文精神方面的进步，也主要是由大时代的背景促成的，触及思想深处和价值观方面的变化并不显著。因此，徽州社会的近代化严格来说是没有完成的。探究其进程受阻的原因，笔者认为至少有以下几方面的因素：

第一，自然环境的限制。徽州地处安徽、浙江、江西三省的交界处，周边大的城市有杭州、南京、上海等。杭州距徽州算是很近的了，但在公路未开通之前，从屯溪出发到杭州要五六天；从屯溪到南京至少要六七天；订一份上海办的报纸，送到徽州人手里，至少要八九天。因此，尽管徽州人愿意与外界交流、交往，但偏僻的位置、闭塞的环境、不便的交通，对其总是制约，经济上接受大城市的辐射、影响小，所受的带动力不大，近代化进程因此也就发展缓慢。

第二，村落结构的制衡。徽州属于山区，村落布局零星，各村各庄散布在群山之间，且不少位于半山或高山之上，像徽州的一些独特地名用字，诸如坑、坔、降、坦、岭等，就是针对不同山地村落而言的；各村一般都有水口，它既是村的界限，同时也具有隐蔽村落的功能；再加上徽州主体的经济是山区农业经济，它的季节性、松散性和可恢复性很强，小聚落的村落布局与之很适应。这些都不利于大规模的产业化经济发展，不利于城市化的进程。

第三，宗法制度的影响。徽州的宗族社会十分稳定，至民国时期也没有消解，至少在民国年间徽州人还在大肆撰修谱牒，其目的就是要收族归宗。而徽州的宗族都是聚族而居的，一个村一般只有一个姓或只有几个姓，宗族管理的制度又十分严格，所施展的功能强大，宗族的自治能力很强，直接蕴含的就是地方自治能力很强，各村的分立性、独立性大，小格局上的稳定性程度高。这就决定了在徽州，小本小资的事业可以做，大协作的产业化经济则难以发展。

第四，传统习惯的惰性。一方面，徽州历史文化十分发达，儒家思想和文化沉淀深厚，使它具有极大的惰性。社会意识和文化本身就有极大的传承惯性，尽管徽州人在清末以后也开始接受新思想、新思潮、新事物，并与传统进行了碰撞，却无奈传统的东西过于强大，主流的思想与价值观总是被传统所占据，改变起来十分困难，至少是需要长期的过程。即使是像胡适这种曾经接受过西方教育，曾大肆鼓吹和主张全盘西化的人，却也如陶行知先生所评价的那样是一个"徽州土货"，"胡适之先生从头到脚也只是我们家园所出的土产"①。传统的东西在他身上保存得很多，婚姻受母命，治学方法受以戴震为代表的乾嘉学派的影响等。另一方面，徽州传统的社会有着很强的自我调节功能，基础牢固，历史上又鲜有兵燹，曾保持近千年的动态稳定，于是其延续和传承的力量就十分强大，改变起来十分困难。即使是在思想文化领域一些时尚的思想和风气暂时占了上风，但要实施对社会的改造，目标还是十分遥远，所需的过程会很长。这也是徽州近代化进程受阻的根本原因。

第五，动荡时局的延误。徽州人早在清末就开展了职业技术教育，民国以后徽州的职业教育尤其是在有着徽州传统特色的茶科、商科上相当有作为，徽州人本是指望以此来促进徽商振兴、发展经济的，但却时运不济，动荡的时局总是一再地耽误徽州的发展。徽州的职业技术教育在发展的初期，由于遭遇了国内军阀割据和混战，作用难以发挥。到了20世纪30年代，当这种教育已发展到比较成熟时，抗日战争又爆发了，尽管日本的军队还没有进犯到徽州本土，但这场战争给徽州造成的灾难还是深远的。全民抗战，人心惶惶，交通封锁，物资短缺，流通不畅，加上日本人的飞机不时地轰炸徽州本土，结果导致徽州人已经蓄积的经济与社会发展的势能不能发挥，重振徽商的意志严重受挫。后来又是四年的解放战争，时局依旧动荡，徽州的近代化进程终于终结。1949年以后，徽州社会进入了一

---

① 陶行知：《行知书信集》，第59页。

个新时期。

六、徽州传统的延续

1949年5月，徽州全境解放，同年10月，中华人民共和国成立，徽州社会进入了社会主义革命和建设时期。这又要分为若干个阶段，其中20世纪80年代以后是社会主义现代化建设阶段，所要实现的是社会的现代化，当下及以后很长的一段时间，我们处在这一历史进程之中。

徽州社会未完成近代化的直接后果就是导致传统在今天的延续。它至少表现在：

第一，传统的思想观念。中华人民共和国的成立是新的开始，社会主义的意识形态占统治地位。但在这之后的很长一段时间内，徽州人思想意识中传统的东西还是很多。拿"文化大革命"的破"四旧"来说，这期间，徽州人也确实破坏了一些老东西，但仍有许多老的东西是徽州人出于传统观念的惯性，出于对宗族、祖先财产的敬重和爱护意识而予以保护了下来，结果导致一大批文物遗存至今。徽州传统思想观念的深厚甚至在有些方面还演变成了一些极其保守和落后的意识，最典型的就数下面这句话："手捧苞芦馃，脚踏一盆火，除了皇帝就是我。"据笔者调查，此语当形成于清后期，但一直到20世纪80年代，在歙县、休宁、黟县等许多地方，老百姓还经常颂道，其所反映的保守、自足、安于现状的意识，在许多人的意识深处还存在。这是极其负面的，由之亦可折射和窥见徽州人思想意识的传统化程度。

第二，村落结构的拓扑变迁。中华人民共和国成立以后，徽州的阶级关系发生了变化，但农村的村落结构和自然的村落社会却没有实质性的变化，宗族的影响一直到20世纪90年代甚至在今天还隐约存在，传统的生活方式一直没有消除。一些村落经过许多年的发展，尽管房屋变了，有些建筑毁了，面貌发生了变化，但村落的基本结构没有变化，即使有变化也只是一种变形，并且是拓扑变形，内在结构还是一致的。进入20世纪80

年代以后，随着农村大量建新房以及国家征地、道路改造、城市扩建等因素，导致有些村落的样子全变了，甚至是作为有形的村落已经不见了，但文化的村落还存在，仍要恪守传统。

第三，丰厚的文化遗存。徽州社会未能完成近代化的一个突出结果就是今天有大量的文化遗存。一是有大量的传统工艺、技术在传承，这包括徽州三雕（砖雕、木雕、石雕）、万安罗盘、徽墨、歙砚、徽漆、徽剧、徽菜、徽派盆景、徽派建筑及新安医学、新安画派等。二是有大量的不可移动文物。据目前已查明的，仅黄山市行政区划范围内，至今保存完好的古街镇、古村落、古民居、古祠堂、古牌坊、古谯楼、古塔、古桥等地面文物就达5000多处。三是有大量的典籍文献与文书遗存。仅徽州文书在20世纪50年代第一次被大规模发现时就有10万余件，当时被誉为20世纪继甲骨文、汉晋简帛、敦煌文书、明清档案发现之后中国历史文化上的第五大发现；至2005年，徽州文书已发现的数量是35万份左右，另有10万—15万份还散落在民间[①]。

徽州传统的延续实际上就是徽州历史文化在今天的遗存。20世纪80年代后，随着徽州社会进入现代化发展时期，那些属于传统的文化遗存，有许多是在现代经济文化事业的发展中重新找到了自己的位置，接受着现代化发展的重新整合。其中，传统的思想观念除一部分是趋于消解外，更多的是获得了转型，像歙县、黟县的许多乡村自发成立了诸如文物保护协会等以保护历史文物，其中就内存了传统的宗族意识、保守意识和生活习惯等；许多古村落、古建筑等成了各级文物保护单位，其中黟县的西递和宏村，2000年11月被联合国教科文组织列入世界文化遗产名录；传统的工艺艺术在今天不仅是要继承而且要弘扬；大量遗存的文书文献目前正在支撑着一门专门的学问——"徽学"，它已经是一门走向世界的显学；已有越来越多的不可移动文物与旅游事业相结合，从而转变为重要的旅游资源，目前已经成为社会经济和文化事业发展的新亮点，当下正在中国特色社会

---

① 刘伯山主编：《徽州文书》第一辑第一卷，"前言"。

主义新农村建设中发挥着独特和重要的作用。可以说，目前，徽州的传统已经或正在与现代文明和谐共处、互动发展。

徽州的传统社会是中国传统社会的典型缩影，其近代化发展的历程尽管是一种区域社会发展的个别，却能够反映中国近代社会发展的一般。具体地和实态性地研究徽州社会的近代化发展问题，对我们深入和细化了解中国近代社会是大有裨益的。

第二章 徽州宗族论

古徽州的土著人是山越人，今天所谓的汪、黄、程、方、江、戴、洪、李、郑、许等姓氏多是东汉末年以后，由中原一带迁徙而来。这些宗族原先皆是中原一带的世家大族，迁徙到徽州以后，『反客为主』，构成徽州社会的主体，形成徽州的宗族社会。徽州的每个宗族都将『亢吾宗』作为宗族发展的最高追求，客观上为徽州社会注入了活力。徽州宗族是千百年来徽州社会稳定和发展的坚实社会基础。

徽州谱牒知多少①

古徽州社会是由中原世家大族移民而形成的具有汉唐遗风的宗族社会，各宗族聚族而居，保持血统，强化宗谊，修建祠堂，而修族谱最为徽州宗族看重。婺源明嘉靖二十八年修《詹氏统宗世谱》的"前序"中写道："族谱不作，人伦之道不明，尊卑失序，礼乐攸，揆之风化，非小失也。"徽州的全郡要修如《新安名族志》等的郡谱，各县要修如《休宁名族志》等的县谱，各个宗族要修整个宗族的统宗谱，宗族的各宗各族要修宗谱和族谱，各房、各门、各家要编修或抄立支谱和家乘等，由此产生了许许多多的家谱。

一

历史上徽州各个宗族到底产生了多少谱牒，我们今天不得而知，甚至无法估算，现在所能讨论的只是至今还存世的谱牒数量。目前收藏徽州谱牒最多的单位是上海图书馆，据王鹤鸣先生在《上海图书馆馆藏徽州家谱简介》中介绍，上海图书馆收藏的徽州家谱，包括徽州（新安）地区和休宁、祁门、绩溪、黟县、歙县、婺源六县，共计收藏1949年前的家谱467种，其中统谱、总谱35种，家谱、族谱、宗谱422种，祭祀谱10种，共有

---

① 此文系笔者带着学生安徽大学历史系2015级考古学专业博士生、铜陵学院团委副书记张平平讲师共同完成。

56个姓氏①。2008年，上海古籍出版社出版了皇皇10大本《中国家谱总目》，其"前言"说要"将全世界公藏和私藏的中国家谱，编纂成一部带有内容提要的联合目录"，成为"迄今为止收藏中国家谱最多的专题性目录"②。其中属于徽州的家谱占了较大的比重，据统计，数量达到1568部。但据笔者调查与了解，此数量远不是目前还存世的徽州谱牒的真实数量，仅1949年之前编修的徽州谱牒，《中国家谱总目》中未收录的至少包括以下四个方面：

其一，一些公藏机构藏的徽州谱牒。如黄山学院图书馆所藏徽州家谱共计185部，其中有133部为《中国家谱总目》所未收录；黄山市档案馆藏有徽州本土的70个姓氏谱牒档案300多套1982册；安徽大学徽学研究中心"伯山书屋"藏有笔者在2001年5月19日捐献的徽州谱牒40多部；安徽省的其他许多市县级图书馆和档案馆都藏有数量不等的徽州谱牒，等等。这些谱牒的数量，据笔者估测，当在800部左右。

其二，诸多民间私家藏的徽州谱牒。它们的数量很大，如笔者藏有百余部谱牒，均为2000年10月份以来自徽州民间寻获。其他一些个人收藏的谱牒，据笔者调查与了解，黄山学院一位教师藏有几十部，休宁县一位机关工作人员藏有20多部，黄山市一位退休人员藏有十几部。至于藏有徽州谱牒数量为3部至10部不等的人，仅黄山市就有近20人。这些人大多为徽学研究者或爱好者，其藏有的徽州谱牒数量，据笔者估测，当在400部左右。

其三，徽州乡村民间藏有的谱牒。笔者近20多年来至少调研了300多个徽州的自然村。在调研时，笔者总能发现一些农户的家里还保存有自己家族的谱牒，有成部、成套的印制本，有单册的手写本，清明祭祀簿更多，有的一个村可以发现好几个。如祁门县古溪乡的黄龙口村就珍藏有明代至民国的汪氏宗谱四部共63册，祁门县历口镇叶村一个村民家藏有民国己巳年重修的《沙堤叶氏宗谱》12册和民国甲戌年叶涤烦抄的《要录》

① 王鹤鸣：《上海图书馆馆藏徽州家谱简介》，《安徽史学》，2003年第10期。
② 王鹤鸣主编：《中国家谱总目·前言》第一卷，上海古籍出版社，2008年，第1页。

等。这些发现直接反映的是徽州人尊祖敬宗观念在当下的延续与传承。徽州所属六县至今至少还有七八千个自然村，按每个村留有一部谱牒计，数量达七八千部；取其二分之一，也有三四千部，由之可见散存于徽州乡村的谱牒数量之大。

其四，一些侨居外地的徽州人手上藏有的家谱。它们的数量虽难以统计，但据笔者估测，也不会少。这些人有的已侨居外地三四代，有的甚至达到十几代，但皆对自己的祖籍地徽州念念不忘并保持认同，保留谱牒和努力地在徽州民间获得自己宗族的谱牒是为了不忘根本。2001年12月，笔者在休宁县流口村作田野调查时，曾在一个名叫李阿金老人的家里看到两部李氏家谱，分别是民国二十一年修《双溪李氏族谱》上下册、清同治年间手抄李氏《支谱》1册；2018年1月，笔者再次来到李阿金家里时，老人已经过世，他的儿子接待了我们，问及当年看到的家谱，被告知原件早已给家在江苏宜兴的一位李姓本家买去了，现在只留有复印本。

"发现"是个主体性很强的相对概念，它应具有被积极的主体寻得、确认价值、社会认同等几个方面的属性要求，由之"发现"是要区分出"已发现""正在发现"和"尚待发现"三种类型。发现的前提是被发现东西的存在，而凡是真实存在的东西总能被发现。《中国家谱总目》里收录和已作为公藏机构公藏的徽州谱牒当属"已发现"的徽州谱牒，作为徽学研究者与爱好者私家藏的徽州谱牒"正在发现"的徽州谱牒，还散存于民间由谱牒的拥有主人保存的自己家族的谱牒属于"尚待发现"的徽州谱牒。它们皆为存世的徽州谱牒，估测其数量，将超过5000部。

二

谱牒是记载宗族成员世系及事迹的档案。存世的徽州谱牒不仅数量大，而且形式多样，既有多卷多册的，也有多卷一册的，还有不分卷一册的，种类十分丰富。仅就纸质载体形态的谱牒来说，至少存在以下几大项：

第一，就谱牒的性质内容看，徽州谱牒所要记述的宗族群体是有着血缘关系的宗族群体，纵向上要记述宗族延续的源流、世系，横向上要记述宗族发展的分支、分派，但不同的谱所记述的重点是不一样的，由之也就决定了谱的性质与种类：

统宗谱。即某一区域的某宗族从某一祖先之后繁衍发展的各支各派之总谱，它也被写成统谱、通谱、会宗谱、世谱等。尊祖归宗，打破地域的界限，将同一宗族的各支各派收为一体，统编成一部谱，即所谓的"会千万人于一家，统千百世于一人"。正如明嘉靖《新安琅琊王氏统宗世谱》的"凡例"所说："兹谱登载总若干万人，皆本于尚书府君一人之身。""府君大献公九子二十三孙之裔，散处于徽饶宣池九江等处。"需要指出的是，由于徽州的宗族特别注重血缘，故其统谱也就是同宗之谱而非同姓之谱。在徽州，同一姓氏而没有同一血缘关系的所谓联合谱是不存在的，由之不同于福建的谱牒。据陈支平在《福建族谱》一书中介绍，福建的谱牒有许多是"同一姓氏的联合谱，收进这种统谱的同姓人，其先祖并不一定都有直系的血缘关系"[①]。

支谱。即宗族的某一支、某一派、某一堂之谱，更多的是被写成宗谱、族谱等。如祁门营前清道光元年修《锦营郑氏宗谱》、歙县瞻淇光绪九年誊立汪氏敬义堂《本支世系》等。徽州家谱中存世最多的就是此类谱。

家谱。即一家一房之谱，也被写成祖宗谱、家乘、家纪、谱略、宗派、世系等。如歙县昌溪清咸丰元年吴仁抄立吴氏《太湖祖宗谱》、婺源严田清光绪早期抄立《严田李氏家纪》、歙县七贤清光绪年间抄立《琅琊王氏谱略》、歙县南乡清中后期抄立《潘氏世系》。此谱以手写本为多。

祭祀簿。即为祭祀祖先而写立的谱系及祭祀方式等，又称清明簿、祖宗簿等，许多在封面题"慎终追远"四字。如黟县北乡民国年间抄立戴氏《祭祀簿》、歙县南乡民国年间抄立章氏文德堂《清明簿》、歙县南乡清光绪二十九年抄立方氏二乐堂二房《追远簿》等。此谱一般皆为手写本。

---

① 陈支平:《福建族谱》,福建人民出版社,2009年,第21页。

第二，就谱牒的版本形式看，过去一般分为"刻本谱"和"手抄本谱"，其实依笔者所见，更真实和合理的分类应该是：

印制本谱，包括雕版印刷本谱和活字印刷本谱。前者有如祁门营前清道光元年修《锦营郑氏宗谱》木刻印本等，后者有如婺源西乡民国十七年重辑《燉煌隐溪洪氏宗谱》木活字印本等。民国以后还有较少的铅活字版谱，如绩溪1935年惇庸堂铅印《遵义胡氏宗谱》。应该说明的是，由于徽州宗族非常重视血统，极力反对冒族、冒籍，因此对谱牒的印制数量都有严格控制，每部谱都会注有领谱字号，不仅印制的数量很少，并且还会在谱牒印制好后当众毁版。故在徽州家谱中，铜版本谱和石印本谱十分鲜见。

手写本谱，包括写本谱，即手写而传世的谱。它相对完整，如婺源明嘉靖二十八年修立《詹氏统宗世谱》、黟县潭口清康熙后期写立《钟山胡氏支派》等；抄本谱，即抄录母谱上有关自己本宗、本支、本房内容的谱，如徽州清中后期鱼川程幹文抄立《程氏世系》、歙县南乡民国初期抄立《歙南中村洪氏家乘》；抄接本谱，即不仅抄录了母谱上有关自己本宗、本支、本房的世系等内容且予以接页的谱，过去也称"草谱"，如婺源阆山清光绪癸卯年汪仁坛记《汪氏宗派》、徽州民国年间汪兆贤抄录义和堂《汪氏宗谱》等。此类谱除写本谱的数量可能超过一部外（一般也不会多于三至五部），其他皆具有唯一性，版本上为孤本。

稿本谱，即为刊印而形成的底本谱。如休宁北乡明崇祯三年编修《休宁吴氏族谱》稿本、绩溪荆州石园清光绪十六年重修光裕堂《孙氏世系宗谱》稿本、民国甲子年《黟北吴氏族谱》底册等。此类谱皆为手写的孤本，但根据刊印与否又分为"已刊稿本"和"未刊稿本"。

印制接写本谱，即印制本留有空白版式与格式而抄录、接写的谱。它在形式结构上一般是分为前后两大部分，第一部分为印制，内容一般为统宗谱或宗谱的谱序、宗族源流等，后一部分依照版式与格式的手写，内容一般为属于本支、本房的世系内容及接页等。如歙县南乡清道光二十年修宝伦堂《新安张氏宗谱》分上下两册，上册是印制本，下册是印制格式手写本；歙县西山清光绪二十七年云峰居士书《西山洪氏家乘》全一册，前半部分为印制内容，后半部分为印制格式手写内容。推测此类谱最初的产生，当为宗族在修谱时，为满足族内更多人的需要而统一制作了印制本及格式，然后分发给所需要的族人，让他们各自抄录与接页。

第三，就谱牒的籍地情况看，谱籍的概念从人的籍贯概念而来且与之内在关联。籍贯又名祖居地，是指曾祖父及以上父系祖先的长久居住地或出生地。由于迁徙的问题，籍贯地又分现籍地即现在的籍贯和原籍地即迁徙之前原先的籍贯。我们通常所称的"籍贯"一般就是指现在的籍贯，但"现住地"的概念与"现籍地"的概念不同，区别在于在现住地生活的代系有没有超过四代的。所谓谱籍地即谱牒所记述宗族的世居发祥地，其"世居"的概念是指四代以上的居住，其"发祥"的概念是指各支派的来源。谱的编制总是以某一个始祖为中心节点，简述其前生即宗族的源流，而厚记其后世即宗族的繁衍，谱的编制主体必是这一始祖四代之后的裔孙，因此始祖的长久居住地或出生地就是该宗族的籍地，它自动就成了该宗族所编制谱的谱籍地。谱籍地的宗族具有某种主体的地位，离开了谱籍地的群体总被称为"外迁"的群体。由于宗族的迁徙而导致谱的重编和再编，谱籍地又分为现籍地即现在的谱籍地和原籍地即宗族迁徙之前原先老谱的籍地，但通常意义上的"谱籍"就是指现籍地。

徽州的谱牒有广义和狭义之分，狭义的徽州谱牒是指徽州的宗族和人编制的谱，广义的徽州谱牒还应包括与徽州的宗族和在徽州居住人群有密切关系的谱牒。从谱及谱所记述的人的籍地情况看，徽州的谱牒至少包括有以下几类：

第一，本徽州的宗族和人编制的谱。此即正宗的徽州谱，其谱籍地为徽州，且谱所记述的人的籍地也为徽州，目前存世的徽州谱大多为此类，如歙县南乡清道光二十年修宝伦堂《新安张氏宗谱》、婺源民国四年修《桂岩戴氏宗谱》等。

第二，自徽州迁居某外地的宗族和人编制的谱。此谱及谱所记述的人的现籍地在某外地，但由于他们的原籍地皆为徽州，且现籍地的宗族对此认同，故可为徽州的谱。此谱有如婺源迁庐州潜川清光绪三年三修三槐堂

《王氏宗谱》、休宁芳迁怀宁钦化民国十年修世德堂《吴氏支谱》等。

第三，外地宗族和人编制的现居徽州人的谱。此谱的籍地虽为外地，但出自地是在徽州，谱所记述的人有支派和群体迁居、生活在徽州，且历时较长，已经融入徽州的宗族社会体系之中，因此亦可为徽州人的谱。此谱有如淳安清道光二十三年续修追远堂《龙屏方氏宗谱》（出自徽州）、严州遂安西源清光绪晚期修《西源詹氏宗谱》（出自歙县）等。

第四，就谱牒的出自地情况看，谱牒关照的是人，这就是谱主。广义的谱主是指该谱所记述的宗族群体，狭义的谱主则是指该谱所记述的宗族群体中拥有该谱的主人。谱的出自地是一个很重要的概念，它与谱籍地概念不同。谱的出自地是指谱的现实存在之地，它关注的是谱主的现居地；而谱籍地则要涉及谱之编制及谱主的世居地问题，更多关注的是谱主先世的居住地。由于宗族的迁徙与分派，谱籍地与谱主现居地一般很难统一与一致，同一谱籍地的谱可能会出现在不同地方，而出自某地的谱，其谱籍地可能在该地，也可能不在该地，存在着不确定性。但谱的出自地概念就不一样，其最大的魅力在于：大凡某地出现了谱，则该地就一定有其谱所记述的宗族或人群的存在，而且无论是本籍还是寄籍。实际上，谱籍地的概念作为谱主先世世居地的概念，尽管它在空间上有所指，但所指的区域不是要关照到宗族的迁徙与分布，而是关注着宗族的"源"与"始"，因此对谱主来说更趋于是一个表征性的和文化学意义上的概念。谱的出自地概念则很精确与务实，它体现的是宗族存在与分布的现实状态。对"第三者"的研究者来说，谱的出自地问题甚至比谱籍地的问题更为重要。某谱的谱籍地知道了，但出自地还是难以判断；而如果已知了某谱的出自地，则总会探讨和研究出该谱的谱籍地，前者比后者具有更大的优越性。目前已发现的徽州谱牒，从谱籍地与出自地的关系看，至少存在三大类，即谱籍地和出自地皆为徽州的谱、谱籍地为徽州但出自地为外地的谱、谱籍地为外地但出自地为徽州的谱。对此的举例可以很多，不再赘言。

古徽州是谱牒产生与留存的大户地区，谱牒存世量大，单位密度为全国最高；种类丰富，近乎涵盖了重视血缘关系的传统宗族社会所应能产生的民间谱牒的全部种类，因此它们皆是宝贵的文献资料和珍贵的文化遗产，不仅在徽学研究上意义重大，在历史学、人类学、文化学、社会学、民俗学、档案学等多学科领域都有极其重要的价值，是国学研究的重要资料，理应得到充分认识和高度重视。

篁墩的氏族迁徙

　　徽州宗族是徽学研究的一个重要领域。迄今关于徽州宗族研究的论著已颇为不少，但其中有关徽州宗族形成历史的探索却不为多，且多注重社会学方面的考察①。而谈到徽州宗族的形成，篁墩则是一处具有重要意义的地方，徽州是个由移民而构建成的宗族社会，"邑中各姓以程、汪最古，族亦最繁，忠壮、越国之遗泽长矣。其余各大族，半皆因北迁南。略举其时，则晋、宋两南渡及唐末避黄巢之乱，此三期为最盛"②。其中，篁墩在徽州移民史及宗族形成史的地位十分重要，南宋淳熙初年罗愿在《新安志》中就写道："黄牢山下云黄墩，地广衍。黄巢之乱，中原衣冠避地者相与保于此。及事定，留居新安，或稍散之傍郡。"③2002年，笔者曾提出篁墩是"徽州宗族的圣地"④，尽管也有人对此存疑，认为"徽州宗族历史上的'始迁黄墩'记载，更多的是一种传说，其实质是徽州宗族为建构

---

　　① 论及徽州宗族形成历史的主要论著有：叶显恩：《明清徽州农村社会与佃仆制》，安徽人民出版社，1983年；赵华富：《徽州宗族研究》，安徽大学出版社，2004年；唐力行：《徽州宗族社会》，安徽人民出版社，2005年；[韩]朴元熇：《明清徽州宗族史研究——歙县方氏的个案研究》（中文修订版），中国社会科学出版社，2009年；吴伟逸：《试论古代徽州宗族的形成及其特点》，《安徽史学》1997年第3期；冯剑辉：《徽州宗族历史的建构与冲突——以黄墩叙事为中心》，《安徽史学》2007年第4期等。

　　② 民国《歙县志》卷一《舆地志·风土》，《中国地方志集成·安徽府县志辑》第51册，江苏古籍出版社，1998年，第41页。下引此书，不再注明版本。

　　③ 淳熙《新安志》卷三《歙县·水源》，第7638页。

　　④ 刘伯山：《篁墩：徽州宗族的圣地》，《黄山旅游》2002年第3期。

自身历史而作出的叙事"①。历史文献的记载总是有着历史认同的价值，而恰恰是这种认同对我们的历史学、社会学、文化学的研究来说十分重要！下文拟以历史文献记载为根据，结合田野调查，就篁墩在整个徽州宗族形成过程中的历史地位与作用作具体考察。

一、始迁篁墩的氏族②

篁墩位于歙县西南与休宁县的交界处，前临新安江上游渐江，后倚黄罗山，山水兼备，处于徽州的中心位置。如此优越的地理环境，至少在两千多年前就有人在此生息，黄、程二姓在东晋初年即世居于此；之后，不断地有氏族迁居于此，特别是在唐末的黄巢之乱时，迁居此的氏族如蜂拥，使篁墩极具传奇色彩的历史地位。

《新安名族志》成书于明嘉靖辛亥年（1551年），由程尚宽等编撰，以各族"所迁新安朝代先后为次"，共记录徽州84个名族的有关事迹。现据志中明确记载始迁篁墩的氏族，依该志的排列次序列表于后③，见表1。

表1　《新安名族志》载始迁篁墩氏族一览

姓氏	始迁时间	始迁原因	资料出处
程	东晋初年	（程）元谭当永嘉之乱,佐琅琊王,起建业,为新安太守,有善政,民请留之,赐第于郡西之黄墩,遂世居焉。	《新安名族志·前集》程姓
黄	东晋初年	晋有讳积者,为考功员外郎,从元帝渡江,任新安太守,卒葬郡西姚家墩。积生寻,庐于墓,遂家焉,改曰黄墩。	《前集》黄姓

---

① 冯剑辉：《徽州宗族历史的建构与冲突——以黄墩叙事为中心》，《安徽史学》，2007年第4期。

② 氏族一般是指原始社会以共同血缘关系结合而成的一种血族团体,但在中国古代亦指周代以后不同姓氏之宗族。下文义取后者。

③ 下文所依的《新安名族志》除特别注明外,皆为明嘉靖刻本,笔者藏有复印件。另本为黄山书社2004年出版的点校本,记作黄山书社版《新安名族志》。点校本参照了《新安名族志》的不同版本,故内容更充实,可惜的是该点校本破句、错字较多,故除特别情况外,下文更多是直接引用笔者拥有的《新安名族志》原本。

续　表

姓氏	始迁时间	始迁原因	资料出处
查	唐	世居河内县,传至唐河湖参议之裔曰师诣,从九江匡山药炉源徙宣城,转徙黄墩。	《前集》查姓
胡	唐末	(婺源清华派)出安定郡之永昌公后……历传曰瞳者,宦寓宣徽(当歙字之误——笔者注),家于新安黄墩。	黄山书社版《新安名族志》第300页
张	唐末	(休宁杭溪派)出南唐玄真子(玄真子即张志和——引者注),后世居杭州。八世曰舟,避巢乱,迁歙黄墩,九世曰宁迁此。	《前集》张姓
陈	唐末	(祁门石墅派)其先曰秀者,唐僖宗朝避广明乱,自桐庐迁歙之黄墩,传二世曰贵,乾祐戊申始迁于此。	《新安名族志·后集》陈姓
朱	唐末	唐曰师古者,避巢乱,由姑苏始迁歙之黄墩。	《后集》朱姓
戴	唐末	曰夔,从琅琊王渡江居金陵小蔓村。唐末,避黄巢乱,迁歙黄墩。	《后集》戴姓
周	唐末	唐有讳钦者,乾符间仕庐州刺史,因巢乱,有武功忠节。子曰偁,避歙之黄墩。	《后集》周姓
萧江	唐末	萧江氏本萧姓,唐宰相遘之仲子曰祯,为护军兵马使,广明间伐巢贼有功,封柱国上将军,镇守江南,驻兵于歙篁墩,谋复唐业不克,遂指江为誓,易姓江焉,郡号兰陵。	《后集》江姓
济阳江	唐末	济阳醴陵滚淹之十四世孙曰尚质,为歙州护军将军,再世曰洪,仕唐谏议大夫。宋有讳洪乾,为谏议大夫,由歙黄墩迁婺源谢坑。	《后集》江姓
梅	唐末	曰思忠,因巢乱居歙黄墩。	黄山书社版《新安名族志》第540页
康	唐末	康之先世居京兆,再迁会稽。唐有讳先者,避乱居歙之黄墩。未几,复迁浮梁化鹏乡,发京都之曲溪,其子曰新,始迁祁门武山乡尤昌里之康村。	《后集》康姓
曹	唐末	唐僖宗时,曰全晸者,任江西招讨使,遣子七伯岩将曰翊、八伯承节曰翔,同诛巢于歙黄墩。翊阵亡,翔痛之,庐墓建祠,遂家焉。	《后集》曹姓
王	唐末	唐曰仲舒者,为江南西道观察使、洪州刺史。仲舒生弘,家于宣州莲舡塘。弘生翔,因避寇于歙之黄墩。	《后集》王姓

姓氏	始迁时间	始迁原因	资料出处
毕	唐末	其先永州人。有讳师远者,乾符元年调歙州中散大夫金书判事。生三子,曰衍,为建康节推;曰衡,为歙州教授;曰卫,不仕。黄巢乱,遂家歙之黄墩。	《后集》毕姓
潘	唐末	唐广明中,逢旦公同兄避乱,由闽居歙黄墩。	《后集》潘姓
顾	唐末	曰文森,以智勇遗第仕,任宣歙节度使,收巢贼有功,居黄墩。	黄山书社版《新安名族志》第646页
施	唐末	世居兖之淄畲林。厥后,曰仇,迁吴兴县;曰蠹,仕唐通明殿朝请大夫,避巢乱,迁歙黄墩,继迁浮梁椰木田。	《后集》施姓
韩	唐末	唐末有讳恩者知池、湖二州事,避黄巢居黄墩。	黄山书社版《新安名族志》第683页
齐	唐末	唐乾符六年曰亮者,始居歙之黄墩,御黄巢乱有功,封兰公,迁饶之德兴,厥后散居四方。	《后集》齐姓

从表1可看出,在84个徽州名族中,始迁篁墩的就有21个,占徽州名族的四分之一,其中仅唐末因避难而迁居篁墩的就有18个,占迁居于篁墩名族的近百分之八十六。

表1所列仅是《新安名族志》中明确记载迁居篁墩的名族,还有许多名族,《新安名族志》中只记载其迁居歙县,而谱牒上有记载是迁居歙县篁墩的。据笔者掌握的资料,至少有:

俞氏 《新安名族志》记:"俞之先河间人,曰纵,仕晋征西大将军,永嘉末,始迁新安。厥后曰晃,仕至龙图侍郎,居歙草市;曰昌,唐广明后,由歙迁婺源长田。厥后子孙散居郡邑。"而据陈爱中在《婺源姓氏探源》的介绍,婺源有《俞通德堂家谱》,明确记载了婺源俞氏是由篁墩迁入的:"我俞氏自宣城以前,年次辽邈,世系难稽。迨迁歙邑黄墩,一世祖讳源公,唐宪宗元和九年(公元814年)六月十六日生;僖宗乾符六年(公元879年),黄巢渡江,掠饶、信、池、杭、宣、歙等州,时公六十七岁,挈子植公(唐大和八年生)、孙昌公(唐咸通乙酉七月三十日生)逃难由宣城至黄墩。居未甚久,昌公承父命卜迁,天祐三年自黄墩迁居婺源长田（今武口附近），成为婺源俞氏始祖。昌公卒西坑木（墓）祠。"①

李氏 《新安名族志》记："（李）出唐宗室，昭王之季子曰祥，避黄巢乱，始家于歙。"而据光绪七年婺源《严田李氏宗谱·宋咸淳丙寅肇修族谱序》载："余李氏之原于黄墩者，其派有三，远莫之考。""余族出唐宣宗之后，后避地于黄墩，时有兄弟三人，卜居址之地以从田为吉田。由是，德鹏居祁门之敷田或曰新田；德鸿居浮梁之界田；德鸾居本邑之严田。即余族所自出也。"《元至顺癸酉重修族谱序》的记载更为明确："至黄巢之乱，则自始祖京之父避地于黄墩。巢平，京迁于浮之界田，生三子：仲皋、仲安、仲享。仲皋生三子，曰德鹏、德鸾、德鸿。兄弟欲卜居，当时有占得从田之谶，由是德鹏迁祁门之敷田；德鸿留浮梁之界田；德鸾迁婺源之严田，即吾宗始迁支祖也。"②

郑氏 《新安名族志》记："（郑氏）汉以前皆居江北，至讳庠者，仕吴车骑府长史平难将军，晋永嘉元年过江居丹阳秣陵。子讳平，……孙五人，……传数世，曰思，始迁新安郡北之律村。"而据婺源《荥阳郑氏宗谱·清乾隆乙未城东郑氏支谱序》载："考郑氏受姓之原始，自姬周由于武王九世孙宣王靖之弟曰友，食邑河南郑国，遂以国为氏。至宋南渡时，有祖讳疑道者，为歙州令，因居篁墩。"同谱《清乾隆乙未符祝郑氏支谱序》载："郑氏本姓姬，周宣王以咸林之地封弟友，为采地。……历传至凝道官歙令，因迁歙之篁墩。……其子次曰浦公，因叫子作乱。同兄侄由歙转迁婺邑之西泓。"③

许氏 《新安名族志》记："许出唐睢阳太守远公之后，孙儒自雍州迁歙。"而许登瀛《重修古歙东门许氏宗谱》记："唐末朱温篡位，许儒为避

---

① 陈爱中：《婺源姓氏探源》第123页，《徽州社会科学》编辑部，1997年。据笔者2002年9月23日对陈爱中的采访，这段文字是转引收藏于婺源民间的一本《俞通德堂家谱》手抄本，其所见是在1996年以前，在2002年上半年，他又在婺源民间见到了《俞通德堂家谱》的刻本。

② 光绪七年婺源《严田李氏宗谱》卷首。

③ 婺源《荥阳郑氏宗谱》卷一。

祸，迁于歙之黄墩。"①

唐氏 《新安名族志》记："唐本李姓，出婺源严田派，南唐散骑常侍德鸾季子曰海之后。海传七世曰玘，绍定二年进士，生三子，曰洪、曰源、曰虞。虞号梅癯，邃《周礼》，中亚元，以侍补出身，依父执登仕郎唐廷隽公，居歙之表城门。时值元兵下江南，议歼五大姓，遂从国姓为唐，以自别。"而据前文可知，严田李氏本出篁墩。

林氏 《新安名族志》对林氏记载极为简单："林：林出殷比干之子，逃难长林山，因以林为氏。祁门：章溪，在邑北。"而据《祁门县志·氏族考》："唐有曰仲明者居兖州，次子德敦避巢乱迁歙黄墩，徽之有林氏自此，故尊仲明为第一世。"②

金氏 《新安名族志》记有金姓数支，一支为曰博遂公，避黄巢乱自桐序迁居休宁之杉坑；另有如婺源龙槎金氏："先世京兆人，唐金紫光禄大夫；曰安，由歙州从宦，家浮梁。"而据民国辛酉年续修《京兆金氏宗谱》收入的元元统二年《金氏家谱序》中记："至唐时，有名皎者，居歙之黄墩，粤三世而为仆射君曰安，始为浮梁令。当黄巢乱，徙邑御寇，民赖保全，遂祠之于公堂。"明弘治己未年"序"记："自烈公通判徽州，遭唐末乱，复徙篁墩。"明嘉靖甲子年《金氏家谱叙》记："廷烈为江宁公，升徽州通判，遂家新安。廷烈子皎、皪。"③另据新编《婺源县志》记："金安，字曰安。"

如此的氏族又有7姓，其中因黄巢之乱而迁居篁墩的有5姓。

《新安名族志》记载的只是徽州的名族、大族，还有一些氏族该志没有记载，但他们亦有许多是曾迁居篁墩的。据笔者掌握的资料，至少有：

单姓 婺源《漳溪单氏家谱》载有朱熹宋绍光庚年春三月所作的序文："稽单氏其先，本于周成王小子臻，封侯爵于单……历二十有三世，

---

① 叶显恩：《明清徽州农村社会与佃仆制》，第17页。

② 胡光钊编：《祁门县志·氏族考》，民国三十三年(1944年)铅印本，第15页。下引此书，不再注明版本。

③ 民国辛酉年续修《京兆金氏宗谱》卷一。

始迁兖州，复徙越州，再徙宣州，徙迁不一。……至德成，遭遇黄巢兴兵抢攘，挈妻孥辟迁歙之黄墩，助收巢寇有功，诏巡府州；寻迁清华武溪。"[1]

臧姓 据婺源《臧氏宗谱》记载："唐护国上将军臧文昌，自东海郡节义里迁歙州黄墩。南唐时，其二子南图与弟北图迁浮（梁）邑东福乡之臧湾。后北图转迁婺源疆溪（今赋春臧坑），成为婺源臧姓始祖。"[2]

邱姓 据《祁门县志·氏族考》载："唐代宗时有伯三者，由宁化石壁邱坑，为歙州节度使，迁居黄墩。"[3]

盛姓 据《祁门县志·氏族考》载："唐季，……避黄巢乱，由汝南迁歙州黄墩，徽之有盛氏始此。"[4]

如此的氏族又有4姓，其中因黄巢之乱迁居篁墩的有2姓。

另据笔者2007年3月在篁墩村的调查，当地村民告知：2005年曾有来自湖南的华姓人士至篁墩寻根，曰其华氏出自篁墩，族谱上有记载。惜笔者未见明确的文字材料，认作存疑一族。

综上所述，据不完全统计，元代以前，移民到徽州的氏族，始迁篁墩的就有32姓，存疑一姓，其中因黄巢之乱始迁篁墩的有25姓。

二、保祖于篁墩的氏族

篁墩不仅是徽州众多氏族的始迁地，还是许多宗族的保祖地。徽州的不少宗族，尽管始迁地不是篁墩，但其支派中有许多出自篁墩，在篁墩以保全族根，之后再获得发展。这些宗族，仅《新安名族志》中的记载，就有：

方氏 "世望河南，……传孙纮，为司马长史，因王莽篡乱，避居江

---

① 陈爱中：《婺源姓氏探源》第105页。
② 陈爱中：《婺源姓氏探源》第175页。
③ 胡光钊编：《祁门县志·氏族考》，第15页。
④ 胡光钊编：《祁门县志·氏族考》，第32页。

左，遂家丹阳。丹阳昔为歙之东乡，今属严州。是为徽严二州之共祖也。"而休宁东山方氏则是"宋南渡，太师方公行名七十六翁随驾迁睦州清溪县万年市，公第三子曰三翁，三翁第三子亦名三翁者迁歙之黄墩，三翁第六子六翁者迁此。"①另据婺源《方氏统宗谱》记载："吾方氏先世，源濬而流衍，中莫殚述。后值巢寇，避难于篁墩，散居歙休。""又闻唐黄巢之乱，各姓寻避于篁墩，护全家焉。吾族或散居歙休，亦有自篁墩迁于浙者。"②

余氏　"余出大禹之子曰罕者，封涂山，以涂有余，遂以为姓。东汉末，曰仁赡渡江居闰州丹阳；西晋永嘉间曰祥，迁睦之遂安，改迁余岸。"余岸在歙南四十里。黟县城西余氏："出宋宰辅端礼公之子，曰荣，居浙江衢州西安县，任徽州太守，因籍居歙之黄墩，二十四世曰万三，徙居休宁蓝田，历十二世曰十五公，谈道淑徒，因胡元入主，辟用南人，遂自蓝田迁隐黟县八都，以耕读贻训，厥后蕃衍。"③

汪氏　"望鲁之平阳，汉灵高中平间，曰文和，以破黄巾功为龙骧将军，建安二年，因中原大乱南渡江，孙策表授会稽令，遂家于歙，是为新安汪氏始迁之祖。""新安有十姓九汪之谓也。"歙县丰溪汪氏："先世英济王华，八子曰俊，俊之五世孙曰广，由篁墩迁旌德之新建，广之八世孙曰志道，宋宣和间，因兄敦节为歙尉，来访，见新安山水之胜，遂卜筑于歙东丰溪之上，家焉。"休宁兖山汪氏："唐越国公第四子广之十三世孙曰知游，值五代乱，由歙之黄墩迁休宁安乐乡；知游十一世孙曰二宣议，又迁邑南；传五世曰金寿，元季兵乱，与弟汉英倡义保障乡里，事载邑志，寻迁兖山。"④

明经胡氏　"先出陇西，李唐宗室之后。朱温篡位，诸王播迁，曰昌翼者逃于婺源，就考水胡氏以居，遂从其姓。""昌翼公之后十世曰福，任

---

① 程尚宽，等：《新安名族志》前卷《方》，第三十叶上、三十五叶下。
② 明嘉靖婺源《方氏统宗谱·平盈葵园琚公谱辨》。
③ 程尚宽，等：《新安名族志》前卷《余》，第四十三叶下、四十五叶下。
④ 程尚宽，等：《新安名族志》前卷《汪》，第五十七叶下、六十二叶上、七十叶上。

苏州太守，改治河南，赐居黄墩。"①

张氏 徽州有许多支，其中，婺源甲路张姓："其先曰保望者，侍其父仁公隐绩溪吴楚山。乾符间，避巢乱又居黄墩。生三子，曰衡、曰从、曰徹，巢贼平，始迁甲路。"②

吴氏 据《新安名族志》记：吴姓"源自太伯仲雍，居勾吴，至周章始封吴，为四世；周章至寿梦始称王，为十四世；又至楚余干令曰申者，为十二世，居五彩，山始有饶州之族；又至唐监察御史曰少微者，为三十二世，居休宁石舌山，始有新安之族。"但另据《休宁名族志》记：西汉长沙王吴芮，"世居于鄱，生四子，……三子曰浅，封便项侯，析居新安，是为新安始祖也。"③实际上，徽州的吴姓有许多支，其中，吴少微一支是徽州最望的一支。《新安名族志》中就记载有好几支的吴姓曾在篁墩避过难，如休宁大溪上村吴氏："出刺史超之后，世家平江，曰德裕，避巢寇，由歙篁墩始迁于此。""篁墩溪南"就是吴氏的聚族地，其为"少微之后"④。

叶氏 "出汉太尉尤之后，六传曰望，建安二年渡江家丹阳。又六传曰续，为晋行兵都统，是为徽之始迁祖也。"婺源中平叶氏："其先曰徙者，避巢乱居歙之黄墩，传三世曰林秀，唐长兴间率兵至婺源御寇，以功授越州司户，遂家于此。"⑤

孙氏 "孙之先，出山东青州人曰万登者，咸通五年任金吾上将军，从岭南道节度使康承训领帅平蛮，七年凯旋，道经海宁，爱风土之胜，遂家黎阳乡之唐田。""黄墩溪南"亦是孙氏聚族地⑥。

吕氏 "其先河东人"，"唐有讳延者为御史大夫、浙东道节度使。延

① 程尚宽，等：《新安名族志》前卷《胡》，第一百三叶下、一百叶上。
② 程尚宽，等：《新安名族志》前卷《张》，第一百十八叶下。
③ 曹叔明，等：《休宁名族志》卷三，明天启三年刻本，国家图书馆藏。下引此书，不再注明版本与藏处。
④ 程尚宽，等：《新安名族志》后卷《吴》，第十一叶上。
⑤ 程尚宽，等：《新安名族志》后卷《叶》，第三十三叶上、三十四叶上。
⑥ 程尚宽，等：《新安名族志》后卷《孙》，第六十一叶上。

生渭，德宗朝仕殿中侍御史，阙后散居歙、婺。"①歙县李村吕氏："世出唐尚书温公之后，八世曰若仁，广明庚子因巢乱迁黄墩；十二世曰武，字行可，任通政大夫；又十世曰承恩迁此，是为一世祖也。"②

程氏 程姓尽管世居篁墩，但在徽州散居的更多，黄巢之乱时，也有不少程氏族人为保族而回迁的。如歙县竦口程氏："出忠壮公，孙曰誉，隋大业间由黄墩居此。五世曰承圣，唐生员；八世曰元握，安福尹；十世曰记，内江簿；十二世曰萱，僖宗初，避巢乱于黄墩，后与弟蓉、芳、蘩复居竦口。"③

上述言及的氏族有10姓，其中明确记述是因为黄巢之乱而在篁墩得以保祖的氏族有6姓。

三、徽州宗族自篁墩的裂分

从上文的考察我们知道，篁墩曾是42加1个氏族的始迁地和保祖地，其中，至少有31个氏族是因为黄巢之乱。

篁墩，尽管罗愿说它是"地广衍"④，但这是相对徽州极度的山多地少而言的。篁墩毕竟是一村之隅。现在的篁墩村的土地面积只有500多亩，历史上再扩而大之，面积也只会是几平方公里的大小，当属弹丸之地，适合人居的面积更小，因此，它不能提供众多人口的长期居住。实际上，那些迁来篁墩的氏族，或当代，或一代，或二、三代就要迁出篁墩，析分到外地，甚至包括世居篁墩的程姓本身。而正是这次发生在唐末之后的众多氏族源自篁墩到徽州各地的宗族裂变与析分，为徽州宗族社会的形成奠定基础。

首先，我们就宗族析分本身看。如新安程氏，据《新安名族志》记载，永嘉之乱时，程元谭佐琅琊王起建业，为新安太守，有善政，民请留

① 程尚宽,等:《新安名族志》后卷《吕》,第一百六叶上。
② 程尚宽,等:《新安名族志》后卷《吕》,第一百三十叶上。
③ 程尚宽,等:《新安名族志》前卷《程》,第五叶上。
④ 淳熙《新安志》卷三《歙县·水源》,第7638页。

之，赐第于郡西之黄墩，遂世居焉。程元谭即为新安程氏一世祖，之后，程氏世居篁墩，在黄巢之乱之前，程氏尽管也有析分到外地的，如"十三世曰程灵洗，当侯景之乱，起兵保州里，受封重安县公，卒赠镇西将军，开府仪同三司，谥曰'忠壮'。土人德之，庙祀于篁墩，宋号其庙曰'世忠'，子男二十二人"。程灵洗这22个儿子及其子孙就有许多自篁墩扩散到徽州及全国各地；唐中后期时，新安程氏二十八世曰程泽的从篁墩迁河北中山博野，至三十二世曰程希振的自中山博野迁河南洛阳，再至三十五世就出了程朱理学的奠基者程颢、程颐兄弟[①]。但这种析分还是一种自然的析分，程氏自篁墩在徽州各邑自觉地广为蔓延，应该还是在黄巢之乱之后："三十世曰宗楚，检校刑部尚书，讨黄巢有功。自后，子孙蔓延郡邑，号'篁墩程氏'。"历史文献的记载和笔者的田野调查都证实："凡新安之程，皆祖太守，宗忠壮，且号黄墩程氏。"[②]

再如新安朱氏。"朱出颛帝之后，周封曹侠于邾，为楚所灭，子孙去邑，以朱为氏。至唐曰师古者避巢乱，由姑苏始迁歙之黄墩。"[③]朱师古，名涔，《新安名族志》记载他是"生于唐懿宗咸通三年，卒于后唐明宗天成元年"[④]，死后是葬在篁墩的，对此，号称"新安第一书"的雍正重刻《程朱阙里志》中就记载了两次探考、确定和修复其墓的过程，并绘有详细的位置图，且两次墓葬图的墓碑分别是万历壬子年仲冬月立"朱夫子祖墓"碑和雍正三年仲冬月立"新安一世祖师古公墓"碑[⑤]。至今，雍正三年立的墓碑已无踪迹可寻，而万历壬子年立的"朱夫子祖墓"碑还在，过去它是被砌在篁墩村一程姓村民的厨房墙壁里，2010年夏被屯溪区屯光镇政府请出，藏在新开的"程朱阙里展览馆"里。朱师古有四个儿子，其析分情况，《新安名族志》记："生子四，曰瑰，又曰古佑，迁居休宁；曰

---

① 同治歙县下门《程氏抄谱》，全一册，安徽中国徽州文化博物馆藏。

② 程敏政：《篁墩文集》卷十三《篁墩书舍记》，《四库明人文集丛刊》，上海古籍出版社，1991年，第229页。下引此书，不再注明版本。

③ 程尚宽，等：《新安名族志》后卷《朱》，第三十七叶上。

④ 程尚宽，等：《新安名族志》后卷《朱·香田》，第四十二叶下。

⑤ 雍正重刻《程朱阙里志》卷首，安徽中国徽州文化博物馆藏。

玉，又曰古训，为左散驿常侍，死王事，子孙复居金陵；曰瓘，又曰古僚，领卒制置婺源，号茶院府君；曰璋，又曰古祝，仕南唐，官至承旨，号'桐川府君'，始家香田。"①清光绪十一年首村派朱氏新屯派支裔朱瞻原撰《新安朱氏宗祠记》是记："瓘公迁婺邑，乃文公之祖；瑰公字鼎臣，居鬲山，字号鬲山主人；珉公名玉，居句容，不入徽州谱牒；璋公迁香田，离婺邑城里许。"②可见，师古四子，留居徽州的是朱瓘、朱瑰和朱璋，朱瑰迁休宁的鬲山，为休歙朱氏始祖；朱瓘由黄墩始迁婺源，为婺源朱氏茶院派始祖；朱璋为婺源香田派始祖。这之后的析分，如朱瓘之子有三，传八世，有曰朱松者，"政和八年进士，迁居建阳，历官吏部员外郎，元至正中追谥献靖，著有文集"，朱松之子即程朱理学集大成者朱熹③。朱瑰有子五，分别为春、满、园、林、秀，其中朱春始迁休宁首村，"公居首村后，子孙三代单传，适宋之世，子孙发祥蕃衍，分支五派，远迁江浙楚汉，近迁休歙各村。明时前人理族，五惟八彦公支祭祀昭代祖先，所以名曰首村十三派、十三朱是也"④。

又如萧江氏。"本萧姓，唐宰相遘之仲子曰祯，为护军兵马使，广明间伐巢贼有功，封柱国上将军，镇守江南，驻兵于歙黄墩，谋复唐业不克，遂指江为誓，易姓江焉，郡号兰陵。"⑤是为"萧江"氏起始，萧祯即为萧江氏一世祖，此后，"凡江之宗于萧者，此其鼻祖也。"⑥江祯死后即葬在篁墩之溪南，对此，几乎所有的萧江氏谱牒对其具体位置都有明确记载，如笔者收藏的《萧江氏世系源流》抄谱就记载："祯公墓在溪南廷子

---

① 程尚宽，等：《新安名族志》后卷《朱·香田》，第四十二叶下至第四十三叶上。

② 《休宁首村派朱氏文书》之《清光绪十一年仲秋月朱应溥(瞻原)撰〈新安朱氏宗祠记〉》之六。刘伯山编著：《徽州文书》第三辑第四卷，广西师范大学出版社，2009年，第486页。

③ 程尚宽，等：《新安名族志》后卷《朱·阙里》，第四十二叶下。

④ 《休宁首村派朱氏文书》之《清光绪十一年仲秋月朱应溥(瞻原)撰〈新安朱氏宗祠记〉》之二十四。刘伯山编著：《徽州文书》第三辑第四卷，第504页。

⑤ 程尚宽，等：《新安名族志》后卷《江》，第七十二叶上。

⑥ 江如松：《萧江复七公房支谱》卷一，乾隆三十七年修，上海图书馆藏。下引此书，不再注明版本与藏处。

阜，面前混塘，地名出水莲花，一世祖窀穸是也。"并绘有墓葬图①。"溪南"即今日的南溪南，2002年2月2日，笔者曾实地考察，在今天的篁墩中学后几十米的地方，寻得了确切位置。该墓虽然年代久远，略有毁坏，但基本形状尚在，实为大幸。江祯有子三，伯曰董，迁婺源，为婺源萧江氏始迁祖；仲曰郑，居溪南守庐墓②；季曰威，迁浙江衢州，为浙江萧江氏始迁祖，形成三足鼎立之势。这之后，江威一支不入徽州谱系。江董之后在婺源传六代发为"日月光天德"五支③，从此人丁兴旺，瓜瓞绵绵，至清中期："今为巨族者三，曰江湾，曰浟源，曰龙尾，皆科第相望，簪笏相踵，或发解，或开府，或守牧，或扞疆。文章勋业炳烺烺，而潜笃德行，宗法紫阳，立言不朽者亦多，若而人吁'萧江氏明德远矣！'"④江郑之后曾七代单传，自第八代开始人丁繁衍，瓜瓞绵绵，明隆庆三年溪南萧江氏第二十二世孙江珍曾修《溪南江氏族谱》⑤，在明弘治至万历年间，溪南萧江氏有大量经商之人，足迹遍及国内，许多就寓居了外地，从而使溪南萧江氏在全国有许多分流。

其次，我们就地域的分布看。如祁门县的宗族，民国三十三年元月祁门胡光钊编印的《祁门县志·氏族考》中收入的氏族有42个，其中涉及迁自篁墩的氏族就有17个，现把《祁门县志·氏族考》的记载列表如表2。

表2　《祁门县志·氏族考》载祁门氏族迁自篁墩一览

姓氏	支派	迁徙时间和过程
方	赤桥派、三方方氏	有讳唐臣者，于唐僖宗时，避黄巢乱，自严州桐庐白云源迁歙之篁墩，其孙五十九世智咏复由白云源迁居赤桥，是为赤桥方氏始祖。厥后，支繁派衍。

---

① 《萧江氏世系源流》，清乾隆年间手抄，竹纸，高27.5厘米、宽19.5厘米，现藏笔者处。

② 据笔者的田野调查，时至今日，行政区划已经归属屯溪区屯光镇的南溪南村仍有二十余户萧江氏族人，江祯的墓旁仍有萧江氏人在居住看守。

③ 《萧江复七公房支谱》卷一。

④ 江永：《兰陵萧氏二书》卷上，清乾隆十一年修，安徽中国徽州文化博物馆藏。下引此书，不再注明版本与藏处。

⑤ 江珍：《溪南江氏族谱》，明隆庆三年修，安徽中国徽州文化博物馆藏。

姓氏	支派	迁徙时间和过程
朱	朱溪朱氏	唐有讳革者，……率兵戍歙，因家黄墩，殁葬冨山。子五人：春、满、园、林、青，又云逢、远、通、达、迁。春、满、园、林四公皆居休宁，惟青公居浮梁槎濑滩，屯兵御寇，泽及生民，至今号称"朱家营"。盖青自幼从父征讨，勇略过人，袭封英亭侯，为浮七溪朱氏之始祖。……敬柔居浮之流溪，其后有讳皓二者，由流溪迁居祁门，为二十一世。
汪	韩楚二溪派	越国公八子讳俊之十六世孙讳绍者，始由歙之黄墩迁居祁之石山，又三传，唐户部侍郎讳济，生子二，长曰钊，次曰镲，钊由石山迁韩溪，镲迁韩溪之右楚溪，皆在祁南二十里许。
李	新田派、三门派、潭溪李氏	唐高祖受隋，禅传世十二至昭王汭第三子讳伴，遭王仙芝、黄巢之乱，避于歙之黄墩，娶胡氏生子京，为三田始祖。唐亡，京迁昌水界田，家焉。有子三：仲皋、仲实、仲亨。仲皋生三子，长德鹏，字匡霸，居祁门新田；次德鸾，字匡禄，居婺源严田；三德鸿，字匡宏，居浮梁界田。故李氏有三田之称。
林	西源林氏	殷比干后，唐有曰仲明者居兖州，次子德敦避黄巢之乱迁歙篁墩，徽之有林氏自此始，故尊仲明为第一世。至十二世思宪子宽，由休宁北街徙祁六都，十八世天伟迁樟溪西源。
周	镇川派	周氏宗谱所载……文明，太平通判，避黄巢乱徙居歙州黄墩，则周氏由歙迁祁可知。
邱	邱村派	唐代宗时有伯三者，由宁化石壁邱坑，为歙州节度使，迁居篁墩。其后有讳谏者，于唐僖宗乾符丁酉避巢寇乱，由篁墩徙居祁北花园岭，既而定居邱村即清源也。子孙蕃衍，分迁休黟池浮等处。
胡	金紫派、郭溪胡氏等	唐金紫光禄大夫仆射瞳，于广明初，由歙之篁墩集壮士御贼祁东。有子七人，四子宅随侍卜居贵溪，是为贵溪胡氏一世祖。
张	石溪张氏	唐高宗文璀十世孙周，名保望，为绩溪令，唐乾符己亥遭黄巢乱，以地名有"黄"字者不杀，故避难于歙之黄墩；第三子彻由篁墩迁居婺源甲道，即大三公也；传至五世名延顷者，生于宋真宗，天禧时，分迁祁之石溪，共尊始迁甲道祖彻为一世祖，溯厥来源乃清河派也。
章	栈山章氏	迨唐，章及任康州刺史，由泉州南安迁福建浦城，曾孙原杰避黄巢乱迁徽之黄墩。生三子，幼曰应和，任南唐浮州主簿，遂家于浮梁北乡之茗坑，是为章氏始祖；至六世铁十一者，迁居祁门栈山。
盛	闾源盛氏	唐季，讳椂者，避黄巢乱，由汝南迁歙州篁墩，徽之有盛氏始此。宋末有讳圣者，迁祁门南隅三皇殿前，是为迁祁始祖。因住居不戒于火，其后有讳端、讳英者，迁居闾源。
康	祁南派	唐有讳先者居河南，因避黄巢乱，始徙歙之篁墩，再徙浮北曲溪里，是为一世祖。二世讳新，由曲溪迁祁南康村，由此而分迁。
黄	左田黄氏等	东晋时有名积者，江夏黄香八世孙也。太兴三年为新安太守，卒于任，子寻庐墓于郡南姚家墩，遂居其地，更名"黄墩"。新安之有黄，自此始。十五传至仪，唐大历二年为祁闾尉，有善政，民请留之，因家祁东之左田，遂为左田始祖。左田即社景也。

姓氏	支派	迁徙时间和过程
程	善和派等	东晋时有曰元谭者，为新安太守，为民请留，赐第歙之黄墩，歙之程自此始。
叶	朱紫叶氏、石林派等	后周有讳衮、讳椿者，因值时乱，由黄墩迁居祁西沙堤。至宋，户部尚书椿秀由歙黄墩迁祁西沙堤，祁之有叶氏，自此始。
戴	姚村派、榨里戴氏	东晋时，有名济者，官中书侍郎，为江南之始祖。唐末，浸以蕃炽，惟歙县之黄墩尤著。有曰护者，仕唐，为兵马使，徙居婺源风亭里，是为新安一世祖。传至九世琇，十世升元，于宋末先后迁居姚村。唐兵马使讳护，由歙县篁墩徙婺源风亭里；传至五世讳庐，复迁婺源桂岩；九世讳宏，始迁祁南胡应源；至宋初十一世讳晓……由胡应源徙榨里，为榨里始迁祖。
金	金溪金氏	汉休屠王太子曰禅，事武帝有功，帝嘉其忠，赐姓金氏……传至四十五世，讳廷烈，唐授新安通判，遂家歙县篁墩；四十九世讳华，避黄巢之乱，由黄墩迁居祁西，名其里曰金溪，此为金溪始祖。

表2是根据《祁门县志·氏族考》的明确记载而列的，如果包含不明确因素，则所及的氏族更多。这17个氏族都是祁门的名宗大族，所涉及的几十个支派都是祁门宗族社会的重要构成。他们大多是在黄巢之乱时迁居黄墩，然后再由黄墩迁到祁门，之后才支繁派衍、名重乡里的。唐末的黄巢之乱对祁门乡村宗族社会的形成十分重要，对此，胡光钊在《祁门县志·氏族考》的"前识"中就写道："江南氏族，衣冠文物，儒雅彬彬，自昔称盛。有唐之世，王仙芝、黄巢扰乱东南，所过之处，庐舍为墟，士大夫挂冠，远引入山，惟恐不深，各就所居，自成村落，一姓相传，至千百年而不易。非故为畛域，盖山川形势使然。"

四、结　语

篁墩是徽州众多氏族的始迁地、避难地和宗族的发源地，这是一个有着大量史料记载的历史现象，对此现象，我们应予以全面了解，正确对待。实际上，那些当年以篁墩作为始迁地和保祖地的氏族，在以后宗族生存和发展过程中，总是在自己的宗族记忆里，深深地铭记着"始迁"这件事，铭记着"黄墩"这个地名，至少是在自己的谱牒中记述之。上文所叙的徽州黄、程、方、江、俞、李、郑、许、唐、林、金、单、臧、邱、盛诸姓谱牒是如此，再如《休宁戴氏族谱》《新安毕氏族谱》《新安武口王氏统宗世谱》《新安张氏续修宗谱》等也都这样。这种宗族的记忆，无论是繁衍了多少代、历经了多少年，辗转再迁过多少回，都是不可磨灭的。并且，这些家族在以后的发展中，多成为名族望族，瓜瓞绵绵，名人辈出，构成徽州宗族社会的主体，影响极大。因此说，黄墩（篁墩）是徽州宗族的一个"圣地"，它是徽州许多宗族永远不能忘记、值得感恩、充满崇拜与敬仰的地方。

　　葛剑雄将中国历史上的移民分为两种类型，一种是为维持自身的生存而不得不迁移其他地区定居的移民，一种是为了生活的改善而迁移其他地区定居的移民[①]。徽州篁墩的移民，除少部分是"赐居"外，绝大部分是因为避难即生存所迫；他们在篁墩居住一代或两代后，又绝大部分再析分、迁居到其他地方。篁墩既是氏族移民的最后归属地，更是氏族下众多宗族发展的发祥地，从而具有双向性质。山西洪洞县的移民是一种官方移民，其大槐树作为一个移民遗址，"是海内外数以万计的大槐树移民后裔寻根祭祖的圣地"[②]。徽州的移民则是一种民间自发的移民，篁墩就是徽州宗族移民的圣地。正如"没有移民就没有中华民族，就没有中国疆域，就没有中国文化，就没有中国历史"[③]。徽州的情况就是这样，其人口大都由移民而来，移民构筑了徽州的宗族社会，这一过程在唐末以后渐趋完成，"黄巢之乱，中原衣冠，避地保于此，后或去或留，俗益向文雅，宋兴则名臣辈出"[④]。宋代以后，徽州经济文化全面崛起，明清时达到鼎盛[⑤]。篁墩就是一个在徽州的移民迁徙、徽州宗族社会的形成及徽州文化发展史上有着独特和重要地位的地方。

---

　　① 葛剑雄：《中国移民史》第一卷《导论》，福建人民出版社，1997年，第48—53页。

　　② 张青主编：《洪洞大槐树移民志》，山西古籍出版社，2000年。

　　③ 葛剑雄：《中国移民史》第一卷《导论》。

　　④ 淳熙《新安志》卷一《州郡·风俗》，第7604页。

　　⑤ 刘伯山：《徽州文化的基本概念及历史地位》，《安徽大学学报》（哲学社会科学版），2002年第4期。

徽州篁墩的三大姓

在徽州的氏族移民迁徙和追求氏族血统的宗族社会形成中，篁墩是一个有着独特和重要意义的地方，历史上曾有几十个姓氏家族以此作为始迁地和保祖发祥地，文化内涵极其丰富。在众多的迁居篁墩的氏族中，程氏、朱氏和萧江氏三大姓最为引人注目。

一、徽州宗族的"圣地"

篁墩是徽州的一个不大的自然村，历史上隶属歙县。1987年黄山市成立时，划归黄山市屯溪区。

篁墩位于歙县西南约20公里处，历史上与休宁县交界，现距黄山市中心城区屯溪区仅三四公里。地理大势基本上是属于"介于万山丛中"的徽州的丘陵盆地边缘，具体形势是："发源于黄罗石际，旋西北蜿蜒而来。天马列其前，石壁拥有其右，古岩辅其左。大河前绕，重山后镇，居然一隩区也。"[①]

这里的"黄罗"即黄罗山，"天马"即天马山，"大河"即新安江上游浙江。"重山后镇"，据《歙县志》，"黄罗之支曰篁墩"，有富仑山、相湖岭、黄茅山，为"黄山之西南支，为歙休交界之天马山脉"[②]。此外，据

---

① 雍正《程朱阙里志》卷一《地灵志》，第230页。
② 民国《歙县志》卷一《舆地志·山川》，第29—30页。

方志载，篁墩域内旧有"相公湖"，一名"篁墩湖"，一名"蛟湖"①，南宋淳熙《新安志》记"黄墩湖在县西南四十五里，阔二十余丈，长三百步，众水所潴"②，后淤塞。有"曰李田山水，出李田山，经汪村至篁墩之上入浙江；曰篁墩口水，一由小练，一由石冈，合于罗田会环山皋岭、马岭诸支，南流出篁墩口入浙江"③等。总之，篁墩大体处于整个徽州的中心地带，山水兼备，地理环境比较优越。

篁墩的历史十分悠久，其得名至少有近2000年的历史。篁墩最初名叫"姚家墩"，因东晋时有一个名叫黄积的，"为考功员外郎，从元帝渡江，任新安太守，卒葬郡西姚家墩。积生寻，庐于葬，遂家焉，改曰黄墩。"④后程氏族人世居于此，因地多修篁翠竹，改"黄"为"篁"。据说唐末黄巢之乱时，黄巢军一路烧杀掳掠，相传，"凡地以黄名者，兵辄不犯，盖谓己姓也"⑤。于是在唐末时又易"篁"为"黄"。至明代，休宁进士、篁墩程氏后人程敏政再次改"黄"为"篁"。对此，程敏政在《篁墩文集》有明确的记载：

> 予家亦出黄墩，而考诸谱及郡志，莫知墩之所以名者。近得一说，云：黄墩之"黄"本"篁"字，以其地多产竹故名。至黄巢之乱，所过无噍类，独以黄为己姓，凡州里山川以"黄"名者，辄敛兵不犯。程之避地于此者，因更"篁"为"黄"，以求免祸，岁久而习焉。予独慨夫：循吏忠臣赐第庙食之所，而污于僭乱，之姓七百余年卒，无觉其非者。因大书"篁墩"二字，揭诸故庐，且借重于作者一言，使后世知此地之获复旧名，自予始云。⑥

---

① 民国《歙县志》卷一《舆地志·古迹》，第46页。
② 淳熙《新安志》卷三《歙县·水源》，第7638页。
③ 民国《歙县志》卷一《舆地志·山川》，第34页。
④ 黄玄豹：《潭渡孝里黄氏族谱》。
⑤ 吴修：《复篁墩记》，载万历《歙县志》之《艺文志五·碑记下》，万历三十七年刻本，第六叶。
⑥ 程敏政：《篁墩文集》卷十三《篁墩书舍记》，第229页。

　　优越的地理环境，使篁墩至少是在2000多年前就有人在这居住生息，黄、程二姓在东晋初年就世居于此；唐末黄巢之乱时，更是有许多的氏族纷纷迁居于此。明程尚宽著《新安名族志》中综录了由外地迁入徽州的家族84个，其中，可考其具体迁徽时间、地点的有56个家族。究其过程，有三大迁徙高潮，即魏晋时期的"永嘉之乱"、唐末的"黄巢之乱"、两宋之际的"靖康南渡"，尤以唐末"黄巢之乱"最盛，一次迁居来的达20个左右，其中，十分明确是始迁篁墩的氏族就有18个，他们分别是张、陈、朱、戴、周、萧江、济阳江、康、曹、王、毕、潘、施、齐、唐、梅、顾、韩等，另外还有许多小的氏族在《新安名族志》中没有记载，若加上他们则更多。

　　除了始迁篁墩的姓族外，在徽州，还有不少的姓族，尽管最初的始迁地不是篁墩，但黄巢之乱时，曾在篁墩避过难，保全了自己的族根，之后获得发展，瓜瓞绵绵。其中，仅《新安名族志》中记载的，就有方氏、余氏、汪氏、明经胡氏、张氏、吴氏、叶氏、孙氏等。此外，程姓尽管世居篁墩，但在徽州散居的更多，黄巢之乱时，也有不少程氏族人为保族而回迁的。如歙县竦口程氏："出忠壮公，孙曰誉，隋大业间由黄墩居此。五世曰承圣，唐生员；八世曰元握，安福尹；十世曰记，内江簿；十二世曰萱，僖宗初，避巢乱于黄墩，后与弟蓉、芳、繁复居竦口。"[①]

　　正因为篁墩是徽州许多氏族的始迁地、最初的避难地和宗族的发源地，因此，它于这些家族来说就有着特殊的、重要的意义！那是一个永远不能忘记的地方，是一个值得感恩的地方，一个充满崇拜敬仰的地方。事实也正是如此，那些当年是以篁墩作为始迁地和保祖地的家族，在以后的宗族生存和发展过程中，总是在自己的氏族记忆里，深深地铭记着"始迁"这件事，铭记着"篁墩"这个地名，至少是在谱牒中都记述之，如据《济阳江氏统谱》载："迁祖讳尚质，字彦纲，号萧翁，行十二，先唐大中丁卯，乃应元公之十九世孙，避黄巢乱，光启丁未，始由金陵迁歙之黄

---

　　① 程尚宽,等:《新安名族志》前卷《程》,第五叶上。

墩。子洪公，复迁于婺之谢坑。"①《严田李氏宗谱》记："余族出唐宣宗之后，后避地于黄墩，时有兄弟三人，卜居址之地以从田为吉田。由是，德鹏居祁门之敷田或曰新田，德鸿居浮梁之界田，德鸾居本邑之严田。即余族所自出也。"②许登瀛《重修古歙东门许氏宗谱》记："唐末朱温篡位，许儒为避祸，迁于歙之黄墩。"③《京兆金氏宗谱》记："自烈公通判徽州，遭唐末乱，复徙篁墩。"④《方氏统宗谱》记载："吾方氏先世，源濬而流衍，中莫殚述。后值巢寇，避难于篁墩，散居歙休。""又闻唐黄巢之乱，各姓寻避于篁墩，护全家焉。吾族或散居歙休，亦有自篁墩迁于浙者。"⑤其他还如《休宁戴氏族谱》《新安毕氏族谱》《新安武口王氏统宗世谱》《新安张氏续修宗谱》等。可以说，这种氏族的记忆，无论是繁衍了多少代、历经了多少年，辗转再迁过多少回，都是不可磨灭的。并且，这些家族在徽州以后的发展，多成为名族望族，瓜瓞绵绵，名人辈出，构成徽州宗族社会的主体，影响极大。所以说，篁墩实为徽州宗族的一个"圣地"。

二、篁墩的程氏、朱氏和萧江氏

在众多迁居篁墩的家族中，有三个大姓最为引人注目。

1.新安程氏

程姓是徽州的大姓，也是最古的一个姓，民国《歙县志》记载："邑中各姓，以程、汪最古，族亦最繁。"⑥

据明程尚宽著《新安名族志》记载，"程出黄帝重黎之后，自周大司马曰休父，佐宣王中兴，封程伯，子孙因以国氏，望安定。其后曰婴，仕晋平公，有立赵孤之德，封忠诚君，再望广平。汉末曰普者，从孙氏定江

---

① 婺源《济阳江氏统谱》卷首。

② 光绪七年婺源《严田李氏宗谱》卷首，安徽大学徽学研究中心"伯山书屋"藏。

③ 叶显恩：《明清徽州农村社会与佃仆制》，安徽人民出版社，1983年，第17页。

④ 民国辛酉年续修《京兆金氏宗谱》卷一。安徽大学徽学研究中心"伯山书屋"藏。

⑤ 明嘉靖婺源《方氏统宗谱·平盈葵园琚公谱辨》。

⑥ 民国《歙县志》卷一《舆地志·风土》，第41页。

东、破曹操，赐第于建业，为都亭侯。"[1]程普之后曰程元谭，永嘉之乱时，佐琅琊王起建业，为新安太守，有善政，民请留之，赐第黄墩，遂世居此。程元谭即为新安程氏一世祖。新安程氏传至十三世出一显赫人物程灵洗。他曾被梁元帝任命为谯州刺史兼领新安郡太守，后被陈武帝任命为兰陵太守，封遂安县侯，以后因军功先后升任豫州刺史、左骑将军、中护军、云麾将军、重安县公等职，为陈朝栋梁之一，卒后赠镇西将军，谥"忠壮公"，配享武帝庙庭。因侯景之乱时，程灵洗曾率领乡人保卫乡土有功，对此，徽州人十分崇仰，死后尊封他为"邑神"，影响十分久远。徽州的诸多府志、县志及程氏族谱等，都有关于程灵洗的记载，如弘治《徽州府志》中就记载有：

> 程灵洗，字元涤，休宁篁墩人，少有勇略，尝手殪妖蠹以安乡井。侯景之乱，起乡兵保黟……性好播植，躬勤耕稼，至于水陆所宜，刈获早晚，虽老农不能及。妓妾无游手，并督以纺绩。至于散用赀财，亦弗俭吝。卒赠镇西将军、开府仪同三司，谥曰"忠壮"，配享武帝庙庭。乡人感其义，亦相与祀之。宋嘉定中，赐庙额曰"世忠"，累封为忠烈王。国朝仍以公爵春秋致祭。[2]

传说程灵洗有22个儿子，由篁墩先后扩散到徽州及全国各地，他们皆以自己为"忠壮公"之裔而自豪。对此，程敏政在《篁墩文集》中亦记：

> 程之先望北方，至讳元谭者，从晋南渡，守新安，有治迹，受代，为民所请留，蒙赐第郡之黄墩，子孙因留居焉。其十二叶，云麾将军忠壮公灵洗，以布衣起义兵御侯景，土人德其全郡之功，亦祀于黄墩，宋号其庙曰"世忠"，其胤愈盛。故凡新安之程，皆祖太守，

---

① 程尚宽,等:《新安名族志》前卷《程》,第一叶上。

② 弘治《徽州府志》卷七《人物一》,1964年上海古籍书店据宁波天一阁藏本影印本。下引此书,不再注明版本。

宗忠壮，且号黄墩程氏。①

新安程氏传二十八世，在唐中后期，出一个名叫程泽的人，从篁墩迁河北中山博野；至三十二世，又有一个名叫程希振的人又自中山博野迁河南洛阳，其曾孙即为程朱理学的奠基者程颢、程颐兄弟二人，他们实为新安程氏三十五世孙。对此，同治歙县下门《程氏抄谱》有明确记载：

> 二百四十一号中山博野房派。接总图二十六世日纂公之四子日璃公之子二十八世日泽公，自篁墩迁中山博野。
>
> 二百四十号河南房派。接博野派二十八世日泽公之曾孙日羽公之子三十二世日希振公，自博野迁河南。其孙日珦公，宋大中大夫司农少卿上柱国，封永平县开国伯，食邑九百户，赐紫金鱼袋。二子日：颢、颐。而颢字伯淳，号明道，宋进士，历监察御史，追封河南伯，谥曰纯，从祀孔子庙庭，元至顺二年加封豫国公。而颐字正叔，号伊川，崇正殿说书，追封伊阳伯，谥曰正，从祀先圣孔子庙庭，元至顺二年加封洛国公。②

明万历修刻、清雍正重刻的《程朱阙里志》中则有更多关于二程夫子出自新安的考证与叙述。如赵时勉在《考新安程朱三夫子源流记》写到：

> 古先圣之统，自孔孟而下，一脉汇于朱子；而朱子得之二程子。人知朱子世家新安，不知程之先亦自新安而徙也。……元礼部程公黟南《书河南上程氏宜振录后》云："河南夫子，胄出中山；中山之胄，出自新安之黄墩，实忠壮公之裔，陈末播迁而北者也。"永新刘文安公定之《记程氏义田》云："公之先，家徽郡，忠壮公灵洗蔓延厥系于海内，明道、伊川实祖之。"邓州李文达公贤《志程亚中公墓》云：

---

① 程敏政：《篁墩文集》卷十三《篁墩书舍记》，1991年。
② 同治歙县下门《程氏抄谱》，全一册，黄山市博物馆藏。

"灵洗仕陈，至开府仪同三司，谥忠壮，元封忠烈王。五世孙大辨徙
中山博野；六世少师羽，再迁河南醴泉；三世曰元白，宋宜春令，追
封冀国公；四世曰琳，宋太师中书令，谥文简；曰珦，大中大夫，子
为明道、伊川二先生也。"李公心传《识伊川先生后谱系》云："靖康
之难，先生之孙辟狄流寓池州，绍兴褒录党人，诏下提举招二子之
孙，审验其谱系，上长孙观之年七十四，补登仕郎，充池州州学学
宾，令本州于上供钱内支钱三千、米二石，俾奉祭祀；次谦之子源，
四世嫡孙也，赴吏部铨，量补迪功郎。"本府志云：先代原有乡贤祠，
并祀二程先生，先儒胡云峰撰文具《新安文献志》谓："程之河南，
实吾新安黄墩忠壮公后也。"按程叔子撰《纯公行状》："河南之程，
出自中山博野"。又按欧阳公撰《程文简公父冀国公碑铭》："中山博
野之程，出自灵洗。"文简公琳与大中公珦为兄弟，则新安为河南所
出，何疑哉？[①]

程颢、程颐虽迁出新安已有好多代，且其生活和从事学术活动的地方
主要是在河南，其学术理论也称"洛学"，但如许多由徽州再迁居、侨寓
外地的新安人士一样，他们对自己的祖籍地有着强烈的认同。明修《程朱
阙里志》中就记载程颢、程颐念念不忘自己是"忠壮公"之裔，程颢就曾
有"忠壮公裔"印章一枚之事；清雍正重刻时，又加入了康熙年间河南程
氏后裔来篁墩谒拜新安程氏始祖、显祖的事件。徽州府儒学教授黄师琼撰
《程氏倡建两夫子祠引》有：

　　岁在甲午，河南翰博公佳璠来徽谒始祖元谭公、显祖灵洗公墓，
叙其世系，实本新安。自两夫子祖羽公为元谭公三十一世孙，始迁居
河南，今虽七百有余载，而水源木本之思，依然嫡派相传也。[②]

---

① 雍正《程朱阙里志》卷三《世考志·世系》，第250页。
② 雍正《程朱阙里志》卷首《汇增》，第184页。

休宁人程孚夏作《篁墩记事》亦云：

予家自东晋太守公肇始新安，后因迁徙不一，而程氏几遍寰区矣。河南两夫子，为忠壮灵洗公支裔，其先世官楚之黄陂，因转判开封府事，遂以嵩阳萃中州之秀而卜居焉。今翰博鲁玉先生，乃伊阙二十一世孙，以七旬老人，不惮数千里，携令孙服伯来故土，谒祠拜墓，可谓曲尽水源木本之思。爰系以诗，使后人知所考。云："洛水相承号大儒，曾将圣学佐唐虞。盘桓犹忆同官日，下拜欣看列墓图。愧我未能瞻阙里，多君今已到新都。只缘东晋丰碑在，万派分流总不殊。"①

清末翰林、歙县人许承尧在《歙事闲谭》中，曾就程颢有"忠壮公裔"印章一事，按道："此二程出篁墩，乃赖一印章证耳。"②语气不无疑问。但笔者所要记述的是，直到1993年，河南程氏，号称是二程的后裔，在重修族谱时，还专门来人去篁墩寻根。当时笔者是黄山市政协委员、《徽州社会科学》杂志主编，曾参与接待，款以吃住，并有当年的屯溪"交通旅社"（现已拆）的发票为证。

2.新安朱氏

朱姓也是徽州的一个大姓，据《新安名族志》记载："朱出颛帝之后，周封曹侠于邾，为楚所灭，子孙去邑，以朱为氏。"③唐乾符年末，唐殿中丞朱涔号师古者，"避巢乱，自姑苏始迁歙之黄墩"④，是为新安朱氏一世祖。朱师古有四个儿子，即瓌、驯、瑰、重，据嘉靖《朱氏统宗世谱》记载："瓌因讨贼道经于歙之篁墩，爰其山水之胜，遂家焉。驯居朱衣巷。瑰于天祐中，以陶雅之命，领兵三千戍守婺源，因家焉。重居于彼斯。朱

---

① 雍正《程朱阙里志》卷首《汇增》，第186页。
② 许承尧：《歙事闲谭》卷四《程朱阙里之由来》，第105页。
③ 程尚宽，等：《新安名族志》后卷《朱》，第三十七叶上。
④ 程尚宽，等：《新安名族志》后卷《朱》，第三十七叶上。

氏世系昭昭可考也。"①可见，留居徽州的是朱瑼和朱瑰。其中，朱瑰是由篁墩始迁婺源的，婺源朱氏一世祖。朱瑰在婺源传八世，有一个名叫朱松者，字乔年，号韦斋，生于北宋绍圣四年（1097年），曾就学于歙县南门的紫阳书院。当时歙县城内有一名叫祝确的，字永叔，非常器重朱松，以其女许之。朱松于北宋政和八年（1118年）考取进士，后以迪功郎调任福建政和县尉，再入籍建州。作为程朱理学集大成者的朱熹即朱松与祝氏之子，他于宋建炎四年（1130年）9月出生在福建尤溪，实为新安朱氏九世孙②。

《程朱阙里志》中有关朱子出自的叙述和记载的内容更多，如赐进士出身文林郎管徽州府儒学教授事荆南后学储郁文《朱夫子始迁祖师古公墓碑记》有：

> 徽国文公之先，著籍新安，自师古公始。唐广明之乱，由苏之洗马桥迁于歙，居篁墩。再传而古寮公，以刺史陶雅命，领兵戍婺源，遂家于婺。八传而韦斋公，为尉于建之政和，世乱不得归葬，又家于建。盖自文公而上溯师古公，已十世矣。其在婺在建者，族姓聚处，世守祠墓。自古寮公而下，图域班班可考。③

赵时勉则撰有《考新安程朱三夫子源流记》，云：

> 朱夫子世家载之志，而朱夫子自叙世谱后：先世居歙之黄墩，天祐中，以陶雅之命，总卒三千戍婺源，民赖以安，因家焉。祖曰森，仕宋为承仕郎，配程，生子三，长曰松，年逾髫鬈，以上舍登第，授建州政和尉。以父丧，值乱，寓建安之崇安。服除，调建州尤溪尉。

---

① 嘉靖《朱氏统宗世谱》,《朱氏流源族谱序》。
② 翟屯建:《新安朱氏考述》,《徽州社会科学》,1997年第3期。朱林棣:《新安朱氏源流名裔考》,《徽州社会科学》,1999年第3期。
③ 雍正《程朱阙里志》卷首《汇增》,第190页。

建炎间，告归十余年。绍兴四年，内翰綦密言于上，召试馆职，除秘书省正字。上言："切至"。迁尚书度支员外郎，兼史馆校勘，历司勋吏部两曹，兼史职如故。后以抗疏阻和议，出知饶州。请老，得主管台州崇道观，交游得人。大明六籍要旨，徽之理学，实开其先，力行砥砺，自谓性下急害道，因取佩韦之义名斋，所著有《韦斋集》。建炎四年庚戌九月十五日甲寅，生熹于尤溪寓舍。先是，松生邑城，有白气如虹自井出；至是，复有紫气如虹自井出，其光上腾，因名"虹井"；母祝氏，为祝确女，出于祝夫子，历有显者，世谓祝氏世生贵女。然则，新安为程朱夫子所自出，历历可据矣。溯流于源，生其乡者，可无崇祀之思哉。[①]

再如《徽国文公朱夫子十七代嫡孙应荫袭翰林院五经博士讳廷锡率合族公启吴先生书》记：

> 瓌公来婺，迁自歙之篁墩，其先皆歙人也。师古公，瓌公之先人也，居于斯，葬于斯。古今人大抵不甚相远，墓在即祖在，如尸象神祀，墓即祀祖念神敬像。……朱子非惟星源之朱子，乃新安之朱子也；非惟新安之朱子，实天下万世之朱子也[②]。

至于新安朱氏族谱中，则基本都有确认朱熹的记载。

朱熹虽然生在福建，长在福建，主要的学术活动也在福建，其学术理论也称为"闽学"，但朱熹时刻不忘自己是徽州人，对徽州作为他的祖籍地强烈认同，深有感情。朱熹曾作《婺源茶院朱氏世谱后序》，明确指出："熹闻之先君子太史吏部府君曰：'吾家先世居歙州歙县之黄墩。'"[③]朱熹之父朱松当年远离故里仕宦在外，就不曾一日忘却徽州，对此，朱熹曾作

---

① 雍正《程朱阙里志》卷三《世考志·世系》，第251—252页。
② 雍正《程朱阙里志》卷首《汇增》，第193页。
③ 民国《歙县志》卷十五《艺文志·序》，第606页。

《名堂室记》记其父：

> 紫阳山在徽州城南五里，尝有隐君子居焉。今其上有老子祠。先君子故家婺源，少而学于郡学，因往游而乐之。既来闽中，思之独不置，故尝以"紫阳学堂"者刻其印章。盖其意未尝一日而忘归也。[1]

而朱熹本人更是"不敢忘先君子之志，敬以印章所刻，牓其所居之听事，庶几所谓'乐，乐其所自生；礼，不忘其本'者，后世犹有考焉"[2]。朱熹曾两次回徽州省墓，写有《归新安祭墓文》《又祭告远祖墓文》等[3]；每次回徽州都要逗留数月，从事讲学和开展学术活动，徽州从学者众，其中最有成就的有12人；朱熹在徽州留下了许多文字笔墨，有记略、谱序、匾额、诗文等。笔者就搜集到一块朱熹当年题写的"鸢飞鱼跃"石碑，弥足珍贵。朱熹字元晦，号晦庵，也号紫阳，特别是在许多正规文字著述的署名上总是署"新安朱熹"，以表示对故乡的强烈认同。朱熹生前不得志，其学曾被斥之为"伪学"，但他死后不久，宋理宗就追封他为"信国公"，后改为"徽国公"，并亲笔在婺源朱子庙题额"文公阙里"，为歙县紫阳书院题匾等，表示朝廷对朱熹是徽州人的认同。

3.萧江氏

徽州的江姓有两种，一为"济阳江"，世居济阳，隋末唐初有江韶者迁居旌德江村，为济阳江氏"金鳌派"始祖；唐时，名江湘者迁居新安，是为新安济阳江氏的一支。唐末黄巢之乱时，济阳江氏又有一支，一个名叫江尚质的人，为唐镇南将军，由金陵"避处于歙之篁墩"，之后再析分到徽州各地。其子江洪，字天然，天复癸亥年"复徙于婺北谢坑江村"[4]。

---

[1]《晦庵先生朱文公文集》卷七十八《名堂室记》，《朱子全书》第24册，上海古籍出版社，2002年，第3730—3731页。下引此书，不再注明版本。

[2]《晦庵先生朱文公文集》卷七十八《名堂室记》，第3731页。

[3]《晦庵先生朱文公文集》卷八十六《祝文》，第4051页。

[4]《济阳江氏统谱·清嘉庆庚辰续修统宗谱叙》，转引自陈爱中著：《婺源姓氏探源》，《徽州社会科学》编辑部，1997年8月。

此为"真江"。

另为"萧江"亦即"假江"。根据《新安名族志》、明隆庆三年江珍撰修的《溪南江氏族谱》（黄山市博物馆藏）、万历三十九年江旭奇撰修的《萧江全谱》（上海图书馆藏）、清乾隆十一年江永撰修的《兰陵萧氏二书》（黄山市博物馆藏）、乾隆三十七年江如松撰修的《萧江复七公房支谱》（上海图书馆藏）和笔者所藏的《萧江氏世系源流》等谱牒记载，"萧江"，本姓萧，以汉丞相萧何为始祖，世袭侯爵。至萧衍，仕齐，因治乱有功，召入相国，初封"梁公"，后晋为"梁王"，再自称帝，为梁高祖，在位四十八年。高祖长子曰统，即昭明太子，"仁孝博雅"，尝著《文集》二十卷，编《文选》三十卷，衣被后学，以储位终。厥后代有闻人，至唐时，曾出八位宰相，与唐祚平终始，称"八叶宰相"。至萧遘，相唐僖宗，生七子，仲曰祯，唐广明年间，因破黄巢有功，授护军兵马使，官至柱国上将军，镇守江南。当黄巢兵犯宣歙时，奏请驻兵歙州，因家焉。后朱温篡唐，萧祯曾起兵北上，终不能克，因念唐室旧主，指江为誓：若不能复唐业、斩朱温，当改萧姓为江姓。后避地居歙县水南篁墩之溪南，易萧为江，卒葬溪南。是为"萧江"氏起始，萧祯即为萧江氏一世祖，此后，"凡江之宗于萧者，此其鼻祖也。"萧祯生有三子，季曰威，迁浙江衢州，为浙江萧江氏始迁祖；仲曰郑，仍居溪南守庐墓；伯曰董，迁婺源，为婺源萧江氏始迁祖，形成三足鼎立之势。

婺源之萧江，分别在江湾、旃源和龙尾，发展为巨族。其中，江董迁婺源后，先是居婺源水路皋径；传三代，有一名叫江文寀的迁旃坑；文寀的孙子名江敌者，于宋元丰己未（1079年）又从旃坑迁居江湾，江敌即为江湾萧江氏始迁祖，亦为萧江氏八世祖。萧江氏在江湾以后瓜瓞绵绵，代有人出，如明代的右都御史兼户部侍郎江一麟，清代的著名经学家、音韵学家、戴震的老师江永，清末民初的教育家、佛学家江谦，20世纪70年代的农业专家、全国劳动模范江鸿志等。

明代三朝元老、太子太师许国万历时撰《江湾新建宗祠碑》中记：

新安保介山谷，婺犹深阻，不被兵燹，故多世家著姓，江湾江姓则最著。江本萧氏，唐广明中，故相遘子祯，避地歙之黄墩，始渡江来，遂以江姓。而祯子董徙婺，董孙文宋居婺之渷源，其后有进贤尉敔者，乃卜江湾。宋岳将军军鄱阳，而尉孙致恭以助军赐级进忠翼郎，卒为忠裔祠。祠墓下，其后世滋大。其间称诗书、力孝悌、重月旦，而表里闾者，肩相摩也，踵相接也。①

清翰林院清书庶吉士、新安程氏族人程恂乾隆五年撰《萧江始祖唐上柱国江南节度使府君赞》的"序"中载：

节度使府君萧公讳祯，字德熹，唐宰相遘之子，萧梁昭明太子之苗裔。而江氏之鼻祖也。……唐之季避居歙之篁墩。值巢寇傲扰，延及歙州，公率义旅保障一方，勠力破贼。策勋晋秩，秉钺江南，武功文德，后先焜耀。无何，遭家不造，指江易姓。则造物者复钟美于府君昌。厥后，以酬其庸而椒聊，瓜瓞未有艾矣。公三子，仲郑庐墓，季咸迁衢，而伯董始迁婺源。公以别子为始迁祖，婺为继别之大宗，今为巨族者三，曰江湾，曰渷源，曰龙尾，皆科第相望，簪笏相踵，或发解，或开府，或守牧，或扦疆。文章勋业炳烺烺，而潜笃德行，宗法紫阳，立言不朽者亦多，若而人吁"萧江氏明德远矣！"②

婺源的萧江氏族人至迟在清朝时就建有表彰族内先贤的"里贤祠"，其《议立里贤祠书》《复议里贤祠书》《复膳部里贤祠议》等③，就数举了许许多多萧江氏族人的先贤、仁人、达士，其中尤以教育家、学者、名宦最多，令人感慨。

据实地调查，萧江氏传至今天，在江湾已发展有四十代。2001年5月

①《萧江全谱》附录卷三，上海图书馆藏。下引此书，不再注明藏处。
②江永：《兰陵萧氏二书》，卷上。
③《萧江全谱》附录卷二。

30日，中共中央总书记、国家主席江泽民曾来江湾视察，并题了字①。

在萧江氏分迁的婺源、溪南、衢州三大支中，唯溪南和婺源的两支联系最为密切。江永编《兰陵萧氏二书》中，就曾引了明左春坊汪仲撰《洪武癸丑江湾族谱序》。在所引之后，江永紧接说道：

> 登此序，俾后人知江湾族谱系洪武癸丑我房裕祖公手编次也，明朝以前俱与旃坑、溪南共统谱。②

三、篁墩三大姓的文化遗存

徽州的程氏、朱氏、萧江氏这三大望族，在篁墩一带至今仍有历史文化遗存。

首先，篁墩一带至今还是程氏、朱氏和萧江氏人的居住地。在篁墩本村，程氏仍是大姓，居住的人最多；朱姓也不少，村里至今还有"朱家巷"地名。民国《歙县志》记：

> 朱家巷在富仓山前，朱文公先世故居也。文公自序茶院谱云：先世居歙篁墩。又作世谱后序云：淳熙中展连同之墓，有方夫人、十五公冯夫人之墓皆已失之，属望子孙访求。万历间访得其三祖茔，知县刘伸重为封识。③

篁墩的河（即渐江，新安江上游自屯溪至歙县段）南岸即是南溪南村，亦即"溪南"，目前居住的人尽管是吴姓族人为主，但萧江姓的人仍在居住，据笔者2002年2月调查，至少还有20余户。

因程颢、程颐和朱熹之先祖同出之地，篁墩历来就被称"程朱阙里"。

---

① 《人民日报》，2001年6月4日第一版；《江西日报》，2001年6月5日第一版。

② 江永：《兰陵萧氏二书》，卷上。

③ 民国《歙县志》卷一《舆地志·古迹》，第46页。

明代徽州人撰修《程朱阙里志》，在一定意义上曾是府衙和县衙行为，正如明万历歙令刘伸在其"序"中所言：

> 阙里志者何？志程朱三夫子之所自也！三夫子之乡，为闽、为洛，夫人而知之。至先世之肇起于歙，歙而同出于邑之篁墩，则世人罕知也。[1]

此书清雍正时重刻。在这部独特的、号称"新安第一书"中，徽籍人士及邑贤、乡绅们详尽考证、记述了新安程氏和朱氏的渊源及其与篁墩的关系，特别是详尽考证和记述了作为程朱理学奠基者的程颢、程颐与作为集大成者的朱熹的行状、记实、年谱、思想渊源、对徽州特别是对篁墩的认同及徽州人对他们的认同，考察出他们的始祖及显祖的祖茔地并绘有墓葬图。在此书的"地灵志"中，除记述篁墩的山水环境外，还绘有古篁墩的村景图及一些古遗址等。

篁墩村中现有"世忠庙"遗址、程氏宗祠遗址和朱氏宗祠遗址，其中，据笔者2003年1月23日调查，"世忠庙"遗址上，现盖有一户人家的住房；程氏宗祠尽管损坏严重，但基本形状还在，几年前还作为小学，现已关闭；朱氏宗祠只剩遗址。

据文献记载，篁墩过去还有"程朱阙里"祠亦即"程朱三夫"祠，还有"程朱阙里"坊。其中，前者为明代万历歙令刘伸所建，以"合祀三夫子"。据明修《程朱阙里志》记载：

> 祠基即古圣堂遗址，其地在岩镇佘翁桥北，旧所称吕湖。东距堨田，西连朱方，南接湖村，北抵后美，周围十余里。湖有山，名曰湖中山，今在后美者是。自湖蠡见毙于忠壮公，而湖淤为沃壤，仍一水泓然，长注如练。古圣堂，故为梵宇，僧多不法。邑令刘公撤之，为

---

① 雍正《程朱阙里志》卷首，第219页。

阙里祠。规模轩敞，境地旷远，足称伟观云。[①]

至于该祠的管理，《程氏人物志》上记载：

> 程朱阙里明景泰间，诏以先贤子孙袭五经博士，仍命有司于其里各建祠庙，一如曲阜阙里式。新安为河南二程子、婺源朱子三先生故里，明万历间，知歙县事刘伸循例建阙里于郡西岩镇之河北，岁以春秋二仲次丁日，于歙县开支，项下给银一十七两四钱五分，买办猪羊致祭。外，程朱夫子祠门子一名，岁给工食银三两六钱，永为定例。

可见，这是比较规范的，祠的兴建和管理是纳入一定层次上的官方行为。后来该祠渐废。对此，康熙修撰的《程氏人物志》的作者，在叙述了明代"程朱阙里"祠的管理后，紧接不无感慨地说：

> 愚按：三夫子皆系出新安之歙黄墩，故我徽祀事惟谨。今江南浙江所在并有二程夫子专祠，详请学宪准给祀生于所在州县支给应用钱粮，以供祀事。而新安三夫子始地，尚未有发其议者，非缺典而何哉！书此以俟。[②]

于是，到了清康熙和雍正年间，时人又纷纷倡议重建"程朱三夫阙里"祠，并且这次要直接修建在篁墩。对此，雍正重刻的《程朱阙里志》有许多记载，如吴曰慎（徽仲）《覆邑宰建程朱阙里于篁墩书》记：

> 屡承下问以歙邑所当兴起之事。某再三询访，反覆熟思，有地至近、事至易、名至正、功至大、迹至久者，莫如程朱阙里一事。篁墩

---

① 雍正《程朱阙里志》卷二《崇祀志·程朱阙里祠基址》，第243页。
② 《程氏人物志》卷二《阙里》，康熙四十三年（1704年）刻本，第十五叶上，天津图书馆藏。下引此书，不再注明版本与藏处。

者，程朱之祖基也。程子虽生于河南，实忠壮之裔。其先世自新安迁
中山，又历数世而迁河南。前辈考得其实，历历可据。朱子虽生于
闽，其祖墓尚在篁墩，又自序其先世本篁墩人，因成婺而家于婺也。
然则，篁墩宜建程朱阙里，以祀三夫子，因使有志于学者得以讲习于
其中，所以上尊先贤以明道统，下作人才以正学术。向来诸先生有志
于此，而力未逮，又不得当道者倡率成就之，是以逡巡而未能遂也。
今善政昭灼兹邦，且欲修举废坠，而况于圣贤道统、万世学脉所关者
乎。在得为之位，有可为之势，而其事至近且易，其功至大且久，此
亦千载一时不可失也。前此亦有建程朱阙里于他处者，然非其地，程
朱之灵未必凭依，故荒废颓败。今以其祖墓为阙里，则名实相副，程
朱在天之灵，当必有以默相之矣。①

此举在乾隆年间成。据民国《歙县志》记：

> 程朱阙里在篁墩。明万历四十年知县刘伸因湖田古圣堂旧址建，
> 吴士奇有碑记。清乾隆二十五年，邑人徐麒甡以篁墩为程朱祖居地，
> 呈请由湖田移建。②

到了民国年间，篁墩的"程朱阙里"祠又渐废，"文化大革命"后则
彻底废，遗址只剩废墟。

笔者曾数次前往篁墩一带进行实地考察。规模最大的一次是1997年10
月，"黄山市新安朱子学研究会成立大会暨朱子学术讨论会"在屯溪召开，
共有来自全国十几个省市自治区及马来西亚、加拿大、英国、比利时、南
非等国的代表近100人参加，笔者当时是大会的主要发起人和组织者，担
任新安朱子学研究会常务副会长兼秘书长，其间，曾率领全体会议代表一
并前往篁墩考察。每次实地考察，都能在篁墩村中见到"程朱阙里"祠和

① 雍正《程朱阙里志》卷首《汇增》，第181页。
② 民国《歙县志》卷一《舆地志·古迹》，第46页。

"程朱阙里"坊的遗址及遗物构件。遗址处，残垣断壁，仿佛北京圆明园遗址；遗物构件，散落村中，半露半埋。

新安程氏始迁祖程元谭的墓在歙县县城城西之冷水铺，元朝时尚在，今已无存。其显祖程灵洗的墓，据《程氏人物志》记载："墓在歙西二十五都长沙里黄墩宅畔。"[①]但据新安程氏后人、安徽大学中文系程自信教授介绍，至少是在1949年的时候，他还拜谒过忠壮公墓。其提供的一本《日记》[②]中记道：

> 昨天是清明前五日，我们村中十岁以上的男子都要到篁墩去挂钱。一路上，两旁山上红花绿叶，真是美丽极了。到了篁墩，对面一座平坦的坟上去，其中一个石碑上刻着："陈将军程镇西重安"，再到忠壮公夫人坟墓上去拜，还要读祭文，拜好之后便又到篁墩去吃炒面，回来又到小路去拜，到祠堂里去拜，回到家中已是傍晚之时了。
>
> 四月一日 星期一，阴

程自信先生是歙县虹梁村人，这本《日记》是他在家乡上小学时写的，时间是民国三十八年，即1949年。据程先生回忆，忠壮公墓当在距篁墩一里左右的东北方向，可能是明清时重修的。但另一说，忠壮公墓原在篁墩西湖西北，自陈至元，保存尚好，后没入湖中，已无迹可考[③]。据笔者调查，前说可信，但墓已毁。

唯有新安朱氏一世祖朱师古的墓仍在篁墩。《程朱阙里志》中就记载了两次探考、确定和修复其墓的过程，绘有详细的位置图，两次的墓葬图的墓碑分别是万历壬子年仲冬月立"朱夫子祖墓"碑和雍正三年仲冬月立"新安一世祖师古公墓"碑。对此，笔者1996、1997年在篁墩实地探访时，曾对照墓葬图，在当地人的指引下，寻找到了在今天的具体位置，唯见损

---

① 《程氏人物志》卷之二《丘墓》。

② 《日记》，民国三十八年手抄本，表芯纸，现藏程自信处。

③ 方光禄：《江南望族——歙县篁墩程氏考》，《徽州社会科学》，1988年第3期。

毁较大，其中，雍正三年立的"新安一世祖师古公墓"碑已无踪迹可寻，而万历壬子年立的"朱夫子祖墓"碑至今还在，当时它被砌在篁墩村一程姓村民的厨房墙壁里。

新安萧江氏一世祖萧祯的墓，几乎所有的萧江氏的谱牒，对其具体的位置都有明确记载，如笔者收藏的《萧江氏世系源流》抄谱，就绘有新安萧江氏一世祖墓葬图，并明确记有：

> 祯公墓在溪南廷子阜，面前混塘，地名出水莲花，一世祖窀穸是也。[①]

"溪南"即今日的南溪南，它的旁边即著名的"花山谜窟"。2002年2月2日，笔者曾专程前往此处进行实地考察，在今天的篁墩中学后几十米的地方，寻得了确切位置。该墓虽然年代久远，略有毁坏，但基本形状尚在，相比较而言，留存和保护得基本完好，实为大幸。

徽州是个宗族社会，人们的追宗报远意识很强。历史文献及田野调查表明，新中国成立前篁墩一地，除新安程氏每年都有祭祀自己祖先的活动和仪式外，其他许多祖墓在此的徽州各族姓的族人也要来此祭拜[②]。新安朱氏族人，特别是那些早已迁离了篁墩而散居徽州各地的朱氏族人，每年都有人在清明节时来篁墩祀祖扫墓；国际上则有"世界朱氏宗亲联合会"，1997年秋，这一组织曾派代表参加了在黄山市召开的"黄山市新安朱子学研究会成立大会暨朱子学术讨论会"，会议期间，朱氏宗亲们就曾来篁墩朱师古墓前并"程朱三夫子祠"遗址前谒拜。

而萧江氏，族谱上就有关于萧江氏族人，特别是婺源江湾等地的萧江氏族人每年要在正月二十五来溪南祭拜始迁祖萧祯墓的明确记载，如《萧

---

① 《萧江氏世系源流》，清乾隆年间手抄，竹纸，高27.5厘米、宽19.5厘米，现藏笔者处。

② 据篁墩程氏族人、篁墩中学教师程华达记，篁墩一带过去关于宗族祀祖扫墓，有"毕初一，黄二十，朱八日，程到底"的说法。参见程华达：《篁墩新安朱氏简介》，张脉贤主编《朱熹与徽州》，黄山市新安朱子研究会，2000年12月。

江复七公房支谱》中就记载有萧江氏三十一世孙、太学生江如松，于清乾隆年间前往省墓时所写的《省始祖黄墩府君墓诗》，"序"中写道：

> 歙之黄南，吾家祖居也。始祖节度使府君丁，唐季之难，因远祖晋淮阴令，遇刘渊石勒之乱，避难渡江而来，遂易萧为江姓，退居黄墩，殁即葬于溪南之半沙亭子埠。始祖生三子，伯适婺源，仲子守墓，季徙衢州，三派分居。云仍历来省墓各别，康熙己卯有本派支孙国正者，馆于溪南，始集伯房枝下十四大派，特立清明，酌定递年正月念五日，各派齐诣祖墓致祭。今乾隆丙戌本派轮值，松往溪南与祭。[①]

笔者2002年2月2日在南溪南村调查时，曾访问了几位萧江氏后人。据江守庸老人介绍，其所记忆中的最后一次婺源及外地的萧江氏族人来此祭拜是在他10岁左右的时候。江守庸，男，当年76岁，自称是萧江氏第三十三代，退休教师，其10岁当是在1935年左右。据他回忆，当时的始迁祖墓前，除有水塘外，还有石人、石马和牌楼等，很有气势。

四、篁墩历史文化资源的保护与开发

文化本身就是一种资源，篁墩一带的历史文化遗存是十分珍贵的历史文化资源，进而又可转化为极高品质的旅游资源。2001年8月，黄山市政府将花山至渐江一带，包括篁墩和南溪南等在内，进行规划，申报国家级风景名胜区，笔者担任了该申报项目的文化顾问。作为这一风景名胜区精华之一的"花山谜窟"，是2001年5月时任中共中央总书记、国家主席江泽民在黄山市视察期间，在考察了花山石窟群后，亲自命名并题写的[②]。2002年6月，该项目得到国家建设部正式批准。篁墩历史文化资源的挖掘、

---

① 江如松：《萧江复七公房支谱》卷二。
② 《2001年黄山年鉴》，黄山书社，2001年。

抢救与保护工作进行时，笔者曾建议：

第一，尽快规划好花山—渐江风景名胜区，充分挖掘篁墩、南溪南一带的历史文化内涵，并将其内在整合进文化及旅游事业的发展规划之中。

第二，努力抢救和保护好篁墩、南溪南一带的历史文化遗存，对朱师古墓、萧祯墓、程朱三夫子祠等遗存、遗址，除要有具体的抢救和保护措施外，还应该做必要的修复。它们都逾千年或几百年，都有独特的文化内涵和深刻的历史意义，因此都可以作为地面文物，申报保护等级。对一些目前还散落在民间、正在遭受流失的文物，有关部门一定要依照国家有关法律、法规，特别是1997年9月21日安徽省人大颁布的《安徽省皖南古民居保护条例》等，予以尽快抢救。

第三，在保护的同时强化开发，走以保护为主，以开发促进保护之路，将篁墩、南溪南一带的历史文化资源内在纳入花山—渐江风景区的旅游开发过程之中，积极培养和营造黄山市新的、极富市场潜力和活力的旅游景区，发展旅游事业。

萧江氏源流考

徽州的江姓有两种，一为"真江""济阳江"，一为"假江""萧江"，两江同姓不同族，在徽州皆望，瓜瓞绵绵，人文昌盛。其中，萧江得姓于徽州的江，徽州是全世界萧江族的发源地。

一、萧江之得姓

"萧江"本不姓江而姓萧。因此，要追溯萧江氏之源就要分为两个逻辑阶段，其一是萧氏之源，其二是萧江之得姓。

据清大儒婺源江湾人江永撰修的《兰陵萧氏二书》载，萧氏出自姬姓，为帝喾之后。帝喾名夋，为少昊之孙，矫极之子。生于姬水之阳，因以为姓，号高辛氏，都于亳。帝喾有四个妃，第三妃有娀氏女曰简狄，祈于高禖，有飞燕之祥，而生契。契子事唐虞为司徒，教民有功，封于商。传十三世，生天乙，是为成汤，居亳；帝乙庶子微子，周封为宋公，弟仲衍。再传八世至戴公，生子衍，字乐父。乐父传至裔孙大心，平南宫、长万有功，封于萧，以为附庸，子孙因以为氏。其后楚灭萧，裔孙不疑为楚相春申君上客，世居丰沛。再传至汉，有丞相酂文终侯萧何，是为显祖，又说为萧江氏始祖。

萧何之后，萧氏是世袭侯爵。何子酂定侯延生侍中彪；彪生公府掾章；章生皓；皓生仰；仰生御史大夫望之；望之生光禄大夫育；育生御史中丞绍；绍生光禄勋闵；闵生济阳太守阐；阐生吴郡太守冰；冰生中山相苞；苞生博士周；周生蛇丘长矫；矫生州从事逵；逵生孝廉休；休生广陵郡丞豹；豹生太中大夫裔；裔生淮阴令整；整生济阳太守辖；辖生州治中副子；副子生南台治书道赐；道赐生皇考，讳顺之。之后萧氏进入帝皇世家。

梁高祖武皇帝讳衍，仕齐，因治乱有功，召入相国，初封"梁公"，后晋为"梁王"，再自称帝，为梁高祖，在位四十八年。高祖长子曰统，即昭明太子，"仁孝博雅"，尝著《文集》二十卷，编《文选》三十卷，衣被后学，以储位终。厥后代有闻人，至唐时，曾出八位宰相，与唐祚平终始，称"八叶宰相"。

至萧遘，相唐僖宗，生七子，仲曰祯，唐广明年间，因破黄巢有功，授护军兵马使，官至柱国上将军，镇守江南。当黄巢兵犯宣歙时，奏请驻兵歙州，因家焉。后朱温篡唐，萧祯曾起兵北上，终不能克，因念唐室旧主，指江为誓：若不能复唐业、斩朱温，当改萧姓为江姓。后避地居歙县水南篁墩之溪南，易萧为江，卒葬溪南。是为"萧江"氏起始，亦即萧江氏之得姓，萧祯即为萧江氏一世祖，萧祯亦即江祯，此后，"凡江之宗于萧者，此其鼻祖也"[①]。

江永所考的上述谱系，在萧江氏宗族中是具有权威性的。在《兰陵萧氏二书》"前叙"中，江永自己就记载了此书成后的影响：

> 书成已数载，有族叔祖讳国维者，本吾江湾进贤府君支派，其先由歙之结林迁凤阳府盱眙县，以进士出身任江西建昌怀远将军。予告家居尝见此书，甚欣赏，采本宗世系考及图，刻入结林支谱，且致书来称谢。吾族人谓不可不镂版以广其传，司祠者国芳、秉壎、怀、元林尝任祠务，几载不受俸，即以其资为刻资，梓成刷印，分散各派宗人以为家乘。时乾隆癸酉春月也。国维叔祖跋结林谱语及来札，附录

---

① 江如松：《萧江复七公房支谱》卷一。

于后。他日吾宗有刻谱者，当详考此书，证明世系、源流、史传、事迹，刊去旧谱讹谬，可也。①

而江国维在歙邑结林支谱的跋语中是这么说：

> 维按旧谱，篁墩府君以上亦载本始，但其世系相承未免附会，证之史，多有不符。维修支谱，业据《齐》《梁》二书及《唐史·列传》，按实注订矣。兹值开雕会，吾江湾族孙慎修名宿，以《兰陵萧氏二书》邮致，且惓惓以传梓望诸族人。维细绎数过，具博闻卓识，考核精详，足以正七百年来之踵误，其有功于兰陵文献，岂浅鲜哉！如《本宗世系考》一书已先得我心，故竝图从之。②

可见，萧江氏宗族在江永之后，就是以《兰陵萧氏二书》为自己宗族谱系的蓝本。上海图书馆藏乾隆三十七年（1772年）江如松撰修的《萧江复七公房支谱》，在"凡例"中就指出："旧谱所载萧江本始多有舛错，今据《兰陵萧氏二书》改正，后有起而修族谱者，其本始须照我支谱录入。"据此，该谱更为简洁地叙述了新安萧江氏之源：

> 萧江之始：大心。
>
> 居丰沛始：不疑，楚相春申君上客。
>
> 居兰陵始：彪，字伯文，生于文帝二年癸亥，卒于元狩四年壬戌。
>
> 渡江之始：整，字公齐，为淮阳令，遇刘渊石勒之乱过江居晋陵武，生晋惠帝元康二年壬子，卒哀帝兴宁元年癸亥。
>
> 统：即昭明太子。
>
> 迁新安始：祯。凡江之宗于萧者，此其鼻祖也。

---

① 江永:《兰陵萧氏二书》,《本宗世系考》。
② 江永:《兰陵萧氏二书》,《本宗世系考》。

清乾嘉年间编修的《萧江家乘》也是明确指出：

> 惟江氏系春秋萧大心之后，至唐僖宗朝有名遘者，为良宰相，生七子，仲曰祯，平黄巢乱，官江南节度使，以父殉朱玫难，由兰陵渡江而南，迁居歙之黄墩，为第一世祖，遂以江为姓，号"萧江"，别于济阳族派也。[1]

二、萧江之分流

江祯是萧江氏的得姓之祖，他有三个儿子，季曰威，仲曰郑，伯曰董，分迁三处，之后，萧江氏在徽州和全国开始了繁衍与分派。

江祯的第三个儿子江威，在萧江定居南溪南后，迁往浙江衢州开化，是为浙江萧江氏始迁祖。据《萧江全谱》记，其后，又分徙饶州、南康、闽、蜀。但据历史史料的记载及到目前为止笔者所作的调查情况看，江威一支萧江族在迁徙到浙江后，与徽州本土的萧江氏族人来往不太密切，江永编《兰陵萧氏二书》在登载了明左春坊汪仲撰《洪武癸丑江湾族谱序》后，紧接着写道："登此序，俾后人知江湾族谱系洪武癸丑我房裕祖公手编次也，明朝以前俱与旃坑、溪南共统谱。"《萧江复七公房支谱》在《议修复七公房支谱引》中也说："缘我萧江氏宗谱，明朝以前俱与旃坑、溪南共辑成书，自洪武癸丑我房祖讳裕祖公始分编《江湾族谱》。"[2]这是间接地反映了这个问题。

江祯的第二个儿子江郑是"从（祯）公墓而居，是为溪南江氏。"[3]卒葬金家坦南。从明隆庆三年（1569年）江珍撰修的《溪南江氏族谱》看，江郑生子三，再、邵、延，长子与三子均无传；江邵又生子三，和、明、镇，二子与三子又无传；江和单传，再传又生子三，珣、琪、荫，长子与

---

① 敦伦堂修：《萧江家乘》，《重修江氏家谱序》，黄山市李俊工作室藏。
② 江如松：《萧江复七公房支谱》卷一，《议修复七公房支谱引》。
③ 江珍：《溪南江氏族谱》，明隆庆三年修，黄山市博物馆藏。

二子无传；江荫生子三，许老、老十一、老十二，长子与三子无传；江老十一生子三，泽念六、潏念八、济三十，二子与三子无传；江泽念六生子三，七、十三、十六，二子与三子无传；江七生子三，百二一、百二六，除长房无传外，二房与三房从此人丁繁衍，瓜瓞绵绵，人才辈出。《溪南江氏族谱》的撰修者江珍就是溪南支的萧江氏第二十二世孙，生明正德戊辰年（1508年）正月，卒万历戊寅年（1578年）六月，嘉靖甲辰年（1544年）进士，曾任南京兵部车驾清吏司署员外郎事主事、江西按察司按察使、云南布政司右布政使、贵州布政司左布政特使等职。在明弘治至万历年间，溪南萧江氏有大量经商之人，足迹遍及国内，许多寓居外地，从而使溪南萧江氏在全国有许多分流。如溪南二十一世五经、五凤迁居桐城，五容迁居襄阳，严绍迁居徐州；二十二世江灿迁居永嘉，自新、自强兄弟迁居松江府上海县；二十三世江旦迁居苏州；二十五世本克迁居苏州等。至于在徽州本土的分流情况则是遍及歙县、绩溪、婺源、休宁、祁门、黟县六邑，如绩溪临溪、上东山等就有溪南萧江族人生居。而南溪南本地的萧江氏族人，据2002年2月2日笔者在南溪南村的调查，目前至少还有20余户，其中一位被调查的老人名叫江守庸，自称是萧江氏第三十三代。

江祯的第三个儿子江董迁婺源，是为婺源萧江氏始迁祖。江董迁婺源时最初是居婺源水路皋径，卒亦葬皋径。江董当初是携子而迁的，其子曰瑾，字伯瑜，仕南唐，为上将军，生唐僖宗乾符六年己亥（879年），终后周太祖广顺二年壬子（952年），迁中平，卒葬中平。瑾子曰德全，字仁，生后唐明宗长兴三年壬辰（932年），终宋太宗至道二年丙申（996年），卒葬旃潭岗。德全有子曰稔，字有年，生后汉乾祐元年戊申（948年），终宋真宗大中祥符二年己酉（1009年），卒葬中平。稔有子曰文案，生宋太祖开宝元年（968年），终仁宗康定元年庚辰（1040年）九月初，迁旃坑马槽坞，卒葬王湾溪。文案又族称"广溪府君"，其有子二：元宝、元庆。再下一世，元宝有子三，瑾、汝楫、体；元庆有子二，牧、敌。由于元宝早卒，其幼子是由弟元庆抚养。《萧江全谱》在介绍到元庆时写道：

七世，元庆，字天锡，皇祐癸巳进士，授歙州助教，尝于休宁锦堂山讲业，名士金安节、凌唐佐从游，后郡守洪适即其处建祠祀之，今江先生祠独存公。轻财好义，尝获遗金究其人而还之，然而得生徒，贽礼丰饶，置产数倍于兄。兄蚤卒，子幼，公抚爱之甚于己子，以"日月光天德"析产为五，兄子瓘、汝楫、体得其三，己子牧、敌得其二，因各居焉。生宗真宗三年咸平庚子七月十一日寅时，卒英宗治平三年丙午七月十三日时，明年丁未葬旃坑冲头，梁上燕形丙向。夫人城西汪氏六娘葬城北军营坞，即今冲山坞。后夫人曹氏三娘，汪氏口娘。曹生子敌，曹卒葬六都江村垅，铜锣形壬山丙向；汪生子牧，汪殁葬中平下坦水冲，改葬旸田攸山下，美女铺毡形癸向。①

元庆抚爱兄之子，曾将以自己的财产析产为五，分别以"日月光天德"字号，均分给兄之子和己之子，之后五子各居，五支绵绵发展。《萧江复七公房支谱》在介绍七世元庆时，除了有上述文字外，后面还加有：

兄元宝公生三子，长名瓘，日字枝，迁塘坑；次名汝楫，月字枝，迁湔溪；三名体，光字枝，迁黄泥坑。元庆公已子二，长名牧，天字枝，迁陈村；次名敌，德字枝，迁江湾。②

"日月光天德"就是婺源萧江氏发展的五个支重要分支，之后，婺源萧江氏人丁兴旺，瓜瓞绵绵，至少是在江湾、旃源和龙尾，发展为巨族，人文昌盛，人才辈出。清翰林院清书庶吉士、新安程氏族人程恂乾隆五年（1740年）在《萧江始祖唐上柱国江南节度使府君赞》说：

节度使府君萧公讳祯，字德熹，唐宰相遘之子，萧梁昭明太子之

---

① 《萧江全谱》附录卷一。
② 江如松：《萧江复七公房支谱》卷一。

苗裔。而江氏之鼻祖也。……唐之季避居歙之篁墩。值巢寇傲扰，延及歙州，公率义旅保障一方，勠力破贼。策勋晋秩，秉钺江南，武功文德，后先焜耀。无何，遭家不造，指江易姓。则造物者复钟美于府君昌。厥后，以酬其庸而椒聊，瓜瓞未有艾矣。公三子，仲郑庐墓，季咸迁衢，而伯董始迁婺源。公以别子为始迁祖，婺为继别之大宗，今为巨族者三，曰江湾，曰旃源，曰龙尾，皆科第相望，簪笏相踵，或发解，或开府，或守牧，或扞疆。文章勋业炳烺烺，而潜笃德行，宗法紫阳，立言不朽者亦多，若而人吁"萧江氏明德远矣！"①

婺源的萧江氏族人至迟在清朝时就建有表彰族内先贤的"里贤祠"，其《议立里贤祠书》《复议里贤祠书》《复膳部里贤祠议》等②，就列举了许许多多萧江氏族人的先贤、仁人、达士，其中尤以教育家、学者、名宦最多，令人感慨。

在婺源的萧江氏宗族发展中，尤以江湾发展最著。

江湾古称云湾，位于婺源东部，地处三山环抱的河谷地带。东有灵山，南有攸山，北有后龙山，江湾水由东而西呈"S"形从三山谷地中穿过。唐朝以前这里有滕、叶、鲍、戴、程等姓居住。宋元丰己未（1079年），萧江八世祖江敌从旃坑迁居云湾，萧江子孙在云湾繁衍成巨族，故改云湾为江湾。

江敌曾为进贤县尉，是江湾萧江氏始迁祖，其支为婺源萧江氏"德"字支。江湾萧江氏人丁兴旺，人文昌盛，代有人出，如明代的右都御史兼户部侍郎江一麟，明代三朝元老、太子太师许国万历时撰《江湾新建宗祠碑》中记：

> 新安保介山谷，婺犹深阻，不被兵燹，故多世家著姓，江湾江姓则最著。江本萧氏，唐广明中，故相遘子祯，避地歙之黄墩，始渡江

---

① 江永：《兰陵萧氏二书》，卷上。
② 《萧江全谱》附录卷二。

来，遂以江姓。而祯子董徙婺，董孙文宷居婺之浙源，其后有进贤尉敌者，乃卜江湾。宋岳将军军鄱阳，而尉孙致恭以助军赐级进忠翼郎，卒为忠裔祠。祠墓下，其后世滋大。其间称诗书、力孝弟、重月旦，而表里间者，肩相摩也，踵相接也。①

志书曾记载江湾仅明代出七品以上的官宦就达23个，清代以后又有著名经学家、音韵学家、戴震的老师江永，清末民初的教育家、佛学家江谦，20世纪70年代的农业专家、全国劳动模范江鸿志等。清末状元南通张謇为江湾萧江宗祠写的对联是："江氏自节度易姓以来，叠分于婺、于歙、于衢，代挺闻人，綮乎溯兰陵八萧至昭明太子；云湾当有清重儒而著，其他若胡、若程、若戴，并称世贤，翕然推弄丸一老继晦庵先生。"②这里的"弄丸"即是江永的别号。2001年5月30日，中共中央总书记、国家主席江泽民曾来江湾视察，并题了字③。

萧江氏在婺源发展最旺，其分派众多。翟屯建先生曾根据明万历三十九年（1611年）《萧江全谱》、清乾隆三十七年（1772年）《萧江复七公房支谱》，列出江湾萧江氏迁徙表，如表1④。

表1　江湾萧江氏迁徙一览

世系	姓名	年代	迁居地	备注
11	江溥		淮	
11	江渊		淮	
11	江湍		淮	
11	江启		婺源梅林	
12	江十七	宋绍兴	淮	
12	江百四		淮	

① 《萧江全谱》附录卷三。

② 婺源江湾永思祠联对。

③ 《人民日报》2001年6月4日，第一版；《江西日报》2001年6月5日，第一版。

④ 翟屯建：《婺源江湾萧江源流考》，《徽州文化研究》第一辑，第350—355页，黄山书社，2002年。

续　表

世系	姓名	年代	迁居地	备注
12	江廷		池州	
12	江百七		淮	
12	江百十二		淮	
12	江章		淮	
12	江文		淮	
12	江丑		淮	
13	江闻诗		淮	
13	江闻一		淮	
13	江闻喜		婺源湔溪	
13	江廷		池州	
13	江邦宁		大鱐源	
14	江重七		歙	
14	江聪		池州	
14	江梅		池州	
15	江记		婺源观泉坑口	
15	江住		歙东门	
15	江德		婺源古塘	
16	江瞻		婺源程塘	
18	江宏均		通州江家场	
18	江志道		休宁双溪龙湾	
18	江宗愈		江西余干	
18	江德生		磁坑	
18	江绵祖		福建仙游	
19	江富六		通州江家场	江宏均子
19	江克用		通州江家场	江宏均子
19	江思材	明初	婺源张村	
19	江新民		开化	
20	江本童		江西饶州	

世系	姓名	年代	迁居地	备注
21	江黑	明天顺	池州	
22	江元方	嘉靖	杭州	投军入籍
22	江永炀		庐州	
23	江仁显	弘治	德兴	
23	江浣		开化	
23	江涎		长州	
23	江滟		无锡	
23	江瀛		常熟	
23	江岩保		庐州	江永炀子
23	江岩真		庐州	江永炀子
23	江泗		衢州	
23	江理		池州	
23	江仁陆		安庆	
24	江万椿	万历	芜湖	
24	江太生		绩溪	
24	江世英		阳江	
24	江朝选		四川	
24	江大化		湖广	
24	江敏受		海州	在海州经商
24	江时钦		乐平东乡	
24	江应洋		苏州	
24	江应玑		苏州	
24	江玄益	嘉靖	荆州沙市	在荆州沙市经商
24	江爝		镇江马场边	
25	江幸	万历	仪征	
25	江恭		仪征	
25	江乞你		德兴	
25	江一澄		苏州	

续　表

世系	姓名	年代	迁居地	备注
25	江文滋		苏州	
25	江文烈		苏州	
25	江德依		婺源太白石田坞	
25	江德辉		荆州远安县洋平镇	
25	江德光		福建	
25	江应禄		乐平	
25	江亿		苏州阊门枫桥	
25	江世贤		德兴	
26	江鸣皋	明末清初	婺源晓起	
26	江延寄		仪真	江幸子
28	江弘守	清康熙	南京	
29	江兆京	乾隆	南京	
30	江世抡	乾隆	南京	
30	江世枨		南京	

表1反映了清乾隆以前的迁徙情况，在这之后，江湾萧江氏向外迁徙过程还在继续。如在太平天国年间，江湾萧江永思祠有一个家族，共有五房，其中大房至四房逃难至江苏江都，聚居在仙女庙的江家大场，虽迁居外地，但时刻不忘永思祠祠堂，节庆的灯笼上必有"萧江·永思祠"字样。在这四大房中，就老大房一支人丁兴旺，代有闻人。尽管到目前为止我们还不知道老大房的名字，但知道他曾开了一个叫"江振鑫号"的盆桶店，经理生业。老大房有一个儿子名叫江石溪，原名江绍岳，早年从医，很有名气，《江都县志》还记载他擅长诗文、书画、音乐，尤其箫笛、昆曲、山水画；1915年受聘张謇创办的南通大达内河轮船公司协理，1933年病逝扬州，其间迁到江都利民桥南，1922年迁扬州田家巷。江石溪有一个儿子名叫江世俊，也叫江冠千等。

目前，江湾萧江氏已发展到四十余代。

从历史文献记载来看，在萧江氏分迁的婺源、溪南、衢州三大支中，惟溪南和婺源的两支联系最为密切，明朝以前俱与旃坑、溪南共统谱。

三、萧江之名人

萧江氏所出名人众多，各支各派均有，除传统的仕宦、硕儒人才之外，大贾、方技、孝廉、军武、义士、名节皆具，并且所出人才大都具有宗族群体效应。

从明隆庆三年（1569年）的《溪南江氏族谱》看，南溪南萧江族人至少是在明成化至嘉靖间，就并行读书以致仕和经商以治生两大宗族行为，人才辈出。生活于明中期的江才（号终慕）父子三代就是如此。《处士终慕江翁行状》就记述了江才与其子的两代情况：

> 翁姓江氏，讳才，字大用，歙之溪南里人。……翁生三岁而父卒，依兄奉母吴以居。时家祚中落，茕然无以生也。翁年十二三，即从其兄屠酤里中。稍长，从如钱塘。其在钱塘日坐阛阓，售米盐杂物。兄弟服勤茹粗，而母甘旨常苦不克，翁乃叹曰："丈夫当观时变、察低昂、立致富厚耳，安能久为此琐琐乎。"遂辞其兄，北游青、齐、梁、宋间，逐什一之利。久之复还钱塘，时已挟重赀为大贾。已而财益裕，时时归歙，渐治第宅田园为终老之计。会中官毕真出镇两浙。毕真者宁庶人之党也，包藏不轨，先以威胁其下，牛羊用人，日肆荼毒。于是翁年四十余，有四子，即收余赀，令琇、珮北贾维扬，而身归于歙，教瓘、珍读书学文为举子，遂不复出。每自言曰："吾先世奕叶衣冠，今久易业为商贾，不可。"无何，瓘与珍并入学为诸生。嘉靖庚子，珍应应天府乡试，中式。越四年，甲辰，登进士第，乙巳，授江西瑞州府高安县知县，道过歙，拜翁，翁曰："吾祖宗厚积久不发矣，汝今始受命为民司牧，汝其勉哉。"……翁生于成化己未十二月二十日，卒于今年嘉靖乙（"乙"当"己"误——引者注）酉六月二日，享春秋七十有五。

《故处士沙南江公墓志铭》则记述了江才子与孙的后两代情况：

嘉靖庚申四月晦日，沙南江公卒。……沙南公名珮，字廷和，歙之长沙里人。父曰才，赠南京驾部。……会母太安人暴卒，而驾部公内顾，则令公以贾，于是公偕伯氏从驾部公贾吴越，已徙维扬。时公弱冠，即又善贾。驾部公与客问报牍咸出于公手。客得牍，辄称善，而不知其仲子为也。驾部公知仲子能，乃之真州继室，以张氏东归而悉以贾事任公。其后门内日蕃，公计所入仅仅取给，彼猎者祝纲不获，则徙其处，徒竞竞株守如先业何？则又徙之梁、之楚。公什九居外，积勤逾三十年。尝游宋，中过吕梁，……已而之秣陵，过孟河口，卒于舟。……公本为儒，去而从贾，非其志也。顾时时诵《史》《汉》诸书及唐人诗，兴到援笔立就。所过名胜，辄眺咏移日。尤专意程督诸子修儒术，延师课业，不遗余力。公为人高明爽达，平生无媕阿之行，故虽峭直鲜容，而人咸诵义。嘉靖甲申，里中大疫，驾部公病几殆，公室人寻又病，旁舍皆避匿，公独夙夜驾部公所，衣不解带，汤药必亲尝，如是者月余，不一入室，病者竟俱起，公亦无恙，孝友之性若其天然成。

初，公既释儒业，而叔季受经及叔氏试县官不利，驾部公又令释业从仲贾，公见叔氏叹曰："夫农之望岁，固也。奈何以岁一不登而辄耕乎，且吾业已悔之，汝复蹈吾悔耶？"叔氏感公言，趣归发愤，卒有文名。季举进士，以尚书郎出守信州。公则谓季，吾宗自上世以来，诗书之事鲜闻焉，而汝幸以儒显，慎哉守官，毋忘先世之积矣。季唯唯历官方伯，皆如公言。公生弘治辛酉八月二十五日，距卒得年六十。

从上述记载看，江才本人是经商，其有四个儿子，两个经商，两个读书考功名，第四子就是《溪南江氏族谱》的撰修者江珍。其经商者是要治生，但他们的内在本底的人生价值追求还是要入世求功名，由此决定了他们对第三代培养的理念。

至于婺源一支的萧江族人则更是名人辈出。仅就笔者所见的《萧江全谱》《萧江复七公房支谱》《萧江家乘》看，其所记载的明代以前的各类人物，择其要之，有：

1.孝子

明南里吏部尚书潘璜就撰有《江孝子传》，这个孝子为萧江氏第二十一世孙："江孝子者，名思智，婺源江湾人，少有至性，稍长读书，知大义。"①

2.哲学家

其中既有新安理学的哲学家，也有热衷于王阳明之学的哲学家。如萧江氏二十二世孙江铨，南京礼科给事中让溪游震得撰其墓表云：

先生讳铨，字元衡，……父讳呈祯，赠户部主事，姚李，封太安人。公生有异质，八岁读书，了大义；十五能诗。与弟尧卿力学起家。尧卿登进士第，官至正郎，而公遂抗节不仕，益力学，务自得，不苟雷同，所著曰《原学》《大学论正》《性学辨微》《朱子抄通》《桂山摭稿》。其学以明明德为主，曰：明德者，心之本体，合内外之道而天下事事物物无不在焉。故《大学》之书，一言以括之曰：在明明德。推之为新民，流行为至差，而致知格物，在知人己本末、先后之序云耳，盖不袭时说。又于《太学》篇次亦复有所更定云。维时天下学士方以务博为穷理，言格物者至殚思敝，惑于其身外之察。盖文公之教远而失之，公以独见迈往，属阳明王公倡道同声。公往会稽思以其学，与易之语不能同，而亦不苟附也。……平生不以荣利改移，而老于设教，布衣徒步，环堵不蔽，祈寒暑雨，讲诵不休。……晚年合族之齿而贤者为"怡老会"。嘉靖戊申（1548年）正月五日以疾卒于家沂，生成化丙申（1476年）七月十二日，寿七十三，配孺人汪氏，

---

① 《萧江全谱》附录卷三《江孝子传》。

先卒。子三人，温、沂、沐，皆读书……①

江铨之学就属阳明学派也。再如萧江氏二十五世孙江蓉东，太泌山人李维桢为其作传云：

> 江蓉东先生者，名国邠，字景仁，婺源江湾人也。……弱冠笃志于学，晚成殆未可量，为紫阳祠于家，事之如家庙，礼广求其遗言，不失只字，凡数十年，手录正书，校雠展诵，孜孜忘倦。辑其微言大义，为尊朱语录，道学正宗，……紫阳裔孙崇沐欲行《紫阳遗集》，先生大喜，以所录付之，助之百金；崇沐为"紫阳藏书楼"，又助之百金……晚年号"独醒居士"，有《独醒集》暨《唐诗汇选》行世……惟紫阳是师，又曰：吾少不及湛甘泉先生之门，其遗书在若曹，佩服之……先生席父遗赀，饶溢而蔬食，布衣不改其素，家人为木客，贾吴楚或千章，先生书《二团茅草诗》若自嘲……②

江蓉东就系出身于徽州木商之家的新安理学追随者。

3.徽商

明赐进士中宪大夫洪垣就曾撰述了一个明代在苏州经营木业的江氏徽商：

> 处士江氏，名大韶，婺之江湾人，以其生平无累于世也，因号曰"仙桥"。父天赐公，处士为公长子，稍长，辄能以身任公事，起殷阜于苏人，以大贾归之。处士曰：此岂知我者有所得……处士自少至老常如穷约，以勤当耕，以俭当获，语云：缓步当车，细嚼当食，此古人佳。……虽不为文以竞时人耳目而冲雅，自持居家怡怡然，居乡恂恂然，居朋辈中无哗、无竞，清标自殊，宛然儒者。尝曰：吾于浮木

---

① 《萧江全谱》附录卷三《江桂山先生墓表》。
② 《萧江全谱》附录卷三《蓉东先生传》。

而得处身之道，于艺术而得养心之理。昔者吾之饶也出其木，与众奔逐乘洪涛而放之，而其漂泊也十几四五焉，于是乃退而藏之壑中，尾其后，顺流以行……处士因天地而利之，而若有急于利也。……①

明洗马张应元也撰述了萧江氏第二十四世孙江隣湖的为人为事：

余世居岭南，与婺东接壤，姻联雅多婺族。自弱冠时闻江氏世家有隣湖公者，行谊表于闾里，居室有卫荆之风私……公素行大都，以勤为枢，以俭为御，以正持身，以直率物，昧爽而兴，分更而息。自少至老，殊无懈念，若其性然哉。尝操奇赢以济不给贷者，喜其出纳明而取息宽，无一忍负，以故富不骤而物力渐赡，迄家累巨万。享素封而衣无重帛，食无异味，常泊如也。年高德劭，不激不随，不谀诡，不巽懦，宁谔谔而独行，不诺诺而谐俗，故乡评多决焉，士君子皆敬信之，而即有不类者未尝不惮公之则严……②

江隣湖是明代人，先贾后儒，其为贾当为典当商，为商也义、也廉、也俭。

4.诗人

萧江氏历史上出过许多诗人。择其要之有，江符：

十五世，符，字节甫，号草窗，行太一。生宋理宗绍定元年戊子八月十八日申时，殁元武宗至大三年庚戌四月十日申时。公少颖异，母舅程监生丞器之，既见祝于京学，公从游沈毅斋、马碧梧二先生门，著有《草窗集》。友其弟以悦其亲而丰其家。时北兵入海络绎，邑闻公名，相戒不忍扰摄县事。月山汪公多懼枝独加礼，访有不便，得平允仕宋，为本州学宾。宋亡与许山屋辈服斋衰三年，屡辞召命，

---

① 《萧江全谱》附录卷三《第二十四世处士仙桥江公世家》。
② 《萧江全谱》附录卷三《江隣湖八秩序》。

作《行路难》以见志。忽痰疾，府万户成公造问，惠药不疗，三子五孙一曾五女孙在侧，遗书和睦，丧事务从俭，手泽独存，卒年八十三。初葬九都大杞寺，后改卜镇头下塘坞真武坐坛形丙向。[1]

其所作的《行路难》诗句如下：

噫嘻吁，危矣乎，行路难，难于太行登高砢怪石。崒屼而嵯峨，侵云去天仅咫尺。天梯石栈藏山阿，陡岩峭壁飞瀑布，悬崖屹崆沿藤萝。哀猿悲鸟号古木，饥鹰鹘鸷棲馀柯。长蛇猛虎昼夜出，小狐亦假威摩挲。兽蹄鸟迹交横纪，萦纡百步连九折。慈乌绕树啼咿鸣，鸥鹄投林声哽咽。令人闻之心惨凄，嗟此难行情转切。

噫嘻吁，险矣乎，行路难，难于巫峡涉流溥广泽。浚迅而潺湲，旋回逆折无旁际。风涛雪泡翻惊湍，洪冲巨浪乱鼎沸，泇沮泛溢奔狂澜。逆鳞巨口纵大壑，张唇掣尾旋枯滩。怒蛟毒蛰时出现，鼋鼍龟鳖争潜蟠。鱼城虾队相滇沔，逞恶扬凶恣狂狷。乌鸹出没肆横为，白鹭窥伺乘鱼便。观其危险山水难，拊膺长叹行人贱。

噫嘻吁，行路难，危于山、险于水。岂直行人独如此，世事人情反复间。危险之难甚于是，何当仰告天、俯叩地：削其太行巅，去其巫峡汜；天下一太平，王道坦而已。[2]

江符的儿子叫江茂升，字明叔，号菊庄，行复七，族称"复七公"。生活在元代，承家学，不愿仕进，乃于赐田开别业，莳菊闲居，学者称为"菊庄先生"。时婺源升为州，以明经学正。他也是一位诗人，著有《菊庄集》，其《菊花诗》如下：

我爱窗前菊，清标惬素心。不嫌秋色老，偏伴白头吟。

① 《萧江复七公房支谱》卷一。
② 《萧江全谱》附录卷二。

我爱窗前菊，幽香绕草庐。凝光和月照，正好读吾书。

我爱窗前菊，孤芳晚节香。秋风飘雨过，扫叶佩奚囊。

我爱窗前菊，高情与俗违。径荒花自在，留待主人归。[①]

明代江湾人江伟长系萧江氏第二十六世孙，他也是一位执志于儒业的诗人，明代文学家、太泌山人李维桢对其评价曰：

余读江伟长诗，辞彩葱蒨，音韵铿锵，骨气奇高，讬喻深远。……新安人善贾利，目善贾名，维婺不重贾。伟长尊君，暗然自修之儒，家学授受，称诗谕志，务从深造，得之宜，不作率尔语也。[②]

而萧江氏族人、太学生江旭奇对其评价曰：

伟长少负奇，不随人世，俯仰独其真……饮之以酒，豪襟渐露神者。[③]

5.名宦

婺源萧江族所出的名宦很多，如有元末明初人、萧江氏十九世江原宗，字宗锡，一字惟臣，号居易，明洪武丙子年（1396年）领乡荐入太学，高帝临幸，见而奇之，钦赐进士，授福建道监察御史，卓有政绩，且平漳州海寇有功，因病卒于官所，时年38岁。

江一麟，字仲文，号新源，婺源县江湾人，名曾列入《婺源名贤志》。明嘉靖三十二年（1553年）考中进士。官至安吉州（今浙江安吉县）知州，曾因平息了矿乱者，因功升任工部郎中。时朝中言官吴时来等上疏弹

---

① 《萧江复七公房支谱》卷二。
② 《萧江全谱》附录卷三《江伟长诗序》。
③ 《萧江全谱》附录卷三《江伟长饮酒诗跋》。

劾首辅（宰相）严嵩贪赃枉法，被严嵩打入大牢。江一麟也为此上疏，力救吴时来，才使吴时来得以释放。不久，江一麟被调任广平府（今河北省永年县）为知府。是年，广平府大旱，蝗灾丛生，百姓为求雨，日夜焚香磕头。江一麟理解民心，徒步各地，祭斋祈祷三天三夜，结果大雨倾盆而降，旱情顿消，蝗虫被灭。贵州苗族首领叶楷曾凭险抗兵，侵害苗民。江一麟设奇计，离奸其间，为苗民除害，并上疏朝廷奏请建立长宁县（今四川省长宁县）以便治理。后来江一麟升为都御史兼户部侍郎，总督治理淮河之务，后又因功被皇上赐玺书、蟒袍、纻衣。不久，因病卒于官所，皇上赐葬祭，并为他吊悼，甚为痛惜。说到江一麟对宗族的贡献，《萧江家乘》记云：

> 一麟，字仲文，江湾人，由亚魁成进士，授吉安郡守。会矿贼结扰……。著有《易说》《尚书约旨》行于世。终身不治田宅，所得俸赏，悉捐建"永思祠"，以崇宗祀。①

清代以后婺源萧江族的名人，也是灿若繁星。江永就是其中显赫的一位。

江永（1681—1762），字慎修，又字慎斋，婺源县江湾人，清代著名经学家、音韵学家、考据家，乾嘉学派皖派的重要代表人物。年少时读书即过目成诵，学识渊博，成就卓著，尤以经学、音韵学和理学见长。所注释的《十三经》中的《礼祀》一书，对《周礼》《仪礼》《礼记》精思博考，发前人所未发；好读《易经》，尤其精通占卜之术，著有《周易释义》16卷，其分析理论，甚为精细，创造了三十六宫之语；受清代经世务实之风的影响，致力于天文、算学、水利、地理、物理及西方新学等的研究，开皖派经学探索科学与实学之先河，为宋明理学向乾嘉朴学的转化做出了重要的贡献；撰修了萧江族谱《兰陵萧氏二书》。一生著作丰富，主要著

---

① 《萧江家乘·都御史户部右侍郎传》。

述有《礼书纲目》85卷、《仪礼释例》、《礼仪训义释言》8卷、《周礼疑义举要》7卷、《深衣考误》、《群经补义》5卷、《河洛精蕴》9卷、《春秋地理考实》4卷、《乡党图考》10卷、《近思录集解》14卷、《音学辨微》1卷、《古韵标准》4卷、《律吕阐微》10卷、《四声切韵表》4卷、《考工记》、《算学》8卷、《续算学》、《推步法解》5卷、《历学补论》、《纪元部表》、《卜易园机》、《仪礼释宫增注》、《金水发微》、《冬至权度》、《正弧三角疏义》、《岁实消长辨》、《恒气注历辨》、《中西合法拟草》、《七政衍》、《读书随笔》12卷、《四书典林》等，现仅南京图书馆古籍部就存有131部。江永一生无意于仕途，以讲学为业，著名哲学家休宁县人戴震、著名经学家歙县人程瑶田、清代状元歙县人金榜等，皆是江永的学生。

四、萧江氏的寻根遗址

萧江氏是得姓于徽州的姓氏，目前全世界尽管有成千上万的萧江氏族人，分布全国各地、世界各地，但他们全都是源于徽州，源于一千多年前一个名叫萧祯的人，此人晚年生活于徽州，居住在歙县篁墩南边的一个叫南溪南的村子，死后就葬在南溪南。所以，徽州是全世界所有的萧江氏族人的根。祖墓和祠堂是寻根文化的两个重要方面，萧江氏在徽州就遗存有意义非凡的寻根遗址。

首先是萧江得姓之祖萧祯的墓，几乎所有的萧江氏的谱牒，对其具体位置都有明确记载。《萧江全谱》如是记载：

> 第一世大唐上柱国江南节度使府君讳祯墓：墓在徽州歙县二十五都仁爱乡，地名黄墩溪南半沙亭子埠，又名富登。黄龙奔江形离山乙辰，落穴乾亥向，前有金鳅上水案，乃萧江氏钟灵毓秀之地，今各系子孙发科第者，皆祭致胙于宗人。[①]

---

① 《萧江全谱》附录卷四。

笔者收藏的《萧江氏世系源流》抄谱还绘有新安萧江氏一世祖墓葬图，并明确记有：

> 祯公墓在溪南廷子阜，面前混塘，地名出水莲花，一世祖窀穸是也。①

而萧祯夫人汪氏的墓，据《萧江全谱》记载：

> 第一世节度使夫人汪氏墓　墓在歙县二十五都仁爱乡，地名溪南，天来正坐古来金城寺下，汪原志住东。②

"溪南"即今日的南溪南，它的旁边即著名的"花山谜窟"。2002年2月2日，笔者曾专程前往此处进行实地考察，在今天的篁墩中学后几十米的地方，寻得了确切位置。之后笔者又多次考察了此墓。该墓虽然年代久远，略有毁坏，但基本形状尚在，相比较而言，留存和保护得基本完好，实为大幸。

徽州是个宗族社会，人们的追宗报远意识很强。萧江族谱上就有关于萧江氏族人，特别是婺源江湾等地的萧江氏族人每年要在正月二十五来溪南祭拜始迁祖萧祯墓的明确记载，如《萧江复七公房支谱》中就记载有萧江氏三十一世孙、太学生江如松，于清乾隆年间前往省墓时所写的《省始祖黄墩府君墓诗》，其"序"写道：

> 歙之黄南，吾家祖居也。始祖节度使府君丁，唐季之难，因远祖晋淮阴令，遇刘渊石勒之乱，避难渡江而来，遂易萧为江姓，退居黄墩，殁即葬于溪南之半沙亭子阜。始祖生三子，伯适婺源，仲子守

---

① 《萧江氏世系源流》，清乾隆年间手抄，竹纸，高27.5厘米、宽19.5厘米，现藏笔者处。

② 《萧江全谱》附录卷四。

墓，季徙衢州，三派分居。云仍历来省墓各别，康熙己卯有本派支孙国正者，馆于溪南，始集伯房枝下十四大派，特立清明，酌定递年正月念五日，各派齐诣祖墓致祭。今乾隆丙戌本派轮值，松往溪南与祭。[①]

笔者2002年2月2日在南溪南村调查时，曾访问了几位萧江氏后人。据江守庸老人介绍，其所记忆中的最后一次婺源及外地的萧江氏族人来此祭拜是在他10岁左右的时候。江守庸，男，当年是76岁，自称是萧江氏第三十三代，退休教师，其10岁当是1935年左右。据他回忆，当时的始迁祖墓前，除有水塘外，还有石人、石马和牌楼等，很有气势。至于南溪南村，目前还有江家祠堂、江家厅等。

2001年8月，黄山市政府将花山至渐江一带，包括篁墩和南溪南等在内，进行规划，申报国家级风景名胜区，笔者当时是担任了该申报项目的文化顾问。"花山谜窟"是作为这一风景名胜区的精华，其名的由来就是2001年5月，中共中央总书记、国家主席江泽民在黄山市视察期间，在考察了花山石窟群后，亲自命名并题写的[②]。2002年6月，该项目得到国家建设部正式批准。

婺源萧江氏始迁祖江董之墓，据《萧江全谱》记载：

> 第二世皋府君讳董墓：墓在婺源，本七都，土名水路皋径，乾亥山甲向。
>
> 皋径府君孙支繁衍，自日、月、光、天、德五支分析之后，迁徙移居非一所，其能岁时展视者惟月、德二支耳。月支世居旗坑，追远乃其祠户地，隶七都五图；德支世居江湾，江厚德乃其族户也，录七都四图。
>
> 第二世皋径夫人黄氏墓：墓在婺源县八都，土名水路下田坑半源

---

① 《萧江复七公房支谱》卷二。

② 《2001年黄山年鉴》，黄山书社，2001年。

吴瑶山下，离龙子癸向。①

江湾萧江氏始迁祖江敌之墓，据《萧江全谱》记载：

> 第八世祖宋将仕郎进贤县尉行八讳敌公夫人张氏讳十六娘，墓在婺源县本七都，土名旸田攸山下，美女铺毡形未山丑向。②

至于萧江氏的宗族祠堂，最为主要的是两座：其一是婺源萧江氏族开基建业之地的萧江大宗祠。它位于旃坑村。原于宋末建在攸山脚下，清康熙甲午年（1714年）择地重建于村末水口，分前院、前堂、中堂、后堂四进，规模庞大，建筑宏伟，雕刻精细，匾联典雅。其二是萧江的重要一支江湾支的萧江宗祠永思祠。它始建于明朝万历六年（1578年），谱牒记载：

> 永思祠：祠在婺源县本七都江湾，乃右都御史江一麟捐俸数千金营建。麟不欲独居其美，且不欲子孙有德色，故令本族计丁买基卜筑。③

该祠后毁于太平天国战火。至1924年，江湾族人在富商的资助下重建永思祠，气势恢宏，分前庭、天井、中堂和后堂，天井很大，两边都有过厢，曾被誉为是江南最好的宗祠之一。后于"文化大革命"期间被拆毁，遗址上修建了乡政府。2003年9月，江湾人又出资出力，在取得社会各界的支持后，索旧图，仿旧制，请了黄山市的古典建筑工程公司，第三次重建了永思祠，规模宏大，雕刻精美，建筑材料考究，当为祠堂建筑中的精品。

---

① 《萧江全谱》附录卷四。
② 《萧江全谱》附录卷四。
③ 《萧江家乘摘录》。

明清徽州宗族与乡村社会的稳定①

　　明清的徽州乡村社会是一个较为稳定的社会，尽管从明代中叶开始徽州人由于外出经商出现了高移民输出、明代后期开始有大量外来"棚民"的输入，但徽州社会并没有因此出现大的动荡，社会结构还是保持了一定的稳定，文化的发展总是趋于繁荣。导致的因素该是多元的，但宗族的作用和影响至关重要。宗族问题的研究学术界一直火热②，关于徽州宗族在徽州乡村社会治理上的作用，学术界也有不少的研究③，但这些研究多为非专题的现象叙述或间接讨论，具体性得不到展开。这里试就徽州宗族影响和作用于徽州乡村社会的具体路径与手段进行研究。

一、宗族是徽州社会的基础

　　中国传统社会基本上是由两种社会秩序和力量构成，一是以皇权为中

　　① 此文系笔者与安徽大学哲学系2012级中国伦理专业研究生付丁群共同完成。

　　② 常建华：《二十世纪的中国宗族研究》，《历史研究》，1999年第5期。常建华：《近十年明清宗族研究综述》，《安徽史学》，2010年第1期。

　　③ 李文治：《明清时代的宗族制》，《中国社会科学院经济研究所集刊》第4集，中国社会科学出版社，1983年。卞利：《明清徽州社会研究》，安徽大学出版社，2004年。冯尔康：《18世纪以来中国家族的现代转向》，上海人民出版社，2005年。［韩］朴元熇：《明清徽州宗族史研究——歙县方氏的个案研究》（中文修订版），中国社会科学出版社，2009年。陈瑞：《明清时期徽州宗族社会关系控制初探》，《安徽史学》，2007年第2期。

心的、自上而下的官制国家秩序和力量，二是以宗族为中心的、人们聚族
而居以形成的各个自然村落的乡土民间秩序和力量。中国是一个农业大
国，宗族就是中国乡村社会的基础。作为以血缘关系为纽带而形成的社会
组织形式，宗族及宗族制度早在我国的原始社会末期就已经存在，在漫长
的社会发展进程中，我国的宗族制度经历了三次大的发展变化：春秋以前
是族权与政权合而为一的宗法式宗族制度、魏晋南北朝至唐代是世家大族
式宗族制度、宋代以后是祠堂族长式宗族制度。如此流变，体现的是一个
政权与族权的逐渐分离、族权逐渐沉降至民间社会以最终形成政权与族权
互补共存的历史过程[①]。

　　徽州是一个移民社会，早期生活的土著人是越人。东汉末年以后，中
原一带频发战乱，许多名门望族、仕宦人家等为避战祸，纷纷南迁，中华
民族历史上人口由北向南大迁徙的过程由此开始。徽州位居江南，处"万
山丛中"，自成一统，山水秀丽，如世外桃源，于是，许多南迁的中原人
来到了徽州，择地定居；也有在徽州为官者，或偶游徽州者，迷恋山水，
遂作定居。据明嘉靖程尚宽等撰《新安名族志》记载，徽州方姓是西汉司
马方纮因王莽篡汉，为避祸由河南固始迁居歙县东乡；汪姓是东汉建安二
年（197年）汪文和为避乱渡江南，孙策表授会稽令，遂安家于歙县；余
姓是在西晋永嘉年间迁居歙县；程姓是程元谭东晋初年出任新安太守因居
于歙县；黄姓是东晋初迁居歙县之黄墩；郑姓是西晋永嘉元年郑庠从荥阳
渡江，居丹阳秣陵，传至郑思再迁歙县北乡；戴姓是在唐末迁歙县之黄
墩；陈姓是陈禧唐末为避黄巢之乱，由浙之桐江迁居休宁；朱姓是朱师古
在黄巢之乱时由姑苏迁歙县之篁墩；其他诸如江姓、罗姓、王姓、潘姓等
皆在唐末为避黄巢之乱而迁居徽州的。纵观徽州历史上的移民，据《新安
名族志》记载，东汉末年以后，徽州接受外来移民至少有三次高潮：第一
次是魏晋时期的"永嘉之乱"，迁居徽州的姓族就有程、鲍、俞、余、黄、
谢、詹、胡、郑等9个姓；第二次是唐末的黄巢之乱，迁居徽州的姓族有

---

① 冯尔康：《中国古代的宗族与祠堂》，商务出版社，1996年。

近20个姓，其中，始迁歙县篁墩的就有张、陈、朱、戴、周、萧江、济阳江、康、曹、王、毕、潘、施、齐等14个姓；两宋时期的"靖康南渡"，迁居徽州的有柯、宋、阮、杨、蒋、刘、马、孔、吕、韩等15个姓[①]。

　　这些迁居来徽州的"客人"，先世多居中原，有些是直接从中原迁到徽州，有些则是先从中原迁到江苏、江西、浙江等地，然后二次或三次迁入徽州。他们大多是北方中原一带的世家大族，再迁者也多为仕宦之家。从始迁徽州的各姓始祖来看，吴姓始祖吴浅是受封便顷侯，其父吴芮是秦鄱阳令，因佐汉有功，汉初受封为长沙王；方姓始祖方纮，世望河南，为西汉司马长吏；汪姓郡望平阳，始祖汪文和曾以破黄巾军有功为龙骧大将军；俞姓始祖俞纵，先世河南，为晋征西大将军；鲍氏始祖鲍伸是晋太康年间自山东青州来新安的，官拜护军中尉，出镇新安；胡姓始祖胡炎晋大兴元年自山东青州提兵镇歙州，遂居徽州，其叔是晋镇国大将军胡奋；詹氏始祖詹敬，仕晋为新安别驾，遂家之歙县黄墩；徽州程氏，先世望安定，再望广平，始祖程元谭，永嘉之乱时佐琅琊王建都建业，出任新安太守，有善政，民请留之，赐第于歙县黄墩；徽州黄氏，世望江夏，晋有黄积者，为考功员外郎，从晋元帝渡江，出任新安太守，遂家歙县黄墩；任氏始祖任昉梁天梁年间出任新安太守，遂家焉；徽州郑氏，汉以前皆居江北，至郑庠者，仕吴车骑府长史平难将军，晋永嘉元年过江居丹阳秣陵，传数世，曰郑思者，始迁新安；徽州谢氏，先祖望于陈留，名曰谢衷者从晋元帝渡江而南，其子谢安居会稽，官至太保，其十三世孙名曰谢杰者，仕隋，为歙州教授，由会稽迁居歙县；洪姓始迁祖洪经纶，淮阳人，唐天宝六年进士，为宣歙观察使，遂居徽州；唐有周钦者，乾符间仕庐州刺史，因巢乱，有武功忠节，其子周倜，避难居歙县之黄墩；江南的戴氏始祖是东晋时的戴济，官中书侍郎，至唐末，有戴护者，仕唐，为兵马，先居歙县之黄墩，后徙居婺源凤亭里，为新安一世祖；徽州李氏，出唐宗室，唐昭王之子李祥，避黄巢乱，始家于歙县之黄墩；等等。

―――――――――
　　[①] 程尚宽，等：《新安名族志》，明嘉靖刻本，中国国家图书馆、日本东洋文库藏，笔者藏有复印件。

中原的"衣冠"、世家大族因避难等因素迁居徽州后，已经失去了原先的政治特权和经济优势，为了宗族的生存与发展，他们就聚族而居，努力将汉唐的世家大族式的宗族制度移植于徽州，维系原有的宗族组织不变，保持血统，强化宗谊，打造了徽州的宗族社会。《徽州府志》就记载："家乡故旧，自唐宋来数百年世系比比皆是。重宗义，讲世好，上下六亲之施。"①明休宁进士赵吉士在《寄园寄所寄》也写道："新安有数种风俗胜于他邑：千年之冢，不动一抔；千丁之族，未尝散处；千载之谱系，丝毫不紊。主仆之严，数十世不改，而宵小不敢肆焉。"②如此的习俗，在宋时就初步形成，至明清，徽州的宗族社会发展已是十分成熟，人们敬宗收族，建祠堂、置族产、修谱牒，所谓人各有姓，姓必有族，族必归宗。

受汉唐遗风的影响，徽州的宗族特别强调宗族血缘的纯洁性，严格管理，严防异性乱宗。绩溪《华阳邵氏宗谱》就规定："断不许擅令异性入绍及螟蛉他人子，以乱宗祐，违者不得入祠。"休宁首村朱氏宗族在《新安朱氏统宗祠规家法》规定："一凡各派中有妇女坐地招赘夫婿入门者，本人及子孙永远不许入祠。一凡有他姓再醮之妇带有前夫之子入门者，本人及子孙不许入祠。一凡有抱育螟蛉收义子入门者，本人及子孙永远不许入祠。一凡有甥继舅家、侄继姑家者，本人及子孙永远不许入祠。"③徽州宗族修的族谱一般都是多卷本的，往往就有一卷是正本清源的，如安徽大学徽学研究中心"伯山书屋"藏有一部清同治七年修的婺源《腴川程氏宗谱》，共7卷，其中第七卷就是《清源录》④。甚至是对历史的名人，徽州的宗族也不愿冒破血缘的关系以攀附。如明嘉靖年间祁门有人将张志和冒认为星源甲道张氏之祖，混淆血缘，结果引起星源甲道派张氏族人的极大不满，奋起予以"救正"，乾隆三十年刊本《星源甲道张氏宗谱》卷三就录有《各宗正谱书》，其前叙明确指出："嘉靖间有祁邑塘头张氏倡修伪

① 嘉靖《徽州府志》卷二《风俗》，第67页。

② 赵吉士：《寄园寄所寄》卷之十一《泛叶寄·故老杂记》，第127页。

③ 刘伯山编著：《徽州文书》第三辑第四卷，第505页。

④ 婺源《腴川程氏宗谱》，清同治七年修，卷三十二《清源录》，安徽大学徽学研究中心"伯山书屋"藏。

谱，将我文瓘公之裔续入彼张志和之后，颠倒紊乱，吾宗人有附和之者，各派宗长约会救正，往来书札具在，特录以示后，云《祁门石溪知会正谱书》。"①相比较而言，同为中原移民而来的华南福建地区的宗族，则并不十分看重宗族的血缘性。受地缘关系和生存环境的影响，华南地区的许多宗族，为了壮大宗族势力，对付强大的土著人，往往是诸姓合并，虚拟一个共同的祖先，然后编造一套血缘的关系。客家的宗族大多如此。

聚族而居是宗族生存的普遍方式，受徽州地理环境的影响，徽州宗族的聚族而居与恪守血缘性的结合，凸显了徽州宗族的地缘性特征。赵吉士在《寄园寄所寄》中就说："新安各姓，聚族而居，绝无一杂姓搀入者。其风最为近古，出入齿让，姓各有宗祠统之。"②人们总是安土重迁、"怀土重迁"，"一乡一曲之中，无一人不安土食粟者。"③即使是"地狭薄不足以食，以故多贾，然亦重迁，虽白首于外，而为他县人者盖少。"④由此就导致一姓一村、一村一姓的现象在徽州十分普遍，正如清代黟县人沈奎在《黟山杂咏》所说："朱陈聚族古风存，一姓从来住一村。"清代乾隆年间歙县商人方西畴更是指出："相逢那用通名姓，但问高居何处村（原注：俗重门第，贫富不论）。世家门第擅清华，多住山陬与水涯，到老不知城市路，近村随地有烟霞。"⑤徽州宗族如此的地缘性特征在徽州的一些地名中得到直接的体现，村名以显姓，显姓易村名，于是叫汪村、王村、胡村、江村、郑村、程村、许村、叶村的以及与姓氏相关联的村名、地名就很多。

中原士族，反客为主，在徽州形成宗族社会，这是徽州社会的来源；重血缘性、存在地缘性的各个宗族是徽州社会的基础。此状况，至少在南

---

① 《星源甲道张氏宗谱》卷三，乾隆三十年刊本。原件藏安徽中国徽州文化博物馆，笔者拥有复印件。

② 赵吉士：《寄园寄所寄》卷之十一《泛叶寄·故老杂记》，第127页。

③ 明嘉靖四十五年菊月歙县呈坎重修长春社记碑。原碑现立于黄山市徽州区呈坎长春大社内。

④ 《震川先生集》卷十八《例授昭勇将军成山指挥使李君墓志铭》。

⑤ 许承尧：《歙事闲谭》卷七《新安竹枝词》，第208页。

宋时期就形成，之后一直延续到20世纪。

二、倡导与规治——徽州宗族意志社会化实现的基本途径

徽州的宗族社会是具有汉唐遗风的典型中国近代宗族社会。选族长、建祠堂、修族谱、置族产是宋以后中国近代宗族的四大基本特征，而徽州的宗族在这四个方面的表现都十分充分。

徽州是"程朱阙里"，是程颢、程颐和朱熹的祖籍地。程朱理学在徽州的影响至深至彻，程子关于宗族的理论，尤其是朱子的《家礼》等在徽州被各个宗族奉为金科玉律，由之也就深深影响了徽州宗族社会的发展。

在徽州，每一个宗族都有自己的族长，这无论是大姓还是小姓，是望族还是小族，无不如此。汉唐之前的古代宗法制度是嫡长子宗子制，而徽州的宗族则一般只设族长，且族长是族众选举产生的。歙县的《许氏家规》写道："古者宗法立，而事统于宗。今宗法不行，而事不可无统也。一族之人有长者焉，分莫逾而年莫加，年弥高而德弥劭，合族尊敬而推崇之，有事必禀命焉。此宗法之遗意也。有司父母斯民，势分相离，而情或不通。族长统率一族，恩义相维，无可不通之情。凡我族人知所敬信，庶令推行而人莫之敢犯也。其有抗违故犯者，执而笞之。"[1]族长统治族人，其职责与权力包括：主持宗族祭祀大典、总管宗族的财产、主持宗族的立法与司法、主持宗族重大事件的决策与处理、主持宗族内部纠纷事件的裁决、代表宗族处理涉外事件等。

为了敬宗，徽州各宗族都建有祠堂，如新安程氏："举宗大事，莫最于祠，无祠则无宗，无宗则无祖。"[2]新安吴氏："创建宗祠，上以奉祀宗祖，报本追远；下以联属亲疏，惇叙礼让，甚晟典也。"[3]休宁首村朱氏：

---

① 《重修古歙东门许氏宗谱》卷八《许氏家规》，乾隆二年刊本。

② 程一枝：《程典·本宗列传》。

③ 吴元满：《新安歙西溪南吴氏世谱》卷首《续刻溪南吴氏世谱叙》，传抄本，上海图书馆藏。

"吾族创立宗祠始于明季崇祯二年，阖族批丁各出乐输，共建祠宇以尽人子报本之忱。"①祠堂有总祠（即宗祠）与支祠之分。一族合祀者为总祠，分支各祀者为支祠，大的村落往往还不是建有一座祠堂，而是几座、十几座，甚至几十座。如黟县西递明经胡氏宗族历史上在西递就建有祠堂二十多座，至今保存完整的还有3座；歙县的呈坎（现归黄山市徽州区）历史上有祠堂15座，其中始建于明代嘉靖年间的罗东舒祠至今保存良好，系国家重点文物保护单位等。祠堂是宗族的中心，它象征着祖先，是祖先神主牌位的供奉之所；它象征着宗族的存在与团结，宗族成员一般围绕祠堂居住。在徽州，祠堂的功用至少有：宗族合族祭祀祖先的场所、族众集会的场地、宗族重大事项的议事厅、宗族立法和司法的法庭等。

为了收族，徽州各宗族都修有族谱，所谓"夫人之一生莫大乎纲常之事，纲常之大莫过于谱牒。""三代不修谱，则为不孝。"②祁门黄龙口的汪氏宗族撰修了谱，为防伪冒，不仅要在卷首钤红印"汪氏世宝"，并在其下注明"凡谱无此图书者即系伪冒"③，同时，还要呈报官府审查，以示正宗：

> 江南徽州府休宁县儒学正副堂为汪氏宗谱，奉徽州府正堂，奉安徽布政使司，磨勘粘签，饬令改正，告竣呈验，准发德字号通谱一部，给徽州府祁门县文溪、黄龙口族领藏。
>
> 乾隆五十八年 月 日 验给④

谱牒主要有三大类，即统宗谱、支宗谱和家谱。统宗谱是统宗了徽州始祖以后宗族全体的大谱，它是全宗族的行为；支宗谱是分支以后宗族的族谱，它也是一种宗族的行为；家谱则是各房、各家抄录了宗族支谱之后

---

① 刘伯山编著：《徽州文书》第三辑第四卷，第431页。
② 祁门《武溪陈氏宗谱》"谱序"，安徽大学徽学研究中心"伯山书屋"藏。
③ 明隆庆《汪氏通宗世谱》卷首，祁门黄龙口村藏。
④ 清乾隆《汪氏通宗世谱》卷首，祁门黄龙口村藏。

仅仅延续自己这一房、一家的小谱，以手抄的为多。作为宗族行为的族谱修撰，是有一整套严格的义例和原则的。族谱的主要作用是将全体的族众固定在祠堂周围的各个位置上，有本有源，尊尊亲亲，不至于因族人的迁徙、分化而导致宗族的瓦解，也不至于因为异姓或同姓异族的迁入而导致宗族血缘关系的紊乱，实现溯本、收族、聚族的目的。同时，族谱的修撰还要有效地承担宗族意识的灌输、道德伦理的教化、宗族之风及社会风气的导引等宗族文化培养和宗族精神管理的重任，这些是由修谱的义例和原则直接决定的，具体体现在凡例的制订、族规家法的刊载、族丁能否上谱以及如何上谱、族人传记的选择等内容上。

为了睦族，徽州各宗族都置有族产，它是宗族的共同财产，包括祀产、学产、义产等，财产形式有田、地、山林、房屋、股份等，其中最主要的是族田。族产是由祠堂管理的，定有专人负责，有一整套严格的管理制度和规条，从事管理的人由族众推选，有些宗族甚至还要将所推选的人上报到官府以获宪批，如安徽大学徽学研究中心"伯山书屋"藏有一部《休宁首村派朱氏文书》，其中一份是《清康熙三十五年四月乡约朱希茂、保长朱天锡具呈文》：

> 具呈乡约朱希茂、保长朱天锡：呈为遵奉回报事蒙宪批谕后等，将朱氏宗祠薄请交新管之人。今遵公谕，原管之朱任康、朱有光等眼同，当凭八门房长逐一立薄清交，新管朱朝益、朱邦遵、朱邦积、朱国英四人接管祠事，理含具呈回报。伏乞宪天验交感恩。上呈。
>
> 右具呈
>
> 康熙三十五年四月二十五日 具呈：乡约朱希茂　保长朱天锡

乡约、保长就首村朱氏宗祠管祠人选问题上报休宁县衙，最后县主批核"准交朱朝益等四人经管"[1]。宋以后特别是在明清，徽州的土地、山

---

[1] 刘伯山编著:《徽州文书》第三辑第四卷,第430页。

林、基屋等买卖、转移的频率很大，但流向总是"先尽亲友、族人"，各宗族严禁族产外流。祁门六都善和里程氏仁山门东房派的族规家法《窦山公家议》在《管理议》中就强调："各房如有不肖子孙妄将众共田地、山场、祠墓等件盗卖家外人者，管理者访之，告各房家长会众即行理治追复，或告官治罪，以不孝论。"①于是，财产最终流入宗族祠堂的就最多。20世纪50年代初土地改革时，徽州宗族祠堂拥有的耕地占徽州总耕地面积的14.32%②，而祁门县"公堂祠会占有的田达总数的36.8%，山场则绝大部分为公堂祠会所有。"③对此，饶漱石1950年7月在《为完成华东土地改革而奋斗》的报告中指出：华东公地较多，"一般占全部耕地百分之十到十五左右，多的达百分之二十以上者"④。族产的经营方式主要是招租取利，所获之利的用途：义产用于赈济贫困族众，属于宗族公益救济性质；学产用于发展教育，资助族内子弟读书、考试；祀产主要用于祭祀，有余也转为资助教育和赈济。

具备了上述的基础条件，徽州的宗族就开始有效地实施了对宗族的管理和对社会的影响。

生存与发展是每一个宗族的根本利益所在，也是徽州每一个宗族的基本目标追求。其中，以发展图生存是一个基本的方略，由之，直接决定了徽州的宗族要进行宗族管理的目的，决定了徽州的宗族要影响和干预社会的基本动机。徽州宗族进行宗族管理，无非是要构建和营造一个好的宗族内部环境与条件，以有利于宗族生存与发展；而它要影响和干预社会，也无非是要培育和维护一种好的宗族环境与条件，以有利于自己宗族的生存与发展。由于徽州的宗族社会主要是由因避难、避乱而迁徙来的中原世家大族形成的社会，于是，因为避难、避乱，所以就怕再难、再乱；因为曾

① 周绍泉、赵亚光：《窦山公家议校注》，《管理议》，黄山书社，1993年，第13—14页。
② 中共安徽省委农村工作部编：《安徽省土地改革资料》，转引自赵华富：《徽州宗族研究》，安徽大学出版社，2004年，第268页。
③ 吴善明：《徽州专区土地改革运动》，载中共黄山市委党史研究室编：《征程——黄山社会主义专题集》，2000年，第67页。
④ 新华书店华东总分店编辑部：《土地改革手册》，1950年。

是中原的世家大族，所以就有良好的基础素质和宗族的内省精神。由之，各宗族在进行宗族管理时，除了单向地考虑宗族自我的人丁兴旺、瓜瓞绵绵、血缘的纯正相传和代代相传等因素之外，还要多向地考虑诸多社会因素的存在，要通过重人文、重伦理、重宗族风气和习俗的培养等措施，营造一个能够被社会接受并积极适应于社会发展的宗族内部环境与条件；同时，各宗族在面对社会、要对社会施加影响和干预时，也就不能一味地只考虑宗族自身的存在，还要考虑其他宗族的存在，考虑地缘社会的发展，要通过重礼仪、重乡谊、重良好的社会风气与风俗习惯的导引、培养及维护，营造一个有利于各宗族共存、共赢、共同发展的外部社会环境与条件。

徽州的宗族，对内进行宗族管理的手段形式是多样的，对外实施社会化影响的途径也是多重的，但最基本的是两条路径：倡导与规治。

倡导的力量是一种精神的力量、文化的力量、舆论的力量，它看似无形却有形，看似无力却有力。中国传统的社会是一个伦理的社会、社会关系错综复杂的社会，人与人之间的关系都是紧密相连、密不可分的。特别是在徽州，所有的人都是宗族的人，宗族离开人就不存，而人离开了宗族也就难在。在这样高度伦理化、社会化的环境里，舆论的力量就十分强大，它是所有的人都必须要面对的，是所有的人都会置身于其中而要承担的，无人可脱，无处可逃。于是，这种力量可以并且当然地成了人们调节和控制社会状况与发展走向的工具，徽州的各个宗族都是充分地、有效地运用了这种力量来实施对宗族的控制与管理、实施对社会的干预与影响，使这种力量成为宗族目的社会化实现的重要途径。

倡导的力量是一种基于善恶、好坏、美丑等价值评判层面上取积极意义的选择而形成的力量，它昭示、引导的是一种可以予以努力奋斗和积极进取的价值方向与目标，其力的走向是单向的，总是与所引导的方向一致，顺从可以得到肯定，而一旦背离则必然要遭受来自舆论的、文化的、精神的各种力量无情的谴责、抛弃和打击。徽州各宗族根据自己的价值观体系，确定所要倡导的对象与内容，给予积极倡导，首先就是要在族内形成族风，然后再波及以及主动推及社会，干涉和影响着社会的风气，形成一定的社会风尚，努力实现宗族与社会的一体和同步，追求自己所希望的状态，共同朝着自己所希望的目标发展。

规治的力量是一种法治的力量、强制的力量、现实的力量，它是具体的、有形的，是可以让人感受到其实实在在存在的。社会的治理必须有法有规，这些法、规是人们价值选择与判断的底线，是人们必须遵循的基本行为准则。传统中国社会，作为政权的统治是有法和规的，如明代有《大明律》，清代有《大清律例》等。然而，鉴于中国乡村社会的特殊性，各宗族还都制订了自己的族规家法，以作为"王法"的必要补充。它是国家正式法律体系之外的一套民间司法体系。这些族规家法的制订，是以"王法"作为前提条件，结合了自己所在乡村的实际、融入了宗族的价值观念与追求、考虑到了宗族的利益及社会的矛盾，其制订是一种宗族的行为，在宗族的内部具有高度的合法性，于是其实施也就具有了极大的权威性。不仅如此，徽州许多宗族在制订族规家法时，为了获得更大的合法性，往往还要上报官府，以取得官府的认同与批准。如明代徽州许氏宗族立宗法，就曾呈报到徽州府衙，获得知府的批准[1]；祁门奇峰郑氏宗族在明正德十二年（1517年）建成了新祠"一本堂"，制订了堂规。当时，郑氏宗族是将堂规既呈报到祁门县衙，又呈报到徽州府衙，结果是分别得到了徽州府和祁门县的给贴，获得官府的批准[2]。从内容上看，徽州族规家法的所涉是很广的，它包括了宗族血缘性管理、族产管理、族人的职责与义务、宗族活动的开展、道德伦理的要求、社会行为的规范等各个方面；承载形式上，有刊载于族谱、题刻于祠堂、单独印制成册的等。族规家法的最高执行者就是族长，各门长、房长、族老等是参与者，一些宗族还专门配有具体的执法人员。

族规家法就是宗族的法律，它是宗族判定对与错、是与非、肯定与否定的基本准则，是每一个族人都必须要遵守的基本行为规范。作为宗族的

---

① 《新安许氏世谱》卷二《举创祠谱立宗法呈》。

② 《奇峰郑氏本宗谱》，明嘉靖刊本，卷四《祁门奇峰郑氏祠堂记》。

人只有遵循了族规家法，才能生活于宗族之中，而一旦违反了，则必将遭到宗族的惩罚，轻的是受到斥责训诫，重的是要遭罚跪、笞杖和经济制裁，最严重的就是革出祠堂、不许入谱和鸣官究治。徽州的宗族就是通过族规家法的制订和执行，以法、以规来管理和治理自己的宗族，形成威慑的力量，规范族人的行为，由之再影响到社会，就产生社会的联动效应，敦进了社会民众法规意识的提高，促成社会性的民间习惯法的形成，最终实现宗族与社会的一体，共存于一个规治的发展环境之中。

倡导与规治就是徽州宗族进行宗族管理的基本手段，也是徽州宗族意志社会化实现的基本途径。它是传统徽州社会得以实现自我存在与发展、保持长期稳定的重要因素。

三、徽州宗族与徽州乡村社会稳定的基础

社会的稳定是要有前提与基础的。明清徽州乡村社会之所以稳定，是因为至少拥有了三个基础性的前提，即经济基础、价值观系统、法律法规体系。

第一，宗族支持的徽商为徽州乡村社会的稳定提供了坚实的物质经济基础。

管子说："仓廪实而知礼节。"经济是一切社会稳定与健康发展的根本基础。徽州山多地少、土瘠人稠，本土经济的主体千百年来都是赖以山林。南宋徽州呈坎人罗愿就说："山限壤隔，民不染他俗，勤于山伐。"[①]由于耕地缺乏，"即富者无可耕之田"[②]，所以粮食就短缺，正如方志所记："耕获三不瞻一。即丰年亦仰食江楚，十居六七，勿论岁饥也。"[③]所需之粮至少是在唐朝中后期开始直至今天都是要"仰四方之来"[④]，现实

---

① 淳熙《新安志》卷一《州郡·风俗》，第7604页。
② 汪道昆：《太函集》卷四十五《明处士江次公墓志铭》，第550页。
③ 康熙《休宁县志》卷七《题·奏疏》，第1083页。
④ 淳熙《新安志》卷十《杂录·人事》，第7751页。

的经济无法维持人们的生存。面对压力，徽州人不是坐以待毙，而是积极地拓展着自己的生存空间，探寻着在大山之外的生存之道。于是，至少是在南宋的时候，徽州人就选取了读书以取士、业贾以治生的生存之道，前者是金光大道，但也是千军万马在过独木桥；后者尽管是要遭到传统价值观的抵制，却是一条可容纳千万人的现实之道，可以实实在在地成就徽州人的治生。于是，徽州的宗族，毅然地突破中国传统"士、农、工、商"之"四民观"的束缚，先是宗族默许，再是宗族倡导，鼓励和支持族人远走他乡，业贾经商；对业贾的成功者，宗族还会按业儒成功者一样的待遇予以褒奖，最高的奖赏是修谱时收入其传。

我们查阅了许多徽州的谱牒，商人的传记、行状等比比皆是；笔者藏有一部康熙年间修的休宁《新安商山吴氏宗祠谱传》，载有休宁商山村吴氏宗族20代族人的传记，其绝大多数是商人。徽州宗族的族规家法对经商业贾的合法、合情、合理性予以充分肯定，如休宁王氏族规就明确指出："士农工商，所业虽别，是皆本职，惰则职隳，勤则职修。"[1]徽州萧江氏祠规具体指出："执艺不同皆有常生之理。为士者，必安于勤励明经；为农者，必安于耕种田地；为工者，必安于造作器用；为商者，必安于出入经营；为贾者，必安于家居买卖；至若无产与赀，不知匠艺，则为人佣作；皆是生理。能安生理，衣食亦自安足，俯仰无累，门户可支。"[2]正因为有了宗族倡导和支持，徽州人的经商，至少从明代早期开始就形成了一种社会风气，横向上是"一人经商→一家人经商→一族人经商→一乡人经商→一邑人经商→一郡人经商"，纵向上是"从小经商→一辈子经商→几代人经商→几十代人经商"。徽州经商人数之多，明代大文学家王世贞称之为"十三在邑，十七在天下"[3]。康熙《徽州府志》则明确指出："天下之民寄命于农，徽民寄命于商。"南宋时徽商就开始崛起，掘得第一桶金；明代时已经足迹遍天下，以至于明中叶时江浙一带就有民谚"钻天洞庭遍

---

① 《休宁宣仁王氏族谱》"宗规"。

② 明万历《萧江全谱》附录卷五《祠规》，原件藏上海图书馆，笔者拥有复印件。

③ 王世贞：《弇州山人四部稿》卷六十一《序·赠程君五十叙》。

地徽";之后，徽商获得更大的发展，明末清初时，长江中下游一带就流传有"无徽不成镇"的民谚。对此，胡适先生解释说："中国有句话，叫'无徽不成镇'，那就是说，一个地方如果没有徽州人，那这个地方就只是个村落。徽州人住进来了，他们就开始成立店铺，然后逐渐扩张，就把个小村落变成小市镇了。"①民国时人陈去病曾就徽商对扬州影响作了一个说明，指出："徽人在扬州最早，考其时代，当在明中叶。故扬州之盛，实徽商开之。扬盖徽商殖民地也。"②

徽州人的经商是一种远离家乡本土的于他乡外地的经商。徽商的兴起，并没有改变徽州本土原有山区农业经济结构的本身，但徽商大量输回了金钱和财富，就带来和产生了本土的消费型经济，它一定程度上弥补了自有经济的不足，满足了本土徽州人的生活与文化消费，也就为徽州和谐社会的构建提供了坚实的物质经济保证。

第二，浸透宗族的程朱理学为徽州乡村社会的稳定提供了一整套儒家价值观系统。

徽州是"程朱阙里"，是程朱理学的奠基者程颢、程颐和集大成者朱熹的祖籍地所在，并且其祖籍地竟然还是同一个村的，此即过去一直归属歙县、位于歙县西南约20公里处，1987年黄山市成立时划归黄山市屯溪区、距黄山市中心城区仅三四公里的篁墩。

据《新安名族志》③、同治歙县下门《程氏抄谱》④等谱牒记载：新安程氏以程元谭为始迁祖，世居篁墩；传十三世，出显赫人物程灵洗，谥号"忠壮公"，是为新安程氏显祖；再传二十八世，在唐中后期，出名叫程泽的人，从篁墩迁河北中山博野；至三十二世，又出名叫程希振的人自中山博野迁河南洛阳，其曾孙即为程朱理学的奠基者程颢、程颐兄弟二人，他们实为新安程氏三十五世孙。再据《新安名族志》、明嘉靖《朱氏统宗世

① 唐德刚译：《胡适口述自传》，华文出版社，1992年，第2页。
② 陈去病：《五石脂》，国粹学报。
③ 程尚宽，等：《新安名族志》，明嘉靖刻本。
④ 同治歙县下门《程氏抄谱》，全一册。黄山市博物馆藏。

谱》及各种新安朱氏族谱记载：唐乾符年末，唐殿中丞朱涔号师古者，为避黄巢锋芒，自姑苏始迁篁墩，是为新安朱氏一世祖。朱师古有四个儿子，其中三子名叫朱瓌的唐天祐年间领兵戍守婺源，是为婺源朱氏一世祖。朱瓌在婺源传八世，有一个名叫朱松者，曾就学于歙县南门的紫阳书院，当时歙县城内有一名叫祝确的，非常器重朱松，以女许之。北宋政和八年（1118年），朱松以迪功郎调任福建政和县尉，后入籍建州。朱熹即为朱松与祝氏之子，他于宋建炎四年（1130年）9月出生在福建尤溪，实为新安朱氏九世孙[1]。

二程和朱熹与徽州之间是存在着强烈的双向文化认同的。尽管二程本人认同新安缺乏确凿的史料，但二程的后裔们则强烈认同徽州为自己的祖籍地。1993年，河南程氏，号称是二程的后裔，在重修族谱时，曾专门派人来篁墩寻根，当时笔者参与接待，款以吃住；2002年，山东又有一支自称是二程后裔的程氏族人，亦欲重修程氏世系谱，再次派人来到篁墩，了解新安程氏世系，并多次与笔者联系，要求提供有关篁墩和新安程氏方面的资料，并寄来了1987年5月刊印的《河南程氏正宗世系谱》卷一的复印本。此谱是自光绪甲午纂修以来的再修，之前历代都有纂修，其谱序、世系、《迁徙歌》等，都确认二程出自篁墩，认"新安篁墩祖元谭"为程氏谱派上溯最近的祖[2]。而朱熹则对自己是徽州人这点强烈认同不疑，著述总署名"新安朱熹"，曾数次回徽州省墓，每次都要从事讲学和开展学术活动，并留有大量的文字笔墨，有记略、谱序、匾额、诗文等。徽州人更是以徽州作为"程朱阙里"而无限自豪。被称为"新安第一书"的明万历四十年原刻、清雍正三年重刻《程朱阙里志》就写道："程朱之学大明于天下，天下之学宫莫不崇祀程朱三夫子矣。乃若三夫子肇祥之地又举而合祀之，则独吾歙。……朱学原本二程，二程与朱之所自出，其先世皆由歙

---

① 刘伯山：《徽州篁墩的三大姓及其文化遗存》，《徽学》第二卷，安徽大学出版社，2002年。

② 《河南程氏正宗世系谱》卷一《程氏谱派及迁地目录》，1987年5月刊印。

黄墩徙，故称程朱阙里。"①

正因为徽州是"程朱阙里"，故程朱理学尤其是朱子的思想在徽州的影响也至深至彻，方志记载，徽州是"一以郡先师子朱子为归。凡六经传注诸子百氏之书，非经朱子论定者，父兄不以为教，子弟不以为学也"②。尤其是徽州的宗族，都自觉地和内在地以朱子的思想作为治族的基本思想，朱子之《家礼》是宗族管理的金科玉律，朱子之书是宗族教育的必读之书，朱子之礼教是族风敦进的基本礼教——它们要写进族规家法、体现在宗族管理和宗族日常活动开展的具体行为与过程之中。清休宁《茗洲吴氏家典》就说："我新安为朱子桑梓之邦，则宜读朱子之书，服朱子之教，秉朱子之礼，以邹鲁之风自待，而以邹鲁之风传之子若孙也。""吴氏族规乃推本紫阳家礼，而新其名曰家典。"③新安黄氏在评价《家礼》时称："盖人伦不明，宗法废弛，民俗颓弊甚矣。幸而皇宋诞膺景运，五星聚奎。由是吾郡朱夫子者出，阐六经之幽奥，开万古之群蒙，复祖三代之制，酌古准今，著为《家礼》，以扶植世教。其所以正名分，别尊卑，敬宗睦族之道，亲亲长长之义，灿然具载。"④程朱理学尤其是朱子的思想构成了徽州民众强大的思想意识支柱，直接导致的就是传统儒家文化的价值观在徽州占据统治地位，人们内在接受的价值观系统就是传统儒家文化的价值观系统。其所打造的社会就是一个道德的、诚信的和礼仪的社会。

第三，国家法律与族规家法的并用为徽州乡村社会的稳定提供了完整的法规体系。

中国传统社会是有法律的，明代明太祖朱元璋亲定《大明律》30卷，洪武三十年（1397年）正式颁布，它上承《唐律》，为中国封建社会晚期最有代表性的一部法典；清代最初有顺治四年（1647年）颁行的《大清律集解附例》30卷，之后几经修订，至乾隆五年（1740年）完成《钦定大清

① 鲍应鳌:《程朱阙里志序》,雍正《程朱阙里志》卷首,第225页。
② 赵汸:《东山存稿》卷四《商山书院学田记》,第287页。
③ 休宁《茗洲吴氏家典》卷首"序",第一叶上。
④ 《新安黄氏会通宗谱》卷首《集成会通谱叙》,弘治十四年(1501年)刻本,国家图书馆藏。

律例》47卷，为中国历代历朝法典发展最高阶段的标志。对国家、官府的这些"王法"，徽州人总是坚定不移地遵守、如神圣般地面对。从历史文献和我们的田野调查情况可以知道，古代的徽州人，遵法、守法意识是极强的，对官府、对"公家人"，老百姓总存在敬畏甚至是恐惧心理，这使得"王法"在徽州能够得以全面实施。

但"王法"是统一制订、具有一般普遍性的法律，它之于远离朝廷、远离政治政权中心的山区徽州乡村的实施，是会存在一个很大的下沉空间的。正如上文所说，徽州社会的基础是宗族，而各宗族都制订了自己的族规家法，以作为"王法"的补充。族规家法作为乡村民间之法，它之于乡村社会是具有更大的亲临性和可操作执行性的，能够为广大民众直接接受。由于族规家法是每一个徽州的宗族都要制订的，它之于徽州乡村社会的存在具有极大的普遍性，并且其实施更具有长期的持续性，加上人们又普遍对"王法"强烈认同，于是诸项的结合，直接导致的社会效应就有两方面：其一是培育和促成了民间习惯法的存在与成熟，人们对待和处理任何事情都有自己长期累积形成的原则与方式，它往往是法理和情理并存、王纲与习俗相揉；其二就是进一步培养和强化了民众的契约法规意识。对此，至今仍大量遗存的徽州契约文书就是明证。徽州文书就是历史上的徽州人在具体的社会生产、生活与交往过程中为各自切身利益而形成的原始凭据、字据和记录，其之所以要产生，一方面是主体在维护自己的利益，另一方面就是主体要追求文书的社会效用性，使它们具有凭证和依据的作用，而这一切都是以法律法规的存在为前提，靠社会的契约意识来维系的。

应当指出的是，尽管在实际运用层面上，族规家法和民间习惯法在徽州乡村具有很大的普遍性，但绝不意味着在法律的权威性上徽州人信奉的是"族法大于国法"。徽州的族规家法总是以国家法律为前提、结合中国传统的儒家道德伦理和徽州乡村社会的实际而制订的，在具体的执行过程中，又总是以国法、"王法"作为最高依据，裁决时往往是以"公究鸣官"为威慑，由之也就体现了官方法律法规的至上权威性。"族法大于国法"

是表面的现象，不是问题实质。

四、徽州宗族主导了徽州人有效处理四个方面的关系

社会本身是人与人的各种关系综合体。明清徽州乡村社会之所以稳定，还是与徽州人能够有效地处理和把握好了人与自然、人与人、人与社会、人自身这四个方面的关系内在关联，对此，徽州宗族的作用和影响是直接的也是占主导地位的。

1.人与自然的关系

人与自然关系不协调的社会不可能是一个和谐的社会。由宗族的倡导和实践，古代徽州人在如何处理好人与自然的关系问题上努力地遵循了以下三个原则，即选择自然、尊重自然和师法自然。这在徽州人的人居环境营造上体现最为明显。

古代徽州乡村是由一个个村落组成，而这些村落都是由一个个宗族建造。徽州各宗族对村落的选址都极为讲究，无不考虑自然环境的因素，有效地选择自然，以达到体现人文关怀地合乎自然：村址之地要依山傍水，村落所座要自然嵌入山水环境之中。当然，徽州宗族的如此考虑一般都是以风水堪舆的形式进行的，风水堪舆之说在徽州之盛以至于有人干脆称徽州就是一个"堪舆社会"。但徽州宗族"卜居""择地"的内在实质是在做一种理性的思考与选择，充分考虑自然环境因素对人居环境的影响，考虑人如何与自然和谐相处、彼此共荣。为尊重自然，徽州宗族在进行村落规划、布局时总是要遵循一种基本的理念，努力依凭山水自然的既有形势、结合宗族发展的理想而展开；建筑物和房屋的设计总是"就形而居、就地而型"，绝不轻易侵占和破坏自然的环境。于是，村落自然地坐落在自然环境之中，村落里的建筑总是形式多样、错落有致，显得十分和谐与完美。徽州的建筑是徽派建筑，它一般需要大量的石材，于是就需要有采石场。但徽州人的采石绝不是一种破坏自然山体形势的破山取石、开山炸石，而是努力地在保证自然山体和植被完整条件下的掘洞取石、隐蔽取

石。所谓的"花山谜窟"就是具有这样功能的人工石窟，而类似的石窟在徽州有很多，笔者在休宁、黟县、祁门、歙县均有实地的探测与考察。此外，徽州的庭院、园林、天井、漏窗等的设计与建造又都是努力地师法自然、利用自然。

为保护生态环境，徽州的官方和民间都有大量的禁碑，它们一般都是宗族行为的结果。民间的禁碑直接就是由宗族出面制订，而官方的禁碑则最初是由宗族提议和呈报，最终获准而公布的。祁门县的环砂村是程氏族人的聚居地，湘东河绕村而过。在村的上水口、湘东河畔一棵高大的樟树下，有一块道光年间立的"放生池"碑，它实际是一块禁渔碑，为环砂程氏宗族所立，内容是：范围"上起双河口，下到湾袋坑口止"的河段内不准捕鱼捞虾，只能放生行善；村中有"叙伦堂"宗祠，在该祠的右边围墙中，镶嵌有一方用当地青石阴刻而成的清嘉庆二年"永禁碑"，碑文刻有：

> 盖闻本立道生，根深枝茂，盈谷百木丛生，条枚可供采取，即长养成林而供课，资用亦大有益。途缘人心不一，纵火烧山，故砍松杉兼之锄挖柴桩，百惟树尽山穷，致薪如桂；且恐焚林惊坟，滋事生端，为害匪轻。似此人人叹息，所以不谋而合，共立合文演戏，请示订完界止，所有界内山场无向众、已蓄养成材，自后入小烧炭、采薪，如有带取松、杉二木并挖柴桩及纵火烧山者，准目观之人鸣众。违禁者罚戏一台。如目观存情不报者，查出与违禁人同例。倘有硬顽不遵，定行鸣官惩治，仍要遵文罚戏。议之至三年之后，无论众、已山业，出拼之日，每两内取银三分，交会凑用。如自山自取正用，并风损折者，俱要先行出字通知。在掌会首事，务要进出分明，劝成美举，有始有终，慎勿懈怠。沿门签押，子孙遵守，如违规条，合境责出，此文同鸣官费用议作三股均出，如犯何山，该山主人认费二股，众朋出一股。追赔木价亦照三股均收，仍依是约为始。

这由环砂的程氏族人主要发起，得到周边张、沈、汪、凌、吴等姓人的共同参与，向祁门县衙提出，得到了官府认同并获得批文后而勒石产生的，内容是禁山、养山以不许乱砍滥伐。

人与自然关系的良好处理，既是对生态环境的保护，也是对人自身生存环境的维护，间接的还是对人心态环境的呵护。对此，徽州古代社会树立了典范。

2.人与人的关系

只要有人的地方就有矛盾。稳定的社会并不是指没有矛盾和纠纷的社会，社会真正的稳定恰恰应是建立在对大量不稳定的消解基础之上，关键是看如何解决矛盾。

古代的徽州，"礼法兼治"是徽州社会处理与解决人与人之间关系的基本原则。族人与族人之间的交往、不同姓的人之间的交往总是本着"礼为先""法为度"行为、伦理原则，大行揖让之风，由此，矛盾很少激化，大量的社会矛盾在其萌发之时，就消解在了礼化的过程之中。一个崇礼和礼治的社会，社会矛盾激化的频率是很小的。一旦矛盾激化，纠纷产生了，徽州人也不会采取械斗等暴力方式来解决，而是随之激活了一个产生于徽州社会内部的自我调节机制，一步步地化解矛盾。其逻辑进程是：首先，当事者双方进行协商，然后形成一个凭中人的和约、议墨等，以议约的方式解决纠纷；如果协商不成，矛盾进一步激化，则就进入第二道程序，即同族的人诉之于族老、祠堂，不同族的人诉之于乡约、文会，对纠纷予以仲裁和调解。各种矛盾和纠纷的终极解决方式是鸣官诉讼，通过打官司以维护各自的利益。

安徽桐城"六尺巷"的故事是人们广为传颂的，其实，类似的事件在古代的徽州有很多很多，并且，更为有力和更具先进性的是：徽州人在对待和处理如此事件时，不仅做到仁到礼到，还做到理性的有据可凭，形成文书。如在安徽大学徽学研究中心"伯山书屋"所藏的文书中，《黟县十都三图余氏文书》之《清乾隆六年七月余应纶等立议墨》是一份同族之间的让路议约：

立议墨余应纶同侄文积、文景等。原祖天值公遗存屋壹所，因梦仙，将门前基地乙片，土名舒家园，卖与文景，于康熙五十四年竖造楼屋，东向墙外原存直路一道，二家通行。今因文景楼屋东向墙外竖造厨屋一间，二家合议，将原路改换与文景靠墙竖造厨屋，将文景厨屋外北向取地三尺五寸，转弯至东；东向又取地三尺五寸，至南大路，二家通行，永远无得争阻，如有异说，听自执墨鸣族理论。今欲有凭，立此议墨一样二张，各执存照。

乾隆六年七月十一日　立议墨余应纶（押）

侄：文积（押）　文景（押）　文科（押）

保长：郭百先（押）

亲：卢汉清（押）　张宗于（押）

族：应兆（押）　应焕（押）　应联（押）

文禄（押）　文利（押）

代笔：应高（押）①

《歙县二十一都六图汪氏文书》之《清道光十二年十二月汪起全、吴应祥立议合同》是异姓之间的让路议约：

立议合同人汪起全、吴应祥，今因大园坦地一业，历来各宅出入要路，目今吴宅情嘀改造朝坦开门出入，但汪宅亦不得生端扦造，仍归原旧出入，两无异说。自议之后，两相平允，再不得生端异言，嗣后不遵，公议指名干罚。今恐无凭，特立合同两纸，各执一纸，永远存据。

道光十二年十二月日　立合同人：汪起全（押）　吴应祥（押）

凭中：汪明远（押）　吴兴隆（押）

代笔：吴兴隆（押）②

---

① 刘伯山主编：《徽州文书》第一辑第五卷，第372页。
② 刘伯山编著：《徽州文书》第三辑第三卷，第18页。

应当指出的是，徽州的各个宗族对诉讼与打官司是不提倡的，甚至在族规家法中予以禁止，如《济阳江氏家训》就规定："子孙不许好讼，好斗，好奢侈。"①新安萧江氏《祠规》亦规定："一止祠讼。健讼破家，且开怨府。或有横逆之来，当虚怀忍让；或产业相干、口角相仇，祠正副会同门尊公道处分，或毕情劝释，不许竟烦官府力逞。刁奸如强项不服，祠正副奉宗规呈治，毋玷清门。"②

礼治与法治是社会治理的两翼，二者应该深深地根源于社会的自身，打造一个稳定的社会。

3.人与社会的关系

稳定的社会还要有效地处理好人与社会的关系。对此，徽州宗族所倡导的基本理念是：服从与报效。由之，直接带动和影响了整个徽州社会，构成徽州社会普遍的意识。

徽州是个宗族社会，宗族的利益、社会整体的利益永远是大于个人和家庭的利益的，而国家的利益又是至高无上的。这方面的体现有很多，在此仅举两点来说明。

其一，徽州人的公益意识非常强。徽州的乡村有许多公共和公益事业，如修桥、补路、建亭、筑塥、砌坝等，这些大都是由村民捐输而成的。过去我们只知道徽商热衷于报效社会，殊不知这还是徽州全体民众的普遍意识与行为，对公益事业的关注甚至在许多地方沉淀为了一种习俗。如祁门县闪里镇的坑口村每年要在农历七月初一这一天举办"路会节"，全村的人无论男女老少都要义务干一天公益的活，修路、除草、清理河道、打扫村庄公共卫生等，这天村里还要杀一头猪，全村人一起吃——此风气从唐代一直延续至今。

其二，徽州人的赋税意识非常强。现在我们总是说"纳税光荣"，而历史上的徽州人从来没认为纳税光荣，而恰是认为不纳税可耻。在徽州人

---

① 《济阳江氏家训》，民国四年婺源江峰青辑，谢坑承佑祠谱局印制。笔者藏有原件。下引此书，不再注明版本与藏处。

② 明万历《萧江全谱》附录卷五《祠规》。

看来，依法交纳国家的税粮是再当然不过的事，而不交纳则是不可能的。《济阳江氏家训》中就规定："国家惟正之供自有定例，分上下二忙投柜完纳。吾族当安分守法，国课早完。"《萧江氏祠规》更是明确指出："一时供赋。有田、有租、有丁、有役，岂得贻累里排，致重烦官府?!"如果缴税而缺钱，徽州人不是抗税，也不是拖欠，而是自觉地、当然地想办法来筹钱，有时不惜卖田、卖地、卖山、卖房。在安徽大学徽学研究中心"伯山书屋"所藏的《休宁首村派朱氏文书》里有两份卖田契，即《清乾隆二十七年十二月二十六都二图朱正宽立杜卖田契》《清乾隆二十八年十一月二十六都二图朱子厚立杜卖田契》，其卖田的原因是"因钱粮事用""因钱粮急用"。兹照录一份如下：

> 二十六都二图立杜卖契人朱正宽，今因钱粮事用，自情愿将父遗下该身阄分田一号，坐落土名麦园玗，系洁字一千四百八十五号，计租九砠，计税一亩二分五厘三毫七系，其田东至□□，西至□□，南至□□，北至□□，今将前项四至内田凭中尽行立契出卖与同都一图朱宗祠名下为业，当日三面议定时值九五色价银十八两整，其银当日一并收足讫。自卖之后，听从买主管业收苗受税，本家并无内外人拦阻及重复交易一切不明等情，如有，尽是出卖之人一力承当，不涉买主之事。其税在本图七甲朱之泰户内起推，入同都一图十甲朱宗祠户内办纳粮差，所有原买赤契当即缴自买主收执。今恐无凭，立此卖契，永远存照。
>
> 乾隆二十七年十二月　立杜卖契人朱正宽（押）
>
> 凭中：朱正广（押）　朱一振
>
> 代书：朱德泰（押）[1]

为了交纳钱粮而变卖财产有时还是整个宗族的行为。如安徽大学徽学

---

[1] 刘伯山编著：《徽州文书》第三辑第四卷，第467页。

研究中心"伯山书屋"藏的《祁门七都程氏文书》中有一份《清道光二十二年十二月胡敦睦堂秩下族长胡仕英等阖族支丁立杜卖山赤契》，其卖山的原因是"因官限钱粮急迫，无从失措"，并且是族长率领阖族支丁完成交易的[①]。如此的纳税意识和行为，从中可以窥见徽州民众对"忠"的理解和尽忠的具体行动。

4.人自身的关系

人们自身的精神状态对社会的稳定十分重要。古代徽州人普遍接受和内在信奉的思想是以程朱理学尤其是朱子之学为代表的传统儒家文化思想，根深蒂固的价值观体系是儒家文化的价值观体系，如此思想和价值观体系，结构上是完备的、逻辑上是自洽的、内容上是完整的，对身处社会各阶层的人在思想观念导向、价值评判取舍的选择上是存在极大的共同性和互通性的，由之也就极大地保证了人们精神意志的共同和个人心态的平和，使每人都可以获得一个稳定的精神世界，取得一种自我的心理平衡。这是徽州社会能够保持稳定和平衡的关键。

正因为历史上的徽州人自身拥有一种源于思想文化意识结构本身的精神意志和心态的共同性，以之为前提和基础，由徽州宗族的积极倡导和社会风气的积极导引，徽州人的意志结构和心灵状态就可以普遍地向着一种确定的方向演进与发展。爬梳和总结历史，我们发现，徽州的宗族、徽州的社会尤其是在人生是否有追求、人们的闲暇生活是否健康这两方面着重努力，予以积极的倡导和全面的维护，帮助人们正确地面对和处理人自身的关系，塑造一种积极向上的精神意志和心灵状态。

其一，历史上的徽州人，一生都有自己执著的人生追求，这种追求源自三个方面的动力，亦即追求目标的三个层次。第一个层次是现实的压力以要实现"治生"的追求。徽州山多地少瘠人稠的现实压力，逼迫徽州人时刻要为自己的生存发展而奋斗，不得不千方百计地拓展自己的生存空间，在自己的周围环境和现实条件之外寻求生存之路，此正所谓"前世不

---

① 刘伯山编著:《徽州文书》第三辑第七卷,第410页。

修，生在徽州，十三四岁，往外一丢。"这就产生出了一种原动力，驱使着每一个徽州人一生都要努力奋斗。第二个层次是宗族的呼唤以实现"亢吾宗"的追求。徽州的各宗族都将宗族的生存和发展问题作为最高利益代表，将"亢吾宗"作为宗族发展的最高追求，以之规束和要求每一个族人，呼唤族人不懈努力。第三个层次是社会的责任以实现"治国、平天下"的追求。徽州作为"程朱阙里"，儒家文化有着厚实的沉淀，几乎每一个人都有着积极入世的生活态度，自觉和不自觉地践履"修身、齐家、治国、平天下"的人生追求。历史上的徽州人正因为都有着上述执著的人生追求，由此他们就可以在一以贯之的追求中有效地调整自己，把握好对自我的关系。

其二，历史上的徽州人，其闲暇生活一般都十分健康和充实。一个人自我把握的情况如何，闲暇生活是重要表现。徽州"尚武之风显于梁陈，右文之习振于唐宋"。至少是在北宋的时候，重文重教就已经沉淀为一种社会的习俗。南宋罗愿在《新安志》中写道："其（新安）人自昔特多以材力保捍乡土为称，其后寝有文士，黄巢之乱，中原衣冠，避地保于此，后或去或留，俗益向文雅，宋兴则名臣辈出。"[1]南宋以后，受朱子之学的影响，徽州的文风更盛。明人赵吉士写道："新安自紫阳峰峻，先儒名贤比肩接踵，迄今风尚醇朴，虽僻村陋室，肩圣贤而躬实践者，指盖不胜屈也。"[2]元代时，徽州则有明确的"东南邹鲁"的美誉。元代休宁学者赵汸写道："新安自南迁后，人物之多，文学之盛，称于天下。……故四方谓'东南邹鲁'。其成德达才之出为当世用者，代有人焉。"[3]至明清，徽州已是"十家之村，不废诵读"，正如赵汸所描述的："自井邑田野，远山深谷，居民之处，莫不有学、有师、有书史之藏。"[4]民众对教育的重视，以至于形成"一人不读书，不如一头猪；一家不读书，一家一窝猪"的俗

---

① 淳熙《新安志》卷一《州郡·风俗》，第7604页。
② 赵吉士：《寄园寄所寄》卷之十一《泛叶寄·新安理学》，第119页。
③ 赵汸：《东山存稿》卷四《商山书院学田记》，第287页。
④ 赵汸：《东山存稿》卷四《商山书院学田记》，第287页。

语，一直流传至今。由此风气为导向，徽州人的闲暇生活总是以趋文附教为主流，学子攻读，士子博文，妇孺老翁吟诗作画者也不计其数。在目前已发现的大量徽州文书中，有许多是出自徽州民间的诗集、文集、楹联集、曲谱、唱本等。婺源虹关村有一棵大樟树，民国二十二年村民竟自费刻印了一部《古樟吟汇》[①]；清代歙县南乡有一位不知名的乡村少妇，她在棉纸上创作了一首"回格诗"，内容与形式都令人叫绝。

为了引导人们的闲暇生活，徽州各宗族还采取了各种手段与措施，办文会、兴诗社、请戏班、搞节令等，积极开展健康有益的群众文化生活。规治是徽州宗族治理的重要手段，而它又总是与倡导紧密相连、并行实施的。徽州民间有许多的禁约、公约等，若有人违约，则处罚的内容往往有"罚戏"，即让受处罚人出资请戏班演戏。如祁门环砂村永禁碑就规定：一纵火烧山者罚戏一台，仍要追赔木价。一挖桩脑者无问松、杉、杂植，罚戏一台。一采薪带取松、杉二木并烧炭故毁，无问干湿，概在禁内，违禁者罚戏一台。祁门县新安乡叶源村嘉庆十八年立的永禁碑也明确规定：坟林水口庇木毋许砍，违者罚戏一部，倘风吹雪压鸣众公取，或正用告众采取。境内毋许囤留赌博，违者罚钱壹仟文，伙赌者罚戏十部，拿获者给币贰佰，知情不举照窝赌罚。"罚戏"，既达到处罚当事者的目的，又丰富了族人的文化生活、教化了族人。由此我们可以看出徽州宗族的良苦用心。

当然，我们说徽州人闲暇生活的健康是就主流生活而言的，现实中，游手好闲、滋事赌博的现象还会存在，但对此，第一是各宗族的族规家法都严禁。如《济阳江氏家训》中就规定："子孙须有职业，勿任游惰。盖游惰为饥寒之原，饥寒即盗贼之本，可不惧乎！""子孙切戒赌博。赌博则正务抛荒，坏心术，丧品行，倾家荡产。子弟有犯此者，惩责不贷。"萧江氏的《祠规》亦指出："不可恣其骄惰，放肆饮酒、赌博、扛抬、浪荡，淫佚废产，破坏家门。是谓教训子孙听。"第二是世人和社会都鄙视与反对。如针对赌博，徽州民间有大量的禁赌碑、戒赌约等。现立于祁门许村

---

① 婺源《古樟吟汇》，民国二十二年刻印，原件藏笔者处。

的清嘉庆十三年十月十五日的禁赌碑就四个字: "禁止赌博"。清嘉庆二十四年八月初八日祁门文堂陈氏禁赌碑文是: "赌博之风起则人心漓, 人心漓则习俗坏。皇上以化民成俗为心, 良有司从而董戒之, 其不悛者罪以科。至于坚明约束, 变化整饬, 则赖一乡之善士也。吾长枫士隆、士深二位族叔祖以身为子弟先, 而又循循训戒, 严整有法。今与都人为禁赌之约, 而合都莫不率从。古所称熏德而善良者, 不信然从哉? 所愿诸君子时相劝勉, 永申此禁。由此而上之, 相与讲求, 夫孝友、睦渊、任恤之道, 恭敬、逊让之风, 将见风俗人心蒸蒸益上, 又岂仅禁赌以节而已哉! 仅坚其约而推广其。" 在各种压力下, 许多人都要戒赌。安徽大学徽学研究中心 "伯山书屋" 就藏有一份《咸丰十年三月许春和、李君成、方其茂等立兄弟戒赌合同约》, 兹照录如下:

　　立邀兄弟戒赌合同约人许春和、李君成、方其茂、黄则山、张荣开、李万廷、胡如山、黄振华、李海廷、黄进廷、黄上兰、张荣占、陈荣华、黄荣枝、胡加保、程贵荣、汪义升、方贵全、汪二九、胡有仁等, 今因赌博之事, 一则焦劳父母, 二则损坏自身, 三则误其正业, 四则亡丧家财, 五则伤情失义, 六则败其声名, 七则人不重我, 八则不顾终身, 九则连累妻子, 十则国法是惊, 至今日猛醒回首, 各务其业, 虽异姓, 犹如一家, 虽各居不啻一脉, 每人合一同心, 自愿神前杜戒, 玉成一会: 无论大小赌博、洋烟, 在家在外, 及亲朋相劝, 一并不得徇情故犯。如有徇情故犯, 外出私赌者, 日后查出, 不但逐出会外, 而且神前跪香, 重责过街, 兼罚钱文, 决不宽恕! 各人倾立心论: 于过年庆岁嬉游, 只可弹弦歌唱, 不可观望赌场, 恐怕易动其心, 稍有或犯。择于咸丰十年二月二日并出会, 钱之无几, 要而必成于始终, 贵乎兄弟之心。果能承此戒约改悔, 成 [诚] 心永远不犯, 不无兴家创业之日, 更不至虚过光阴之人, 所以各家父母兄弟之幸, 亦是祖宗后人之幸也。今欲有凭, 立此合约, 各执一纸存据。

　　咸丰十年三月日 兄弟戒赌合同约人:

许春和（押）　李君成（押）　方其茂（押）　黄则山（押）

张荣开（押）　李万廷（押）　胡如山（押）　黄振华（押）

李海廷（押）　黄进廷（押）　黄上兰（押）　张荣占（押）

陈荣华（押）　黄荣枝（押）　胡加保（押）　程贵荣（押）

汪义升　　　　方贵全　　　　汪二九　　　　胡有仁（押）

中见人：胡荣华

代　笔：章飞声（押）

　　该约共有20人参加戒赌，其中画押的17人，没有画押的3人。后者或许是惧怕画押了就要接受约定和承担责任，故不敢画押。

　　树立坚定的人生目标，人就不会无所事事；保持健康的闲暇生活，人就不会无事生非。这是一个社会能否稳定的秘诀。

五、徽州宗族与社会保障

　　稳定的社会必须有一系列的社会保障。明清徽州社会之所以能够保持千百年的稳定与发展，除历史上少有战乱、少有毁灭性的天灾人祸前提保障条件外，还在于徽州社会自身存在成熟和全面的社会保障制度与机制。其中，徽州宗族所提供的经济保障和医疗保障起到了十分重要的作用。

1.宗族救济的保障

　　徽州各宗族对宗族的内部救济都十分重视，将体恤、救济贫困族人看成是睦收宗族的基本要求，作为宗族管理的重要内容，构建了一整套的宗族救济保障体系。

　　其一，徽州各宗族都充分认识到宗族救济的重要性，强化族人的体恤济贫意识。歙县潭渡黄氏在家训里写道："族人乃一本所生，彼辱则吾辱，当委曲庇覆，勿使失所，切不可视为途人，以忝吾祖。""其鳏寡孤独及老幼无能者，尤当量力蜩急。"①强调宗族必须要救济族内弱势人群。歙县桂溪项氏在族谱的"凡例"中提出："睦族敦宗，乡间是尚，恤茕赈乏，仁义其滋。里中义田之举，所以嘉惠通族之鳏寡孤独废疾者，至优至渥，诚善事也。"②认为宗族救济是一种仁义善事。祁门武溪陈氏在宗谱《新编凡例》强调："族内之人有贫富不等，如鳏寡孤独之辈，族中有余饶者当拯助之，不可任其浮沉，以坏家风也。"③将宗族的救济提高到了家风能否保持的高度来认识。徽州三田李氏在家规中规定："族中有孤独无依者，使各房力能扶助之，则周其急，或收养于家，任以细事而衣食从优，毋致与佣工者伍。"④将宗族的救济提高到了宗族脸面能否保持的高度来认识。

其二，徽州各宗族都制订了宗族救济的制度，并以族规家法的形式固定下来。如歙县东门许氏在家规中规定："今后凡遇灾患，或所遭之不偶也，固宜不恤财、不恤力以图之，怜悯救援，扶持培植，以示敦睦之义。"⑤休宁茗洲吴氏家规中规定："族内贫穷孤寡，实堪怜悯，而祠贮绵薄，不能赒恤，赖族彦维佐输租四佰，当依条议，每岁一给。顾仁孝之念，人所同具。或贾有余财，或禄有余资，尚祈量力多寡输入，俾族众尽沾嘉惠，以成巨观。"⑥休宁程氏在《宗法志》提出要"岁行周恤之礼以给族人"，规定："凡同族者，自十亩百金之家以上，随其财产厚薄，岁出银谷以为积贮，俾族长与族之富者掌之。立簿二本，籍其数，以稽出入，岁量族人所乏而补助之，其赢则为棺椁衣衾，以济不能葬者。若嫁娶者、产子者、死丧者、疾病者、患难者，皆以私财相赠。"⑦将宗族的内部救济经常化、制度化。绩溪明经胡氏龙井派在祠规规定："倘有好义子孙，捐义

① 《歙县潭渡孝里黄氏族谱》卷四《潭渡孝里黄氏家训》，雍正九年（1731年）刻本，第七叶下。

② 清嘉庆《歙县桂溪项氏族谱》卷首"凡例"。

③ 清同治《祁门武溪陈氏宗谱》卷一"新编凡例"。

④ 清光绪《三田李氏宗谱》卷末《家规·睦乡里》。

⑤ 《重修古歙东门许氏宗谱》卷八《许氏家规》，乾隆三年刻本。

⑥ 休宁《茗洲吴氏家典》卷一《家规八十条》，第三叶下。

⑦ 程一枝：《程典·宗法志》，万历二十七年（1599年）刻本。

产以济孤寡，置书田以助寒儒，生则颁胙，殁给配享，仍于进主之日，祠内酌办祭仪，请合族斯文迎祭以荣之，以重义也。"①提出要对提供救济的族人予以奖励。绩溪南关许余氏宗族在家政中规定："每遇荒年，如既无义仓又无祀租可拨，族长、祠董会计合族富户，捐资以保合族贫户，断不至家家赤贫，家家无粮。务求一族之富人能保全一族之贫民，不使一人独受饥寒。富者有钱出钱，有谷出谷。倘明明有钱有谷，为富不仁，凡以上各条从中违拗，以致祖训家政徒为具文，贫民求生无路，则由本族持此谱呈官求究，以不孝不义之罪治之。"②这里不仅规定了族内的富者要帮贫者，还提出对为富不仁者要予以制裁。

其三，徽州各宗族都置有大量的族产，这是实施宗族救济的物质条件。族产中的义产（主要是义田）就是直接用于宗族救济的。休宁月潭朱氏在族谱中谈到义田之设的意义时指出："自宋范文正公创立义田，规模具备。明荆川唐氏以为得立宗之遗意。厥后，希风往哲，接踵代兴。至我朝，世家大族有能遵行者，经大府题达，例得旌奖。其为风化人心计，至深长也。"③有此认识，徽州的宗族纷纷举置义田。黟县鹤山李氏家典中写道："今日之族有亲疏也，而自祖宗均爱之意推之，则颠连无告者在所当恤也。此吾何以反复义田之举，深觉其言之有味也。考文正当时义庄，每人日食米一升，岁衣缣一匹，嫁娶丧葬皆有给助。今无大力者未易办此，然鳏寡孤独废疾亦当量有以资之。"④各宗族的义田，有祠堂自置的，更有族人捐置的，捐置者尤以商人为多。对此，有大量的文献典籍记载，如明代歙县西溪南商人吴之骏"置义田数千亩，以济族之贫乏者。族子弟之秀者，或无力延师，谋设义塾以教，惜未竟厥志。"⑤明代祁门商人胡天禄

---

① 民国《明经胡氏龙井派宗谱》卷首《明经胡氏龙井派祠规》。

② 清光绪《绩溪县南关许余氏惇叙堂宗谱》卷八《惇叙堂家政》。

③ 清休宁《月潭朱氏族谱》。

④ 民国《黟县鹤山李氏宗谱》，《家典·置义田议》。

⑤ 张海鹏、王廷元主编：《明清徽商资料选编》，黄山书社，1985年，第133页。下引此书，不再注明版本。

"输田三百亩为义田，以备祭祀及族中婚嫁丧葬贫无依者之资"[1]。清代婺源商人程世杰"尝置义田三百余亩，立义仓，丰年积贮，遇凶祲减价平粜"[2]。"佘文义，字邦直，岩寺人。晚种梅以自娱，因号梅庄。少贫，操奇赢，辛勤起家。性不好华靡，布衣游名卿大贾间，泊如也。置义田、义屋、义塾、义冢，以赡族济贫，所费万缗。"[3]清代歙县商人鲍雯"尤厚于宗族，赒恤无算，常欲置义田以禀贫者，自书《钱公辅义田记》于屏，用志不忘"。除了义产外，族产的祀产、学产之有余者也是要用于宗族的救济。

其四，徽州的宗族都设有胙会、清明会、冬至会等，它们皆有经济成分于其中，在非常的情况下和在一定的范围内，会股是可以转让、抵押和买卖的，这就具有了经济互助的性质，是宗族实施自我救济的重要辅助手段。在笔者主编的《徽州文书》第一辑中就收入一户《祁门十七都环砂程氏文书》，共计1383份，其中出卖胙会、上七会、乐善会等会股的文契就有34份，所卖原因皆为"日食无措""无钱正用"等。如《清道光十四年十一月程茂诏立卖杰祀胙契》：

> 立卖杰祀胙契人程茂诏，今因正用无措，自情愿将买受得杰祀胙一主，所有六、七、八保租数山场、地租、祭品，一并尽数托中立契出卖与切祀名下为业，当日面议，时值价典钱八千文正。……[4]

如此文契，在黟县、歙县等许多地方均有发现。如《黟县十都三图余氏文书》中的《清嘉庆九年三月余王氏同男卖胙会契》：

> 立抵约余王氏同男国翁、国翕，今将祖上遗下正月初三胙会一

---

[1] 张海鹏、王廷元主编：《明清徽商资料选编》，第299页。
[2] 张海鹏、王廷元主编：《明清徽商资料选编》，第316页。
[3] 张海鹏、王廷元主编：《明清徽商资料选编》，第342页。
[4] 刘伯山主编：《徽州文书》第一辑第八卷，第367页。

股、新冬至胙会一股出卖与侄兴祥名下，三面言定时值纹九钱一千八
百文正，当日收足，其会听受会人分胙，无德（得）异说。恐口无
凭，立此抵约为据。

　　嘉庆九年三月　日　立抵约余王氏（押）

　　男国翁　国翁（押）

　　亲笔无中①

　　受徽州宗族救济的影响，徽州社会慈善救济事业的发展十分充分，乐
善好施成为徽州社会主流的价值取向之一。尤其是徽商，无论是在经商的
外地，还是在家乡的本土，都有大量的义举，捐置的义田、义仓、义屋、
义冢等，不仅针对族内，也扩大到社会。至少是在清中期以后，徽商的这
种乐善捐输是在一些行业里形成了"定例"，其行为具有了组织化性质。
笔者藏有一册清光绪年间刻印的《新安屯溪公济局征信录》，记述的就是
光绪十五至二十三年，屯溪的茶商为济世在屯溪开设了公济局，对贫困之
人施医、施药、施棺木掩埋等，所需的经费是"经茶叶各商慨然乐助，每
箱捐钱六文，禀由茶厘总局汇收，永为定例"。光绪二十二年捐输者还由
茶业扩至木业："六邑木簰悉由街口经过，统照厘卡点数，报捐完捐洋一
元外，抽善捐洋叁分。"

　　与此同时，徽州民间会社的发展也十分发达，涌现出如关帝会、大圣
会、土地会、重阳会等各种社会性的组织，它们皆有经济互助的性质，是
徽州社会保障体系的重要辅助。其中最具特色和典型的就是徽州民间金融
的结会，据笔者所知，它至少在清代中期就存在，在清后期和民国时已获
得成熟的发展，至今还遗存有大量的会书，如安徽大学徽学研究中心"伯
山书屋"就藏有会书近百份，大多是归户的，其中仅《祁门谢氏会书》就
有18份，历同治、光绪、宣统、民国四代。

　　有了宗族的救济，徽州人就具有了最低的社会保障，于是类似于"叫

---

① 刘伯山主编:《徽州文书》第一辑第五卷,第383页。

花子"现象就很少出现；有了社会慈善救济事业的发展，徽州社会的贫富不均矛盾就得到了很大的缓解，稳定的社会才有可能。

2.医疗社会化的保障

历史上，徽州的医学十分发达，宋代以前就有许多关于新安医家、医籍及医家店号的记载，宋以后，则名家辈出、名著倍增；至少是在明代时，徽州的医家受理学的影响，结合徽州的地理环境、气候条件和生活习性，提出了自己系统的医学理论，它着眼于肝肾以重温补元气，着眼于脾胃以用药轻灵平和，形成独树一帜的"新安医学"流派，影响极大。据《徽州文化全书》之《新安医学》中的统计，徽州历史上有案可稽的医学名家至少有819人，其中明清两代是744人；有420人著有医学名著，著作种类达739部，其中明清两代是374人著有名著676部①。新安医学的理论贡献不仅在中国影响很大，还影响到了日本、韩国及东南亚各国；不仅在当时的影响很大，在今天以及未来也还是引导潮流、意义深远，尤其是"固本培元"的理论被誉为中医理论之于世界医学的重大贡献，在21世纪的今天，许多人认为它可以与现代医学免疫学、内分泌学、体液学、基因学及营养学等接轨，为中医学的发展也为世界医学的发展开创一个新的局面。

新安医学的特点很多，仅从从业人员的社会性表现来看，至少存在两大特性，且可以看出徽州宗族在徽州乡村社会稳定上的作用。

其一，宗族性。徽州的宗族为了保证自己宗族的兴旺与发展，总是要努力地提高宗族人口的出生率而减少死亡率，于是，培养和扶持族内的医家就是徽州每一个宗族必须要考虑的事情，是宗族管理的一个重要内容。族医的存在是宗族分工的一部分，他们是宗族的健康使者，每个宗族都要努力地培养和扶持宗族的业医之人、行医之家，各族如此，世代如此，结果就是沉淀为一种社会的习俗，使医疗保健事业的发展在徽州的乡村具有极大的普遍性，其性质则是充分的民间群众性。由于医疗是一项专业性和

---

① 张玉才：《新安医学》，安徽人民出版社，2005年，第151页。

技术性很强的事业，其对授学、师承和业精的要求很高，于是，作为族内分工的一部分，徽州的宗族总是鼓励和扶持业医世家的存在。而行医的家族则更是父传子、子传孙，世代相传，构成医学世家，由此就形成了新安医学史上特色非常鲜明的家族链现象，少则几代，多则几十代，代代为医。如北宋歙县人张扩受宗族"有以医名世者"的影响，成就为名医；其次子张师孟，继承父学，医名亦著；其弟张挥从兄习医，医技不凡；其侄张彦仁（张挥之子），得父传授，以医名世；其侄孙（张彦仁之子）张杲更是一代名医，不仅从事临床诊治，还于南宋淳熙十六年（1189年）著有《医说》10卷；张杲又传子九万等，是有案可稽的徽州最早的医学世家。新安余氏家族从明正统、嘉靖年间歙县余家山人余傅山开始，世代为医，延续八代而不衰。歙县城里黄氏妇科，始于南宋，宋孝宗时，有黄孝通者，曾被御赐"医博"；其十四代传人黄鼎铉（约生于明万历年间），曾在明崇祯年间治愈过贵妃，获"医震宏都"匾额；鼎铉曾孙黄予石著有《妇科衣钵》；予石的子、孙、曾孙、玄孙等均继承家学各有所长；至今黄氏妇科已传二十五代。据有人统计，自北宋以来，三代以上至三十多代的家传名医"家族链"有63条，记载名医300余人。

其二，伦理性。徽州的业医者，大多是由儒而习医的，即使是继承家学为医者，也是好儒、好读书者。曾任晚明兵部右侍郎的休宁人金声，在明崇祯十三年歙县槐塘医家程衍道重刊《外台秘要》所作的"序"中就指出："如欲知医，必好学。读书而不能医者有之，决未有不读书而能医者。是道也，非苦心十年不可得。"于是，受儒家传统价值观的影响，新安医家是"不为良相，则为良医"，习医行事"一以儒理为权衡"，将仁心济世作为基本的价值追求，重义轻利就构成了共同的道德特征，尽管有许多人的业医也是一种治生的职业，但其职业化的过程却有着很强的伦理性。徽州人经商是为"儒商"，而业医就为"儒医"，大都具有很好的医德，自觉地担负起救死扶伤的社会责任。如明代祁门名医徐春甫，仁心济世，不求于利，主张"医以活人为心，故曰医仁术"。他于隆庆二年（1568年）在北京首创我国第一个医学团体"一体堂宅仁医会"，所制订的22项会规中，

"仁""德"贯穿其中。明代祁门大医家汪机，一生俭朴，布衣蔬食，甘守穷庐；注重医德，病人随请随就，认为"不可轻视人之生死"，对病人应"竭力治之，至忘寝食"；明嘉靖年间的一年，祁门县瘟疫流行，汪机倾其家财，购备药物，免费向百姓施药救治，救人无数。清代歙县名医郑宏纲曾自刻一印"一腔浑是活人心"，每盖在处方之上以自励自勉。清代婺源庆源人詹钟，行医以济人为念，诊不受谢，还捐资修路桥、济贫困、置祠田等。

　　新安医学在医理上的重固本培元，是强调扶正祛邪、自我调养，重防病，重提高肌体自身的抵抗力、免疫力和恢复力；临床上提倡轻灵平和，反对治病用猛药、强药、狠药，主张药味少和药剂轻，追求"四两拨千斤"之效。而这些都是非常切近平民社会的，内在体现的是一种普世济世的平民精神，能够为广大平民百姓所接受。而徽州医家的宗族性和伦理性的社会化特征的存在则更是直接根植于乡村社会，所直接面对和针对的就是徽州乡村的普通百姓。徽州社会能够保持长期的稳定，充分体现社会化和平民性的医疗保障体系存在十分重要。

清代中后期徽州宗族社会的松解

　　明清时期的徽州是典型的宗族社会，活跃的宗族组织全面影响着徽州，成为地方社会的实际控制者。清代中后期，随着近代化进程下的社会变革，徽州宗族在诸多方面开始了近代化的进程。对于宗族从传统向近代和现代转型的研究，李文治、冯尔康曾有具体的探讨。关于近代徽州宗族的变迁及其特质，也有学者从不同方面予以研究①。但总体来看，学术界对明清时期中国乡村宗族社会如何从内部松解的专门研究还是较少②。下文将根据归户的徽州文书资料，以《黟县一都榆村邱氏文书》③及与其相关联的其他归户文书为中心，结合田野调查，以典型个案性的形式探讨徽州宗族的近代转型问题。

---

　　① 李文治：《明清时代的宗族制》，载《中国社会科学院经济研究所集刊》第4集，中国社会科学出版社，1983年。冯尔康：《18世纪以来中国家族的现代转向》，上海人民出版社，2005年。栾成显从异姓承继方面探讨了明清徽州宗族所面临的问题，参见栾成显：《明清徽州宗族的异姓承继》，《历史研究》，2005年第3期。韩国高丽大学朴元熇以歙县方氏为个案研究了明清时期的徽州宗族史，参见朴元熇：《明清徽州宗族史研究——歙县方氏的个案研究》（中文修订版），中国社会科学出版社，2009年。陈瑞探讨了徽州宗族社会关系的控制问题，参见陈瑞：《明清时期徽州宗族社会关系控制初探》，《安徽史学》2007年第2期。

　　② 常建华：《二十世纪的中国宗族研究》，《历史研究》，1999年第5期。常建华：《近十年明清宗族研究综述》，《安徽史学》，2010年第1期。

　　③ 刘伯山主编：《徽州文书》第一辑第一卷，第1—323页。

一、黟县榆村的邱氏宗族及其遗存文书

邱氏在徽州属小族。明程尚宽等编撰《新安名族志》中综录了徽州名族88姓，无邱姓。至今，我们还没有发现徽州邱氏完整的族谱，有关徽州邱氏来源的记载，笔者所见是民国年间祁门人所编《祁门县志·氏族考》：

> 唐代宗时有伯三者，由宁化石壁邱坑，为歙州节度使，迁居篁墩。其后有讳谏者，于唐僖宗乾符丁酉避巢寇乱，由篁墩徙居祁北花园岭，既而定居邱村即清源也。子孙蕃衍，分迁休黟池浮等处。[1]

可见，邱氏在唐代宗时（764年左右）就迁到徽州，始迁地是歙县篁墩；唐僖宗乾符四年（877年）由篁墩再迁祁门北部的花园岭，既而再定居于祁门的邱村，之后子孙蕃衍，再分迁到休宁、黟县、池州、浮梁等处。由之，我们知道，邱氏应是典型的徽州宗族。

黟县的邱氏当就由祁门迁来。据田野调查，祁门的邱村位于祁门的东北部，靠近黟县，从邱村至黟县，呈线状分布了里邱、外邱等邱氏聚居村；而黟县的邱氏，主要分布在塘湾、军川、百户、榆村一带，地理空间上自然连接祁门。而黟县榆村的邱氏又是从百户的邱家村迁来的；邱家村有邱氏祠堂"邱明德堂"，约建于明代后期；至今，邱家村仍有邱氏族人10户左右。

黟县邱家村的邱氏何时迁来？在《黟县一都榆村邱氏文书》中有一份清乾隆二十九年正月《五都四图四甲丘毓圣户丘三股实征税亩文册》，其内夹一件手抄邱氏谱系[2]，记载了从始迁祖至十七世孙的谱系，其中第十五代有名应书者，据《黟县一都榆村邱氏文书》中《清光绪十六年孟夏月

---

① 胡光钊编：《祁门县志·氏族考》。
② 刘伯山主编：《徽州文书》第一辑第一卷，第40页。

邱应书立遗嘱》①考证，他的出生时间当在清嘉庆十二年（1807年）左右，则以每代20年计，可以推算出黟县邱家村的邱氏始迁时间当在明弘治年间。

而黟县榆村邱氏的始迁时间，《清光绪十六年孟夏月邱应书立遗嘱》中明确写道"壬寅移居瑜村"，其"壬寅"应是清道光壬寅年，即道光二十二年（1842年），始迁者为邱应书，字集文。

榆村，文书中也有写成瑜村，位于黟县县城西北方向约2公里处，历史上属黟县一都，现归黟县碧山乡柏山建制村，相传过去因村头曾有两棵大榆树而得名。榆村的建村年代不详，据采访调查，当在明代中后期。村中居住的氏族，1949年以前有项、吴、汪、邱、余、潘、程、陈、谢诸姓，其中项姓定居最早，也是该村的第一大姓。据2006年调查，目前该村仍有户家40余户，其中项姓有30户、邱姓4户、汪姓4户、吴姓2户。

据田野调查，榆村历史上没有显赫缙绅家族，人们主要从事农耕和经商，读书为官的很少，宗族身份多为布衣庶族，如果有人获得了功名也是花钱捐纳的。这直接地反映在该村的建筑形式上：该村至今仍保留有许多古代的徽派民居建筑，但与邻近其他村落在建筑形式上明显不同的是，该村的建筑一般没有门楼。是否有门楼以及门楼的大小、样式如何，在中国传统社会是有讲究的，它往往是一种社会政治地位的体现。

《黟县一都榆村邱氏文书》计有280份，现藏在安徽大学徽学研究中心"伯山书屋"，广西师范大学出版社2004年12月版的《徽州文书》第一辑第一卷中收入。这是一户典型的归户文书，数量大，时间跨度大，最早的一份是《明天启四年三月胡奎立卖地赤契附天启四年三月推单》，最晚的一份是《公元一九五四年一月商店购物发票》，时间跨度达330年；内容丰富，种类繁多，有买卖契、典当约、合同、合约、业主执照、上下忙执照、收条、收据、发票等16类。

黟县榆村邱氏宗族是一个典型的徽州庶小宗族，我们通过研究这个宗

---

① 刘伯山主编：《徽州文书》第一辑第一卷，第200页。

族遗存的文书，可以基本再现这个宗族的近代变迁情况，藉此可窥见近代徽州社会的发展情况。

二、黟县榆村邱氏宗族的近代变迁

《黟县一都榆村邱氏文书》尽管时间跨度有330年，但高密度产生文书的年代还是在清嘉庆以后，尤以道光至同治、清光绪后期至民国年间这两个时段最为密集，并且，导致这些文书产生的是一个核心人物，即黟县邱氏家族的邱应书，榆村邱氏宗族的肇始及以后的发展、变迁都直接源于此人；《黟县一都榆村邱氏文书》尽管有280份，但具有承前启后意义的中心文书是《清光绪十六年孟夏月邱应书立遗嘱》（简称《遗嘱》），这是该户文书的黄金点，是我们了解和研究黟县榆村邱氏宗族近代发展与变迁情况的一把钥匙，兹照录如下：

　　立遗嘱祖应书，字集文。我祖世林生余父兄弟两人，伯父嘉成，父讳嘉满。伯父不幸仙游于道光十二年，所生一子应爵亦于咸丰年间病故。时有三子，次、三均早逝，惟存长子国大，行年已花甲外，尚乏子嗣，令人言之无不坠泪。又况年前频遇兵燹，我族各股支丁半遭浩劫。此邱氏所以愈叹凋零也。第我父辛苦一生，无多产业，与我伯父各分得房屋一角，典首园坦各一块。迨我年十五就业北门城外，在汇源布号始作学生。道光戊子时已弱冠，颇能立志成家。而我母常多疾病，娶媳胡氏得以侍奉汤药。不期是年冬，母竟见背，享年近六旬。方赖椿庭垂庇，乃不数年，岁在甲午，我父又沉疴不起，春秋古稀有五。斯时痛不欲生，惟以嗣续为念，不得不苟延残喘。果获我父母灵爽，此后连举两男，未逾年，先后均殇。壬寅移居瑜村，是冬归葬我父母于郭隅外碧阳书院之右，敬立碑阡。越三年，儿国邦生。岁丁未，谢福元店事，我年已四旬，捐资纳监。比年王姓邀开同和布号，配搭小股。咸丰三年，粤寇窜扰。店中交易虽盛，而东避西迁，几难安业。数年中，我复加捐贡生。旋又为国邦纳监。时儿年十四，娶媳项氏。忽忽者，吾年五十矣。差喜同和生意日有起色，讵料同治二年，大股贼过，银钱货物不下万余，焚掠一空。店事如此，家事更不堪言。父遗房屋悉被贼毁。因国大见商，我将老屋基地凑与大侄，断卖与金铃，且侄又不能经营，并置园坦与其耕种，禅糊口计，以尽亲亲之谊。同治三年，旧同事邀开兆成布号，分栈屯溪。国邦在屯理账。四年，邦儿产一女，次年又产二女，时未抱子，而我六旬以外。邦儿性尚敦笃，谨慎可嘉，方期光我门间，胡天道难知，突于同治癸酉得内伤症，医药周效，延至光绪元年病故，惜年三十一。悲哉！痛哉！壮者既殁而衰者独存，家门不幸卒至于此！承族房怂恿立继，劝以族内二房春隆侄次子承国邦之嗣，族议已定，二房以妇人意见争论纷纷，不肯承继我三房。此事遂罢。春隆侄复借去洋十元。复蒙族长应楠兄劝以他姓入嗣，援本族上年二房应沛、应根兄等承祧之例，只得于光绪二年春间负此从承祧之例，为祖宗血食之计，名唤百寿。四年夏间，又继一孙，名唤百和。光绪六年，众祠捐资，阖族立有字约，准以后加继再不必另输银两。五年春间，与寿孙聘礼项朝祥翁女为孙媳，不意光绪五年冬月，百寿病殁，不育。后于光绪九年春间，加继一孙，名唤百福，俱为项氏媳抚育教养。所有我一生历来辛苦，一一书明，俾汝辈长大成立，方知我的笔亲传。则汝兄弟亦须同气支持，经理以安，汝继父之灵亦稍慰焉。窃念我贸易五十余载，从无苟且欺人之事。至今吾年八旬有三，日薄西山，朝不保暮，不得不急为谆嘱，故将我自置田地、屋宇品搭均分，抑俟我及媳项氏百年后归各管理。惟愿两孙恪遵家训，生事死葬，视若己出。异日门楣有庆，瓜瓞绵绵，我邱氏有厚望焉。所分田地、屋宇，族房人等如有寻衅争论，两孙将我祖遗嘱鸣公争论。而汝辈亦各宜谨慎保守，勿争勿竞，深念我先人基业之不易。幸甚！幸甚！

光绪十六年岁次庚寅孟夏月吉日　立遗嘱祖应书

经见：孙婿余德芝（押）　范守箴（押）　张崇禄字寿椿（押）

依口代笔：世愚侄吴天送（押）

立此遗嘱一样两张亲付吾孙百和、百福各执一张。①

这份遗嘱透露的历史信息很多，以此为中心，我们可以知道，黟县邱氏宗族在清代中期以后，至少是发生和经历了以下几方面的大事：

1.黟县邱氏宗族的本土迁移

徽州是个宗族社会。"新安各姓，聚族而居，绝无一杂姓挽入者，其风最为近古。出入齿让，姓各有宗祠统之。"②由于宗族的聚族而居，于是往往一个村就一个姓，人们总是安土重迁、"怀土重迁"，"一乡一曲之中，无一人不安土食粟者"③。即使是"地狭薄不足以食，以故多贾，然亦重迁，虽白首于外，而为他县人者盖少"④。但此风气在清代中期以后大大改变，各宗族在本土域内的迁移流动已成为普遍现象。黟县榆村的邱氏就是由外村迁移而来的。

田野调查表明，榆村的邱氏是从黟县百户的邱家村迁来的。百户与榆村尽管相距只有四五公里，但百户是属黟县五都，而榆村属黟县一都。从榆村邱氏遗存的文书看，榆村邱氏的纳税花户一直是从黟县五都四图四甲的丘毓圣户。从《遗嘱》可知，从百户始迁榆村的邱氏族人是邱应书，他应该出生于清嘉庆十二年，移居榆村的时间是道光二十二年，在这一年的七月，邱应书花"大钱三十串文"典了该村项姓地处榆村村头的一栋"坐北朝南"的"三间楼屋"靠东边的一半，典期是十五年，留有《清道光二十二年七月项叶氏等立典屋约》⑤。

据田野调查，榆村最早居住的姓该是项姓。项氏极有可能就是榆村的建村氏族，其建村时间当在明中后期。榆村本应是项姓族人的聚居村，在

---

① 刘伯山主编:《徽州文书》第一辑第一卷,第198页。

② 赵吉士:《寄园寄所寄》卷之十一《泛叶寄·故老杂记》,第127页。

③ 明嘉靖四十五年菊月歙县呈坎重修长春社记碑。原碑现立于黄山市徽州区呈坎长春大社内。

④《震川先生集》卷十八《例授昭勇将军成山指挥使李君墓志铭》。

⑤ 刘伯山主编:《徽州文书》第一辑第一卷,第87页。

榆村有项氏祠堂，1949年以前曾有总祠一座、支祠三座。项姓之后，吴姓也迁入了该村，后来也建有一座祠堂；再之后，余、程、胡等姓迁来。从榆村邱氏遗存的文书情况看，邱应书迁到榆村之时，在榆村居住的、或在榆村有田产、地产、房产的氏族至少有七八个姓。田野调查还进一步表明：在邱姓迁到榆村之后，仍有潘姓、谢姓等家族陆续迁来。

2.邱氏在榆村大量购置财产

徽州宗族的管理十分严格，尤其是族产严禁外流，尽管宋以后徽州的土地、山林、基屋等不动产买卖、转移频率非常大，但其流向一般是"先尽亲友、族人"，"各房如有不肖子孙妄将众共田地、山场、祠墓等件盗卖家外人者，管理者访之，告各房家长会众即行理治追复，或告官治罪，以不孝论。"①但这种情况在清代中期以后发生了很大的变化。

从《遗嘱》及其他关联文书来看，邱应书的父亲是"辛苦一生，无多产业"，邱应书从父辈手上仅"分得房屋一角，典首园坦各一块"。而邱应书本人是个经商的人，曾"贸易五十余载"。如果说黟县邱氏到了邱应书父辈时已是"愈叹凋零"，则邱应书又让邱氏中兴。

邱应书一生增置了大量的财产，除商业资本外，还购置了大量的房产和田地产。兹就遗存的文书，把邱应书典、买房产和田地的情况列表如下（见表1）。

表1 邱应书购置房产、田地一览

类型	时间	出让方	出让物	数量	价钱	备注
杜断卖	道光十六年正月	王汪氏同男海大	田改坦	田税一分	大钱三千八百文	地产在五都
杜断卖	道光二十二年六月	胡履丰	风水地	地税一分六厘	价银四十两	马驼山
典	道光二十二年七月	项叶氏同男德鑫	楼屋并余地		大钱三十串文	道光二十七年加典十三千文
杜断卖	道光二十四年十一月	黄长春	田	田税九分四厘	价银六十两	注明受人"邱项氏"
杜断卖	咸丰元年闰八月	项叶氏同孀媳孙氏	楼屋东边一半	地税五分	价银六十两	此屋即道光二十二年七月所典之屋

① 周绍泉、赵亚光：《窦山公家议校注》，《管理议》，黄山书社，1993年，第13—14页。

类型	时间	出让方	出让物	数量	价钱	备注
杜断卖	同治元年五月	项世瑶	田	田税九分四厘	曹平足纹银二十两	先租十一砠杜断典曹平足纹银十两。同治二年五月立推单,同治三年正月得业主执照
杜断卖	同治二年十二月	项望悦同母、媳金氏	田	田税三分二厘	曹平足纹银六两八钱	有业主执照
杜断卖	同治三年四月	周兆淦、胞弟灶龄	瓦舍一半	地税二厘	大钱四千文	此瓦舍为咸丰五年七月所卖的另外一半。有推单,同治五年正月得业主执照
杜断卖	同治四年四月	长支项祥寿、侄际昌、二支婶母项江氏	园地厕所一半	地税八厘	曹平足纹银四两六钱	有推单
杜断卖	同治四年四月	项江氏	园地厕所另一半	地税三厘	曹平足纹银二两七钱	有推单
杜断卖	同治四年五月	程凤卿、程辅尧	田一半	田税一亩二分	曹平足纹银十八两五钱	有推单、业主执照
杜断典	同治四年八月	方兆庆	田	客租九砠	大钱五千文	田产在五都
杜断卖	同治六年十月	程继志庭支丁其侃	田	田税一亩	曹平足纹银二十两	有业主执照
杜断卖	同治七年十月	周永廷同弟永朝、永升等	厕所	田税二厘	曹平足纹银三两	为同治三年四月所卖的附属。有推单、业主执照
典	同治十一年十月	项门汪氏	原赎厅房		光洋二十四元	
杜断卖	同治十一年十二月	范友坤	田	田税六分八厘	曹平足纹银十二两五钱	先租九砠杜断典曹平足纹银七两五钱。有推单、同治十二年正月业主执照
杜断卖	同治十二年正月	金氏同男项朝幹	厕所地	地税二厘	曹平足纹银二两	地靠邱氏房。有推单

续　表

类型	时间	出让方	出让物	数量	价钱	备注
杜断卖	同治十二年三月	项门孙氏	楼屋西一半	地税三分	曹平足纹银七十二两	为咸丰元年闰八月所卖楼屋的另外一半。有推单、同治十二年十二月业主执照
典	同治十二年八月	焦元长	楼屋一半		光洋六十元	

　　从表1可以看出，邱应书在其原住地五都和再迁地榆村通过买断、典断，至少是购置了24处财产，其中房产3处、田地产21处，历时37年。邱应书第一次买地的时间是道光十六年正月，当时他不到而立之年，亦是其父死后的第三年，还未迁至榆村；最后一次典房的时间是同治十二年八月，当年他66岁。24处财产购置的总时间跨度尽管是37年，但有23处是购置于邱应书迁居到榆村以后，财产地只有3处是在原住地五都，其他均在一都，直接购置于榆村的财产是20处，包括房产3处、田地产17处。这些房产、田产、地产的出让者皆是非邱姓的外姓人。其中，位于榆村村中的3处房产的出让方分别是项姓、周姓和焦姓，项姓和周姓的房屋最终都是以完整的房屋包括屋边余地、厕所的彻底买断，焦姓则是典了楼屋的一半。从项姓手上买来的房子以后也被榆村邱氏族人称为"老屋"，至今保存基本完整。至于邱应书购置榆村的田地所涉各姓的情况列表如下（见表2）。

表2　道光二十二年至同治十二年邱应书从各姓典、买得榆村田地数　单位：处

姓氏	项氏	胡氏	范氏	程氏	黄氏	林氏	汪氏	僧尼	合计
地数	6	3	2	2	1	1	1	1	17

　　归户的文书是要从受方角度看问题。对受方来说，典、买了田地是购置了财产，但从出让方来说，则就是流失了财产。从表2可见，在清道光二十二年至同治十二年的31年间，作为榆村第一主姓的项姓，出让给来自外村的邱姓，除了自己的房产外，还陆续出让了自己6处的田地。

3.榆村邱氏宗族的异姓承嗣

传统徽州的宗族社会特别注重血缘关系，对外严防冒认，对内恪守本宗，异姓承嗣是要努力杜绝和严加防范的。但这种情况在清代中期以后大大松解。

而其间，黟县的邱氏宗族还是努力地恪守传统的宗族观念的，这至少表现在以下几个方面：

其一，重风水地。徽州是个风水堪舆社会，人们风水观念很强，尤其是对"管后世"的阴宅更是十分重视。黟县邱氏的族茔地过去一直是在一个土名叫"黄依坦"的地方①，正如邱应书在《遗嘱》开头所叙述的，黟县的邱氏家族似乎从其祖辈开始就一直存在人丁不旺、"愈叹凋零"的情况，或许出于风水的考虑，道光戊子年（道光八年）母见背，甲午年（道光十四年）父过世，邱应书都没有将他们归葬，而是一直到了道光二十二年六月，邱应书花银40两，购得了一处马驼山风水地后②，才于"是冬归葬我父母于郭隅外碧阳书院之右，敬立碑阡"。

其二，重传宗接代。"不孝有三，无后为大。"对此，黟县邱氏是十分恪守的。从手抄邱氏谱系及《遗嘱》看，黟县的邱氏宗族至少是从第九世开始，就一直存在着丁口不旺的问题。这激起了全族的恐慌。而邱应书本人则更是表示了悲叹。于是，如何保持自己宗族的延续就成了黟县邱氏宗族的一件宗族大事，族内纷纷解决承嗣问题，过继现象普遍。尤其是邱应书本人，年轻的时候就特别关注自己是否能得子以传宗，可惜曾连得2子均早殇；37岁中年再得子国邦后，对此子是深爱有加；然而在其68岁，国邦又先他而故；之后，邱应书又为国邦的承嗣问题万般操劳，竟连续过继了3个孙子。可见邱应书对宗族的传宗接代问题是十分看重的。

然而，至少是在清中期以后，黟县的邱氏宗族在实际进行过继承嗣的操作上，思想观念却发生了很大的变化。正如《遗嘱》所述，国邦死后因无子，邱应书本来是要"劝以族内二房春隆侄次子承国邦之嗣，族议已

---

① 据笔者的调查，"黄依坦"位于黟县三都。

② 刘伯山主编：《徽州文书》第一辑第一卷，第88页。

定，二房以妇人意见争论纷纷，不肯承继我三房。此事遂罢"。承嗣的事情本是宗族的大事，而此时邱氏宗族竟然因为妇人意见的纷争而作罢，这在以往是不会发生的。无奈，邱应书"复蒙族长应楠兄劝以他姓入嗣，援本族上年二房应沛、应根兄等承祧之例，只得于光绪二年春间负此从承祧之例，为祖宗血食之计，名唤百寿。四年夏间，又继一孙，名唤百和"。光绪"五年春间，与寿孙聘礼项朝祥翁女为孙媳，不意光绪五年冬月，百寿病殁，不育。后于光绪九年春间，加继一孙，名唤百福，俱为项氏媳抚育教养"。邱应书为儿子先后承嗣过继的三个人都是异姓之人，且皆由族长提议的，并且，在邱应书进行承嗣过继之前，黟县的邱氏宗族就早已异姓承嗣了好几例。可见，异姓承嗣就此时的黟县邱氏宗族来说已是一个较为普遍的现象，阖族对异姓过继承嗣的问题，心理上完全能够接受，且视之为平常。更为重要的是，邱应书当年从异姓过继来的三个孙子，除长孙百寿很早就病殁且不育外，另外两个孙子，据榆村邱氏后人邱贤荪提供的榆村邱氏谱系图：邱百和是娶妻程氏，生有一女（邱爱娣）、二男（邱联棣即邱承祖、邱联淦即邱承庆）；邱百福是娶妻金氏，生有二女（邱莲娣、邱月英）[1]。由于邱百福无子，在民国九年季春月，邱百和之妻程氏还曾立继书将次子邱联淦过继于邱百福，留有《民国九年季春月嫂程氏立继书》[2]。《黟县一都榆村邱氏文书》是邱百和一支遗留下来的文书，到了2010年，邱百和之后又繁衍了四代，他们至今仍姓邱，并且与榆村邱氏最初的发祥地百户邱家村的邱氏族人互相间是内在认同；甚至在今天，榆村的邱氏族人早已不知道了最初的异姓承嗣，笔者也曾当面采访和询问过邱百和的孙子邱贤荪，他对自己是邱氏族人这一点确信不疑。如此全面和长期的宗族认同，进一步反映了榆村邱氏宗族注重血缘关系传统在近代以后已经松解。

---

[1] 邱贤荪，男，1932年2月生，为邱承祖之子、邱百和之孙。该谱系图为2006年11月9日提供。

[2] 刘伯山主编：《徽州文书》第一辑第一卷，第258页。

4.榆村邱氏与他姓的经济合作

从《遗嘱》我们可以知道，榆村邱氏始迁者邱应书是个商人，他"年十五就业北门城外，在汇源布号始作学生。道光戊子时已弱冠，颇能立志成家"。后一直开店做生意，四十岁时曾"捐资纳监"，后又"复加捐贡生"，并还为儿子国邦纳了监，一生"贸易五十余载"。

邱应书是83岁时立的《遗嘱》，既然是"贸易五十余载"，则他应该是在30岁左右时开始自己的贸易经营。从"岁丁未，谢福元店事，我年已四旬，捐资纳监"可知，邱应书在道光二十七年即他40岁之前是在福元店里做事，也许是股东，也许仅仅是打工的经理；"比年王姓邀开同和布号，配搭小股"。第二年亦即道光二十八年受王姓相邀开了一家"同和"布店，合股经营；但"咸丰三年，粤寇窜扰。店中交易虽盛，而东避西迁，几难安业"；"同治二年，大股贼过，银钱货物不下万余，焚掠一空"，同和店号败落；"同治三年，旧同事邀开兆成布号，分栈屯溪"。由此可见，邱应书的贸易都不是独资的贸易，而是与他姓合作合股的贸易。

那么，邱应书到底是与哪些人合作经营的？对此，仅从目前已发现的榆村邱氏文书里难以全面知晓，所幸的是，安徽大学徽学研究中心"伯山书屋"还藏有一户《黟县五都四图程氏文书》计275份，其中商业文书就有130余份[①]。这黟县五都四图的程氏就是邱氏的合作伙伴之一，其遗存的文书中就有许多是反映他们在商业上的合作的。兹就《清咸丰八年二月程鸣玉等立开布店合墨》照录如下：

> 立合墨程鸣玉、王道南得记、王心原、王懋修、邱集文等，窃闻生财有道，交易在人，觅利先于克己，同心必致如兰。今吾等同和一气，程鸣玉出正本曹平宝纹五伯两正，王道南得记出正本曹平宝纹贰千两正，王心原出正本曹平宝纹贰千两正，王懋修出正本曹平宝纹贰千两正，邱集文出正本曹平宝纹五伯两正，共成正本曹平宝纹柒千两

① 刘伯山主编：《徽州文书》第一辑第三卷，第3—309页。

正，在本县城中租寓，合开"同和"字号，棉花布疋生理，经手司事
务须注账明白，议定递年正月眼同盘查，所获利金，照本均分，倘有
不敷，照本均认，另立盘单付各股收执。自合之后，惟翼协和永同，
共济行见，源源而来定然生生不息。为此共立合墨五张，各执壹张，
永远存照。

　　咸丰八年二月　日　立合墨：程鸣玉（押）

　　王道南得记：心原（押）　　懋修（押）　　容照（押）

　　　　　　王心原（押）王懋修（押）邱集文（押）

　　中见：胡耀堂（押）①

　　综合《黟县一都榆村邱氏文书》和《黟县五都四图程氏文书》的内
容，结合田野调查，现就邱应书十分明确的与他姓合股开店的情况列表如
下（见表3）。

表3　邱应书合股店号一览

创办时间	字号	地点	合作者	备注
道光二十八年	同和	不祥	王道南得记、王懋修记、汪培基堂、邱集文记、程鸣玉记等	咸丰年间东避西迁，几难安业
咸丰八年	同和	黟县县城	程鸣玉、王道南得记、王心原、王懋修、邱集文等	同治二年败落
同治三年	兆成	屯溪	程鸣记、程德记、邱集记、胡蔚记等	民国十八年前败落

　　从表3可见，邱应书的贸易经营是与多个姓氏、家族的合作。

　　兆成店业在邱应书去世之后还存在。从《民国九年春月立邱集德堂椒
字号阄书》和《黟县五都四图程氏文书》所存盘单的有关内容可知，兆成
号大约在清光绪后期于景德镇开设了"恒足"分号，邱集记股东中做主的
人是邱应书的儿媳项氏②。兆成店号什么时候败落难以确切知晓，但据
《屯溪老街》所提供的资料，至少是在1918年时，兆成布号还是屯溪老街
上的一个著名店号，但到了1937年至1945年的抗战期间，此店号已不见

---

① 刘伯山主编：《徽州文书》第一辑第三卷，第79页。
② 刘伯山主编：《徽州文书》第一辑第一卷，第248—257页。

记载①。而据笔者对邱百和的女婿汪济甫的采访知：邱百和继承了邱氏家族在屯溪的产业，后来开的是"锦华布店"，此店在1929年朱老五（朱富润）闹屯溪街时败坏；邱百福继承了邱氏家族在景德镇的产业，经营"恒足布店"，此店倒闭于民国后期②。

三、徽州传统宗族社会的松解与近代化

黟县邱氏宗族是一个典型的徽州宗族，也是一个徽州庶小宗族，这种宗族的生存与发展在徽州具有一定的基层代表性。上述黟县榆村邱氏宗族的近代变迁尽管是个案，但从中我们可以窥见：在清代中后期，徽州传统的宗族社会确实开始松解，其结果是近代化的特征出现。这表现在：

1.宗族血缘性的松解促进了各宗族之间的融合，社会性宗族的观念得到加强

明代以前，徽州宗族对宗族的血缘性是十分讲究与严格恪守的，甚至是对历史的名人，也不愿意冒破血缘的关系以攀附。如明嘉靖年间祁门有人将张志和冒认为星源甲道张氏之祖，混淆血缘，结果引起星源甲道派张氏族人的极大不满，奋起予以"救正"。乾隆三十年刊本《星源甲道张氏宗谱》卷三就录有《各宗正谱书》，其前叙明确指出："嘉靖间有祁邑塘头张氏倡修伪谱，将我文瓘公之裔续入彼张志和之后，颠倒紊乱，吾宗人有附和之者，各派宗长约会救正，往来书札具在，特录以示后，云《祁门石溪知会正谱书》。"③但这种情况至少是在清中期以后开始松解，异姓承嗣的现象在清中期以后竟成了一个社会普遍现象，小姓、小族如此，大姓、

---

① 黄山市屯溪区地方志编纂委员会办公室编：《屯溪老街》，黄山书社，2002年，第49—53页。

② 笔者2006年7月20日在黟县宏村对汪济甫调查采访。汪济甫，黟县宏村人，1914年生，职业为中医大夫；其妻名邱爱娣，1911年生，1998年去世，为邱百和之女。调查在场人：吴寿桃，女，1940年生，为汪济甫的儿媳；胡时滨，黟县中学校长。关于朱老五闹屯溪事件，可见黄秀秋：《屯溪浩劫记事诗附有小序》，《屯溪老街》，第235—236页。

③《星源甲道张氏宗谱》卷三，乾隆三十年刊本，原件藏安徽中国徽州文化博物馆。

大族亦如此。安徽大学徽学研究中心"伯山书屋"藏有一户《歙县十都五图吴氏文书》[①]，其中一份《清光绪十三年八月族内祖母郑氏、吴顺庆、吴聚福、吴来遂立合同》就是关于异姓过继的合同，兹照录如下：

> 立合同族内人祖母郑氏、顺庆、聚福、来遂，今因吴福寿到富堨汪姓中庸名下继得一子，乳名爕桂，为福寿身前己子，许入祠内承接宗祀、婚娶祭扫，永远子孙流传奉祀，族众无得异说，此子亦永不得归汪以顾私恩。其所遗屋宇、山场、田庄、动用物价、器具等各项，百年之后俱系承继人经管，亲房内外人等不得争继多乱。此系两相情愿，日后不得反悔，以凭族内公议，至德堂支丁人等日后不得异言，倘有亲房支下人等妄闹，俱系族内公议呈究。恐口无凭，立此合同，永远大发，存照。
>
> 光绪十三年八月　日　　立合同人吴爕桂（押）
>
> 族长：盟母郑氏（押）　长子福寿（押）　次子顺庆（押）
>
> 村长：吴聚福（押）
>
> 房长：吴来遂（押）　吴光社（押）
>
> 亲房：吴忠宝（押）　吴起灶（押）
>
> 长亲：郑忠林（押）　郑起林（押）
>
> 代笔：吴元庆（押）[②]

吴氏是徽州的大姓、大族。从这份合同可知，吴福寿过继给异姓为子是全族人认同的行为，并且这个异姓承嗣的儿子是既要入祠又要继承全部财产的。

安徽大学徽学研究中心"伯山书屋"藏有一部清同治七年修婺源《胊川程氏宗谱》，其中有一卷《清源录》，上面有一篇《清源录序》，兹照录如下：

---

① 刘伯山编著：《徽州文书》第三辑第三卷，第112—213页。

② 刘伯山编著：《徽州文书》第三辑第一卷，第156页。

夫继绝世，此王政也。立继以绍宗祧，大义昭然。我族自先世以来，间有异姓入绍者，世系之下注明本姓，祀祖之日，不派主祭，祖例如此。前次修谱因之，此次续修宗谱，恪遵祖例，异姓继枝照旧登谱，注明本姓，祀祖之日，不派主祭分献大赞，其余执事，酌派襄事。倘继枝又有乏嗣，立继本宗者，是异姓之义已绝，本宗之谊复联，照本宗入继之例办理。且如祖父等有功于国家，合邀荫袭酬庸例，以宗枝承之，异姓入继者不与。恐世远年湮或失其源，致启争端。因查明异姓各继枝另汇一卷，名为《清源录》，附于卷末，以便稽览。盖嗣续维艰，应由亲及疏，择其昭穆相当者入继，总以本宗为重。异姓入继，此不得已之举。窃详查之有可立应继之枝，或以小嫌故以异姓入绍，或应承继之枝不愿入绍，或已生亲子仍立异姓入绍，皆失敦本之谊。汇《清源录》一卷，使孝子顺孙触目惊心，知宗枝为重，庶能务本，以绵祖泽，是所谓清其源也。

从这个"序"我们可看到，尽管婺源腴川程氏在清同治时还在强调宗族要"清源""务本"，警惕异姓入继，但毕竟这时宗族的异姓入继已是较为普遍了，并承认这是"不得已之举"。而据栾成显先生的研究，腴川程氏从百一世嫡长子起仁公生年明万历八年（1580年）始，至百十世《腴川程氏宗谱》修成之清同治七年（1868年）止，登录男子计4460人，其中异姓继支477人，比例为10.7%，属同姓不同宗之例①。

血缘性宗族结构的松解必然导致血缘性宗族观念的淡化，久而久之就培育了一种社会性的宗族观念，从而人们可以认姓而不尽归宗。依照徽州民间的习俗，异姓的过继，隔代是可以复归原姓的，这是归宗的另一种表现。歙县十都五图吴氏的汪姓入继，由于当初就明文规定："此子亦永不得归汪以顾私恩"，这可以理解为是不归复原姓的一种强制。但据民国年

---

① 栾成显：《明清徽州宗族的异姓承继》，《历史研究》，2005年第3期。

间黟县知事的调查，至少是到了清后期，黟县的民俗则是"价买异姓男孩承继宗祧，其字约内必载明'生死听命，永不归宗'等语"[1]。黟县榆村的邱氏，自异姓承嗣之后至今已繁衍了四五代还一直姓邱，无一人归复原姓。对于异姓承继的再承继，榆村邱氏的异姓承嗣第二代所过继的仍然不是本宗之子，而是异姓再传之子；婺源脴川的程氏情况也是如此，尽管《脴川程氏宗谱》在《清源录序》中要求异姓入继者，"倘继枝又有乏嗣，立继本宗者，是异姓之义已绝，本宗之谊复联，照本宗入继之例办理"。但真遇到异姓继支乏嗣时，还是准再立异姓承继的："湖房时曜下一诚支，国梅继子，士悦，本姓汪，段莘人，乳名和新，继开化县张继子之声为嗣。""宗添下时铭支，国淌继子，振美，本姓詹，乳名亨泰，继汪家村李姓之子祥顺为嗣。"[2]这可以理解为是一种文化和心理的自觉认同，是一种典型的"认姓不认宗"。

2.聚族而居的松解淡化了宗族的地缘性，强化了村落的社会性

"聚族而居"是传统徽州村落的最大特点，其内在实质是宗族的地缘性。传统的徽州，正如清代黟县人沈奎在《黟山杂咏》所说的，是"朱陈聚族古风存，一姓从来住一村"。清代乾隆年间歙县商人方西畴在《新安竹枝词》中指出："相逢哪用通名姓，但问高居何处村。"这种单纯的一个村就一个姓的状况，最初是由原先居住在"庄"的佃仆入住了"村"以后而松动，明中后期后再由"客户"的入住而突破。但尽管如此，至少是在清中期以前，在同一个村里，主姓还是主姓，佃仆就是佃仆，客户就是客户，诸姓平等同居在一个村的现象还不是普遍的。然而在清中期以后，这种情况有了实质性的改变，随着人们安土重迁观念的逐渐淡化、人口流动的日益频繁、族产外流的经常发生、徽州本土域内的宗族互为迁居现象开始大量出现，这些迁居来的新户，已不是如过去佃仆的那种"种主田、住主屋、葬主山"和客户的租佃田地，而是要买断房屋、买断田地以成为正

---

① 前南京国民政府司法行政部编:《民事习惯调查报告录》,中国政法大学出版社,
2000年,第873页。

② 《脴川程氏宗谱》卷三十二《清源录》。

式的、长久的村中居民。黟县榆村的邱氏就是在道光二十二年时由外村迁来，其迁来之时，榆村除了有主姓项氏外，还有其他各姓居住，并且都拥有不动产；邱氏迁居榆村后，又在短短20多年的时间里，至少是在村中买断了两栋完整概念的房屋、获得了17处田地的所有权或长久使用权，并且在第二代时邱姓就与项姓联了姻，从而彻底地在榆村落了户，成为该村理所当然的正式居民。

据田野调查和已发现的文书资料我们可以知道，至少是在清中期以后，外姓迁居某村以成为该村永久居民的现象在徽州实际是一个较为普遍的现象，不仅如榆村这种也许建村时间并不长的村如此，一些徽州世家大族长期居住的古村亦是如此。如黟县宏村，始建于南宋绍兴年间，一直是汪姓的聚居村，但在清代以后，同村居住的正式永久居民就不仅是汪姓，还有万姓、郭姓、吴姓等。安徽大学徽学研究中心"伯山书屋"就分别藏有宏村的两户汪氏文书、一户万氏文书和一户郭氏文书①。如万氏文书最早的一份是《清康熙二十四年九月汪名化等立卖屋基地赤契》②，它就是万姓受买汪姓房屋契，由此可大致推断万姓入迁宏村的时间应在清康熙二十四年左右；至少是在清嘉庆以后，万姓已在宏村从汪姓手上获得了许多的田、地等财产，如《清嘉庆二十一年八月汪卢氏立杜绝卖田赤契附嘉庆二十五年四月契尾》《清道光十一年九月汪春明立卖田赤契附道光十一年十一月契尾》《清道光十一年十月汪门毛氏立杜绝卖田赤契附道光十一年十一月契尾》等文契③，其受买人都是万姓。

清中期以后徽州村落诸姓杂居现象的普遍，除了本土宗族的互为迁居外，外来"棚民"的迁入也至为重要。明代后期以后，由于徽州本土农林生产劳动力的缺乏，许多山场抛荒，于是周边安庆、池州及江西等地的人就纷纷涌入徽州，或承租或抢占山场，搭山棚、垦山地、种玉米，成为

---

① 这四户文书均收入在刘伯山编纂：《徽州文书》第二辑第六至第九卷，广西师范大学出版社，2006年。

② 刘伯山编纂：《徽州文书》第二辑第八卷，第3页。

③ 刘伯山编纂：《徽州文书》第二辑第八卷，第9、12、13页。

"棚民"。早期棚民进入徽州一般还是受徽州人招租，但到了后期则是"棚民"自己相邀蜂拥而来，尤其是在清道光、咸丰、同治期间涌入的最多，举凡祁门、休宁、黟县、歙县等地都有棚民。棚民最初都是居住在山上的，不占据村，但到了后来，一方面，随着棚民在山上开荒种地而带来了诸如水土流失等社会问题，徽州当地人要驱逐棚民，逼其下山；另一方面，随着棚民人口的日益膨胀而出现了生存空间不足等问题，棚民自己要下山。大量下到山下的棚民，或另辟村庄，或迁入涌进徽州人已经居住的村庄。如此的杂居，在清后期以后的徽州是具有全局性的，它构成了近代徽州社会的一个新的社会现象。在今天，举凡在祁门、休宁、黟县一带，一村全是讲"安庆话"的"江北人"村比比皆是，一村中既有讲徽州话的"当地人"也有讲"安庆话"的"江北人"的村亦是比比皆是，甚至出现徽州人长期聚族而居的村，至民国以后竟被其他姓的"江北人"反客为主了。

3. 经济合作的加强冲击了传统宗族及家庭的分立性，宗族之间的经济共同体意识得到强化

徽州介于万山丛中，"土少人稠，非经营四方，绝无治生之策矣"[①]。于是，"天下之民寄命于农，徽民寄命于商"[②]。而徽商的经营既有独资的经营也有合资的经营，尤其是合资经营在徽州很早就存在并且相当普遍，如明弘治年间休宁人程长公的经商就是"结举宗贤豪者得十人，俱人持三百缗为合从，贾吴兴新市"[③]。明末编纂的《新刻徽郡补释士民便读通考》还载有"同本合约格式"，兹照录如下：

> 立合约人窃见财从伴生，事在人为。是以两同商议，合本求利，凭中见，各出本银若干，同心揭胆，营谋生意。所得利钱，每年面算明白，量分家用，仍留资本，以为渊源不竭之计。至于私己用度，各

---

① 许承尧：《歙事闲谭》卷二十六，第930页。
② 康熙《徽州府志》卷八《营建志下·蠲赈》，第1218页。
③ 汪道昆：《太函集》卷六十一《明处士休宁程长公墓表》，第22页。

人自备，不得支动店银，混乱账目。故特歃血定盟，务宜苦乐均受，不得匿私肥己。如犯此议者，神人共殛。今欲有凭，立此合约一样两纸，存后照用。①

这种合作的经营在清代以后得到很大的发展，不仅涉及资本来源的合股，还涉及经营本身。安徽大学徽学研究中心"伯山书屋"就藏有一本置产誊契簿《清康熙中期旅汉口谢氏徽商文书》，兹就其中的一份合同书照录如下：

立议合同汪元长、谢胪一，向因两家各有绸布店业开立汉镇，历年收看客货，以致获利艰难。今两家情同志合，议请谢占武兄坐庄苏州，置买绸布等货。开单下苏，公同酌议：各开各店应用之货，以便配搭发卖；所买之货来汉，照单均分，毋得推委；在汉置粮等货下苏，得利照本分息。在苏对会亲友银两置货，倘货未到，而会票先至，各照来信会票应付。其有货来，或要多收者，照苏原价加利三厘钱，以补少收之家。又，在汉两店来往，议定现兑银两，加利五厘钱。庶彼此通融而攸远矣。但两地买卖货物，不得徇私肥己，倘有此情，神明鉴察。今欲有凭，立此合同二纸，各执一纸存据。

计开：

一议谢占武兄俸金九五色银三十两

一议公账之银无得代亲友买物②

这是徽商追求联合，将行商和坐贾内在有机地结合为一体以抵消经营风险的典型案例。

清中期以后，尤其是太平天国兵燹以后，徽州人股份合作经营的风气更加普遍，合作形式也更为成熟。邱应书所开的店都是与他人合股合作所

---

① 谢国桢：《明代社会经济史料选编》（下册），福建人民出版社，1981年，第275页。

② 刘伯山编著：《徽州文书》第三辑第一卷，第18页。

开的，并且是同时参与合作了好几家。如此的原因是多方面的，有两点最重要：一是如此可以分散如战乱、寇贼掳掠而带来的投资风险；二是为了解决独资资本之不足，如清咸丰八年二月邱应书与程鸣玉等合开"同和"布店，前期一次性投入的资本就是"正本曹平宝纹柒千两正"，并且其经营场所还只是"在本县城中租寓"，如此的经营规模，靠一家是难以承担的，只有走合作的社会化道路。至清后期，徽州人股份合作经营的形式和制度已越发成熟与完备，社会性更强，留有大量的合墨、合同书等，限于篇幅，这里不再照录①。

中国传统的经济是自给自足的小农经济，徽州传统的社会是以一家、一族为单位的宗族社会，它们都具有分立性。股份合作经济的发展是要将不同的家庭、不同的宗族、不同的姓氏在经济上勾连起来，构建和打造成一个经济共同体，这就在经济上极大地冲击了传统经济与社会的分立性，近代化特征得到体现。

四、结　语

李文治在《明清时代封建土地关系的松解》中提出："封建社会后期的划分标志，应该是土地关系的封建依附关系的松解，并在封建依附关系松解的发展过程中逐渐产生资本主义因素的萌芽。在经济基础变化的同时，上层建筑包括政治体制、意识形态等也发生相应的变化，它在环绕封建土地关系松解而改变其形式和内容。""封建社会后期的明清时代，在商品经济进一步发展的条件下，农村封建习俗逐渐发生变化，土地制度的封建宗法关系逐渐趋向松解。"②徽州的情况正是如此，李先生在具体的论述中也是大量运用了徽州的材料并突出了在徽州的个案。但明、清两代总时

---

① 如笔者藏有一份《清宣统元年程石记、程镛记、郑际记立合同墨据》，议定的是三家由徽州人开设的店号于宣统元年九月在苏州合股开设"仁大"洋货布店，本洋伍千元，议项达9条，且贴有"中华民国印花税票壹角"两枚。

② 李文治：《明清时代封建土地关系的松解》，中国社会科学出版社，1993年，第1页、第548页。

间跨度有五百多年，就徽州的宗族来说，在明代中期至清早期时，徽州宗族的统治还得到加强①。至少是在清代早期时，徽州还是一个典型的注重血统的宗族社会，这正如清初休宁人赵吉士所记述的："岁时伏腊，一姓村中，千丁皆集。祭用文公家礼，彬彬合度。父老尝谓，新安有数种风俗胜于他邑：千年之冢，不动一抔；千丁之族，未尝散处；千载之谱系，丝毫不紊。主仆之严，数十世不改，而宵小不敢肆焉。"②徽州宗族社会的松解主要是发生在清代中期以后，随着宗族血缘性的淡化、地缘性的消解和各宗族之间经济共同性的加强，传统的徽州社会也趋于衰落，近代转型开始出现。黟县邱氏宗族的发展及其在近代以后的历史变迁情况就是一个很好的个案。

---

① 许多学者对此已有研究，如陈柯云：《明清徽州的修谱建祠活动》，《徽州社会科学》，1993年第4期；陈柯云：《明清徽州宗族对乡村统治的加强》，《中国史研究》，1995年第3期；赵华富：《明代中期徽州宗族统治的强化》，《98国际徽学学术讨论会论文集》，安徽大学出版社，2000年，第216—242页。

② 赵吉士：《寄园寄所寄》卷之十一《泛叶寄·故老杂记》，第127页。

第三章　程朱阙里论

徽州是『程朱阙里』，是程朱理学的奠基者程颢、程颐和集大成者朱熹的祖籍地，对此，徽州人无比自豪，担当自觉，形成深深的『阙里情结』，这背后落实的是儒家文化在徽州乡村民间的厚实沉淀，儒家文化价值观构成了徽州人传统价值观的基础与核心。这是传统徽州社会与文化得以长期稳定和繁荣的强大精神支柱。

《程朱阙里志》与朱熹、二程出自徽州考

徽州是个宗族社会，"新安各姓，聚族而居，绝无一杂姓搀入者，其风最为近古。出入齿让，姓各有宗祠统之"①。然而，历史上的徽州人对篁墩最为关注的不在于它是徽州宗族的一个重要发祥地，而在于它是程朱阙里，是曾经统治中国思想界达七八百年之久的程朱理学的奠基者程颢、程颐和集大成者朱熹的原根故里，明万历壬子年即万历四十年（1612年）原刻、清雍正乙巳年即雍正三年重刻《程朱阙里志》，重点确认和记述的就在于此。

关于朱熹是出自篁墩的说法历史上基本上没有多少疑义。

新安朱氏，根据《新安名族志》、嘉靖三十四年（1555年）《朱氏统宗世谱》（黄山市博物馆藏）、乾隆三十六年（1771年）黟县屏山《朱氏正宗谱》（黄山市博物馆藏）、民国二十年（1931年）木活字本《新安月潭朱氏族谱》（黄山市博物馆藏）记载，"朱出颛帝之后，周封曹侠于邾，为楚所灭，子孙去邑，以朱为氏。"②唐乾符年末，唐殿中丞朱涔号师古者，为避黄巢锋芒，自姑苏始迁黄墩，是为新安朱氏一世祖。朱师古有四个儿子，即王革、驯、瑰、重，其中留居徽州的是瑍和瑰。唐天祐年间（904—907年），婺源人汪武为抗歙州刺史陶雅的暴赋重敛，曾聚众抗拒。汪武死后，陶雅就命朱瑰领兵三千戍守婺源，于是朱瑰由篁墩始迁婺源，是为婺源朱

---

① 赵吉士:《寄园寄所寄》卷之十一《泛叶寄·故老杂记》,第127页。

② 程尚宽,等:《新安名族志》后卷《朱》,第三十七叶上。

氏一世祖。朱瑰在婺源传八世，有一个名叫朱松者，生于北宋绍圣四年（1097年），曾就学于歙县南门的紫阳书院。当时歙县城内有一名叫祝确的，非常器重朱松，以其女许之。北宋政和八年（1118年），朱松以迪功郎调任福建政和县尉，后入籍建州。作为程朱理学集大成者的朱熹即朱松与祝氏之子，他于宋建炎四年（1130年）9月出生在福建尤溪，实为新安朱氏九世孙。①

朱熹虽然生在福建，长在福建，主要的学术活动也在福建，其学术理论也称为"闽学"，但朱熹时刻不忘自己是徽州人，对徽州作为他的祖籍地表示强烈认同，深有感情。朱熹曾作《婺源茶院朱氏世谱后序》，明确指出："熹闻之先君子太史吏部府君曰：'吾家先世居歙州歙县之黄墩。'"②朱熹之父朱松当年远离故里仕宦在外，就不曾一日忘却徽州，对此，朱熹曾作《名堂室记》记其父：

> 紫阳山在徽州城南五里，尝有隐君子居焉。今其上有老子祠。先君子故家婺源，少而学于郡学，因往游而乐之。既来闽中，思之独不置，故尝以"紫阳学堂"者刻其印章。盖其意未尝一日而忘归也。③

而朱熹本人更是"不敢忘先君子之志，敬以印章所刻，牓其所居之听事，庶几所谓'乐，乐其所自生；礼，不忘其本'者，后世犹有考焉"④。朱熹曾两次回徽州省墓，写有《归新安祭墓文》《又祭告远祖墓文》等⑤；每次回徽州都要逗留数月，从事讲学和开展学术活动，徽州从学者众，其中最有成就的有12人；朱熹在徽州留下了许多文字笔墨，有记略、谱序、

---

① 翟屯建：《新安朱氏考述》，《徽州社会科学》，1997年第三期；朱林棣：《新安朱氏源流名裔考》，《徽州社会科学》，1999年第三期。

② 民国《歙县志》卷十五《艺文志》，第606页。

③ 《晦庵先生朱文公文集》卷七十八《名堂室记》，《朱子全书》第24册，上海古籍出版社等，2002年，第3730—3731页。下引此书，不再注明版本。

④ 《晦庵先生朱文公文集》卷七十八《名堂室记》，《朱子全书》第24册，第3731页。

⑤ 《晦庵先生朱文公文集》卷八十六《祝文》，《朱子全书》第24册，第4051页。

匾额、诗文等。笔者就搜集到一块朱熹当年题写的"鸢飞鱼跃"石碑，弥足珍贵。朱熹字元晦，号晦庵，也号紫阳，特别是在许多正规文字著述的署名上总是署"新安朱熹"，以表示对故乡的强烈认同。朱熹生前不得志，其学曾被斥之为"伪学"，但他死后不久，宋理宗就追封他为"信国公"，后改为"徽国公"，并亲笔在婺源朱子庙题额"文公阙里"，为歙县紫阳书院题匾等，表示朝廷对朱熹是徽州人的认同。

　　但是关于二程也是出自徽州篁墩，历史上的徽州人则有一番考证。

　　新安程氏，据成书于明嘉靖三十年（1551年）的《新安名族志》记载："程出黄帝重黎之后，自周大司马曰休父，佐宣王中兴，封程伯，子孙因以国氏，望安定。其后曰婴，仕晋平公，有立赵孤之德，封忠诚君，再望广平。汉末曰普者，从孙氏定江东、破曹操，赐第于建业，为都亭侯。"[1]程普之后曰程元谭，永嘉之乱时，佐琅琊王起建业，为新安太守，有善政，民请留之，赐第黄墩，遂世居此。程元谭即为新安程氏一世祖。新安程氏传至十三世出一显赫人物程灵洗。他曾被梁元帝任命为谯州刺史兼领新安郡太守，后被陈武帝任命为兰陵太守，封遂安县侯，以后因军功先后升任豫州刺史、左骑将军、中护军、云麾将军、重安县公等职，为陈朝栋梁之一，卒后赠镇西将军，谥"忠壮公"，配享武帝庙庭。因侯景之乱时，程灵洗曾率领乡人保卫乡土有功，对此，徽州人十分崇仰，死后尊封他为"邑神"，影响十分久远。传说程灵洗有22个儿子，由篁墩先后扩散到徽州及全国各地，他们皆以自己为"忠壮公"之裔而自豪。对此，程敏政在《篁墩文集》中亦记：

　　　　程之先望北方，至讳元谭者，从晋南渡，守新安，有治迹，受代，为民所请留，蒙赐第郡之黄墩，子孙因留居焉。其十二叶，云麾将军忠壮公灵洗，以布衣起义兵御侯景，土人德其全郡之功，亦祀于黄墩，宋号其庙曰"世忠"，其胤愈盛。故凡新安之程，皆祖太守，

---

　　① 程尚宽,等:《新安名族志》前卷《程》,第一叶上。

宗忠壮，且号黄墩程氏。①

　　程姓是徽州的望姓，也是徽州最古的几大姓之一，"邑中各姓以程、汪最古，族亦最繁，忠壮、越国之遗泽长矣。"②新安程姓世居篁墩，不仅姓古族繁，且有"忠壮公"程灵洗为自己的显祖，此人与稍后的"越国公"汪华同被徽州邑人尊为徽州的地方神，足以显要。更有一个让新安程姓感到自豪的地方是：作为程朱理学的奠基者的程颢、程颐兄弟二人就是其后裔。此说在明代中期以前就已经存在，明弘治修《徽州府志》就记载休宁县城内建有程夫子祠，以祭祀程子；明嘉靖以后，则此说影响更大，并逐渐成了徽州人的共识。这主要是缘于明嘉靖元年（1522年）武城令赵时勉所作的一篇文章《考新安程朱二夫子源流记》，文中明确提出："朱子之学，本之二程子；朱子之生，则本之新安。粤稽程子先世，且自新安徙焉。"

　　此记被万历年间（1573—1620年）编的《程朱阙里志》完整地收入，其所考的主要内容，摘录如下：

　　　　元礼部程公黔南《书河南上程氏宜振录后》云："河南夫子，胄出中山；中山之胄，出自新安之篁墩，实忠壮公之裔，陈末播迁而北者也。"永新刘文安公定之《记程氏义田》云："公之先，家徽郡，忠壮公灵洗蔓延厥系于海内，明道、伊川实祖之。"邓州李文达公贤《志程亚中公墓》云："灵洗仕陈，至开府仪同三司，谥忠壮，元封忠烈王。五世孙大辨徙中山博野；六世少师羽，再迁河南；醴泉三世曰元白，宋宜春令，追封冀国公；四世曰琳，宋太师中书令，谥文简；曰珦，大中大夫，子为明道、伊川二先生也。"李公心撰《识伊川先生后谱系》云："靖康之难，先生之孙辟狄流寓池州，绍兴褒录党人，诏下提举招二子之孙，审验其谱系，上长孙观之年七十四，补登仕

----

① 程敏政：《篁墩文集》卷十三《篁墩书舍记》。
② 民国《歙县志》卷一《舆地志·风土》。

郎，充池州州学学宾，令本州于上供钱内支钱三千、米二石，俾奉祭祀；次谦之子源，四世嫡孙也，赴吏部铨，量补迪功郎。"本府志云：先代原有乡贤祠，并祀二程先生，先儒胡云峰撰文具《新安文献志》谓：程之河南，实吾新安黄墩忠壮公后也。按程叔子撰《纯公行状》："河南之程，出自中山博野"。又按欧阳公撰《程文简公父冀国公墓铭》："中山博野之程，出自灵洗。"文简公琳与大中公珦为兄弟，则新安为河南所出，何疑哉？成化间，知休宁县欧阳公旦业已奏建祠矣。

此篇是从历史文献的角度来考二程是出自篁墩，并具体指出了世系。在稍后的诸多新安程氏族谱中，对此的记载更为明确，如据黄山市博物馆藏同治歙县下门《程氏抄谱》就明确记载：

> 贰百四十一号中山博野房派。接总图二十六世曰篡公之四子曰璘公之子二十八世曰泽公，自篁墩迁中山博野。
>
> 贰百四十号河南房派。接博野派二十八世曰泽公之曾孙曰羽公之子三十二世曰希振公，自博野迁河南。其孙曰珦公，宋大中大夫司农少卿上柱国，封永平县开国伯，食邑九百户，赐紫金鱼袋。二子曰：颢、颐。而颢字伯淳，号明道，宋进士，历监察御史，追封河南伯，谥曰纯，从祀孔子庙庭，元至顺二年加封豫国公。而颐字正叔，号伊川，崇正殿说书，追封伊阳伯，谥曰正，从祀先圣孔子庙庭，元至顺二年加封洛国公。[①]

由此可见新安程氏传二十八世，唐中后期程泽从篁墩迁河北中山博野；至三十二世，程希振又自中山博野迁河南洛阳，其曾孙即为程朱理学的奠基者程颢、程颐兄弟二人，他们实为新安程氏三十五世孙。

---

① 同治歙县下门《程氏抄谱》，全一册，黄山市博物馆藏。

为进一步证明二程是出自篁墩，万历原刻的《程朱阙里志》还举出了其他的论据。在卷三《世考志》中，就辑录了欧阳修所作《宋宜春县令追封冀国程公元白神道碑》，其文有铭曰：

> 远矣程侯，颛顼之苗。始自重黎，历夏商周。惟伯休父，声诗孔昭。世不绝闻，盛于有唐。程分为七，三祖安乡，广平、中山，以暨济阳。中山之程，出自灵洗。实昙裔孙，仕于陈季。陈灭散亡，播而北迁。公世中山，为博野人。道德家潜，孝悌邦闻。不耀自躬，以贻后昆。惟后有人，将相文武。有国宠章，覆其考祖。定冀之封，实开土宇。程世其隆，公多孙子。有畜其源，发而孰御。刻铭高原，以示来者。

对此，万历原刻《程朱阙里志》的作者赵滂紧接有按曰：

> 碑铭所云"中山之程，出自灵洗"，灵洗者，即梁将军忠壮公讳。先武城公《纪程朱三夫子源流》所云，程子先世徙自新安之篁墩者是也。方司徒所见元祐诸公墨迹，则明道先生图章，用"忠壮公裔"四字，又可为考古一据，而文献有足征云。[①]

这是志书作者在强调先贤名人对二程是出自篁墩的认同。但由于程颢、程颐毕竟是迁出新安已有好多代，且河南是其生活和从事学术活动的主要地方，其学术理论也称"洛学"，他们本人对自己的祖籍地篁墩是否认同呢？对此，志书作者还别出心裁地炒作了程颢有一枚"忠壮公裔"图章之事，来证明二程念念不忘自己是"忠壮公"之裔，对自己是出自篁墩的认同。此事肇始于明司徒方弘静万历甲辰年即万历十二年（1584年）所写的一篇《明道书院祀三夫子议》文章，其文在万历原刻《程朱阙里志》

---

① 万历《程朱阙里志》卷三《世考志》，万历四十三年（1615年）刻本，第二十二叶下，日本国立公文书馆藏。下引此书，不再注明版本与藏处。

卷二《崇祀志》中有载：

> 程朱三夫子出自吾乡。朱氏之去乡也近，故称"新安"。程氏之去乡也远，故称"伊洛"。郡中故有"程朱阙里"之坊，而程氏之源流，人多未知也。欧阳诸家之文，郡志载之详矣。余昔参知江藩时，南昌唐氏金宪尧臣者，其先世遗一笼封识甚固，金宪开之，中间皆元祐诸公墨迹，其诫子孙勿开者，惧党禁之严也。余与藩臬诸公往观之，明道先生有"忠壮公裔"之章，诸公皆不知所谓，余为言其故。斯道之明，自孔孟以来，六经之训如日中天矣，而邪说之纷纭，犹未免如浮云之间蔽未尽息也。至二程夫子表章正学，朱夫子申明之，始粹然一出于正。圣朝同文之治，薄海内外，无敢异言者，三夫子之功不下孟氏矣。余早与郡人言，欲建三夫子祠，使学者知所趋向，庶几入德之门若大路然，异言者不得作。而岁月荏苒，忽复耋期，友人闻余言者，咸踊跃以为宜。姑识之付儿辈，以俟同志经始之日，儿辈以一千五百工倡，俟有序，乃以闻于当道。万历甲辰孟春望识。[1]

方弘静，"字定之，岩镇人。登进士第……著有《素园稿》，学者称采山先生，年九十有五卒，谕赐祭葬，赠南京工部尚书。"[2]他提出明道先生有"忠壮公裔"图章之说后，即得到徽州人的积极响应，无论是万历原刻《程朱阙里志》，还是清雍正重刻《程朱阙里志》，都确认了此事，并把它视为二程出自篁墩的重要证据。万历原刻《程朱阙里志》的作者赵滂就云：

> 方司徒所见元祐诸公墨迹，则明道先生图章，用"忠壮公裔"四字，又可为考古一据，而文献有足征云。[3]

---

[1] 万历《程朱阙里志》卷二《崇祀志》，第二十五叶上至第二十六叶上。
[2] 民国《歙县志》卷六《人物志》，第225页。
[3] 万历《程朱阙里志》卷三《世考志》，第二十二叶下。

明进士吴士奇在《刘侯新建程朱阙里记》中云：

> 盖邑方司徒公，尝睹程伯子书于豫章唐氏，有"忠壮公裔"之章，而忠壮公者，歙人也。司徒为之悚然曰："嘻，千载疑之，而一朝决之也。"则并考程朱先世，皆家邑篁墩。①

清时，"夫程子起伊洛，私印必佩'忠壮'；朱子生建阳，著述必系'新安'。"②则是徽州人议合祀程朱三夫子、建程朱三夫子祠等的首要根据。

不仅如此，在清雍正重刻《程朱阙里志》中，徽州的学者们还更进一步叙述了二程后裔们对自己根在篁墩、为忠壮公之裔的强烈认同和无比自豪。这主要是体现在记述清康熙年间（1662—1722年）河南程氏后裔来篁墩谒拜新安程氏始祖、显祖的事件上。

徽州府儒学教授黄师琼撰《程氏倡建两夫子祠引》：

> 岁在甲午，河南翰博公佳璠来徽谒始祖元谭公、显祖灵洗公墓，叙其世系，实本新安。自两夫子祖羽公为元谭公三十一世孙，始迁居河南今虽七百余载，而水源木本之思，依然嫡派相传也。③

休宁人程孚夏作《篁墩记事》记：

> 予家自东晋太守公肇始新安，后因迁徙不一，而程氏几遍寰区矣。河南两夫子，为忠壮灵洗公支裔，其先世官楚之黄陂，因转判开封府事，遂以嵩阳萃中州之秀而卜居焉。今翰博鲁玉先生，乃伊阙二十一世孙，以七旬老人，不惮数千里，携令孙服伯来故土，谒祠拜墓，可谓曲尽水源木本之思。爰系以诗，使后人知所考。云："洛水相承号

---

① 雍正《程朱阙里志》卷七《艺文志》，第378页。
② 雍正《程朱阙里志》卷首《汇增》，第184页。
③ 雍正《程朱阙里志》卷首《汇增》，第184页。

大儒，曾将圣学佐唐虞。盘桓犹忆同官日，下拜欣看列墓图。愧我未能瞻阙里，多君今已到新都。只缘东晋丰碑在，万派分流总不殊。"①

在清雍正重刻《程朱阙里志》的"凡例"中就明确指出：

> 河南博士大程夫子二十一世嫡孙〔讳〕佳璠〔字鲁玉〕，以七旬之年，不惮往返数千里，率孙〔服伯〕来徽，展始祖元谭公墓，黄墩显祖忠壮公墓，立"阙里渊源"祠匾，当时纪事诗歌，亦得采入。②

也就是说，至少是在《程朱阙里志》里，其对二程是出自篁墩的考证是系统和煞费苦心的。清末翰林、歙县人许承尧在《歙事闲谭》中，曾就程颢有"忠壮公裔"印章一事，按道："此二程出篁墩，乃赖一印章证耳。"③语气不无疑问。但笔者所要强调的是，认同是十分重要的问题。1993年，河南程氏号称二程的后裔，在重修族谱时，曾专门派人到篁墩寻根，当时笔者是黄山市政协委员、《徽州社会科学》杂志主编，曾参与接待。2002年，山东有一支自称二程后裔的程氏族人，欲重修程氏世系谱，亦派人来到篁墩，了解新安程氏世系，曾多次与笔者联系，要求提供有关篁墩和新安程氏方面的资料。后来寄来了一本1987年5月刊印的《河南程氏正宗世系谱》卷一的复印本，系自光绪甲午纂修以来的再修，其无论是世系、谱序，还是《程氏世代官秩并迁目录》《迁徙歌》等，都确认二程出自篁墩，"新安篁墩祖元谭"是其程氏谱派上溯最近的祖先④。

---

① 雍正《程朱阙里志》卷首《汇增》，第186页。
② 雍正《程朱阙里志》卷首"凡例"，第215页。
③ 许承尧：《歙事闲谭》卷四《程朱阙里之由来》，第105页。
④ 《河南程氏正宗世系谱》卷一《程氏谱派及迁地目录》，1987年5月刊印。

清代休宁首村朱氏宗族的伦理生活

伦理实态研究应是一个重要课题。了解和把握古代乡村社会的伦理实态对我们认识和掌握中国伦理的具体实践状况，探讨中国伦理本身的历史发展及时代表现，十分重要。对此，学术界已有许多关注。如吾淳的《中国社会的伦理生活》①探讨了中国社会的伦理生活，研究了不同历史时期中国伦理的具体实践情况，但限于资料，还是停留在宏观的叙述，具体性得不到展示；王露露的《乡土伦理》②选择苏南乡村为研究对象，利用文献和田野调查资料，梳理和描述了苏南乡村经济伦理的历史传统及实存状态，但社会学的成分居多，对历史实态的把握不够。近十几年来活跃的中国社会史研究特别是徽学研究，有许多成果涉及了乡村伦理问题③，但一般是间接的研究，许多还只是中观层面的简单描述，实证性不足。下文试利用安徽大学徽学研究中心"伯山书屋"藏《休宁首村派朱氏文书》④，

① 吾淳：《中国社会的伦理生活——主要关于儒家伦理可能性问题的研究》，中华书局，2007年。

② 王露露：《乡土伦理——一种跨学科视野中的"地方性道德知识"探究》，人民出版社，2008年。

③ 卞利：《明清徽州社会研究》，安徽大学出版社，2004年。赵华富：《徽州宗族研究》，安徽大学出版社，2004年。[韩]朴元熇：《明清徽州宗族史研究——歙县方氏的个案研究》（中文修订版），中国社会科学出版社，2009年。周致元：《明清徽州的教化措施与影响》，《安徽大学学报》，1996年第2期。俞乃华：《从徽州谱牒中的族规家训看其社会教化效应》，《黄山学院学报》，2009年第4期。

④ 刘伯山编著：《徽州文书》第三辑第四卷，第423—530页。

结合历史文献和田野调查，就清代休宁首村朱氏宗族的伦理生活实态作个案研究，求教于大家。

一、休宁首村的朱氏宗族及其遗存文书

首村位于休宁县城南13公里处，邻近的村庄有梅田、大商、巴庄、塘湾、月潭、龙湾、琳溪等。它曾是徽州朱氏的聚居地，现在是朱、吴、汪、程、陈、叶、查等众姓杂居之地。民国后期，首村朱姓仅4户，至2008年5月，立户的朱姓只有10户，二十余人。

徽州朱氏始自朱涔字师古者，据《新安名族志》载："至唐曰师古者避巢乱，由姑苏始迁歙之黄墩。"①他有四个儿子，"瓖公迁婺邑，乃文公之祖；瑲公字鼎臣，居鬲山，字号鬲山主人；珉公名玉，居句容，不入徽州谱牒；璋公迁香田，离婺邑城里许。"②而首村朱氏，据《休宁名族志》载："唐师古后曰瑲者，阙里文公始祖瓖之兄也，大中进士，乾符任歙、宣观察使，由黄墩迁此。生五子。长曰春，讳逢，乾符乙未荐辟，官知庐州军事，是为首村及各派之始祖。"③

《休宁首村派朱氏文书》是2000年发现的，共有74份，最早的是《清康熙二十五年十一月七甲朱邦懋立经收税粮银票》，最晚的是《公元一九五一年十二月第七区石田行政村汪来开为朱顺寿出具证明》。广西师范大学出版社2009年5月出版的《徽州文书》第三辑第四卷收入了该户的文书。2008年11月11日，笔者在首村实地调研时，新发现一份《清嘉庆二十三年十月朱有愉立杜卖田赤契》。这些都是清康熙以后的文书，直接反映的是清代休宁首村派朱氏宗族的社会生活等情况，其中，伦理生活是重要方面。

---

① 程尚宽，等：《新安名族志》后卷《朱》，第三十七叶上。
② 刘伯山编著：《徽州文书》第三辑第四卷，第486页。
③ 曹叔明，等：《休宁名族志》《朱》。

二、清代休宁首村朱氏宗族的伦理教育

徽州是个宗族社会，大凡一些兴盛的宗族都莫不重视伦理教育。在教育内容上，各宗族一般都是恪守中国传统的儒家伦理，明代以后，尤以洪武"圣训六条"为伦理的基本主旨，进行和开展的形式和途径很多，但最为明确和直接的就是制订族规家训。如徽州萧江氏"祠规"开篇就是："高皇帝教民榜文，第一件孝顺父母，第二件尊敬长上，第三件和睦乡里，第四件教训子孙，第五件各安生理，第六件毋作非为。"然后是对这六条的具体诠释，强调："圣训六条无非化民成俗，为善致祥。凡我族人务要洗心向善，有过即改，共成仁里，永振宗祊。听听听。"①徽州《济阳江氏家训》开篇也是："五子述皇祖之训，三命垂考父之铭，以及历代名宦大儒著有家训格言，以诏来许，使后之人修身慎行，毋玷箕裘，其载于简篇者何可胜道！今以阅历有得之言垂为家训，凡我宗人，其敬听之。"②加上徽州又是"程朱阙里"，程朱理学尤其是朱子之学在徽州影响至深至彻。《茗洲吴氏家典》的"序"中就云："我新安为朱子桑梓之邦，则宜读朱子之书，服朱子之教，秉朱子之礼，以邹鲁之风自待，而以邹鲁之风传之子若孙也。"③在"凡例"中又强调："文公著有《家礼》，炳如日星矣，……《家礼》一书，若衣服饮食，不可一日离焉耳。"④尤其是与朱子同宗、同族的朱氏族人，更是以朱子为荣耀，自觉恪守朱子伦理，以更高的道德与伦理要求来教化和管理族人。

但清代休宁的首村派朱氏宗族却在宗族的伦理教育问题上出现了偏颇。

《休宁首村派朱氏文书》中有一册《新安朱氏宗祠记》，抄有《新安朱

---

① 明万历《萧江全谱》附录卷五《祠规》。
② 江峰青辑：《济阳江氏家训》。
③ 休宁《茗洲吴氏家典》卷首"序"，第一叶上。
④ 休宁《茗洲吴氏家典》卷首"凡例"，第一叶上。

氏统宗祠规家法》①。其有27条，绝大部分是关于宗族管理方面的，且重点是有关宗族的血缘性管理，如"一凡各派中有妇女坐地招赘夫婿入门者，本人及子孙永远不许入祠。一凡有他姓再醮之妇带有前夫之子入门者，本人及子孙不许入祠。一凡有抱育螟蛉收义子入门者，本人及子孙永远不许入祠"等；而涉及社会伦理方面的条款很少，仅见4条，且间接笼统："一凡有无伦不分、上下烝淫者，家法从事，本人革出，子孙准入祠。一为匪不法，本人革出，子孙准入祠。""一凡有支丁悖逆长上者，家法从事，宗族取保立约，任其改过自新。""一凡族内有忠孝节义及有功效劳于祖宗者乏嗣，本派理应代为立嗣，族内无可承继，惟以统宗承继，是系赤贫苦寒，本族附祀配飨，以妥先灵。"尤其不见涉及族人个体道德恪守和修养方面的条文。相比较而言，萧江氏祠规强调："凡此宗规、修身、齐家、敦伦善族，句句切要诸我族人各宜身省遵守。如不修身，怙恶不悛，人非鬼责，王法天殃，追悔无及。如能修省改过，迁善做好人，共成美俗，则上天默相，宗祖荫益，身家荣盛，邦族用光。诸我族人听听听！"②《济阳江氏家训》亦是重在要求族人"修身慎行"等。

2008年7月至2011年8月，笔者曾五次赴休宁首村进行实地调研。以下是2009年4月17日采访首村村民朱德顺（1940年出生，读过小学）、朱财喜（1933年出生，读过私塾，上过初中）的部分记录：

问：你们朱家，或者说就你们小时候，在做人、讲道德方面接受的教育情况如何？有没有特别的地方？

朱德顺、朱财喜答：家庭的礼教还是重的，父母亲、长辈人都要求我们好好做人，要有孝心，不能干坏事。也没有什么特别的地方，基本上也就差不多。

问：你们知道朱熹、朱夫子吗？他和你们的朱有没有关系？

朱德顺、朱财喜答：听讲过朱夫子，但不知道他和我们还有什么

---

① 刘伯山编著：《徽州文书》第三辑第四卷，第505—507页。

② 明万历《萧江全谱》附录卷五《祠规》。

关系；我们从小就不知道朱熹与自己的朱姓还有关系；好像听说月潭的朱跟朱熹有关系，但我们首村的朱跟月潭的朱不是一个朱。

关于首村朱氏对月潭朱氏的不认同，文书上也有反映。咸丰九年时，因鬲山程鸣和籍有春公墓邻号之业而葬母，激起首村朱氏各派诉控盗葬，作为月潭朱氏族人的局董朱益园出和息词时并没有帮首村人说话，以致首村朱氏族人大骂："月潭朱氏终不像人！"[①]

月潭距首村仅5公里左右，据《新安名族志》记载："月潭在邑南四十里，出婺源香田派，茶院府君瓖之十一世孙曰兴始迁于此。"[②]再据嘉靖《朱氏统宗世谱》和民国《新安月潭朱氏族谱》记载，新安朱氏始迁祖朱涔之子朱瓖由篁墩始迁婺源后，传五世曰振，生四子，其中曰绚的即为朱熹曾祖父，曰举的则是月潭朱氏始迁祖朱兴的太祖父。朱熹与朱兴相隔六代，但月潭的朱氏一直自称"紫阳世家"，自诩与朱熹是同宗同族之人，并以之影响到自己宗族的伦理教化。作为婺源朱氏三十八世孙的月潭人朱世良撰文写道："月潭始迁祖朱兴，其婺源六世祖朱举与朱熹六世祖朱绚是同胞兄弟。他低朱熹两辈，对于这位集理学之大成的宗长极其崇拜。所以徙迁月潭的后代，一直恪守朱子理学之教，传承紫阳世家之风。""朱氏宗祠的内墙上，原嵌有一块刻有族规家法条文的青石碑。可宗祠被拆除，这块石碑已不知去向。在宗祠的入门处，分置左右的两块祠规牌，虽然也已不见，但老人们还清楚记得是：'不忠、不孝、不仁、不悌，勿许入祠'；'无礼、无义、无廉、无耻，勿许入祠。'二十四个字的内容囊括了忠孝节义的伦理道德信条，以及修身、齐家、敦本、和亲之道，可谓是月潭朱氏族规家法之纲要。"[③]月潭的朱氏宗族也世代繁荣，清末翰林、歙县人许承尧在为月潭朱氏第四次修谱所作的"序"中就称："朱本吾徽望族，

---

① 刘伯山编著：《徽州文书》第三辑第四卷，第503页。

② 程尚宽，等：《新安名族志》后卷《朱·月潭》，第四十叶下。

③ 朱世良：《我所知道和调查的月潭朱氏宗族的宗法礼教》，《徽学丛刊》（《学术界》增刊）第七辑，2009年。

而月潭一支尤踔厉奋发，魁硕迭出。其进而树令名，登贵仕，覃泽民社，经纬邦国；退而修内行，秉高节，型于乡而可祀于社者，踵武相望。"[1]

相比较而言，首村的"朱"与朱熹的"朱"所隔不超过十代，但首村朱氏却不认同朱熹与自己是同宗之人，而是认为"首村朱"与"月潭朱"是两个"朱"。

上述可见，在清代，首村的朱氏宗族，在宗族教育的指导思想上，本可以"亲朱子"，而实际"非亲朱子"；在宗族教育的重点和内容上，道德伦理方面十分薄弱。

三、清代休宁首村朱氏宗族的伦理活动与事件

一个宗族的伦理生活是非常丰富也是十分复杂的，对此我们不可能都有了解，尤其是对历史上曾经发生过和存在过的情况，更是无法全面把握。仅就目前已发现的《休宁首村派朱氏文书》和笔者的田野调查情况看，清代休宁首村朱氏宗族的伦理生活，按传统的"忠""孝""节""义"四方面，至少是发生和存在过以下事件：

1.在"忠"的方面，首村派朱氏族人纳税意识很强

徽州人完纳国家课税的意识普遍很强，许多宗族在族规族训中对此都有规定，如萧江氏祠规就有"一时供赋"条；《济阳江氏家训》也明确规定："国家惟正之供自有定例，分上下二忙投柜完纳。吾族当安分守法，国课早完。"[2]依法纳税，这是法治问题，而如何看待纳税，则是伦理问题了。如果人们是以一种平常心来对待纳税问题，纳税正常，不纳税不可能，人们都自觉地、主动地纳税，则我们可以认为这是有道德的，体现了为国家尽忠，反之则反之。

在《休宁首村派朱氏文书》中，有《清乾隆二十七年十二月二十六都

---

① 民国二十年《新安月潭朱氏族谱》许承尧"序"。
② 江峰青辑：《济阳江氏家训》。

二图朱正宽立杜卖田契》①和《清乾隆二十八年十一月二十六都二图朱子厚立杜卖田契》②两份卖田契,买主都是朱氏宗祠,卖田的原因竟是"因钱粮事用""因钱粮急用"。缴税缺钱,朱氏族人不是抗税,也不是拖欠,而是自觉地、当然地想办法来筹钱,甚至要卖田卖地。这既是一种守法行为,也是一种伦理行为,反映的是作为徽州乡村农民对"忠"的理解和尽忠的具体行动。

2.在"孝"的方面,首村派朱氏族人认祖敬宗意识很强,合族开展的大规模祭祀活动很多

从《休宁首村派朱氏文书》看,明末清初以后首村朱氏的宗族生活,突出的有以下三个方面:

其一,认祖。徽州人认祖的意识都很强,尤其是对始祖和显祖,总是尊奉"水源木本",永远不忘。但首村派朱氏族人的认祖在不同的历史时期,突出和强调的重点是不同的。明代中期以前,突出始迁祖:"吾族源本始出于邾国,迨至唐世,涔公字师古由姑苏饮马桥南迁歙南篁墩;二世祖曰王革 公迁休南鬲山;三世祖曰春公迁休南首村。此诚三代之鼻祖也,为新安朱氏万派朝宗之源流也。"③之后,特别是在清代则是转为对首村派中具有影响的支派宗祖的认同,此即所谓"首村朱氏十三宗",或曰"首村朱氏十三派"。对此,朱瞻原解释道:"公居首村后,子孙三代单传,适宋之世,子孙发祥蕃衍,分支五派,远迁江浙楚汉,近迁休歙各村。明时前人理族,五惟八彦公支祭祀昭代祖先,所以名曰首村十三派、十三朱是也。"④清之后至今,"十三宗""十三派"就成了首村派朱氏宗族的代名词,而在《清嘉庆二十三年十月朱有愉立杜卖田赤契》文书中,朱有愉的卖田就是"出卖与首村朱氏十三派为业","首村朱氏十三派"甚至具有了实体的性质。

---

① 刘伯山编著:《徽州文书》第三辑第四卷,第467页。
② 刘伯山编著:《徽州文书》第三辑第四卷,第468页。
③ 刘伯山编著:《徽州文书》第三辑第四卷,第482页。
④ 刘伯山编著:《徽州文书》第三辑第四卷,第504页。

其二，敬宗。敬宗睦族是徽州宗族的基本事理，兴建祠堂是使其实现的重要手段。"创建宗祠，上以奉祀宗祖，报本追远；下以联属亲疏，惇叙礼让，甚晟典也。"①首村朱氏也是积极构建祠堂的："吾族创立宗祠始于明季崇祯二年，阖族批丁各出乐输，共建祠宇以尽人子报本之忱。构工将半，缘与邻村讦讼，以此未得告成。"之后还是一直念念不忘："至于顺治十五年，阖族批丁乐输约计百有余金，以为递年修葺祠屋，兼纳钱粮。其银虽有批领，不能生息，于事无济。至康熙四年，支丁贲自客外归来，见祠宇损漏，邀同志倡议，阖族公举，凡支下嫁女公堂诞男长口，取其二项公贮入匣，系之与朝纲管理，递年于长至日，果酒敬祖毕，公同族众清算注薄，向无异议。至康熙十六年，复举元凯、自盛、希茂、希珪管理，照遵前人规议，所贮祠匣银两，递年运筹生息，收支出入，皆如前规。至康熙二十三年，复交自盛、希珪、得魁、可松管理，无异。"②清康熙三十八年时，首村朱氏族人要兴建祠堂仪门，其气势恢宏，"四围墙垣封固，永成规模体统。"为了保证支下"同心竭力，秉公执正"，还制订了誓章，用上了"天诛地灭"等字眼③。

其三，祭祀。徽州人很重视祭祀。江绍莲在《歙风俗礼教考》中说："祭礼，尽尊文公《家礼》，各乡小异大同。家祠祭先，则以春秋二仲，有举于至日者，则僭矣。墓祭最重，曰挂钱，亦曰挂纸。举于清明，标识增封也。族祖则阖族祭之，支祖则本支祭之。下及单丁小户，罔有不上墓者。故自汉晋唐宋迄今，诸大族世代绵长，而祖墓历历咸在。无或迷失，执此故也。十月间，有上坟之祀，曰送寒衣，亦感霜露之意。"④这说的是歙县风俗，但在全徽州亦普遍。

《休宁首村派朱氏文书》中就有许多反映首村派朱氏族人合族墓祭的内容。归纳起来，清代以来，首村派朱氏合族墓祭的族祖有：

① 吴元满：《新安歙西溪南吴氏世谱》卷首《续刻溪南吴氏世谱叙》，传抄本，上海图书馆藏。

② 刘伯山编著：《徽州文书》第三辑第四卷，第431页。

③ 刘伯山编著：《徽州文书》第三辑第四卷，第434页。

④ 江绍莲：《歙风俗礼教考》，许承尧《歙事闲谭》卷十八，第609页。

第一，是新安朱氏二世祖琛公及祖妣余、陈二夫人。《新安朱氏宗祠记》里抄有《篁墩标挂议约》：

> 立议约人首村长支十三派众等，缘我等唐殿中丞师古公为新安朱氏统宗一世鼻祖，暨二世祖妣余、陈二夫人墓葬歙南篁墩畴，昔先公定以清明后八日；二世琛公葬鬲，定以清明后七日标挂。春、园、林、秀四小支，风雨无阻，诣墓致祭，千百年来禋祀弗替。奈自咸丰同治之世，粤寇叠扰，四支中子孙均被大创，幸赖匣存霞瀛，需租亦收，理应支持标挂，然我等长支春公支下，昔时昌盛，五派合办一阁以奉祭祀蒸尝，然照前则十二派轮流司办祭祀，各阁中均难支持。今长支集众公议，权以十六派品搭均匀，分作孝、义二阁，当即接办司首。各派毋得推诿。俟出知单公启，集会歙邑西南二乡本家，方可定正规则。凡今在议必守，今日之约，如有异言翻议者，凭公斥之。恐口无凭，立此议约存照。
>
> 孝字阁拈得：长丰、矶溪、首村、里田、水路塘、巴庄、霓湖、遐保；
>
> 义字阁拈得：伦堂、琳溪、古积田、新屯、资庄、石佛、真君殿、东圻
>
> 光绪十一年三月十六日　立议约人：朱良甫、廷秀、殿元（后略）[①]

由此议约可见，琛公后的春、园、林、秀四支族，每年清明后七日要到鬲山标挂二世祖琛公墓，清明后八日要到歙南篁墩标挂二世祖妣余、陈二夫人墓，"风雨无阻，诣墓致祭，千百年来禋祀弗替"。但到了清咸丰同治年间，由于"粤寇叠扰，四支的子孙均被大创"，原先十二派轮流司办祭祀出现困难，本议约就是要解决这个困难，坚持墓祭。

[①] 刘伯山编著：《徽州文书》第三辑第四卷，第499—500页。

第二，是首村朱氏十三派列代祖宗及十世祖妣效婆戴氏。这些祖先的墓基本上是分布在首村周边一带。《新安朱氏宗祠记》里抄录了一份康熙十二年朱宣季等共立的墓祭议约：

> 立合同议约朱宣季、朱以新、朱公远、朱德卿、朱作孚等，近因劝婆祖坟各派久失展墓之仪，致被许姓盗葬，评告府县，所费浩繁。今议：历世祖茔复行标挂，少申孝思，预杜侵害。用是各派阄定，自康熙十二年起，遵阄轮流料理，每年清明后五日，风雨无阻，照单内人数，各携纹银一钱二分付首家，备办祭仪，登山挨次拜扫，于以报本，萃涣保祖，杜患防奸。此系后人正务，各宜恪守，倘子孙有怠惰不遵，及礼仪不如式者，公众议罚。为此公众立议，分给各派，永远存照。

> 所有事宜开列于左：（后略）①

由此议约可见，对首村十三派列祖列宗的清明合族墓祭始于此，对效婆的墓祭也始于此。合族墓祭的目的是"保祖""杜患"。

第三，从田野调查得知，1948年之前，首村本村和长丰村的朱氏族人每年还要墓祭位于首村后山的"贡元"②母亲墓，并进谒贡元厅。

3.在"节"的方面，这里所说的"节"主要是指妇女的守节

谈到这个问题，传统徽州社会给人的印象是：徽州女人是受中国封建伦理教化最甚、所受影响及毒害最深的群体；徽州的男丁至少是从明代中期开始就大量外出经商，形成"人十三在邑，十七在天下"③的局面，妇女在家操持家务，总能恪守传统伦理，洁爱自身；受程颐"饿死事极少，失节事极大"的影响，"新安节烈最多，一邑当他省之半"④，民国修的

---

① 刘伯山编著：《徽州文书》第三辑第四卷，第507—509页。
② 《休宁名族志》："二十一世曰荣，永亨子。性敏捷，七岁能赋文，举入庠，弘治三年贡元，授鸿胪序班。"
③ 王世贞：《弇州山人四部稿》卷六十一《序·赠程君五十叙》。
④ 赵吉士：《寄园寄所寄》卷之二《镜中寄·孝》，第516页。

《歙县志》有16本，其中《烈女传》就有4本；为妇女树的贞节牌坊也最多，遗存至今的比比皆是——古代徽州女子非常恪守节操。如此结论，仅从文献和地面文物看是必然得出的，然而，历史的实态究竟怎样？

在《休宁首村派朱氏文书》中，我们发现了这样一份文书，兹照录如下：

> 立甘约朱种立，今因本门族嫂王氏寡居，向有议论，身不合于七月间代其赁屋外居，今复是身叫回，带有一子，不知所出，族众责罚，是身不合，此子任凭着落，自情愿恳求族众宽恕，故立甘约存据。
>
> 雍正十年十一月　日　立甘约朱种立（押）
>
> 凭见：母毕氏（押）　门长亲叔德敏（押）①

寡居的族嫂王氏，"向有议论"，对此，朱种立是不得干净的；朱种立"于七月间代其赁屋外居"，五个月后，又将她叫回，还"带有一子"，自云"不知所出"，合理的推断是王氏赁屋外居是为了生下这个孩子，而不知所出，是连朱种立本人也难以确认这孩子究竟是不是自己的，但朱种立的嫌疑最大；立此甘约是"自情愿恳求族众宽恕"，答应"此子任凭着落"，并让母亲和门长亲叔出面"凭见"。首村派朱氏的祠规家法第十八条规定："凡有孀妇，青年守志清贞者，长率支丁礼拜，以播芳声。"从这件事我们可以看到，孀妇王氏不仅没有守节，还不清不楚生下了一个孩子，这是有违族规、有伤风化的，违反了传统道德伦理；而族人朱种立，偷了自己的族嫂，还张罗着生下了一个孩子，他如果是未婚者，是不道德的，而如果是已婚者，则更不道德。由此可见，在具体涉及村民个体道德恪守和修养的"节"方面，清代的首村朱氏宗族是出了问题的。

---

① 刘伯山编著：《徽州文书》第三辑第四卷，第445页。

4.在"义"的方面，清代，首村朱氏族人不义的事件时有发生

其一，族产管理者盗取、挪用族产事件。在徽州，各个宗族都有严格的族产管理制度，建有公匦，专人管理。从文书材料看，首村朱氏宗族的公匦制度至少在清康熙以前就已经建立并完善，但在"康熙三十三年，有田来当祠银，祠内不从，因此诉讼，是以任康、可松等不愿管理"①。结果，管祠的人选竟要在康熙三十五年四月由乡约、保长出面呈报到休宁县衙，由县主审核②；在得到县主批核后，又"恐后人心不一"，族长朱世德、乡约朱希茂等十几个人还于清康熙三十五年五月订立了一个议墨合同③，从而在法理、公理、伦理、情理等层面对族产管理的问题进行规定，意在防患于未然。但盗取、挪用族产的事件还是发生了，并且仅在乾隆年间就发生了两起。一起发生在乾隆四十六年，在朱济英等管祠的前后八年里，祠银出现大量的亏空，不能排除是盗取或挪用，于是就要补亏，父债子还，因无"现银交出"，朱有富只得将山抵押到祠内，分十年还清，留下了一份《清乾隆五十年三月朱有富立抵山约》④；另一起发生在乾隆五十一年，朱宗临同儿子国祯管祠，用空了宗祠内银十五两零八分九厘，不能交出，只得外出寻生意以还债，但族众要求有抵押，于是国祯嫂就将住屋的一半抵到宗祠，留下了一份《清乾隆五十一年十二月朱宗临同男国祯立抵押住屋契》⑤。

其二，族内有人伙同仆人偷盗。盗窃的本质是要获得不义之财，这是触犯当时的法律的，按理应鸣官究治，由法理来解决，但清代的首村朱氏却是由宗族出面，由地方公众自行解决，且对不同的当事人有着不同的解决态度。这就涉及伦理问题了。

康熙五十六年三月十五日夜，首村朱氏族人朱顺来伙同村仆詹国旺，盗窃了汪玉章家的布被、锡器等，第二天搜出真赃，鸣知了保甲和族众，

① 刘伯山编著：《徽州文书》第三辑第四卷，第431页。
② 刘伯山编著：《徽州文书》第三辑第四卷，第430页。
③ 刘伯山编著：《徽州文书》第三辑第四卷，第431页。
④ 刘伯山编著：《徽州文书》第三辑第四卷，第468页。
⑤ 刘伯山编著：《徽州文书》第三辑第四卷，第469页。

但没有鸣官究治，而是当事人立一个甘约来了结：

一是《清康熙五十六年三月朱顺来立甘约》：

> 立甘约朱顺来，自不合同詹国旺合伙于三月十五夜盗窃汪玉章布被、锡器物件，十六日搜出真脏，鸣知保甲、族众，理该鸣官究治，自情知理亏，愿立甘约，日后改过自新，如要仍前不法，任从执此鸣官究治。恐后无凭，立此甘约存照。
>
> 康熙五十六年三月十六日　立甘约朱顺来（押）
>
> 凭：保长朱公上（押）　甲长陈元盛（押）①

二是《清康熙五十六年三月詹国旺立甘约》：

> 立甘约詹国旺，自不合同朱顺来合伙于三月十五夜盗窃汪玉章官人家布被、锡器物件，十六日搜出真脏，鸣知保甲、家主，理该鸣官究治，自知理亏，恳求家主，愿立甘约，日后改过自新，如要仍前不法，任从家主执此鸣官究治，倘日后村中失事，尽是身一力承当，无得异说。恐后无凭，立此甘约存照。
>
> 康熙五十六年三月十六日　立甘约詹国旺（押）
>
> 凭：保长朱公上　甲长陈元盛（押）
>
> 依口代书：韩观祥（押）②

这两份甘约应是朱氏宗族出面的结果，尽管也鸣到了保甲，但保长是朱姓人；特别是詹国旺的甘约，是"恳求家主，愿立甘约"，其家主即朱氏人。于是，本该由法理解决的问题，在宗族的出面下，就情理、伦理地解决了。更具伦理性质的是首村人在对待和处理这两个在法理上本是具有同等罪名的当事人上，却有不同的态度：作为朱氏族人的朱顺来仅在甘约

---

① 刘伯山编著：《徽州文书》第三辑第四卷，第441页。
② 刘伯山编著：《徽州文书》第三辑第四卷，第441页。

上承认理亏，答应日后改过自新就通过了；而作为村仆的詹国旺，不仅要如此，还要写下"倘日后村中失事，尽是身一力承当，无得异说"。与此同时，首村人还专门就防范盗窃事搞了个通村公议，其中仅点了詹国旺一个人的名①。

上述可见，清代休宁首村的朱氏宗族在"忠""孝""节""义"的伦理实践上是存在一定偏差的。"忠"的体现主要是完纳课税及信赖官府；"孝"的体现集中在祭祀祖宗，且带有一定的被动性和目的的社会功利性；而在涉及个体族人道德恪守和修养的"节""义"等方面则出现了严重的问题，不节、失义的事件时有发生。

四、结　语

第一，伦理的要求与伦理的实践并非总是统一的。

其一，它们两者本来就不是一回事，伦理的要求只是要求，它是抽象、空洞和理念性的，而伦理的实践则是伦理要求的具体展开和体现，它是具体、实在和可操作的。中国社会的伦理主体是儒家所倡导的伦理，它作为普遍的伦理要求，在具体下沉的过程中要转化为一个个的具体实践，在下沉到乡村社会时就会带有一定的乡土区域性，而再具体到每一个村民的身上则又体现为行为的实在性以及个体行为的多样复杂性。一般地，伦理教育和实践会影响习俗，但反过来，习俗也会影响、干预伦理教育和实践的具体展开。其中，可操作性是底层伦理教育与实践的关键。如对"忠"的伦理要求，休宁首村的朱氏宗族及所有的徽州宗族就是以对国家课税的绝对完纳和对官府的无限信赖来体现的，由之展开了可操作的具体实践。

其二，伦理要求与伦理实践之间总会存在差异空间。从纵向上看，作为一般性、整体的伦理要求，其在下沉过程中是很难做到保持自身完整的

① 刘伯山编著：《徽州文书》第三辑第四卷，第442页。

统一，而总是不断地有所"丢失"，最终导致伦理所要求的一切并不能在伦理实践的过程得到完整体现，这种状况是由社会存在本身的非理想性和差异性决定的，有些还是由伦理实践的可操作性所决定的，从而也是不可避免的。再从横向上看，同一的伦理要求在不同区域和群体中所实施展现的伦理实践并非统一的，它们总会表现出一定的差异性。徽州的社会，过去我们总认为它是"程朱阙里""东南邹鲁""礼仪之邦"，是儒家文化和价值观厚重沉淀的地区。明代休宁人赵吉士在《寄园寄所寄》中就说："新安自紫阳峰峻，先儒名贤比肩接踵，迄今风尚醇朴，虽僻村陋室，肩圣贤而躬实践者，指盖不胜屈地。"曾任兵部左侍郎的明歙县人汪道昆亦云："新安自昔礼义之国，习于人伦，即布衣编氓，途巷相遇，无论期功强近，尊卑少长以齿。此其遗俗醇厚，而揖让之风行，故以久特闻，贤于四方远甚，非苟而已也。"①但共时性的社会存在总是多样复杂的。一个区域社会的主流特征存在并不代表其内部不存在差异。"月潭朱"与"首村朱"本是一个"朱"，都该和朱子有宗亲关系，但它们却是一个"亲朱子"，一个"非亲朱子"；清代首村的朱氏宗族就是发生了许多不节、失义的事件等。

第二，一个宗族的伦理教育和伦理生活状态直接关系这个宗族的兴盛衰败。

休宁首村的朱氏宗族在明代以前势力十分强大，人文郁起。约刊刻于明代天启六年的《休宁名族志》就大量记载了明代中期以前首村朱氏的人文情况，其中以明代以前为著，记述字数达千字；到了明代，则繁荣不如过去，记述字数仅三百字。而从明代后期开始直至民国，首村朱氏在人文发展上就一直不见了长进，文献不见了记载，甚至到了民国时候，首村的朱氏不仅人才不郁，连居住的人也不多了。这是历史的现象，导致的本质是：首村的朱氏宗族在明代中期以后衰落了。

从遗存的文书所反映的情况看，大约从明万历年间开始，首村的朱氏

---

① 汪道昆：《太函集》卷一《黄氏建友于堂序》，第71页。

宗族就已失去了昔日的辉煌，标志性事件是：首村朱氏始迁祖春公的墓被邻近的龙湾黄氏势占了，之后一直求归不得。清康熙四十七年时，首村朱氏族人就悲愤："春公古墓，向被龙湾黄氏势占，平抹抽除鳞册保薄一页，使我子姓无凭，伸诉迄今，百有余年，祖冤莫雪。"①至光绪十一年，支裔朱瞻原还在悲泣："可怜三世显祖，唐室名臣，于今塚断连云，为子孙者谁不悲怆。"②这件事严重伤害了首村朱氏族人的自尊，它像一个梦魇，一直压迫着全体首村派朱氏族人，以至于在祠规家法里还专门制订一条："各派中有能复春公墓地，重建宗祠者，准十三朱祖宗容上画像。"而从清代初年开始，首村的朱氏实际上就已经沦为其他许多宗族予以欺辱的对象了。从文书我们可以知道，从清初至清乾隆十二年的一百年时间里，以首村朱氏为主的首村派朱氏族人合族被迫打了很多官司，除继续追讨春公墓业外，其他案例还有：其一，建宗祠与黄姓讼案，即明崇祯二年合族批丁输资始建首村统宗大祠，在清初构工将半时，突然遭到邻村黄姓的讦讼，以至未得告成。其二，效婆墓讼案，即"康熙初年，又有孚潭许弘遵籍有大商三坞柴山，又将母骨胆敢扦穴葬在吾宗十世祖妣劾婆戴氏孺人来龙墓顶，十三派支丁控案至府宪，押令起举还地"③。此案官司在雍正四年、五年时还又打了一场，并且为解决讼费，首村的朱氏宗祠还当了3块族田④。其三，大商地朱氏十三宗墓讼案，留下了一册《清乾隆十年十一月至十二年二月讼理大商地仆侵占公厅案存览》⑤。而另据笔者的田野调查，清代中期时，首村朱氏还与毗邻的梅田江氏发生了一起大的争讼。这几起官司都是屈辱的官司，首村朱氏尽管都是合族而上，却又都败了，劳民伤财，宗族元气大伤。败的根本原因是势力不如人、族中无人。作为与首村派朱氏宗族有"宿仇"的休宁龙湾黄氏自明至清一直是人丁兴旺、人才辈出，出过不少进士，明崇祯十六年还出过一个武状元黄赓；梅田江氏也出

① 刘伯山编著：《徽州文书》第三辑第四卷，第436页。
② 刘伯山编著：《徽州文书》第三辑第四卷，第504页。
③ 刘伯山编著：《徽州文书》第三辑第四卷，第504页。
④ 刘伯山编著：《徽州文书》第三辑第四卷，第443页。
⑤ 刘伯山编著：《徽州文书》第三辑第四卷，第450—463页。

过"翰林"等。而首村朱氏在明代以后仅出过一个"贡元",这是不足抗衡的。清代的首村朱氏处在这样一个强族林立的环境,与这些宗族结讼、结怨,大有四面受敌之危,无奈,他们只得迁离,许多人就迁到了较远的长丰一带,之后还有再迁、三迁等。也许正是看到了自己宗族的衰退,所以在清代以后,首村的朱氏宗族是刻意强化了宗族意识,刻意以"朱氏十三宗"的旗帜来会聚族众,合族开展认祖、敬宗、祭祀等活动,特别要在新制订的祠规家法上,写上更多的有关宗族管理的内容。殊不知,一个宗族真正的振兴和兴旺,人才的培养、宗族整体素质与修养的提高十分关键。首村朱氏宗族的衰落是一种基于中国传统社会内部环境和机制的衰落,族内无人撑面是其屡遭他族侵占、欺辱的现实原因,而没有很好的宗族人文培育环境、人文氛围淡弱等又是导致族内长期出现不了社会性人才的根本原因,其中,宗族伦理教育的弱化、伦理实践的偏差又是影响、抑阻宗族社会性人才培育与产生的深沉原因。在中国传统社会,一个地区、一个宗族的兴衰是与伦理教育、伦理实践的情况内在关联的。唯正方有气,有气才得势,得势才有力,有力才会强,强而才能壮。

中国传统的乡村社会基本上是宗族社会,徽州尤为典型;而徽州的传统社会在清代以后,宗族社会趋于松解,传统社会的发展走向衰落。休宁首村的朱氏宗族就是这种衰落的一个典型案例,探究清代休宁首村朱氏宗族的伦理生活实态,对我们了解与分析其衰落的原因十分重要。

朱子《家礼》当代在祁门黄龙口的实践调查①

朱子《家礼》是自南宋以来影响最大的"庶人礼书",它是传统儒家伦理思想的集中体现。当下的中国虽然已处在现代化的进程之中,但儒家文化的影响还存在,《家礼》中规定和倡导的许多仪礼仍然在传承与实践。

古徽州是历史文化底蕴十分深厚的地区,它是"程朱阙里",传统儒家文化在此有厚重沉淀,尤其是朱子的思想在徽州影响极大,所谓"一以郡先师子朱子为归。凡六经传注诸子百氏之书,非经朱子论定者,父兄不以为教,子弟不以为学也。"②《家礼》是被奉为"金科玉律"的社会及家庭仪礼范本,各宗族制定族规、家法都以《家礼》为根据。如黟县李氏家训中说,对于朱子家礼,"我族则尤宜亟采之以为法"③。休宁的茗洲吴氏在制作其《茗洲吴氏家典》时就说:吴氏族规乃"推本紫阳家礼,而新其名曰家典"④。祁门是古徽州六县之一,黄龙口自然村为徽州汪氏宗族的聚集地。它位于祁门县西北部,坐落在大山深处,处地偏僻,距县城约50公里,距祁门西北重镇历口镇约10公里。历史悠久,宋代就建村;文化底蕴丰厚,遗产众多,目前仅列入黄山市"百村千栋"古建保护工程名录的古建筑就有12栋。

---

① 此文系笔者与安徽大学哲学系2019级硕士研究生陈慧丽和2010级硕士研究生王倩共同完成。

② 赵汸:《东山存稿》卷四《商山书院学田记》,第287页。

③ 光绪《鹤山李氏宗谱》卷二《鹤山李氏家典序》。

④ 休宁《茗洲吴氏家典》卷首"序",第三叶下。

笔者自2010年11月以来，在黄山市中国徽州文化博物馆馆长陈琪、黄山市城乡建筑规划设计院院长陈继腾等的帮助支持下，曾先后十余次到黄龙口村开展实地田野调查，吃住在村民家，零距离接触村民。通过亲历和调查，我们发现：时至今日，虽然现代化的浪潮已波及黄龙口这个偏僻的小村，但黄龙口人的生活尤其在精神生活方面仍然努力地传承着自己的传统，在礼仪生活和实践上，还会遵从朱子的《家礼》，努力依照家规行事。

一、通礼实践

《家礼》中通礼部分主要包括"祠堂""深衣制度"等，它们有些在当下已不施行。据我们的调查，目前在黄龙口村还延续的主要是以下两种：

1.祠堂

朱子对祠堂很重视，《家礼》中对祠堂的建制、功能、礼仪程序、管理方法等都有具体规定。

黄龙口村现有汪氏祠堂四座，其中宗祠一座，名为永安堂，支祠三座，分别为天合堂（俗名五份支祠）、中和堂（俗名六份支祠）、同善堂（俗名八份支祠）。永安堂是汪氏宗祠，建于明代，坐西南朝东北，三进五开间式，中、后天井，前进已修缮成新式建筑，中、后进仍保持原有风貌，寝堂二层，后进为里屋祠堂——敦本堂。天合堂是汪氏五份支祠，建于明代，坐西南朝东北，二进三开间，门楼为五凤楼式建筑，中设天井。中和堂是汪氏六份支祠，位于村中河边，建于明代，坐西朝东，现仅存门楼、寝堂部分，中进享堂、天井部分已坍塌，但墙体、柱础仍在。同善堂是汪氏八份支祠，建于清代，坐西南朝东北，三进三开间，中、后有天井。

从功能上看，祠堂过去是作为祭祖、聚会、举办婚丧等的地方，现在的各祠堂，由于祖先牌位、祭器等没有了，故祭祖活动已不普遍开展，但大型聚会特别是婚丧举办等还会在这里举行，只是时至今日，各祠堂的功能和分工有所区别：永安堂作为宗祠，是承办如春节唱戏等全体汪氏宗族都可以参与的活动场所，同时也是黄龙口人举办丧礼的地方；天合堂和同善堂主要承办本支族人的婚礼；中和堂由于损毁严重，目前还不具备举办活动的条件。此外，永安堂和同善堂由于保存基本完好，空间大，也是族人主要存放寿材的地方，但在2011年的村风村貌整治后，这里已不允许再摆放寿材了。

从管理上看，黄龙口的各祠堂都有专人管理，平常祠堂门上锁，闲杂人等不得入内。在永安堂墙上，还写有本祠堂管理办法，兹照录如下：

永安堂管理条约

同志们：

为了搞好永安堂环境卫生等一切管理，经本村干部及五个村民组长开会研究决定并订立几项条约如下：

（1）凡是堆放的棺材一律堆放在上堂两边，其他的杂物不能堆放。

（2）在祠堂内做工的要交理费。

（3）锯板锯料（带锯、圆盘锯）每天交拾元，按每次另交压（当为"押"误，下同——笔者注）金拾元。

（4）弹棉絮每天交伍元，铁匠每天交贰元，另交压金伍元。其它临时匠邦（木匠、桶匠、所匠等）每天交壹元，各匠完工后，必须自动打扫干净由管理人员检查。

（5）建房者，如堆放物资要交压金伍拾元，完工后扫干净。祠堂内不打豆。

（6）在本祠堂内婚事、素事，需使用结束后，自动打扫干净。入内做工者需先到汪维祥交钱，开条到管理人员取钥匙开门。祠堂内不能倒垃圾。

（7）建房者在进屋后一个月内一切杂物要全部清理干净，否则压金不退。另行处理。

以上订立的条约请同志们遵照执行。

黄龙村委会及五个村民组订
一九九九年三月二十二日

2.谱牒

朱子《家礼》中的"遗书"就是指"谱牒",强调:"或有水火盗贼,则先救祠堂,迁神主、遗书,次及祭器,然后及家财。"

黄龙口的汪氏宗族现今保存有四部族谱,分别是明隆庆四年在婺源大畈修的《汪氏统宗正脉》18册;清乾隆五十八年由汪玑主持在徽州府修的《汪氏通宗世谱》140卷38册;清光绪十八年在黄龙口村修的《文溪汪氏支谱》1册;民国三十五年由汪茂主持,汪术明手书在黄龙口村编修的《文溪汪氏支谱》6册。黄龙口至今保存有如此多版本和卷数的本族族谱,堪称一绝,特别是清乾隆五十八年《汪氏通宗世谱》全本,据说还是全国汪氏宗族中最早、最全的一部通宗世谱。

黄龙口的族谱由专人保管,并有一整套管理制度,开谱、晒谱等都有一整套程序和仪礼。2012年元月3日上午,黄龙口村举行了一次晒谱仪式,笔者有幸亲历。兹就现场情况制表记录如表1。

表1 2012年元月3日祁门黄龙口汪氏宗族晒谱仪式

时间	程序	内容	参与人	备注
10:00	序曲	鸣炮,锣鼓、唢呐、笛子奏起了"十番锣鼓"	礼乐队:汪立忠、汪民秋、汪跃武、汪共进、汪鑫强	永安堂门口
10:05	族人代表入场	四个份的代表就座	四个份代表:汪长生、汪尉端、汪一根、汪善升	永安堂享堂
10:08	启动	主持人宣布接谱	主持人:汪春养	鸣炮、奏乐
10:10	接谱	护谱队出发去汪永禄家接谱,汪永禄、汪胜利、汪和平从汪永禄家取出三箱宗谱,开门,让护谱队接谱	四个份代表和护谱人:汪维详、汪武进、汪鑫峰、汪建彬、汪顺华、汪志刚、汪庆军、汪端平、汪烈海	乐队不间断吹奏
10:15	运谱	护谱队三人一箱,两人抬,一人看护;箱子均用红布盖住,依序接入永安堂	四个份代表、族谱管理者、护谱人	乐队不间断吹奏
10:18	供谱	供谱于正殿祭台前,一字排开	四个份代表和护谱人	

时间	程序	内容	参与人	备注
10:20	族人代表发言	介绍黄龙口宗谱的编撰历史、所经历的数次劫难及现在保存情况	汪荣升、汪尉端	此时护谱人开始把守着各个部位
10:30	开箱	管钥匙的人启封条、开箱子。箱门内侧有此箱存放宗谱的内容和首次装箱的记录,每本宗谱侧面有用十二地支表示的顺序	汪和平	族谱全部的管理者:汪和平、汪永禄、汪胜利、汪长生皆在场才开箱
10:35	四份代表拜谱	汪润明从箱中取出越国公汪华像和两本《汪氏通宗世族谱》,再四份代表逐一向宗谱跪拜	汪长生、汪尉端、汪一根、汪善升	
10:40	封箱	负责封箱的汪长生将宗谱、画像及本次参与晒谱仪式的人员名单放入箱内;关箱、上锁、贴封条;四名宗谱管理人员在封条上签名;箱上重新盖上红布	汪长生	因当天雨雪,谱没有实际的晾晒。过去则是将谱放在 3 m×6 m 的竹席上晾晒
10:45	众人拜谱	众族人开始跪拜宗谱,许多幼童在大人的要求和帮助下也进行了跪拜,部分妇女也跪拜了	族中众人	女性本不允许跪拜,但在强烈要求下才允许跪拜
11:00	送谱	鸣炮,护谱队员再次抬起谱箱送回原处,乐队伴其左右不停吹奏	四个份代表、族谱管理者、护谱人	乐队不间断吹奏
11:10	收谱	送至汪永禄家,关门,收宗谱	汪和平、汪胜利	只有汪和平、汪胜利在屋内

如此从"谱的实物"到"谱的管理"再到"晒谱礼仪",至今都还传承古物、古法、古礼的情况,这在现今的整个徽州地区乃至全国都是少有的。

二、婚礼实践

《家礼》中关于婚礼的规定是由"议婚""纳采""纳币""亲迎""妇见舅姑""庙见""婿见妇之父母"七部分组成。当代黄龙口人举办的传统婚礼，据笔者的调查，至少存在以下环节：

1.议婚

《家礼》中的"议婚""纳采"与"纳币"相当于当今的议婚阶段，除了有对结婚人年龄、服丧情况有所限制等外，更强调要进行一些"具书""告于祠堂"等礼仪。

据笔者调查，黄龙口人至今依然传承议婚阶段写礼书的习俗。孙锡昌老人（1939年出生，曾读私塾5年，至今都从事婚丧嫁娶等服务工作）就曾为我们抄写了现在仍然采用的礼书星期贴和红花单范文，兹抄录如下：

> 星期贴（又名日子单）
> 男方姓名××县××乡××村忝眷侍生肃穆鞠躬
> 敬启
> 大德尊亲××县××乡××村钦命造诣
> ××府××父亲姓名第几女，过以介绍，双方同意，愿与寒门之几子××结为百年佳偶。但愿螽斯衍庆，瓜瓞绵绵，夫妇同心，合力建设幸福家庭。兹选择婚期，××拾××年××月××日举行婚礼。所有婚礼菲仪盼赐礼目，不周之处，盼望尊亲谅解。
> 侍生再拜　俯辞允诺
> 不胜感谢之至　礼后
>
> 红花单
> ××县××乡××村××府亲家××。为令几子结婚之喜，现将婚礼菲仪如下：锁堂烛足斤一对、梳妆烛足斤一对、铜镜两面、五彩丝线各一根、百子糖××斤、梳妆喜包××个、鲜亥××斤、鲜鱼××条、鸡蛋××个、红毛母鸡一双、盐米各若干、菜油××斤、猪油××斤、虾米××斤、黄豆××斤、状元糕双块、米酒××瓶。
> 望尊亲美满前言。勿误。

在毗邻黄龙口的祁门县环砂村，我们也发现有至今仍然采用的男家纳采启和女家回纳采启范文。

2011年10月22日，我们在黄龙口采访调查了村民汪润明（1937年出生，读过5年私塾）、汪先进（1958年出生，初中文化）和程小凤（1962年出生，初中文化，环砂村人）夫妇，询问黄龙口人的婚礼习俗，得知现在黄龙口人结婚，从认亲到结婚要提四次篮子，即定事篮——由男方父母带到女方去，里面装有点心、面条、鸡蛋、酒等，有时还要加上一个装有钱的红包（现在一般是2000元）；发喜篮——男方拜访女方的每位亲戚，直系亲属还要发红包（一般是500元），篮子里必须放一个"箍同包"，寓意今后男女二人就绑在一起了，同时男方还要给村子里的人发糖果，宣告主权，以免准新娘被他人招惹；定婚篮——意味着男女双方要去打结婚证了，篮子里有糕点和红包，同时还要带一只公鸡和一只母鸡；定婚期篮——最后定办结婚礼的日子，篮子里同样是放糕点、红包（2000元）。举办婚礼时，女方的宴席用菜、礼仪用品等都是男方挑过去的，如办酒席用的猪肉，杀一头猪，一半给女方，一半男方用，这叫"猪边担"。1987年汪先进迎娶程小凤时就是这样做的。

2.迎娶

迎娶是婚礼的核心阶段。《家礼》中有"亲迎""妇见舅姑"等规定。

黄龙口人的迎娶基本上是传承古礼。2012年1月2日中午，我们黄龙口采访调查了村民汪鑫强（1963年出生，初中文化）、汪共女（1965年出生，初小文化）夫妇，问及其嫁女的情况：

问：你女儿是何时出嫁的？都有哪些礼仪或习俗？

汪鑫强答：我女儿女婿是腊月初三，也就是2011年12月27日结婚的。出嫁的前一天早上，女儿去我们祖坟上坟，这是要告诉祖宗，她要出嫁了。晚上，在自己家摆酒，招待本家亲戚。酒席上，我还要"报圆盘"。

问：什么叫"报圆盘"？

汪鑫强答：就是由父亲敬酒，酒用托盘托着。敬酒分为三敬，第一敬天地，第二敬祖宗，第三敬女儿。女儿需要下跪。然后各亲戚给红包。

问：摆酒的费用谁出？

汪鑫强答：之前女婿带来2万元的彩礼，用来办酒席的。

问：还有其他礼仪吗？

汪共女答：还要装箱、压箱底。就是在箱底四角及中间各放麻线，寓意"发财"，放红包。

问：出嫁当天呢？

汪鑫强答：当天一早，由哥哥或弟弟等本家亲戚背到祠堂，侧门进，大门出，告诉祖宗她要出嫁了。然后回家，站在一个圆的竹子簸箕上，母亲给女儿唱"撒帐歌"，也有姨娘陪唱的。然后就撑红伞从娘家走出。

问："撒帐歌"都唱什么？

汪鑫强答：唱词有现成的也可以临时编，是哭调，比如（唱）："小娘来，头戴凤冠一天亮，身穿龙袍就地拖，脚踏莲花步步高。东边房里生贵子，西边房里状元男。到人家去争气，到人家去要成家立业……"

问：为什么要站在圆簸箕里和打红伞？

汪鑫强答：就是要出门上不见娘家天，下不见娘家地，不带走娘家的一尘一土。

关于撒帐歌，徽州遗存有不少的文书，如安徽大学"伯山书屋"就藏有清末民初的《撒帐吉书》[1]等。唱撒帐是迎娶中的一个环节，相当于《家礼》亲迎中的"遂醮其女而命之"。

2012年2月23日（农历2月2日），我们有幸参加了黄龙口村民汪军盛

---

① 《撒帐吉书》，收入刘伯山编著：《徽州文书》第三辑第十卷，第167—177页。

（1973年出生，大专文化）的婚礼，主场是在天合堂祠堂。以下是我们当时对婚礼过程的调查记录：

　　2012年2月23日，上午十点左右，爆竹声四起，汪鑫强领头吹奏欢快唢呐，曲名是《一枝梅》，新郎汪军盛西装革履、手捧鲜花跟其后，再后是一名伴娘和五名接亲人员，然后一同上车，驱车前往景德镇迎娶新娘江秀英。下午四点左右，爆竹声再起，接亲及送亲车辆共6辆从村口驶入村中，停在村篮球场上，新郎下车背着身着白色婚纱的新娘，伴娘打红伞伴在一边，唢呐跟随着新人，直至进入祠堂（天合堂），新娘方可脚着地。

　　婚礼礼仪在祠堂举行，亲朋好友相继到场，由村支书汪春养当主婚人，主持结婚典礼。新人步入祠堂中殿前，一对红烛摆在台前，金花四溅洒在新人身上。主婚人致吉词后，新人亲属致词。新人行了拥抱礼后，即为高堂（只有新郎母亲）献茶，再行拜天地、拜高堂、夫妻对拜仪式。礼成，新郎再次背起新娘送入洞房，唢呐跟随其后……

　　在新房里，一名一岁半左右的男孩在大人的要求下，从红色新痰盂中取出红枣、红花生及用红纸包的步步高，然后就在痰盂中撒尿。此时新娘换上了旗袍，开始给男方家的长辈挨个敬茶，然后去祠堂参加婚宴。

　　婚宴仍然在祠堂里举行，新娘和亲戚家中未出嫁的女孩坐头桌，其他按照尊长亲疏关系依次落座，男方舅舅是婚礼中的主要长辈，坐在主位。……敬酒时，唢呐声再次响起宴席上，新人先是依次敬男方家长辈三杯酒，长辈给新人红包；再逐次给所有参加婚宴的来宾敬酒。婚宴结束后，新人回到男方家。……

　　晚上，新娘手捧一双布鞋（买的成品）敬给男方母亲……

3.拜祖

《家礼》中关于在婚礼时要告祖、拜祖的规定很多，其中"庙见"就是："三日，主人以妇见於祠堂。"

现在黄龙口人婚礼的告祖、拜祖，除了婚礼仪式是在祠堂举行外，再就是要到祖坟上拜祖。汪军盛、江秀英本来是婚后第三天才上坟拜祖的，由于他俩都在景德镇工作，所以提前了一天，笔者有幸近距离地目睹了此过程。兹将当时调查的记录部分照录如下：

> 2012年2月24日，上午十点左右，新娘江秀英在新郎汪军盛及其妹妹汪秋花、妹夫汪武进的陪同下，先到村口外一个叫江家坞的地方，过河爬山，来到汪军盛的父亲汪旺道的坟前，开始祭拜。汪军盛拿出事先准备好的贡品——一份米饭、一碟豆腐、一碟糖果，摆放在坟前，然后四人手执点着的三炷香，先对坟三鞠躬，然后将香插至坟前，接着汪军盛烧纸，汪武进燃放鞭炮。鞭炮放完后，四人再鞠躬，离去。

当时，我们还对汪秋花（1978年出生，初中文化）进行了采访：

> 问：你每年都来给父亲上坟吗？
>
> 答：不是的，我自从1999年结婚前一天来过后，再就是到今天才来的。
>
> 问：为什么？
>
> 答：这是我们这里的规矩，女孩子出嫁前上坟也就是在娘家的最后一次上坟，这是在辞祖，以后就是婆家的人了，就不能再来上坟了。今天是我哥哥结婚，我是陪哥哥嫂子才来的。

4.回门

回门礼是婚礼的必行之礼，《家礼》中是这样规定的："明日，壻往见妇之父母。次见妇党诸亲。妇家礼壻如常仪。"

汪军盛婚礼的回门礼，由于汪军盛夫妇均在女方家的景德镇工作，所以将原本是婚后第二日的回门推迟至第三日。2011年10月20日，我们在黄龙口就结婚回门的礼俗采访了汪先进、程小凤夫妇：

> 问：黄龙口村现在还有婚后回门的礼仪吗？
>
> 汪先进答：有，一般是在婚后的第二天。
>
> 问：具体有些什么环节？
>
> 程小凤答：一般是由新娘的兄弟一早来接新娘新郎，新娘新郎要带上糕点去新娘家。拜见了新娘家的亲朋好友后，就在新娘家吃中午饭。新娘家会请能喝酒的人来陪酒，一定要让新郎喝多。然后在当天晚上，由新娘的父亲送新娘新郎回新郎家，并要在新郎家住一晚。新娘的母亲会给女儿带上红烧肉，新娘回到婆家后，要让婆家的每个人都吃到，这叫"和气肉"。

《家礼》中的婚礼规定本身就是既保存了古代婚礼的精华，又有针对当时时代特点的变革。同样在21世纪的今天，《家礼》中的许多礼仪形式也应该变革。从我们调查的当代黄龙口人的婚礼实践看，其礼仪展开的逻辑进程和基本精神都是符合《家礼》的规定与要求的，形式上则作了简约与改进。

三、丧礼实践

丧礼在《家礼》中的篇幅最大，规定也非常全面细致。当代黄龙口人的丧礼实践，据我们的调查，主要有"报讣""吊唁""下葬""做七"等几个环节。

1.报讣

"报讣"是在逝者刚亡时，一方面做好对逝者的最初"安顿"，另一方面就是做好及时准确的报丧。这相当于《家礼》中的"初终"。

2012年2月23日，黄龙口村民汪小平因病医治无效于下午五点左右在家中逝世，当时我们正在黄龙口村，得知消息后，本想进行实态调查，因逝者刚亡不便采访其亲属，于是我们采访了同村的汪长生老人（1947年出生，高小毕业）和汪先进、程小凤夫妇：

> 问：死者叫什么名字，多大年龄？
>
> 程小凤答：他叫汪小平，今年才46岁，是病死的。
>
> 问：生病了，怎么不在医院呀？
>
> 汪先进答：今天上午才从医院送回来的，回来的时候还活着。我们这里的风俗是：本村的人如果死在村外，尸体不许进村，得埋到水口以外的山上，只能灵牌进祠堂办丧礼。
>
> 问：黄龙口人死后有哪些礼仪或风俗？
>
> 汪长生答：除了病重就要赶快回乡外，在快要咽气的时候，子孙要帮他背上"冥府包袱"，让他背着"冥府包袱"过世。人咽气了，家人就要到水口外放炮和烧"上路笼"。
>
> 问：什么是"冥府包袱"和"上路笼"？
>
> 程小凤答："冥府包袱"是用纸糊的包袱，里面装有纸做的衣裤及金银元宝等，意思是给逝者带到阴间去用，包袱上写上死者的名字及"冥府"等字。"上路笼"是类似的纸箱子。
>
> 问：死讯是怎么告诉家里人及其他友人？
>
> 汪长生答：我们这里的白事是不接待客人的，来吊唁的也不特别接待。人们之间相互传递信息，不特别出通告。但是外嫁的黄龙口女人死了是必须出"报讣贴"的。
>
> 问：什么是"报讣贴"？
>
> 程小凤答：就是给死者的娘家报告死亡的帖子，必须连夜送到娘家，贴在祠堂里。现在报丧都是电话先通知，然后报讣贴送到。

2010年11月11日，笔者第一次在黄龙口村调研时，在永安堂里就看到许多张贴着的报讣贴，其中大门上的一张刚贴出不久，文字如下：

讣文

祁门县古溪乡廖家村廖叙伦堂秩下裔孙投贴

时维

近故廖母汪氏惠兰老孺人，生于一九一七年八月廿日，享寿九十四岁。廖母卧病至今，经多方诊断，医药无效，不幸于二零一零年农历十月初六日二时十五分寿终正寝。不孝男廖高保等罪孽深重，不辞殒戚，谨择于二零一零年农历十月十一日，遵制成服，乞求黄龙村汪永安堂族众阁下、□□诸亲懿戚，以不孝之罪，届时恳请母家□□吊唁，予以治丧。谨遵台命。

差此讣文。

二〇一〇年农历十月初六日送达

2011年10月22日晚，孙锡昌老人还给我们写了报讣贴的范文。

2.吊唁

《家礼》中用了许多篇幅规定了"吊唁"的仪式，十分烦琐，当代的黄龙口人有些传承了，有些删繁就简，有所改进。

2011年10月21日，笔者在黄龙村对经常从事丧葬工作（当地俗称"土夫"）的汪国正（1953年出生，从事土夫工作30余年）进行了采访调查：

问：你们当地在人死后有哪些礼仪或习俗？

答：人一死，就把他睡的房间的门板下下来，将尸体移到门板上，头下垫三块瓦当枕头，靠墙边放好后，用床单盖上。然后在头的边上放一碗半熟米饭，上面铺个煎鸡蛋，筷子插在米饭上，这个叫"倒头米饭"；头前放一个香炉，插三根香。然后有人守灵，头几天是同支安排人守灵，出殡前最后一天是儿子、女儿、媳妇、孙子等近亲守灵，一般3~5日，由风水先生根据情况定，主要是看日子是否相冲。守灵的时候香火不能断，点的油灯也不能灭。

问：孝子贤孙要披麻戴孝吗？

答：以前是需要的，现在主要是儿子媳妇要披麻戴孝，或者在鞋子上订块麻布；孙子辈及以下的主要是戴白色帽子，女婿必须穿白衣服。

问：灵堂设在哪里？如何布置？

答：就在尸体房间中，遗像放在小桌子或大椅子中间，尸体前面有些贡品、香炉及火盆，用来烧香烧纸。

问：邻居亲朋如何来吊唁？

答：一般都是上午来，进门磕头或者鞠躬，上三炷香，最后烧纸钱等。有给份子钱的。红丧事给红包，寓意子孙走鸿运，但是这个钱在去祠堂前能给，去祠堂后就不能给了。

问：祭品一般是什么？

答：一般是七样，鱼及水果糕点等，中间有只鸡，葱插在鸡身上。这些祭品在出殡后还要放三天。

问：一般什么时候给死者换衣服，都穿什么？

答：在祠堂举行仪式的当天，土夫给死者擦洗身体以后换上寿衣，现在寿衣都是买的，五领三腰（就是上面五件衣服，下面三条裤子）。生前穿的衣服及睡的门板在下葬时要烧了。

3.下葬

"下葬"是整个"丧礼"的核心环节。朱子重视"丧礼"，更重视"丧礼"中的下葬，对此，《家礼》中有许多具体规定，如治丧、迁柩、发引、及墓、反哭等。

2011年10月22日晚，我们曾就丧礼中的下葬仪礼，采访调查了孙锡昌老人。

问：黄龙口的丧礼一般在哪里举行，是在什么时间？

答：一般死后三至五天，主要是看日子是否相冲。一般在永安堂举行。

问：礼仪的过程是怎样的？

答：出殡当天一早，死者的儿子要穿上死者生前的衣服，去村中小溪里"买水"。用三根锡箔包好的香插在地上，逆流向上取水后向溪水中抛入硬币。土夫用"买"来的水为死者擦拭身体，换好衣服，口中要"含口钱"，再用布从头至脚缠好。然后三个土夫提三根白布绳将死者从家里抬到祠堂，出了家门，儿子就要给尸体打伞，意思是脸不能朝天。出门要放炮。棺材一直是搁在祠堂里的。我们这里，人过了50岁就开始做棺材了，一般一家人会做三口棺材，老夫妻两口还有一口叫配材。棺材一般是由儿子出木料、自己出工钱，女儿摆酒席并给木匠师傅红包。棺材一般用杉木做，刷三次油漆，有十合、十二合、十五合。做好的棺材摆在祠堂里，多的时候有八九十口。

问：尸体接进祠堂就入棺材了吧？

答：等灵位请来、摆好后就入棺了。

问：棺材里面放什么？

答：棺材里放有石灰、纸钱、白布、锦被以及生前喜欢的物品等。锦被由女儿准备。

问：追悼仪式是怎么样的？

答：近亲从近至远逐次"吊香"，行进香、三跪、三拜礼，然后一直下跪。所有观礼者，在礼乐的伴奏下绕灵枢三周后，向遗体默哀三分钟，接着族家主持人讲话，礼生读祭文、烧祭文，然后棺材钉上钉子，就可以出枢了。

问：出枢过程怎样？

答：四个土夫抬着棺材出祠堂，去山上墓地。棺盖红布，上缚一公鸡。长子捧神主牌，家人披麻戴孝，送殡亲友披戴孝巾，依次随棺材缓行。沿途要抛洒"买路钱"，扔"打狗馃"，馃是由死者的女儿及女性小辈做的，意为死者打狗开路，至济安桥头还要烧上路笼。

问：下葬时有何礼节？

答：死者死后，就请风水先生选好坟地和下葬的时间。长子开土（锄三下土），然后众人开挖，挖了穴后用芝麻秸烧熏，谓之"暖硎"。棺材入穴后，点马灯、杀鸡、滅血、唱掌彩歌、撒五谷，家人在坟前祭拜，然后封土，同样是长子先动锄头。坟前筑拜台，坟上立墓碑。

4.做七

"做七"即在人死后每隔七日一祭，"三七"为回呼日，祭拜后要焚烧纸扎的衣着、用具，"七七"满，做"孝子祭"。《家礼》里虽然没有明确的"做七"概念，但有诸多相关规定，如虞祭、卒哭、袝、小祥、大祥等，十分具体。

2011年10月22日晚，我们曾就安葬后的相关礼仪调查采访了孙锡昌老人。

问：下葬后，当地还有哪些礼仪？

答：我们这里在下葬后的第三日有"看三朝"的礼仪。清晨四五点钟，天还没有亮的时候，丧家就全家披麻戴孝到坟上祭拜。传说在下葬后的第三天，亡者的灵魂会在坟上看着大家，和大家做最后的告别。

问：还有其他礼仪吗？

答：那就是做七了，逢七就祭祀，三七和五七最重要，一直要做满七七。

问：再以后呢？

答：次年的春分前后需要"做社"，每年的清明、中元节及祭日上坟祭祀，冬至修坟，除夕在家里供奉祖先牌位。

总之，黄龙口人的丧礼实践，基本精神是遵从了《家礼》，但有了大大的简化与改进。

四、祭礼实践

《家礼》中的祭礼包括四时祭、祭初祖、祭先祖、祭祢、忌日祭祀、墓祭等，同时指出："凡祭，主于尽爱敬之诚而已。贫则称家之有无，疾则量筋力而行之。财力可及者，自当如仪。"

"徽州是'礼仪之邦'，自古重视祭祀，加上徽商财力的支撑。因此，徽州对祭礼特别讲究，其规模之大，礼仪之盛，花费之多，在全国也是少有的。祠堂里的祖容像和祭祀用的礼器在全国也是最讲究的。"①但由于时代的发展，据我们的调查，目前在黄龙口村还延续的祭祀礼，主要是"清明""中元""冬至""春节"这个新的"四时祭"。

1.清明祭

《家礼》没有设专门的章节来规定"清明"的祭祀，但在通礼里曾要求"俗节则献以时食"，"节如清明、寒食、重午、中元、重阳之类"。

黄龙口人对清明的墓祭一直是很重视的，特别是在1949年之前，从清明前十天一直至清明当日，每天都有不同级别的祭祀活动，宗族群体行为的祭祀很多。2012年4月1—4日，我们第四次入住黄龙口村，重点就是要调查黄龙口人现在的清明祭祀情况。通过调查我们发现，这年的整个清明节期间，黄龙口人属族人群体参加的活动是两项：一项是3月28日在永安堂后虎形山上重修了先祖汪重三墓，全体族人参加，原因是此墓年久失修，即将毁损，族人临时募资、出力予以重修；另一项是4月3日黄山市汪华文化研究会在歙县云岚山举办了"2012年壬辰龙年清明汪王祭民俗文化活动"，黄龙口派了汪和平、汪振平两位代表参加。但这两项活动，前者具有特殊性，后者则是一种社会文化行为。黄龙口人真正开展的清明祭祀是各家各户的上坟行为，并且所上的坟主要是自家祖辈和父辈的坟。4月3日，我们跟踪调查了村民汪鑫强的上坟情况。他分别到了自己的父亲、

---

① 汪银辉：《朱子〈家礼〉在徽州的普及与影响》，《徽学丛刊》，第七辑，2009年。

母亲、祖父、祖母、伯爷爷的坟前祭拜，程序是挂钱、上贡、烧纸、上香、拜礼、放炮。

2. 中元祭

"中元"又称"七月半""七月节"。《家礼》在通礼里提及中元作为俗节要祭祀。

在徽州地区，中元节祭祀是很普遍的。除了祭祀自己的祖先外，还要超度孤魂野鬼。2012年2月23日，我们就黄龙口人的中元节祭祀问题采访调查汪长生老人，兹将当时的采访记录部分照录如下：

> 在黄龙口村，每逢中元节，老人带着家中男丁去上坟，自家所有的祖宗坟都上，孩子必须去，是为了让孩子认识祖坟。在上坟时，还需要清理坟墓边的杂草等物，防止山火炸裂墓碑。1949年以前，每年中元节的晚上要请和尚在水口外的友谊桥上做法事，超度死在村外不能葬入村的本村"孤魂野鬼"。

从"带孩子认祖坟"的细节可以看出，黄龙口人的"中元节"的祭祀，除了要敬祖追源外，还要实现伦理教化的目的，将"孝"的理念在具体的祭祀行动中以"身教胜言传"的方式直接传给后辈。

3. 冬至祭

中国自古有"冬至"祭祀的风俗，《家礼》中也明确规定"冬至祭始祖"等。

古时的徽州，"冬至"的祭祀是在祠堂举行的，祭祀的是始祖，至后来，在祠堂祭祀始祖的活动定在了"春节"，而黄龙口人的"冬至"则以修坟为主。根据我们的调查，黄龙口人在"冬至"时都要对自己的祖坟进行培土修缮，日子的选择或是在立冬后的第一个甲子日，或是在腊月的庚申日，或者就在冬至日的当天。黄龙口人如此选择是有客观原因：第一，冬至期间相对于多雨的清明、炎热的中元以及雪冻的春节来说，气候干燥，气温适宜，利于修坟；第二，清明时节是要采茶的季节，中元时节是夏收秋种季节，春节前后要忙着备年货、过年、拜年等，只有冬至期间是冬闲时节，便于修坟。

4.春节祭

《家礼》中有"立春祭先祖""季秋祭祢"的规定，仪式大致相同，举办地点一个在祠堂，一个在家中。

过去，黄龙口汪氏宗族的春节祭祀十分隆重，举办的活动很多。兹根据我们的调查，制作黄龙口汪氏宗族春节传统祭祀一览表（见表2）。

表2　黄龙口汪氏宗族春节传统祭祀一览

类别	时间	地点	内容	参与人	备注
祠祭	腊月二十四	永安堂和各支祠	在永安堂宗祠及各支祠挂祖容像；进贡品、进香、叩拜	合族男丁	
	除夕夜至初一晨	永安堂和各支祠	永安堂除夕夜戌时关门，各支祖老在祠堂内守岁；初一寅时放炮、开祠门、开门拜四方；全族男丁至永安堂拜祖，然后依次到支祠祭拜先祖牌位	合族男丁、各份男丁	永安堂先开门，然后各支祠开门
	正月初一	越国公祠	祠堂祭拜毕，族中男丁在祖老带领下，手提灯笼一路锣鼓唢呐，从每家门前走过，前往越国汪公祠，祭祀汪氏显祖汪华。烧香、祈福、接蜡烛、喝"甜嘴汤"等	合族男丁和未出嫁的女子	去越国公祠的路上要撒彩纸，人们不得言语。至祠后由住祠和尚主持仪式，族人先将灯笼搁在蜡烛台上，烧香祈福后取走，意为"传宗接丁"，然后食用祠里分发的糖水，之后人们始可说话
	正月初七	永安堂和各支祠	宗祠及支祠收祖容；上年填男丁的人家给祠堂添香油	合族男丁、各份男丁	
家祭	腊月二十四	各家	祭拜灶神、送灶神		
	除夕	当年做头人家正厅	各份在做头家拜五服内祖先排位。每家送酒、菜到做头家，供奉祖先，进香、叩拜三次后，酒倒掉，菜仍各自带回家	各份男丁	做头人家的正厅布置成供堂，不许在此吃饭

据汪长生老人介绍，上表中的祭祀，1949年以前是年年都有，1949年以后是逐渐少去；村里最近一次的春节祭拜是2007年汪列清老人在自己家里办的。

"祭礼"是族人对先人的祭祀。《家礼》中对祭礼的规定十分繁杂具体，黄龙口人则大有简繁与改进，但基本精神还是遵从了《家礼》。

五、结　语

综上所述，祁门黄龙口的汪氏宗族，在家庭生活、社会生活的礼仪上至今还是自觉不自觉地遵从了朱子《家礼》，努力依照《家礼》的要求展开自己的礼仪实践，虽然随着时代的发展、现实状况的制约，许多礼仪已经做了大大的简约和烙有时代特征的改进，但所践行的礼仪，无论是形式还是内容，还是体现了《家礼》的基本精神和内在逻辑的。由之可见，《家礼》对徽州的影响之大，《家礼》在当今时代的强大生命力。2009年12月5日，华东师范大学的朱杰人教授曾对朱子《家礼》做了一次大胆的社会实验，以自己的儿子朱祁为实验对象，在上海西郊宾馆举行了一场现代版的朱子婚礼，据称"实验的目的是求证：一、时至今日朱子《家礼》是否仍有生命力；二、面对西风席卷，西俗泛滥，中华传统社会礼俗被全盘西化的社会现实，代表本土文化和传统的儒家婚俗，是否可以对全盘西化发起一次挑战，以寻得中华文化自我救赎的一席之地。"结果是"婚礼收到了意想不到的效果，尤其是在年轻人中引起极大反响"，由此他得出结论："时至今日，朱子婚礼依然具有强大的生命力，它的再现是完全可能和可以预期的。中华传统的礼俗文化，完全可以在现代化的进程中找到自己的位置和发展的空间。"[①]但朱先生的婚礼只是一个试验，而黄龙口人的实践却是真实的实态，由之体现的是朱子《家礼》内在的生命力。

就祁门黄龙口的情况来看，其汪氏族人的礼仪生活之所以在今天还努

---

① 朱杰人：《朱子家礼之婚礼的现代实验》，《博览群书》，2010年第12期。

力遵从着《家礼》，外在性的因素是存在的，笔者认为至少有二。其一是黄龙口村坐落在大山深处，地处偏僻，遭受现代化的冲击有所滞后，影响也小，所以传统在今天还能够延续；其二，汪姓是徽州第一大姓，素有"十姓九汪"之说，尤其是汪氏有一个显祖为汪华的人，隋朝时因保境安民有功，唐封越国公，死后被徽州人奉为了菩萨、太阳神，自唐代以来一直被人们祭祀膜拜。汪氏族人一方面为自己有这样的祖先而无限感恩、敬畏、崇拜，产生一种深深的自豪感，另一方面则是由此产生一种深深的责任感，要更好地治理好自己的宗族，更加自觉地遵循和维护儒家伦理，恪守朱子《家礼》。如此的传统，在今天的惯性是巨大的。但传统的儒家文化在今天确实还有它强大的生命力，朱子《家礼》尽管细微烦琐，但其每一个规定都彰显了"孝"的精神与"和"的理念。针对传统儒家文化如何在现时代进一步传承与弘扬问题，笔者提出两点意见：

一是实践大于教育。我们在加强道德、伦理和礼仪教育的同时，应该更加重视道德的实践、伦理的实践和礼仪的实践。只有真实的、具体的实践才最具感染力和影响力，直接触及社会意识和社会生活本身。

二是形式大于内容。道德的形式、伦理的形式、礼仪的形式尽管是外在的，它们可以也应该随着时代的发展、现实情况的变化而有所改变，但这些形式又是必须的，应该永远存在。缺乏形式的道德未必是真道德，没有形式的伦理肯定不会有伦理，而礼仪本身就是一种形式，特别是在道德、伦理、礼仪衰微的时候和创新培育的时候，形式的意义会远远大于内容。

第四章　徽商论

徽州本『介万山丛中』，境内『山多地少土瘠』。随着『靖康南渡』给徽州本土带来最后一次大的移民高潮，南宋时，『人稠』问题出现，于是『天下之民寄命于农，徽民寄命于商』。徽商的『足迹遍天下』，明中叶时，在长江中下游一带有民谚『钻天洞庭遍地徽』，明清之际，则有谚语『无徽不成镇』。八百年的徽商，既有效解决了徽州人的『治生』，更推动了各项文化、教育和公益事业的发展，是徽州社会与文化得以长期稳定和繁荣的强大经济后盾。

徽商的儒商本质及其在竞争中的优势

徽商在南宋崛起时还是一个不起眼的小帮，明时已成中国商界的一支劲旅，正如明人谢肇淛在《五杂俎》中所云："富室之称雄者，江南则推新安，江北则推山右。新安大贾，鱼盐为业，藏镪有至百万者，其它二三十万，则中贾耳。"清时，徽商已跃为中国十大商帮之首，民国《歙县志》载："两淮八总商，邑人恒占其四。"民谚则有"钻天洞庭遍地徽""无徽不成镇"等，构成一代徽商帝国，直到清末。徽商能获得如此成功，并保持数百年而不衰，如此现象，深值我们研究。究其原因，其中固然有国家政策、社会发展等诸多方面因素——其实，这些因素对其他商帮来说应是共有与均等的，但徽商本身的因素该是最为主要的，这就不得不使我们问及与探寻徽商成功的奥秘，分析徽商的特点。笔者认为，徽商尽管有诸多特点，然"贾而好儒"，作为中国一代儒商，该是本质的特点。徽商正是由于具备了这一本质特点，才决定了它在具体经营中的特色，决定了它在激烈的商海竞争中能获得许多优势，决定了它的成功。

一、徽商"贾而好儒"形成的基础

徽人何以要经商？徽州地处江南，介于万山丛中，八山一水一分田，本土经济长期以来都是赖以山林的山经济①。"山限壤隔，民不染他俗，勤于山伐"②，即使是有限的田地，正如清大儒顾炎武在《天下郡国利病书》中所云，也是"土田依原麓，田瘠确，所产至薄，独宜菽麦红虾籼，不宜稻粱。壮夫健牛，日不过数亩。烘壅缉栉，视他郡农力过倍，而所入不当其半。又田皆仰高水，故丰年甚少，大都计一岁所入，不能支什之一"。因此，长期以来，所需粮食皆"仰四方之来"，至少是在唐代即如此。南宋淳熙《新安志》记："元和三年秋，以右庶子卢坦为宣歙观察使。坦到官，值旱饥，谷贾日增，或请抑其贾。坦曰'宣歙土狭谷少，所仰四方之来者。若贾贱，则商船不复来，民益困矣。'"于是，一方面，由本土经济结构本身所决定，徽人们多不得不将产出于山林的盈足资料如木材、茶叶等输出于外，获取现实生活中所需的粮食、盐等，以达到盈缺互补，因此，特定的山经济结构内在需要发展商业；另一方面，也更是由于"地狭人稠，耕获三不瞻一。即丰年亦仰食江楚，十居六七，勿论岁饥也"③。人口日增，特别是到了唐末和南宋时，由于黄巢起义和宋王室南迁，徽州迁居而来的人更甚，人多地少矛盾更为尖锐，于是，"土少人稠，非经营四方，绝无治生之策矣。"④"即富者无可耕之田，不贾何待？"⑤"天下之民寄命于农，徽民寄命于商。"⑥徽商遂于南宋时开始崛起，并日益发展。

徽州又何以儒业兴盛？徽州早期生活的土著人是山越人，今所谓的汪、程、吴、舒、戴、胡、江、洪等姓族皆是在东汉末年以后至南宋期间，由北方特别是中原一带，因战乱频仍，为避难而迁徙来的，也有因在徽州做官或偶游于徽州，迷恋徽州大好山水遂定居的。这些人多是一些士大夫族、名门望族，他们来到徽州，在徽州寻得了一方世外桃花源般的避

---

① 刘伯山：《戊经济：徽州本土经济的主体》，张脉贤、刘伯山等编《徽学研究论文集（一）》，1994年。
② 淳熙《新安志》卷一《州郡·风俗》，第7604页。
③ 康熙《休宁县志》卷七《题·奏疏》，第1083页。
④ 许承尧：《歙事闲谭》卷二十六，第930页。
⑤ 汪道昆：《太函集》卷四十五《明处士江次公墓志铭》，第550页。
⑥ 康熙《徽州府志》卷八《营建志下·蠲赈》，第1218页。

难居住之所。特别在唐末，"黄巢之乱，中原衣冠，避地保于此，后或去或留，俗益向文雅，宋兴则名臣辈出"①。更加上两宋时，作为中国儒家文化发展第三阶段的程朱理学崛起，徽州是"程朱阙里"，是程朱理学的发祥地②。据号称"新安第一书"的《程朱阙里志》云："程朱之学大明于天下，天下之学宫莫不崇祀程朱三夫子矣。乃若三夫子肇祥之地又举而合祀之，则独吾歙。……朱学原本二程，二程与朱子所自出，其先世皆由歙黄墩徙，故称程朱阙里。"③"程朱三夫子，一自婺入闽，一自中山徙洛，其先世出歙之黄墩。"④于是，南宋绍兴年间，著名诗人范成大仕宦徽州时，曾有诗："斯民邹鲁更丰年，雅道凄凉见此贤。"首次以"邹鲁"比作徽州；至元代，徽州则有十分明确的"东南邹鲁"之誉，元代休宁学者赵汸在《商山书院学田记》云："新安自南迁之后，人物之多，文学之盛，称于天下，……故四方谓'东南邹鲁'"；在明清，徽州已是"十家之村，不废诵读"⑤，"自井邑、田野以至于远山深谷，居民之处，莫不有师有学，有书史之藏"⑥。文风昌盛，教育发达，私塾遍地，族学、社学林立，县学、府学发达，书院众多，文会不断。如社学，明洪武八年（1375年）正月诏天下立社学，"延师儒，教民间子弟"。是年徽州6县有社学462所⑦，康熙时则达562所⑧。书院和书屋，据有人统计，宋元明清四代徽州共有260多所⑨。于是科举及第者众。据叶显恩先生统计，中举人者，明代有298名，清代有698名；中进士者，宋代有624名，明代有392名（占全国明代进士总数的1.55%），清代有226名（占全国清代进士总数的

---

① 淳熙《新安志》卷一《州郡·风俗》，第7604页。
② 刘伯山：《程朱理学渊源考》，《探索与争鸣》，2000年第3期。
③ 鲍应鳌：《程朱阙里志序》，雍正《程朱阙里志》卷首，第225页。
④ 汪应蛟：《程朱阙里志序》，雍正《程朱阙里志》卷首，第222页。
⑤ 光绪《婺源县志》卷三《疆域志·风俗》，第一叶下。
⑥ 赵汸：《东山存稿》卷四《商山书院学田记》，第287页。
⑦ 《徽州教育记》，《徽学通讯》，第13—14期增刊。
⑧ 康熙《徽州府志》卷七《学校》，第1055—1056页。
⑨ 刘秉峥：《徽州书院沿革述略》，《徽学研究论文集（一）》。

0.86%）①；状元数，本籍加寄籍的，仅清代就有 17 人，占全国状元总数的 14.9%②。徽州人才辈出，以至有"连科三殿撰，十里四翰林""兄弟九进士、四尚书者，一榜十九进士者"等等之说。

　　徽人正是由于祖先多是中原一带的名门望族、士大夫族，迁居来后，虽然族有所失、落难而居，但总不忘祖先的荣耀、宗族的沿革，"聚族而居"，正所谓"家乡故旧，自唐宋来数百年世系比比皆是。重宗义，讲世好，上下六亲之施，村落家构祠宇，岁时豆俎。"③"千年之冢，不动一抔；千丁之族，未尝散处；千载谱系，丝毫不紊。主仆之严，数十世不改，而宵小不敢肆焉。"④"脱有稍紊主仆之分，始则一人争之，一家争之，一族争之，并通国之人争之，不直不已。"⑤正因为有着对自己曾为士宦显耀家族的姓族记忆，于是，徽人多是以业儒为最根本。然则，客观的环境、现实的境遇，正如明歙人吴士奇所曰："白首穷经，非人豪也。""余每笑儒者龋龊，不善治生。"⑥明歙人黄崇德之父劝子曰："象山之学以治生为先。"⑦明歙商吴柯云："士而成功也什之一，贾而成功也十之九。"⑧歙西一妇女戴氏，其子原业儒，后其夫死，生活难以维持，谓子曰："父资斧不收，蚕食者不啻过半，而儒固善，缓急奚赖耶？"其子"退而深惟三，越日而后反命，则曰：'儒者直孜孜为名高，名亦利也。籍令承亲之志，无庸显亲扬名，利亦名也。不顺不可以为子，尚安事儒？乃今自母之计而财择之，敢不惟命'。"对此，曾任兵部左侍郎的明代大文学家、歙县人汪道昆评曰："古者右儒而左贾，吾郡或右贾而左儒。盖诎者力不足于贾，去而为儒；赢者才不足于儒，则反而归贾。"⑨故业贾以达治

---

① 叶显恩：《明清徽州农村社会与佃仆制》，第 192 页。
② 吴建华：《清代徽州状元》，《徽学通讯》，第 13—14 期增刊。
③ 嘉靖《徽州府志》卷二《风俗》，第 67 页。
④ 赵吉士：《寄园寄所寄》卷之十一《泛叶寄·故老杂记》。
⑤ 康熙《徽州府志》卷二《舆地志·风俗》，第 444 页。
⑥ 《丰南志》第 5 册《从祖母朱状》，第 4 册《从父黄谷公六十序》。
⑦ 歙县《竦塘黄氏宗谱》卷五《明故金竺黄公崇德公行状》。
⑧ 《丰南志》第 5 册《百岁翁状》。
⑨ 汪道昆：《太函集》卷五十四《明故处士溪阳吴长公墓志铭》，第 650 页。

生是徽人立于现实、极为实际的价值选择。于是，一个是作为根本，一个是立足于现实，复杂的情绪决定了徽人们重儒而不轻贾，右贾而又更右儒，贾儒结合。汪道昆对此有评述云："新都三贾一儒，要之文献国也。夫贾为厚利，儒为名高。夫人毕事儒不效，则驰儒而张贾；既侧身飨其利矣，及为子孙计，宁弛贾而张儒。一弛一张，迭相为用。"①清戴震亦云："吾郡少平原旷野，依山为居，商贾东西行营于外以就口食……虽为贾者，咸近士风。"②可以说，徽人们这样的价值观，既突破了或右儒而左贾、或右贾而左儒的简单化倾向，又从根本上打破了中国传统的"士、农、工、商"，士为首为尊，农为次为本，而商居后为末的观念，体现了一种积极进步的意识，这是徽商得以成为中国一代儒商的社会历史及价值观念的前提。

二、徽商贾儒结合的类型与形式

正因为徽州人重儒而不轻贾，贾儒并重，右儒亦右贾，由此造就的徽州商人也就是"贾而好儒"，贾儒结合。

统观历史上的徽州商人，从其业贾经历及特点来看，无非分为三种类型：

其一，先儒后贾。如婺源人王宜桂，"至性过人，博通经史。因家贫亲老，弃儒服贾"③。休宁人汪钟如，"性颖悟，过目终身不忘。年十七，随父雅会游楚，为高汇旃先生首拨。已，以父卒，家中落，弃儒服贾走四方"④。黟县人余逢盛，"以监生应试不售。以淮鹾，议叙卫千总"⑤。绩

---

① 汪道昆：《太函集》卷五十二《海阳处士金仲翁配戴氏合葬墓志铭》，第626页。
② 戴震：《戴震文集》卷十二《戴节妇家传》，中华书局，2006年，第205页。
③ 《婺源县采辑·孝友》，民国抄本。
④ 康熙《休宁县志》卷六《宦业》，第858页。
⑤ 同治《黟县三志》卷六《质行》，《中国地方志集成·安徽府县志辑》第57册，江苏古籍出版社，1998年，第110页。下引此书，不再注明版本。

溪人章有栋，"幼失恃，随大父业儒，既冠就商"①。祁门人张元焕，"少颖敏，尝读书，学问可应举取官职，故志非所乐。又里故家率务治生，不他慕，故元焕遂事贸易江湖间"②。休宁商汪如钺，"幼读书，长弃举子业，贾江汉间"③。歙商江羲龄，"幼聪敏，善读书，长益苦攻不倦。以亲老家贫，弃儒服贾，以为供养"④。

其二，先贾后儒。如清黟县人汪廷榜，"少业贾汉口，见船樯相蔽数十里，江波浩淼，忽心动曰：'文之大也，有如此乎！'归而读书，能深思，所为文或过当，继又务为平易，久之乃始务为中正之文。读书钟山书院，从梅氏得勾股法，由是通算学。中乾隆辛卯第二名举人。……补旌德训导。……自号仰山学者，称仰山先生。"⑤歙商黄蛟峰，"幼颖悟，善记诵，童时从父贾宣州，即能贾。归丧，母受室，值里胥催租，辞色凌厉，先生奋曰：'予岂不敢为士以免役哉！'即下帷数月，诵制举义，下笔辄与作者合。明年补邑弟子员。……生平著述有《读易抄》三卷、《尚书备忘》十二卷、《春秋传略》二卷、《四书备忘》十四卷、《性理便览》十八卷、《史鉴会要》六十四卷、《通鉴外纪》五卷、《蛟峰文集》四卷，皆经世实学"⑥。徽商为了行儒业，甚至不惜家道中落，如"程鱼门晋芳，新安大族也。治盐于淮。时两淮殷富，程尤豪侈，多畜声伎狗马。鱼门独惜惜好学，服行儒业，罄其资以购书，庋阁之富，至五六万卷，论一时藏书者，莫不首屈一指。好交游，招致多闻博学之士，与讨论世故，商量旧学。无何，醝业折阅，家道中落，庶务皆由门客、悍仆处理"⑦。

其三，亦儒亦贾。如歙县人"郑生名作，字宜述，号方山子。尝读书

---

① 绩溪《西关章氏族谱》卷二十四《家传》，宣统刊本。

② 祁门《张氏统宗世谱》卷三《张元焕传》。

③ 道光《休宁县志》卷十五《人物志·乡善》，《中国地方志集成·安徽府县志辑》第52册，江苏古籍出版社，1998年，第401页。下引此书，不再注明版本。

④ 歙县《济阳江氏族谱》卷九《清故处士羲龄公传》。

⑤ 道光《黟县志》卷六《人物·儒行》。

⑥ 歙县《潭渡黄氏族谱》卷九《蛟峰先生传》，雍正九年（1731年）刻本，第二十叶下至二十二叶上。

⑦ 《清稗类钞》第6册《义侠卷》，中华书局，1986年，第2678页。

方山中，已，弃去为商。挟束书，弄扁舟，孤琴短剑，往来宋梁间。……识者谓郑生，虽商也，而实非商也"[①]。汪志德，"先世由歙之黄墩迁休宁安乐乡。……年十五能服父劳事，贾江湖有倜傥之才，所谋所施，绰有大过人者，人不敢以年少目之。虽寄迹于商，尤潜心于学问无虚日，琴棋书画不离左右，尤热于史鉴，凡言古今治乱得失，能历历如指诸掌"[②]。清休宁人金鼎和，"躬虽服贾，精洽经史，有儒者风"[③]。婺源人董邦直是先业儒，然"食指日繁，奉父命就商。奔走之余，仍理旧业，出必携书盈箧，……善交游，大江南北名宿时相往返，稍暇，手一编不撤"[④]。明歙县人许晴川，"五子咸延名师以训，故令进而为儒，若闻义者，以文名等辈；退而为商，若闻诗、闻韶、闻礼、闻善，奋迹江湖，亦循循雅饰若儒生"[⑤]。婺源木商洪庭梅，"追遨游江湖，不屑屑权子母计，携书数箧，晨夕长吟"[⑥]。

上述可见，徽州人经商无论是采取哪一种经历，儒和贾总是联系、结合在一起的。这里的"儒"既指良好的教育（如先儒后贾者），亦指兼问研究（如先贾后儒者），更是指文雅和才学（如亦儒亦贾者），归结为一点，即是反映了徽商文化水平比较高，受中国传统儒家文化影响至深。

关于徽商贾儒结合的形式，明代就有"儒贾"和"贾儒"两种："儒贾"者，"贾名而儒行"，"以儒饬贾"（"饬"即整顿、整治之意）也；"贾儒"者，"以儒饰贾"（"饰"即装饰、掩饰之意）也。对此，汪道昆在其重要的记述、评述徽商人物及事实的著作《太函集》里曾有评述云："余惟乡俗不儒则贾，卑议率左贾而右儒，与其为贾儒，宁为儒贾。贾儒则狸德也；以儒饰（注：这里的"饰"当为"饬"之通假）贾，不亦蝉蜕

① 歙县《郑氏宗谱》《明故诗人郑方山先生墓图志》。

② 《汪氏统宗谱》卷四十二《行状》。

③ 康熙《休宁县志》卷六《笃行》，第951页。

④ 光绪《婺源县志》卷二十九《孝友》，第十六叶下。

⑤ 歙县《许氏宗谱》卷六《贺晴川许公六十寿序》。

⑥ 婺源《墩煌洪氏通宗谱》卷五十八《清华雪斋公传》。

乎哉？"①笔者认为，贾儒者，在徽商中尽管也有，如明清一些小说就有这种以儒而装饰自己门面的徽商人物的描写，但真算起来，这种人在徽商中还是不多的。在上述三种贾儒结合的人群中，徽商的好儒多是发自自己本底意识和真诚愿望，先贾后儒和亦贾亦儒者自不必说。先儒后贾者，在他们行贾中，好儒亦多是真诚与真切的，即使是有些人业贾了一辈子，但至最后，往往总感叹自己此生不能为儒，以为遗憾，于是拼命鼓励和培养自己的弟子业儒仕进。这方面的例子太多，如上文所举的歙西人吴处士，尽管在他母亲劝其为贾，其也遵母命，亦曾说过儒亦利、利亦名这样的话，在其业贾获得成功后，其母还高兴地说："幸哉，孺子以贾胜儒，吾策得矣。"但他内心世界却是认为："吾少受命于亲，不自意儒名而贾业，幸而以贾底绩，吾其儒业而贾名。"因此，他"暇则闭户翻书，摹六书古帖"，以之慰藉自己渴望为儒之真切之心，尝曰："母氏夺吾儒第，以吉兆卜吾后，吾业未毕，固当为后图。"于是，"用课诸子受经以成先志"②。由之可见他的内心苦楚和真正的价值观念。所以，徽商真正说来还是以"儒贾"为最根本，贾名而儒行，贾事而儒行。歙商黄玑芳，"少读朱子小学，至温公训刘无城之诚；读《尚书》至'有忍乃济'，即有颖悟，谓诚与忍二字符也，当佩之终身。平生自无妄话，与人交悃幅忠信。商游清源，清源齐鲁之墟，犹有周公遗风，俗好儒备礼。然其俗又宽缓阔达，而足智好议论，公一以诚御之。故足智好议论者服其诚，而好儒备礼者亦钦其德。若公者，商名儒行，非耶？"③休宁人汪坦，"出游吴楚，虽托游于货利之场，然非义弗取。其遇物也咸率其直而济之以文雅，此其商而儒者欤"④！歙人黄长寿，"少业儒，以独子当户，父老，去之贾。以儒术饬贾事，远近慕悦，不数年赀大起"⑤。等等。

徽商为强化自己的儒商特色，还采取多种手段，如广交文人学士、建

---

① 汪道昆：《太函集》卷六十一《明处士休宁程长公墓表》，第23页。

② 汪道昆：《太函集》卷五十四《明故处士溪阳吴长公墓志铭》，第650—651页。

③ 歙县《竦塘黄氏宗谱》卷六《黄公玑芳传》，嘉靖四十一年刻本。

④ 《汪氏统宗谱》卷一百六十八，明刻本。

⑤ 歙县《潭渡黄氏族谱》卷九《望云翁传》，雍正九年（1731年）刻本，第二十叶上。

书楼、兴文会、办诗社、蓄戏班、好书画等，其中，尤以重视教育为先。明歙县盐商鲍柏庭尝曰："富而教不可缓，徒积赀财何益乎？"①徽州文风昌盛、教育发达，资金多是徽商输助的，如婺源商程世杰"曾建遗安义塾，置租五百亩，久废，杰独力重建，岁以平粜所入延师，使合族子弟入学，并给考费"②；祁门商胡天禄"输田三百亩为义田，使蒸尝无缺，塾教有赖，学成有资"③。歙县大盐商鲍肯园"生平好施，独不喜建佛道院。其乡两书院，一在城内曰'紫阳'，一在城外曰'山间'，并垂废矣。公慨然与乡士大夫作新之，以状白盐使，请援扬州安定书院例，出库金增诸生膏火，自以私财白金三千两益之，于是城内紫阳书院成；又出白金八千两自置两淮生息，以复城外山间书院"④等。对自己子弟的教育，徽商更是不遗余力。如歙商鲍柏庭，"其教子也以义方，延名师购书籍不惜多金。"⑤休宁古林黄氏素业儒，后业典肆，"数十年间业渐起，以夙志未酬，课子孙隆师友，建书舍为砥砺之地，置学田为膏火之资"⑥等。正是由于徽商重视教育，才使其儒商本质得以持续保证，代不乏人；才造就和培养了一大批人才，像汪道昆、三朝元代大学士许国、位居宰相的曹振镛、大哲学家戴震、马克思在《资本论》中提到的唯一的中国人王茂荫、当代文化巨子胡适等，皆是出于徽商世家。这是徽商的极重要特点，也是它不同于其他商帮的重要地方。如晋商，"山右大约商贾居首，其次者犹肯力农，再次者谋入营伍，最下者方令读书"⑦。因此，首选聪智能干者为商，最次者为儒；而徽商恰是首选优秀俊彦人才业儒，次再为贾，体现对儒和教育的重视。所以说，徽商从根本上来说是典型的中国一代儒商。

---

① 《歙县新馆鲍氏著存堂宗谱》卷二《柏庭鲍公传》。

② 光绪《婺源县志》卷三十三《人物志·义行》，第一叶上。

③ 康熙《徽州府志》卷十五《尚义》，第2040页。

④ 歙县《棠樾鲍氏宣忠堂支谱》卷二十一《中宪大夫肯园鲍公行状》。

⑤ 《歙县新馆鲍氏著存堂宗谱》卷二《柏庭鲍公传》。

⑥ 《休宁古林黄氏重修族谱》，乾隆十八年刻本。

⑦ 《雍正朱批谕旨》第47册，雍正二年五月十二日朱批。

三、徽商的儒商经营特色与竞争优势

徽商既作为儒商，以儒事贾，贾事儒行，所产生的作用和影响是十分重大的，由此决定了他们在经营上有许多特色，在竞争中能获得诸多优势。这些特色和优势是徽商得以获得成功的最主要的奥秘。它至少体现在以下三点：

1.良好的职业道德和极高的商业信誉

儒家思想从来是中国占主导地位的思想，它讲求仁、义、礼、智、信，尽在入世，恪守人伦。特别是在它发展到程朱理学这第三阶段，更是将天理与人伦内在结合起来，将儒家的人伦天理化，作为至上的原则和至高的命令，以之教化世人、规化社会，深受统治者的青睐，被封建王朝长期钦定为官方思想。徽州是程朱阙里，特别是朱子的思想在徽州影响至深，正如清雍正休宁《茗洲吴氏家典》所训："我新安为朱子桑梓之邦，则宜读朱子之书，服朱子之教，秉朱子之礼，以邹鲁之风自待，而以邹鲁之风传之子若孙也。"[①]在徽州是"一以郡先师子朱子为归"[②]。因此，由此哺育、教化出来的徽商，其尊儒、敬孔、崇朱的意识是远较其他商帮更甚、更切、更真的，更何况当时所谓的"儒"，多有儒之概念的本来意义。所以，徽商作为当时的一代儒商，其在经营竞争中，运用和体现儒家的道德思想、伦理规范，多是自觉的、有深刻认识的，由之直接决定了他们在经营中的特色。

其一，正因为徽商是传统的中国儒商，故他们以诚待人，"忠诚立质"。休宁商张洲少潜心举业，后来"挟资游禹航，以忠诚立质，长厚摄心，以礼接人，以义应事，故人乐与之游，而业日隆隆起也"[③]。歙商鲍雯，"少敦敏，喜读书，手录六经子史大义，积数十箧。……自遭父丧，

---

① 休宁《茗洲吴氏家典》卷首"序"，第一叶上。
② 赵沨：《东山存稿》卷四《商山书院学田记》，第287页。
③ 曹叔明，等：《休宁名族志》卷一《张》。

家中落，急欲以科目自奋，而连踬于有司搭挂门户，艰辛万状。先世曾治盐策两浙间，不得已往理其业。虽混迹廛市，一以书生之道行之，一切治生家智巧机利悉屏不用，惟以至诚待人，人亦不君欺，久之渐致盈余。"[1]休宁商汪玎交易以公道自恃，"罔道弗干，罔利弗取，恂恂然贞诸度，无远近莫不喜道其德"[2]。歙商许宪曾总结自己的经商经验是："惟诚待人，人自怀服；任术御物，物终不亲。"故"其经商也，湖海仰德"，"出放江淮间，而资益积"[3]。

其二，正因为徽商是传统的中国儒商，故他们以信接物，市不二价，童叟无欺，有极高的商业信誉。歙商吴南坡曾如此自警："人宁贸诈，吾宁贸信，终不以五尺童子而饰价为欺。"于是"久之，四方争趣坡公。每入市，视封识为坡公氏字，辄持去，不视精恶长短"[4]。歙商许文才，"贸迁货居，市不二价。人之适市有不愿之他而愿之公者，亦信义服人之一端也。"[5]

其三，正因为徽商是传统的中国儒商，故他们以义为利，注重商品质量，"宁奉法而折阅，不饰智以求赢，"[6]结果往往是"不言利而利自饶"。歙商许镇"尝挟赀游淮扬间，不屑屑于规利，而信义所孚，人不忍欺，浸浸乎将自埒于陶、猗矣。"[7]歙商凌晋"与市人贸易，黠贩或蒙混其数以多取之，不屑屑较也；或讹于少与，觉则必如其数以偿焉。然生计于是益殖。"[8]休宁商汪起凤"少好读书，从父四峰公命以儒服贾。……绝口不道奇赢，同列甚重之。不言利而利自饶。"[9]婺源商李大嵩曾传授自己经商经

① 《歙县新馆鲍氏著存堂宗谱》卷二《鲍觯占先生墓志铭》。

② 《汪氏统宗谱》卷三十七。

③ 《新安歙北许氏东支世谱》卷三。

④ 《古歙岩镇东礀头吴氏族谱·吴南坡公行状》。

⑤ 《新安歙北许村东支世谱》卷八《逸庵许公行状》。

⑥ 《丰南志》第4册《寿吴廷简太史母七十序》。

⑦ 歙县《许氏世谱》第5册《明故梅轩许公行状》。

⑧ 凌应秋：《沙溪集略》卷四，《中国地方志集成·乡镇志专辑》第17册，江苏古籍出版社，1992年，第680页。下引此书不再注明版本。

⑨ 《休宁西门汪氏宗谱》卷六《处士起凤公传》。

验说："财自道生，利缘义取。"①

2.较好的文化素质和高明的经营艺术

徽商作为儒商，文化水平都比较高，如绩溪商章传仁，"太学士"；婺源商王宜桂，"太学生"；祁门商陈大道，"太学士"；婺源木商潘光余，"国学生"；歙县商鲍立然，"歙县贡生"；黟县商汪振铎，"县学生"；绩溪商王泰邦，"国子监生"等。休宁商汪应浩，"《资治通鉴纲目》《家言》《性理大全》诸书，莫不综究其要，小暇披阅辄竟日。每遇小试，有宿士才人芒不知论题始末者，质之，公出某书某卷某行，百无一谬"②。黟县商朱光宅"喜读温公通鉴，称说千百言，具有条贯，学士能史者或逊其精熟"③等。正因为文化水平高，因而素质就好。绩溪人章策是弃儒就贾的，"喜先儒语录，取其有益身心以自励，故其识量大过人者。"于是，他"承父业学贾，往兰、歙。精管（仲）刘（晏）术，所亿囷中，家日以裕"④，歙县人黄镛少时是"绩学业举，志存经世"，弃儒就商后，"克洞于天人盈虚之数，进退存亡之道"，于是"赀大丰裕"⑤。歙县人叶天赐，"性聪颖，嗜学工诗，擅书法，家贫为人行贾。"由于他有较高的文化基础，故在行贾过程中，"料事十不失一"⑥。可以说，文化素质高，这是徽商得以拥有高明经营艺术的重要原因。

其一，正因为徽商文化素质高，故他们在具体的经营过程中，善于掌信息、察低昂、权时宜。徽商是"籍怀轻赀遍游都会，因地有无以通贸易，视时丰歉以计屈伸"⑦。为把握市场行情，歙商程季公在行贾之前，"东出吴会尽淞江，遵海走维扬，北抵幽蓟，则以万货之情可得而观矣。"

---

① 婺源《三田李氏统宗谱·环田明处士李公行状》卷六。

②《休宁西门汪氏宗谱》卷六《光禄应诰公七秩寿序》。

③ 同治《黟县三志》卷十五《朱莫亭传》，《中国地方志集成·安徽府县志辑》第57册，江苏古籍出版社，1998年，第547页。下引此书，不再注明版本。

④ 绩溪《西关章氏族谱》卷二十六《例授儒林郎候选布政司理问绩溪章君策墓志铭》。

⑤《潭渡黄氏族谱》卷九《松涧黄处士传》，雍正九年（1733年）刻本，第十七叶上。

⑥ 民国《歙县志》卷九《人物志》，第377页。

⑦ 万历《休宁县志》卷一《舆地志·风俗》，第五十四叶上。

于是，他再"东吴饶木棉，则用布；维扬在天下之中，则用盐筴；吾郡瘠薄，则用子钱。"结果不仅自己"加故业数倍"，且带动同族一大批人致富①。休宁商汪心如，"东底东粤，北走燕京，凡征歉物转之必盈之，征贱物转之必贵之，所至操奇有声。"②歙商黄存芳，"治鹾居市天门，审积著，察低昂，择人而任时，故财货日振，致赀累万。"③

其二，正因为徽商文化素质好，故他们在经营中擅握算、工心计。婺源商汪拱乾，"心精会计，其于物也，人弃我取，往往利市数倍"④。歙商黄五保是弃儒为贾的，他"善握计任逊览之画，非琐琐竞机智争锥刀者比也"⑤。婺源商李世福，"舍铅椠，从诸父贾于江宁。握算计画，上佐诸父，下督掌计，而业日隆隆起矣"⑥。歙县巴树恒，"运盐场灶，多奇计"⑦。清人许元仲曾记云："新安汪氏，设益美字号于吴阊，巧为居奇。密嘱，衣工有以本号机头缴者给银二分。缝人贪得小利，遂群誉布美，用者竞市，计一年消布约以百万匹。"⑧

其三，正因为徽商是儒商，故他们在经营中堪廉贾，慎取予，懂得薄利而能多销，赢得顾客。休宁商孙从理，"释儒代贾……修故业而息之，什一取赢，矜取，予必以道，以质及门者踵相及，趋之也如从流"⑨。歙商黄崇德，"初有志举业，……公喻父意，及挟赀商于齐东。……法刁氏之任人，师周人之纤俭，效任氏之贵善，用国氏之富术，一岁中其息什一之，已而升倍之，为大贾矣。……非但廉贾，其实商名儒行哉！"不仅自己为廉贾，他还"复率其子弟宗人商于淮南，子弟宗人皆能率公之法而为

---

① 汪道昆：《太函集》卷五十二《明故明威将军新安卫指挥佥事衡山程季公墓志铭》，第628页。

② 《休宁西门汪氏宗谱》卷六《候选郡幕心如六秩寿序》。

③ 歙县《竦塘黄氏宗谱》卷五《东庄黄公存芳行状》。

④ 光绪《婺源县志》卷三十一《人物志·义行》，第十四叶上。

⑤ 歙县《竦塘黄氏宗谱》卷五《处士乐斋黄公行状》。

⑥ 婺源《三田李氏宗谱·环田寿东世福公行状》。

⑦ 李斗：《扬州画舫录》卷十，中华书局，1960年。

⑧ 许元仲：《三异笔谈》卷三。

⑨ 汪道昆：《太函集》卷五十二《南后孙处士墓志铭》，第625页。

廉贾。于是竦塘黄氏胥富等千户候，名重素封矣"[1]。休宁商程长公（程锁），"既冠，从缙绅学士受诗。……中年客溧水，其俗春出母钱贷下户，秋倍收子钱。长公居息市中，终岁不过什一，细民称便，争赴长公。癸卯，谷贱伤农，诸贵人持谷价不予，长公独予，平价困积之；明年大饥，谷踊贵，长公出谷市诸下户，价如往年平。境内德长公，莫不多其长者"[2]。休宁商程次公，"始为儒，而业成去而为贾。里俗左儒而右贾，次公独善儒，诸儒生争慕附之，是贾名而儒行者也。族贾逐什一，务干没，以奸富为良。诸细民从次公质钱，惟以什一为准，无所干没。脱贫乏不能出子钱，次公惟取母钱废质剂，细民归之者如流水，息业益滋"[3]。

总之，徽商在激烈的商海竞争中，之所以能像休宁商汪叔义那样："犹握奇赢，拮据不惶，发无不中，动无不获"[4]，全在于他们文化素质好，头脑活，经营艺术高明。

3.一定的社会地位和极多的无形资产

徽商贾而好儒，正如明邑人汪道昆所云："贾为厚利，儒为名高。"这里所谓"名高"，该是一种声誉、名望，该是一种势能和可信度，由之可获得一种地位和人缘。如休宁商汪东瀛，"自幼奇伟不群，读小学、四书，辄能领其要。于是通习传经，旁及子史百家，至于音律之妙，靡不究竟。尤潜心于卫生堪舆之学，仰探轩歧之奥，默契曾扬之旨。通达共务，田里之休戚利病，当世之是非得失，莫不熟思详究。意薄进取，挟赀皖城，先达谢公辅奇其刚毅不挠，器度弘伟，日与讲论诗文，远近商游于兹者，咸师事之"[5]。歙商吴钶，"自少留心经世之务，经史子集，环列几前，至老末尝释卷。遇事辄明于大体，能持公议。……两淮之人咸倚以为重，士大夫来扬者，每从而决所疑。事关鹾政，大宪偶有咨询，府君亦尽言无隐，

---

① 歙县《竦塘黄氏宗谱》卷五《明故金竺黄公崇德公行状》《黄公崇德传》。
② 《休宁率东程氏家谱·明故礼官松溪程长公墓表》。
③ 汪道昆：《太函集》卷十七，《寿草市程次公六十序》，第245页。
④ 《休宁西门汪氏宗谱》卷六《儒士叔义七秩寿序》。
⑤ 《汪氏统宗谱》卷三十七《传》。

时蒙采纳焉"①。应该说，徽商的这种"名高"是十分有用的，它在激烈的商业竞争中该是一种极大的无形资产，可直接有益于商业的竞争和经营。

其一，正因为徽商贾而好儒，有名高，故他们多被人推为总商、祭酒等。婺源人洪辑五幼习举子业，后弃而就商，"其为人也，轻赀财，重然诺，义所当为，毅然为之，不挠于俗论，有古君子风。……以故人咸敬爱之，推为群商领袖。及先生策名为上舍生也，卓卓有声太学，一时士大夫交口称誉，咸以经济才许之"②。大盐商江春，"少攻制举业，乾隆辛酉乡闱以兼经呈荐，因额溢见遗，遂弃贴括经商扬州。练达明敏，熟悉盐法，司鹾政者咸引重，推为总商。才略雄骏，举重若轻，四十余年规画深远"③。不仅累任总商达四十年，还"以布衣上交天子"，"同业中无不以为之荣焉"。关于"祭酒"，日本学者藤井宏先生认为："祭酒者，盖由于古礼大飨宴时，宾中年长者一人首先举酒而祭。由此就成为对同列中年齿、品望较高之人的专称。""但同业中的最富裕者不一定成为祭酒。考虑祭酒人选时，才略、人格也是相当重要的因素。"④歙商吴光升"为太学士，好《左传》《国语》诸书，而失其父母早，不能竟经出业。始，父以盐策客淮，公从之，……当户，即诸贾人委心归计，奔走唯诺如不及，以故季公虽少而为祭酒"⑤。婺源商李廷芳，"幼业儒，于书无不涉，而动以往哲自律。……卜居金陵，握奇赢以占消息。凡厥规为有大体，立纲纪、明约束、重然诺，一时怀策之士靡不推翁祭酒"⑥。

其二，正因为徽商贾而好儒，有名高，故他们能广交深交仕宦大夫、

① 《丰南志》第5册《皇清附贡生诰授资政大夫侯选道加四级恩加顶带一级又恩加一级议叙加六级显考嵩堂府君行述》。

② 婺源《墩煌洪氏统宗谱》卷五十九《辑五先生传》。

③ 民国《歙县志》卷九《人物志》，第366页。

④ ［日］藤井宏：《新安商人的研究》，《徽商研究论文集》，安徽人民出版社，第210—211页。

⑤ 李维桢：《大泌山房集》卷七十四《吴季公程孺人家传》，万历刻本。

⑥ 婺源《三田李氏统宗谱·明故光禄寺署丞冲源李公墓志铭》，万历刻本。

文人学子，以创造出一个好的外部环境。休宁商汪松峰是弃儒就贾于吴楚的，"予每接豫章、铙阳诸缙绅士夫，无不啧啧称公，谓公明义利，达时务，其材识不同庸人，必不泯泯焉无所表见于世也"[①]。婺源商李古溪，"壮客江湖，善心计，决算多奇，晋纳于贤士大夫，每以名显，彬彬质有文哉"[②]。休宁商陈尤德，"长嗜学古，博通群书。性孝友，然意气自豪。家世素材，善交游，海内名流恒欲得而交之，故座客常满，樽酒不空，有北海之遗风焉"[③]。歙县商江世鸾，"恂恂雅饰，贾而儒者也……名士乐与偕游"[④]。歙商潘汀洲，"虽托于贾人，而儒术益治。诸学士过真州者辄屏刀布相与挟箦论文"[⑤]。

综上所述，良好的职业道德及商业信誉、高超的经营手段及灵活的经营艺术、极大的无形资产及良好的社会人缘环境，这些就是徽商商业经营的特色与优势，也是徽商当年之所以能在激烈的商争中获胜的重要原因，而这一切的根本又源于徽商的"贾而好儒"，源于徽商是中国一代儒商这一本质特点。

徽商本质上是儒商，在中国商界曾领风骚数百年，但它也有自身的缺陷，并且导致这种自身缺陷的原因，又在于它是中国一代封建儒商本身。徽商尽管文化素质高、经营艺术灵活，但它毕竟是一个封建商帮，宗族性、乡谊性过强，其为儒的"儒"也多是中国封建儒家文化的"儒"，尽管它在当时的那个时代，行之卓有空间和成效，但它毕竟不能作为中国近代化过程中体现近代革命进步意义文化的替代物，徽商由于对此过于恪守，从而就严重地阻碍和影响了它的健康及更切合时代进步的发展。诸如说，在人才的培养上，尽管徽商右儒而不轻贾，但由于受封建"儒商"这一本质的决定，儒而进仕终究是徽商的最为根本的选择，亦即或最初或最后的选择，于是，鼓励和培养子弟业儒以进仕，将俊彦人才输送入仕总是

① 《休宁西门汪氏宗谱》卷六《挥金新公荣归序》。
② 婺源《三田李氏统宗谱·万椿古溪李公六旬叙》。
③ 休宁《陈氏宗谱》卷三。
④ 歙县《济阳江氏族谱》卷九《明处士世鸾公传》，道光十八年刻本。
⑤ 汪道昆：《太函集》卷三十四《潘汀州传》，第439页。

徽商最真切和最具共识的做法，久之，则必然导致徽商经商人才的不足及经商人才的素质下降。再如在资本的出路上，徽商尽管曾提出贾士农工并重，"贾不负于儒""贾不负于农"，打破了传统"四民"观念，但终究由于徽商摆脱不了其作为中国一代封建儒商的封建性束缚，大量的资本不是用来投资再兴办产业和实业，以转向发展代表社会进步生产力的资本主义经济，而是大量输回故里，购田置地，"以末属之，以本守之"，举儒业、建祠堂、造房屋修宗谱、收宗族及建桥筑路做善事等；一些人还是将大量的钱花费在过奢侈生活和追求"红顶帽、红绣鞋"上去；还有的则是受封建王朝官府势力的盘剥，且许多徽州商人也还乐意承认与接受这种盘剥，大肆赈灾助饷，踊跃捐输报效等。于是，徽商当初尽管在中国的资本主义萌芽过程中起过积极和重要作用，但它终究没有实现自己的近代化转型，没有使自己发展为近代民族资产阶级。到了清末，随着封建王朝的消亡，大量外国资本的入侵以及战乱和社会动荡等，徽商再也难以适应新的时代，出现衰退，尽管至后来仍做努力，但毕竟大势已去。一代徽商帝国消亡了，留给我们的是宝贵的经验和残酷的教训，值得我们认真总结和深刻反思。

清代以后徽商在经营方式上的变化

  对徽商的研究,目前的成果颇丰①。但既有的徽商研究成果,多是笼统一体地看待徽商,历时性上不分徽商本身发展的阶段性,共时性上不管徽商群体分布的区域性。实际上,就经营方式而言,明代的徽商与清代的徽商就有许多的不同,体现出了一种发展变化。

  安徽大学徽学研究中心"伯山书屋"珍藏有一户《清康熙中期旅汉口谢氏徽商文书》②,系一册置产誊契簿,上抄有"新安人"谢胪一自康熙七年至康熙四十四年,在湖北汉口置买房产、店屋,参与兴建新安会馆、开辟新安街,从事商业合作和资本借贷的一些契据、合同、借条等,其中有一份《汪元长和谢胪一立议合同》,原文如下:

    立议合同汪元长、谢胪一,向因两家各有绸布店业开立汉镇,历年收看客货,以致获利艰难。今两家情同志合,议请谢占武兄坐庄苏州,置买绸布等货。开单下苏,公同酌议:各开各店应用之货,以便配搭发卖;所买之货来汉,照单均分,毋得推委;在汉置粮等货下苏,得利照本分息。在苏对会亲友银两置货,倘货未到,两会票先

---

  ① 具有重要影响的成果至少有:《江淮论坛》编辑部编《徽商研究论文集》,安徽人民出版社,1985年;张海鹏、王廷元《徽商研究》,安徽人民出版社,1995年;[日]臼井佐知子:《徽州商人の研究》,日本汲古书院,2005年;王廷元、王世华:《徽商》,安徽人民出版社,2005年。

  ② 刘伯山编著:《徽州文书》第三辑第一卷,第1—18页。

至，各照来信会票应付。其有货来，或要多收者，照苏原价加利三厘钱，以补少收之家。又，在汉两店来往，议定现兑银两，加利五厘钱。庶彼此通融而攸远矣。但两地买卖货物，不得徇私肥己，倘有此情，神明鉴察。今欲有凭，立此合同二纸，各执一纸存据。

计开：

一议谢占武兄俸金九五色银三十两

一议公账之银无得代亲友买物①

这是一份典型的商业经营合同书，订立时间当在清康熙中期。文字不长，内容却极为丰富，以此为线索，我们可以看到，至少是在清康熙年间，徽商的经营方式上已经有了很大变化。

一、吴楚贸易成为徽商重要的贸易活动

中国经济文化的交流在明代以前主要是南北交流，之后才逐渐转为以东西交流为主导，其中，经济上的吴楚贸易地位显赫。

吴楚之间，除了有长江中下游天然黄金水道的便利交通运输外，更有极大的物货盈缺互补。位于长江下游的吴地苏浙，在两宋以前，曾被称为天下粮仓，有谚语"苏湖熟，天下足"；但到了明代中期以后，苏浙的稻谷等粮食产量愈趋减少，天下粮仓的地位消失。导致的原因主要有二：其一，明代中期以后苏浙地区的耕地尤其是人均耕地日趋减少。以苏州府为例，明弘治十五年苏州府田亩总数为15524997亩，人均7.58亩，但仅仅是过了76年，即到了明万历六年，总亩数就减少到9295950亩，人均4.62亩；再到了清嘉庆二十五年，总亩数只有6256186亩，人均只有1.05亩了②。其二，经济结构的变化。宋以后，苏浙的经济逐渐由过去的粮食生

---

① 刘伯山编著：《徽州文书》第三辑第一卷，第18页。

② 洪焕椿编：《明清苏州农村经济资料》，江苏古籍出版社，1988年，第48页、第56页。

产转向丝棉纺织业，大量的耕地种植了棉花、桑树等经济作物。以苏州为例，棉花是"元至正间始传此种。太仓东乡土高，最宜"①。至明代后期，太仓"州地宜稻者亦十之六七，皆弃稻袭花"②。"嘉定实征田地涂荡共一万二千九百八十六顷十七亩，内有板荒田地一千三百零一顷九十亩，其宜种稻禾田地止一千三百十一顷六十亩，堪种花、豆田地一万零三百七十二顷五十亩。"③桑树的种植，"明洪武初，六县（长州、吴县、吴江、昆山、常熟、崇明）栽桑一十五万一千七百零七株，……弘治十六年，农桑二十四万九百三株"④。据日本学者藤井宏的研究，"江南棉布手工业最初兴起于松江府，后来逐渐扩及于其周围的诸府县。明代中期，苏州府嘉定、常熟二县等的棉布业早就脍炙人口"⑤，到了明代中后期，几乎是全国各地都用吴地生产的布匹，如江西省"民间所用细布，悉从苏、松、芜湖商贩贸易"⑥。丝绸业，据方志记载，苏州的"绫绸之业，宋元之前，惟郡人为之。至明熙宣间，邑民始渐事机丝，犹往往雇郡人织挽。成弘以后，土人亦有精其业者，相延成俗。于是盛泽、黄溪四五十里间，居民乃尽逐绫绸之利。"⑦入清以后，作为吴地重镇的苏州实际上已经成为全国的丝棉织业的中心，"常、昭两邑岁产布匹计值五百万贯。通商贩鬻，北至淮扬，及于山东，南至浙江，及于福建。民生若无此利赖，虽棉、稻两丰，不济也。"⑧"（嘉定）种稻之田十不及二，所征本色尚不足以春办白粮及存留

① 乾隆《苏州府志》卷十二《物产》，乾隆十三年（1748年）刻本，第八叶下，国家图书馆藏。

② 崇祯《太仓州志》卷十五《灾祥》，崇祯十五年（1642年）刻本，第三十六叶下，国家图书馆藏。

③ 万历《嘉定县志》卷七。

④ 乾隆《苏州府志》卷十一《田赋四》，乾隆十三年（1748年）刻本，第十八叶上，国家图书馆藏。

⑤ ［日］藤井宏：《新安商人的研究》，《徽商研究论文集》，安徽人民出版社，1985年，第149页。

⑥ 万历《两台奏议》卷五。

⑦ 乾隆《吴江县志》卷三十八《生业》，《中国地方志集成·江苏府县志辑》第20册，江苏古籍出版社，1991年，第176页。

⑧ 《明清苏州农村经济资料》，第197页。

等项。则是十余万石漕粮，非取之小民织作，必籍之花、豆贸易。"①经济结构的变化，到了明代后期，苏浙一带粮食甚至不能自给了。而恰是在这一时期，位于长江中游的湖广楚地的粮食生产获得了很大的发展，出现了谚语"湖广熟，天下足"。据日本学者寺田隆信引用《南吴旧话录》资料的考证，此谚语最早当出现在明天顺年间：

　　　天顺间，湖广大饥。诏募能赈饥者，与以散官。梅（贞）即输米八百斛赴楚，续赈倍之。邻人誉之曰："君当与缙绅为伍矣。"梅笑曰："谚云：'湖广熟，天下足'，乃天灾流行，数百万生灵遂为沟中瘠，吾一念间有所不忍耳。"②

明代中后期以后，楚地成为天下公认的粮仓，为长江下游地区及全国其他地区主要的粮食供给地。因此，吴楚两地互通有无，开展贸易，获利巨大。

徽州商人在明初施行"开中法"时，是热衷于南北贸易的。生活在明代中期的歙县人汪道昆就写道："吾家自曾大父以上，率孝弟力田，自大父亢贾，始宗盐筴。世大父亦罢北贾，与大父俱相与起瓯括，徙武林，业骎骎起。"③之后，徽商散布在全国各地贸易，包括海上贸易。明末以后，吴楚之间的贸易显重时，徽州商人则是积极应变，把握了时代发展之脉搏。但徽商真正大规模地从事和热衷于吴楚贸易，还是在入清以后，甚至是在清康熙中期才真正实现在经营方式上的转变。

赖于长江水系的吴楚贸易有两个重镇，吴地是苏州，楚地是汉口。苏州开发很早，自不必说。而汉口，后来被称作"九省通衢之地"，在楚地的商业贸易中地位显赫。汉口是在何时才真正成为一个商贸重镇的？对

---

　　① 光绪《宝山县志》卷三。
　　② ［日］寺田隆信：《湖广熟，天下足》，《江淮论坛》编辑部《徽商研究论文集》，安徽人民出版社，1985年，第270页。
　　③ 汪道昆：《太函集》卷三十九《世叔十一府君传》，第495页。

此，汉口正街的形成与繁荣该是标志。这里，我们仅凭20世纪90年代由华夏地方志研究所和武汉市硚口区汉正街小商品市场管理委员会编纂的《汉正街市场志》就可以得知："明代初年，汉阳城内府、县治所同在。其时，今汉口地域只是汉阳城外的一片芦滩，汛期汪洋一片，汛后漫滩芦荻，禽兽栖息，鲜见人迹。……至天顺年间（1457年—1464年）始有零星居民迁入，择墩台、高地筑室定居。"至明嘉靖二十四年，汉口在籍居户达到1395户，共7000余人；开始形成一个商镇；至"明天启、崇祯年间（1628年—1644年）汉水南岸商民逐渐集中于北岸沿河高坡地段，居仁、由义、循礼、大智等坊区逐渐形成繁华的街市。汉口镇的古老街区——汉正街的雏形基本成型。"到清康熙年间，清政府将汉口巡检司由汉水南岸迁至北岸，汉口镇的正街也称官街才正式形成，"至此人们不再把汉水水口的南北两岸通称为汉口，而是把汉口作为北岸的专称。汉口、汉阳由此正式分离，武汉三镇的格局初步确定。"①

而据《清康熙中期旅汉口谢氏徽商文书》的资料记载，即使到了康熙中期，汉口镇的市政建设还是不十分充分的。徽州商人谢胪一在康熙三十四年至康熙四十四年间，在汉口的官街上购买了多处房产，其中有许多是"土库楼""茅蓬""竹屋""竹披铺面"等。兹照录一份康熙三十五年十一月的允议约如下：

立允议约人李东恺同弟建北、孟濬，今有祖遗二股公同受分基地一段，坐落循礼坊二总下岸，前以胡房后墙为始，后至河水为界，左至谢墙为界，右至刘宅为界，今因弟兄共分，管为不便，兼之乏费，同浼牙中亲友说合，情愿允议绝卖与谢名下为业，当日三面言定时值绝卖纹九价银六十六两整，其搭贺表劝折席小礼杂项一并在内。今凭中议明先封样银三十两整，存付天老处收执，听从买主择期另立正契，彼此不致临期籍辞词推委失误。其胡文伯地租并券，俟成交时缴

① 朱文尧主编:《汉正街市场志》,武汉出版社,1997年,第13—16页。

付；其后尾住地、茅蓬人户，俱系东恺弟兄情愿承管拆屋退地，并本族家庭如有分受不明以及重复交易等情，尽是东恺弟兄承管，不与买主相涉。今恐无凭，立此绝卖议约存照。

其有前路，照旧任其出入。此批。

康熙三十五年十一月十二日　立议约：李东恺　李建北　李孟濬

凭牙中亲友：余南仪　吴蕴予　汪天泽

陈东曙　金亦美　余文远①

循礼坊是属于汉口的正街，李氏兄弟所卖的是“祖遗”的“基地”，边上还是“茅蓬人户”，可见当时汉正街还是不够繁荣，市政建设上还处在乡村到市镇的过渡期。当然，谢氏买下了这些土库楼、茅蓬等，大都是要“填基改造”“填基盖造”“移旧造新”的，并且还都不是为了居住，而是要改造成店面屋，这实际上就是加快了汉口的市镇化进程。汉口之为“九省通衢”的商业重镇地位也该是在康熙年间真正形成的，吴楚贸易的黄金时期也该是从康熙年间才开始的。对此，徽商有着自己突出的贡献。《汪元长和谢胪一立议合同》反映的就是徽商从事这种吴楚贸易的具体，其中心议题就是两位当事人“合议”如何将苏州的绸布等货发来汉口，而又将汉口的粮食等货发往苏州，以有无互通，共同获利。

需要指出的是，这里说的“吴楚贸易”是指吴地和楚地在同一个逻辑的经营过程中实现的相互贸易。在明代，徽州商人在吴地和楚地从事经营的人很多，但在这两地从事经营的主体一般还是在逻辑上各自独立、分离的，无非是此人在吴地经营，彼人在楚地经营，他们分属于各自的经营主体，其“吴”与“楚”的概念还仅是经营所在地的概念，不是指吴楚之间的相互贸易。当然，也有同一个徽州商人既经营于吴地也经营于楚地的，但以笔者目前所掌握的文献资料看，在清代之前，即使是同一个徽州商人曾经营于吴和楚，但其“吴”与“楚”的概念在同一逻辑的经营行为过程

① 刘伯山编著:《徽州文书》第三辑第一卷,第8页。

中还是分离的，具体表现就是两地的经营在时间上的分离和在所经营事项上的分立。如休宁商人汪浩，其"父文晟输粟助边，拜民爵一级，生子两人，长曰濂，次即公。年十四，父早世，公与兄即勉勉修父所为业。"明正德年间他转至吴越之地经商，"交欢吴越缙绅士"，嘉靖时再"转在楚蒲圻，楚人士争交欢者复如吴越"。嘉靖后期，他"倦游，谢楚客归"，但许多财产还是留在了楚地，交由楚人耕种，族谱记载："先大父买蒲圻膏腴田凡七所，各置庐舍，招丁夫耕牧其上。及公一日乃以七舍地券还故主，以七秉谷给散丁夫曰：'我家大鄣之下，有先世之田庐在焉，足以蔽风雨而供饘粥，奈何越在数千里而西其亩哉。楚人壤终楚人耕耳，而我何有乎？'楚人至今以为美谈，曰：'犹望汪次公也。'居家二十年，提堂灌花，甚乐而已矣。……寿六十九，隆庆三年终。"[1]由此可见，吴浩的一生中尽管是商游了吴越和楚等地，但他是此段时期在吴越从事了吴越地的经营；彼段时期在楚从事了楚地的经营，两地的经营在时间上和逻辑上是分离的，没有在同一个时间将同一个经营行为复制于吴楚两地，因此还不是进行了吴越和楚之间的贸易。这种情况在明代后期以后得到了极大的改变。如作于康熙间《坚瓠五集》卷一《火焚米商》就记载："万历己丑，新安商人自楚贩米至吴，值岁大旱，斗米百五十钱，计利已四倍，而意犹未惬。"[2]清代以后，徽商已经高度重视了吴楚之间的贸易，并投入了极大的热情。如清初时人程"胜恩，字恒之，古歙褒嘉里人也。侨寓于吴。……其祖父服田力穑，朝斯夕斯，不出户庭。岁值凶荒，饥馑荐臻，室如悬磬，公愤然作色曰：'丈夫生而志四方，若终其身为田舍翁，将何日出人头地耶！'用是效白圭治生之学，弃农就商，往来荆襄吴越间，勤昧旦，忍嗜欲，趋时观变，人弃我取，与僮仆同苦乐，以生以息，不十年而家成业就，享有素封之乐。"[3]清初休宁南街人张弘祜"六龄失怙，从兄贾吴

① 《休宁西门汪氏宗谱》卷六《处士浩公传》。

② 张海鹏、王廷元主编：《明清徽商资料选编》，黄山书社，1985年，第195页。

③ 歙县《褒嘉里程氏世谱·歙邑恒之程公传赞》。

楚，经营一无私蓄。"①清代歙县板桥人杨祀年，"长遵父命，以儒服事贾，经营吴楚。"②清代婺源人程世杰，"早岁由儒就商，往来吴楚，稍聚赢余，推以济众。"③清代婺源人俞焕，"自少倜傥，比壮以赀雄吴楚间。"④等等。

王廷元、王世华先生在《徽商》一书也曾写道："明清时期，随着商品经济的发展，吴楚两地之间的贸易日益兴旺起来，而当时利用长江水运之便贸贩于吴楚之间的商人主要就是徽州商人。……吴楚贸易是徽商从事的一项主要商业活动，徽商之所以能够发展成为雄厚的商帮，是与他们从事这一商业活动分不开的。"⑤但这段文字是出现在"徽商的衰落"一章，仅是作为谈清咸丰同治年间因太平军而带来的战乱中断了徽商经营的吴楚贸易从而给徽商商业活动带来不利影响这一论点的前叙导引，并没有充分展开。更为重要的是，《徽商》一书所说徽商从事吴楚贸易的时限是"明清时期"，而笔者的观点则是提出：吴楚贸易实际上是在清代以后才真正成为徽商一项重要的贸易活动。

二、行商和坐贾实现有机的结合

在中国古代，"商"和"贾"的概念是有一定区别的，所谓"行曰商，处曰贾"。行商是指从事远途贩卖，利润大，但风险也大；坐贾则是指坐镇店铺买卖，风险小，但利也微。

徽商的经营，最初多是家无定居的行商，明以后，寓籍或寄籍的坐贾才大量出现。但应当看到的是，在清代以前，徽商的行商和坐贾大都是在时间上和逻辑上分离的，行商的人不坐贾，坐贾的人不行商。尽管在明代时，也有不少徽州商人既行过商也坐过贾的例子。如明成化嘉靖时歙县溪南人江终慕，"翁生三岁而父卒，依兄奉母吴以居。时家祚中落，茕然无

① 康熙《休宁县志》卷六《孝友》，第871页。
② 徐卓：《休宁碎事》卷七引《淇竹山房集》。
③ 光绪《婺源县志》卷三十三《人物志·义行》，第一叶上。
④ 光绪《婺源县志》卷三十三《人物志·义行》，第一叶上。
⑤ 王廷元、王世华：《徽商》，安徽人民出版社，2005年，第479页。

以生也。翁年十二三，即从兄屠酤里中。稍长，从如钱塘。其在钱塘日坐阛阓，售米盐杂物，兄弟服勤如初。而母甘旨常苦不克，翁乃叹曰：'丈夫当观时变、察低昂、立致富厚耳，安能久为此琐琐乎。'遂辞其兄，北游青、齐、梁、宋间，逐什一之利。久之复还钱塘，时已挟重赀为大贾。"[①]但其行商和坐贾方式的运用在时间上是分离的，行商和坐贾所从事的经营在逻辑上并非统一的。这种情况在清代以后得到很大的改变。入清以后，徽州商人开始自觉地将行商和坐贾内在有机地结合为一体，在同一个经营行为过程中共时性地运用。对此，《汪元长和谢胪一立议合同》反映的情况就是一个典型。汪元长和谢胪一两人原都是坐贾汉口开绸布店的，因是"收看客货"，所以"获利艰难"。于是两家决定联手，除在汉口的坐贾店仍开外，又在苏州开设共同分店，另请他人负责经理，然后是在苏州置布等货行商贩运来汉口，在汉口坐贾销售；又在汉口置粮等货发往苏州，在苏州坐贾推销。行商和坐贾由同一个经营主体在同一时间内于同一经营过程中实现了内在有机结合，坐贾的利微因接受了行商的大利而为之改，行商的风险因得到了坐贾的稳定而趋化解。

查阅历史文献，清代徽商实现坐贾与行商结合的事例比比皆是。如清代无锡"布有三等，一以三丈为匹，曰长头；一以二丈为匹，曰短头，皆以换花；一以二丈四尺为匹，曰放长，则以易米及钱。坐贾收之，捆载而贸于淮扬高宝等处。一岁所交易不下数十百万。尝有徽州人言，汉口为船马头，镇江为银马头，无锡为布马头。言虽鄙俗，当不妄也。"[②]歙县人程廷柱"字殿臣，号理斋，永洪公长子也。国学生。自幼豁达，卓有立志，厚重少文饰。随父侧奔驰江广，佐理经营。父殁后，克绍箕裘，友爱诸弟。总理玉山栈事，增至田产；兰邑油业命二弟廷柏公督任之；命三弟廷梓公坐守杭州，分销售货；命四弟廷桓公往来江汉，贸迁有无。创立龙游典业、田庄，金华、兰溪两处盐务，游埠店业，吾乡丰口盐业，先绪恢而

---

① 歙县《溪南江氏族谱·处士终慕江翁行状》。
② 黄印:《锡金识小录》卷一,清光绪刊本。

弥广焉。公生康熙庚寅，卒于乾隆辛丑。"①程廷柱兄弟四人在经营上的分工就是将家族的事业做到既有坐贾又有行商，从而事业越做越大。

安徽大学徽学研究中心"伯山书屋"中藏有《黟县一都榆村邱氏文书》280份②和《黟县五都四图程氏文书》275份③。这两户文书历史上的归户主人在清道光至光绪年间曾多次合作与他人开设布店，较早时在黟县县城开设了"同和"布号，同治二年因"粤寇"掠夺而败落；同治三年，程鸣记、程德记、邱集记、胡蔚记再合伙开立了"兆成"布店，并连续开设了若干分店，持续了很长的时间。邱氏参与开店的核心人物是邱应书，字集文，光绪十六年时，他83岁，已经"贸易五十余载"。兹根据两户文书的内容，结合笔者的田野调查，仅就邱氏家族所直接参与"兆成"店号经营的情况制表（如表1）。

表1 邱氏家族参与"兆成"号经营的店号

创办时间	字号	地点	主事者
同治三年	兆成	黟县县城	程鸣记、程德记、邱集记、胡蔚记等
同治三年	兆成分栈	屯溪	前期为邱应书之子邱国邦
光绪后期	锦华	屯溪	邱应书之孙邱百和
光绪后期	恒足	景德镇	前期是邱应书的儿媳项氏，后期为邱应书之孙邱百福

上表中的"锦华"与"恒足"店号均是由兆成号析分出的合伙分号。2006年7月20日，笔者在黟县中学校长胡时滨先生的陪同下，在黟县宏村调查采访了邱百和的女婿汪济甫老先生（黟县宏村人，1914年生，职业为中医大夫；其妻名邱爱娣，1911年生，1998年去世，为邱百和之长女），老人回忆与介绍道："锦华"与"恒足"尽管都是邱家人在主事，但与"兆成"本是一家，都是合伙开的布店；这些布店所卖的布都是由专人进货的，布买来了，就配送到各个店卖；进货的地方主要是苏州、杭州和上海，那里的布好、价格低，能赚钱；兆成号何时倒闭的不清楚，但"锦华

①　歙县《程氏孟孙公支谱·程廷柱传》，清道光抄本。
②　刘伯山主编：《徽州文书》第一辑第一卷，第1—323页。
③　刘伯山主编：《徽州文书》第一辑第三卷，第1—309页。

布店"是1929年朱老五（朱富润）火烧屯溪街时败坏的，"恒足布店"是倒闭于民国后期①。可见，从清代直至民国，徽州本土商业的经营方式实行了行商与坐贾的统一。

行商与坐贾在同一经营主体和在同一经营过程中的内在有机结合，可以最大限度地压低行商的风险和最大限度地提高坐贾的利润，实现商业利益的最大化。清代以后徽商经营方式的如此变化是极为有效的，带来的必然是商业经营规模和业绩的大幅攀升。实际上，在清之前，徽商经营的规模和业绩一般还停留在如明人谢肇淛在《五杂俎》中所云："富室之称雄者，江南则推新安，江北则推山右。新安大贾，鱼盐为业，藏镪有至百万者，其它二三十万，则中贾耳。"至清中期时，徽商的资产，上贾要提升到千万，中贾要达到百万。徽州商人谢胪一在千千万万的清代徽商中绝不是最富有的，名气也不大，笔者曾查阅诸多徽州方志、徽州谢氏谱牒等文献材料，均没有发现关于此人的记载。但就是这么一个平凡普通的徽州商人，从《清康熙中期旅汉口谢氏徽商文书》看，仅在康熙三十四年十一月至康熙四十四年十月的十年间，就曾在汉镇街上购置了至少6处房地产（见表2），累积花费纹九银五千二百六十三两五钱。谢胪一并不是一个房地产开发的商人，他花在房地产的钱应该都是自有和可控的"活"钱，甚至是"闲钱"，如此大的支出也可窥见这位谢氏商人的资产规模。

表2　康熙三十四年至康熙四十四年谢胪一购买汉口房地产一览

时间	卖者	名称	价钱
康熙三十四年十一月	王殿侯	基地壹所、土库楼房铺面共计六重,坐落循礼二总	纹九银七百二十两,付脱原业银四两五钱
康熙三十五年十二月	李东恺、建北、晋侯、孟濬、仲翰	基地壹段,坐落汉口循礼坊二总下岸	纹九银六十六两

① 朱富润火烧屯溪街的时间是1929年4月。查《屯溪老街》（黄山书社,2002年），1918年时,兆成布号还是屯溪老街上的著名店号,之后不见记载;再查《民国二十九年十一月造安徽省休宁县屯溪镇〈商店资本调查表〉》《民国三十一年四月二十六日休宁县屯溪镇商会各业商店登记表》（分别收入《徽州文书》第三辑第五卷,第30—34页、第48—170页）,均不见兆成和锦华号。

时间	卖者	名称	价钱
康熙三十九年十二月	邓升如同弟聚芝	汉镇土库基地房屋	纹九银三千二百两,付原业租赁银六十八两、搬费银十两
康熙四十年七月	吴秀之	土窨楼房一重,坐落循礼坊四总	纹九银六十五两整,外满门搭贺表劝折席等项并加赎此房基地老约又共纹九银一十八两整
康熙四十年十一月	吴蕴予	改造铺面楼屋	纹银一千两整
康熙四十四年十月	王德卿同男殿极、殿侯	自置基地,盖造窨楼房一间,坐落循礼坊四总	纹九银一百一十二两

清代以后徽商资本的大力提升还可以从徽州本土的一些商业行为上得到验证。在《婺县五都四图程氏文书》中有一份《清咸丰八年二月程鸣玉等立开布店合墨》:

　　　　立合墨程鸣玉、王道南得记、王心原、王懋修、邱集文等,窃闻生财有道,交易在人,觅利先于克己,同心必致如兰。今吾等同和一气,程鸣玉出正本曹平宝纹五佰两正,王道南得记出正本曹平宝纹贰千两正,王心原出正本曹平宝纹贰千两正,王懋修出正本曹平宝纹贰千两正,邱集文出正本曹平宝纹五佰两正,共成正本曹平宝纹柒千两正,在本县城中租寓,合开"同和"字号,棉花布疋生理,经手司事务须注账明白,议定递年正月眼同盘查,所获利金,照本均分,倘有不敷,照本均认,另立盘单付各股收执。自合之后,惟翼协和永同,共济行见,源源而来定然生生不息。为此共立合墨五张,各执壹张,永远存照。

　　　　咸丰八年二月　日　立合墨:程鸣玉(押)

　　　　　　　　王道南得记:心原(押)　懋修(押)　容照(押)

　　　　　　　　　王心原(押)　王懋修(押)

　　　　　　　　　邱集文(押)

中见：胡耀堂（押）①

从这份合墨我们可以看到：一个仅仅在僻小的黟县县城靠"租寓"店面而开设的布店，前期一次性投入的资本就达"正本曹平宝纹柒千两正"。比照明代，那时徽州人经商的启动资金往往只有十几两、几十两、几百两银子。如正德十年三月，"十二都九保住人汪廷寿，今为买卖少本，今将父同叔承祖均业乙字二百柒拾陆号、二百陆拾捌号，坐落……今自情愿将前号父拨还田一半转卖与户内弟汪锦名下为业，面议时值价白文（纹）银伍两整"②。明弘治嘉靖年间休宁人程锁经商资本的来源是"结举宗贤豪者得十人，俱人持三百缗为合从，贾吴兴新市。"③明万历三十年七月，金文泮同弟金文洋，"为因缺本无措，自情愿浼叔将承分下园一丘，坐落……尽行出卖与兄文淮名下为业，当日面议作时值价纹银十一两正"④。明天启元年九月，"黟县七都立卖契人汪治，今因生意，自愿凭中将承祖共业风水山一备……出卖与休邑吴名下为业，……当日凭中议作时值价银一十五两整"⑤。

三、强化经营实体间的团结协作

强化宗亲乡谊是徽商的一大特点。徽州是个宗族社会，徽州人经商最初总是先尽宗亲，或父子并力，或兄弟并力，或同族人并力，宗族观念很重；同时，徽州又是个"礼仪之邦"，乡谊观念很强，不同族的人在共同的经商道路上讲求"众志协和"和"合志同方，营道同术"。清末翰林歙

---

① 刘伯山主编：《徽州文书》第一辑第三卷，第79页。

② 安徽省博物馆编：《明清徽州社会经济资料丛编》第一集，中国社会科学出版社，1988年，第50页。

③ 汪道昆：《太函集》卷六十一《明处士休宁程长公墓表》，第22页。

④ 中国社会科学院历史所编：《明清徽州社会经济资料丛编》第二集，中国社会科学出版社，1990年，第393页。

⑤ 中国社会科学院历史所编：《明清徽州社会经济资料丛编》第二集，第542页。

县人许承尧在《歙事闲谭》中就指出："吾徽人笃于乡谊，又重经商，商人足迹所至，会馆义庄，遍各行省。"①徽州商人的乡谊甚至还扩大到邻近的宁国府，如在清嘉庆道光年间，江苏吴江盛泽镇就有徽宁会馆，其《吴江盛泽镇徽宁会馆缘始碑记》就刻有："徽宁会馆，两郡七邑所建也。起于嘉庆十四年间，徽州府六邑缘在姑苏吴江县盛泽镇西场圩璇葭浜，买地创建积功堂殡舍。旋议增建殿宇会馆。适宁国府旌德一邑在镇先有会馆，坐落西荡，因地隰水冲，正欲卜地迁建，两逢其会也。当时本镇契友陈桂坡黄竺舟二公闻之，佥曰：'徽宁两郡，本属同省，今又同邑经营。古云，四海之内，皆为兄弟，何况毗连邻郡耶。众勤易举，合成徽宁会馆，谁曰不宜！'于是公同书立议合，即在西场圩璇葭浜，共建成徽宁会馆，正殿三间，正供威显仁勇协天大帝神座，东供忠烈王汪公大帝神座，西供东平王张公大帝神座。殿之东建造行馆，供奉紫阳徽国朱文公……"②

《清康熙中期旅汉口谢氏徽商文书》是一份非常珍贵的反映徽商在汉口经营与发展情况的文书，尽管该户文书的归户主人谢胪一是一位名不见经传的中小商人，但此人在汉口的经历竟然与徽州人在汉口的整体大势关联。彼阅《汉口紫阳书院志略》，我们可知：徽州商人清康熙七年曾在汉口的六水分源荒地上建"新安公所"，康熙三十四年改建为"紫阳书院"。但在康熙三十九年十二月，汉口徽商同乡会的代理人吴蕴予等又开始筹划扩大紫阳书院的门径及开辟新安巷，让谢胪一出面预买了紧靠紫阳书院即文公祠的邓氏九进的大宅；来年三月借钱正式公买；然后将所买的房子拆为基地，先让出数尺以宽文公祠门前街巷，余地改造成铺楼10栋，"作十股公出"；由于最初购股者少，而欠款催急，于是吴蕴予就将房契质借给谢胪一，留下了一份质借约：

> 立质借约人吴蕴予，兹因文公祠前小巷壹条，仅宽尺余，来往难艰，傍系邓聚芝房基，今邓出售，欲嫡同志诸公，以作十股承买，让

---

① 许承尧:《歙事闲谭》卷十一《北京歙县义庄》，第357页。

② 《明清苏州工商业碑刻集》，江苏人民出版社，1981年，第356页。

地数尺以宽其巷，可以济祠前之要区。彼邓人急售他姓，恐一时难以覆得，速欲会众共买，一时恐难就绪，因浼谢友兰兄暂借吴客之银，于本年三月十五日凭牙中用价买居印契。现据原意，除让地五尺，仍余地壹丈叁尺，长计叁拾丈，改造铺楼十栋，共用价银二千两，以作十股公出，租银公分。奈所借银两八月间吴客催逼，无银偿还，又覆浼谢友老转借万全典之银，以还吴客，但借贷负利将及一载，不料人心奂散，仅出不过一、二股，尚欠俱多。典银催逼无偿，只得浼中将此屋地并原印契质借到谢名下，本纹银壹千两整，每月壹分捌厘行息。此银偿其前借，议将店屋造成，取租以偿谢宅之利，俟日后有成股出者，相还此项，续此契约。倘内外人生情异说，皆蕴予承当。立此质借约为照。

康熙四十年十一月日　立质借约人：吴蕴予

凭中：汪文介　余鲁生　余本立　金翰臣

吴天玉　吴敷五　吴行可　戴五如

汪天泽　余维宽[1]

之后发生的事情还很多，且留有文书。它们均充分反映了旅汉口徽商群体的整体意识与协作行为。

但在商业经营的团结协作上，《汪元长和谢胪一立议合同》反映的则是一个典型。本合同书上的两位当事人，汪元长是徽州第一大姓汪姓族人，而谢胪一则是徽州另一望族谢姓族人。他们在汉口的同一条街上开同一种店，本身就该有同行相斥的嫌疑，更何况又彼此存在了"历年""获利艰难"的现实。对此，他们两人考虑的不是如何相互排斥、作对，而是怎样团结协作，寻找出路。于是，他们先是将两个本是相互分离、独立的店号并联起来，构成一个联合体；再由此联合体派生出一个属两家共有的异地经营机构，负责人由两家共聘，给予俸金，既承担货物采购、供应站

---

① 刘伯山编著：《徽州文书》第三辑第一卷，第13页。

的职责，又担负货物受纳、经销站的任务，其中当然也必然包括信息的收集、传递及反馈等，最后是构建一个三点组成的商业经营热线网络，扩张了经营的范围和内容，提升了经营的质量。

徽商的合作经营早在明代中早期时就已经普遍。前引休宁人程锁的经商就是"结举宗贤豪者得十人"。明代休宁梅林厚村的孙氏，"四昆季，合志同财，起家两淮盐筴。"①中国社会科学院历史所藏有一份合同书，写的是明万历三十九年祁门奇峰郑氏的5个族人"合伙拼买杉木，至饶造捆往瓜发卖"等事宜②。明代中后期休宁出了一位大数学家程大位，他自称"弱冠商游吴楚"③，鉴于徽州经商的人多，而经商需要计算，于是就转而潜心研究了数学，尤重"民生日用"的数学，于明万历二十刊印了《直指算法统宗》十七卷，明万历二十六刊印了简要本《算法纂要》四卷，里面有许多关于商业合本经营之利率计算的例题，这里仅举一二：

> 今有元、亨、利、贞 四人合本经营，元出本银二十两，亨出本银三十两，利出本银四十两，贞出本银五十两，共本一百四十两，至年终共得利银七十两，问各该利若干？答曰：元该利一十两，亨该利一十五两，利该利二十两，贞该利二十五两。

> 今有赵钱孙李四人同商，前后付出本银。赵一于甲子年正月初九日付本三十两，钱二于乙丑年四月十五日付本五十两，孙三于丙寅年八月十八日付本七十两，李四于丁卯年十月二十七日付本九十两，四人共本银二百四十两，至戊辰年终，共得利银一百二十两，问各该利若干。答曰：赵一该利二十九两五钱五分一厘，钱二该利三十六两七钱一分一厘，孙三该利三十二两八钱，李四该利二十两零九钱三分八厘。④

① 明天启刻本《休宁名族志》卷三"孙"。
② 原件藏中国社会科学院历史所图书馆。
③ 程大位：《直指算法统宗·后》。
④ 程大位：《算法纂要》卷二。

程大位如此的选择是具有时代性的，它间接地却也是普遍性地反映了当时徽州商人在合作经营上的基本状况。

但清代以前徽商的合作多为经商自然人在资本上的合股同本，而很少是经营实体间的合作。清代以后，特别是到了清中后期，徽州商人之间的合作发展到经营实体间的全面合作，至少存在以下两种类型：

其一，原本合伙开的店号自我扩张裂变，再开立出新的合伙店号。如在《祁门十三都康氏宗族文书》中有一份《光绪十四年桂月康锭安、康彩严等立同心合伙文约》：

> 立同心合伙文约康锭安、康彩严、康烈章、康焕章。缘我四人素业经营，同相贸易，均历有情孚谊契之诚。此尤平日之交易往来尚能如是以适意，况今之同文合伙不又更成为美举耶。所以我等商议，共租到本族源公家塾店屋一所，以及右边余地；另有烈、彩二人所承租约两纸，其四至并店业等项，悉依租约为凭，听凭入店修造、开设、杂货生理。刻下每人品出本洋蚨一百元整正，共成本洋四百元正。其洋候修店屋并置家伙等项成工，仍洋立簿清算，如式注明，尽归店内，以作行本。办货发售，开张贸易，其号命名"永和昌"。自开之后，务要同心协力，踊跃趋前。在店之人，各自存心正直，不得肥己吞私。账目亦当屡年清算，馈则均分，耗则均认，各毋异言。倘若自本不足，所汇客项务要商议，公汇公归，不得置累于经手之人；尤或日后加本，必须另簿为凭，不须以文注载。凡我共事之人，果能同心同德，处事公平，自然永达财源，内和而外顺，昌期骏发，道大而财生，玉成其事，斯亦必如圣门中之端木焉。今欲有凭，立此合文一样四纸，各收一纸，永远大发为照。
>
> 即批：各人支用务以薪水为则，如或多用，该账以作来往，迭年清款明白，不得多支品用。又照。
>
> 再批：烈、彩二人所承租约，其租金务要迭年公纳清楚，不得累及二人。又照。

光绪十四年桂月十二日　立同心合伙文约人：康锭安（押）　康彩严（押）（后略）①

康锭安、康彩严等同族四人是"素业经营，同相贸易"的，"均历有情孚谊契之诚"，至光绪十四年桂月他们再合伙，在既有贸易经营的基础之上，开立了"永和昌"店号，进行扩大再经营。

其二，若干经济实体间的经济合作。在《黟县五都四图程氏文书》中有许多盘单，如一份《清道光二十九年正月同和抄照程鸣玉记盘单》就记有：

道光二十七年二月初一日：

收王道南得记存正本洋款二千元正；

收王懋修记存正本洋款二千元正；

收汪培基堂存正本洋款一千元正；

收邱集文记存正本洋款五百元正；

收程鸣玉记存正本洋款五百元正；

以上共存正本洋款六千元正。②

这里的王道南得记、王懋修记、汪培基堂、邱集文记、程鸣玉记等，该是具有经营实体或家族群体的性质，而不仅仅是指自然人。

再如笔者拥有一份《清宣统元年程石记、程镛记、郑际记立合同墨据》，兹照录如下：

立合同墨据程石记、郑镛记、郑际记等以乡谊而兼世好，意气本属相投，惟创始端，赖店规成法，尤宜遵守。今在苏城玄妙观前宫巷左东朝西，合股开设"仁大"洋货布店。公议：坐本洋伍千元，内程

---

① 刘伯山编纂：《徽州文书》第二辑第一卷，第378页。

② 刘伯山主编：《徽州文书》第一辑第三卷，第54页。

石记计股本洋贰千元，郑镛记计股本洋壹千五百元，郑际记计股本洋壹千伍百元，合成资本洋伍千元。官利周年壹分行息，闰月不算，余利以三年期满照股均分。毋存偏见，毋徇私情，合众力以同心，处百年如一日，庶几渐臻丰裕，共庆泰来。兹请邹琴清兄为执事，务望和衷共济，协力同心。惟愿店业日隆，同沾利益，则厚望焉。店事无论盈亏，均待至期拆账，盈则均沾，亏则均如，以昭公允，各无异言。恐口无凭，立此合同墨据叁纸，每人各执一纸，永远大发存照。

一议坐本官利以壹分起息，年终支取，除官利外，不得宕空；倘有货账，三节扫清；日后店中生意发达，须添用附本，由执事向各位股东筹商另议。

一议各项尤宜节省为主，与本店有往来者，归本店开支，事贵相当，幸勿奢华；如与本店无关，各自支持。

一议春盘各账，所有开消（销）细数以及庄款、存款、拆息及各乡账往来欠尾，必须逐一载明，每股东处各造一册，由执事面交，以画规模。

一议年终盘账，除各项开支外，得有盈余，作十成匀派：公积提二成，执事与各朋友得二成，其余按股均分。

一议店中银钱货物以及夥友进出，概归执事调度，秉公酌办，毋得徇情。

一议店中账簿毋庸藏秘在箱，亦不宜乱弃，均有次第，股东既各友均可随时翻阅，至公无私，以昭大信。

一议本店（俸）资按月十六给发，不得预支、借宕；自用衣着货物，一律照进盘作价，均归现交，不得褂欠，各自体谅。

一议各股东既蒙允洽，是店以先行试办三年，无论盈亏，不得中途背约，设欲更动店规，待三年期满后，再共同酌议。

一议凡店中各事及各股东之节制执事之调度，务宜画善而从之，生意宜择稳而做，倘遇紧要事宜，总以悉酌为之，不得各怀意见，有碍公益。

　　宣统元年九月吉日立 合同墨据：程石记（押）　郑镛记（押）　郑
际记（押）

　　执事：邹琴清（押）

　　见议：李瑞林（押）

　　执笔：叶卜丞（押）①

　　这份合墨有八百多字，议定的是三家徽州人开设的实体店号于宣统元
年九月在苏州合股开设"仁大"洋货布店的合作事宜。内容细致丰富，除
有总体所议外，还有具体议项达9条，合同文本形式十分规范。特别有意
思的是：这份合同的原件上还贴有两枚"中华民国印花税票壹角"。这说
明徽州商人既有自觉的纳税意识，又有很强的公证观念，极具近代性质。

　　经营实体间的合作是单纯资本合股的超越与发展，体现的是徽商在合
作经营上的成熟。

四、结　语

　　徽商的研究至少有七八十年的历史了。早在20世纪30年代，我国著
名的经济史学家傅衣凌教授就关注徽商资料的收集整理，1947年在《福建
省研究院研究汇报》上发表了长达三万多字的《明代徽商考》，就徽商的
起始、经营行业、活动范围和影响，特别是徽商在中国社会经济史及商业
史上的地位和作用等，作了开创性的、系统的研究。稍后，日本的藤井宏
先生几乎是完全独立地完成了类似的工作，1940年开始注意到徽商问题并
展开研究，不久，其成果便吸收到《明代盐商的一考察——边商、内商、
水商的研究》一文中，1953—1954年正式发表了长达十万字的《新安商人
的研究》论文，影响很大。随即，陈野在1958年发表了《论徽州商业资本
的形成及其特色——试以徽州一地为例来论证明清时代商业资本的作用问

---

　　① 原件为1147毫米×250毫米红纸书写，系笔者2005年3月26日在屯溪老街获得。
现藏笔者处。

题》，秦佩珩在1959年发表了《徽商考略》，日本的重田德在1967年发表了《清代徽州商人的一个侧面》等。从20世纪80年代以后，徽商研究的成果更多，著作有十几部，文章数以千百计。但通观迄今为止的徽商研究，后来者的研究除了在资料运用上有所突破外，理论框架和研究方法上基本上没有超出傅衣凌和藤井宏先生的研究。况且早期经典徽商研究成果尚注意区分明代的徽商和清代的徽商，尽管因还未能具体揭示这两代徽商之异同而显得时段比较研究之不足，但较之后来的一些成果来看，就显得科学、理性得多了。如果我们认定徽商是从南宋时兴起，至20世纪50年代初终结，则长达七八百年的历史，其发展不可能是前后完全统一的，而一定会在不同的历史时期呈现出不同的时代特征。对徽商作出阶段性区分以探究考量不同时期徽商的不同表现和时代影响，是目前我们徽商研究的一个重要课题，其中，探讨徽商在经营方式上的发展变化情况就是一个重要方面。徽商在清中期时最为称雄，"无徽不成镇"的谚语也主要是明末清初以后才在长江中下游一带流传的，这些都与徽商经营方式的一些转变有关。

第五章 徽州教育论

徽州『尚武之风显于梁陈，右文之习振于唐宋』。宋时，重文重教已沉淀为社会习俗；至少是到了元代，徽州就有『东南邹鲁』之美称；至明清，徽州则是『十家之村，不废诵读』。所谓『远山深谷，居民之处，莫不有学、有师、有书史之藏』。私塾遍地，族学、社学林立，府、县学发展充分，书院众多。昌盛的文风、发达的教育是徽州社会与文化得以长期繁荣发展的良好温床。

明清徽州的教育及其支持系统

明清时期徽州教育极其发达。对此，学术界已有许多论述，出了一批成果①。但既有的研究主要是关于徽州教育一般情况的描述，所依据的材料大都是如方志、谱牒等历史文献记载的材料，而系统地阐述徽州教育发达的具体表现，特别是探析徽州教育的支持系统问题，则很少有人研究，而这恰是关于徽州教育问题研究的一个十分重要的问题。下文既利用历史文献又充分利用徽州文书的材料，试图对此问题予以深入探讨。

一

教育问题是个文化问题。重视教育在徽州是一种社会习俗。

徽州位于黄山脚下、钱塘江上游。春秋属吴，吴亡属越，战国属楚。秦时始设歙黟两县，先属会稽郡，后属鄣郡；汉元封中改鄣郡为丹阳郡；汉献帝建安十三年（208年）置新都郡；晋太康元年（280年）改新都郡为新安郡；隋唐时曾改新安郡为歙州；宋徽宗宣和三年（1121年）改歙州为徽州，从此辖歙县、黟县、休宁县、婺源县、祁门县、绩溪县六县，一直

---

① 主要可参见李琳琦：《徽州教育》，安徽人民出版社，2005年。《安徽文化史》编委会：《安徽文化史》，南京大学出版社，2000年。吴存心：《源远流长的徽州教育》，《徽学通讯》，第13—14期增刊。刘伯山、蒋毅华：《徽州的文风与教育》，《徽州文化研究》第二辑，安徽人民出版社，2004年。

持续到公元20世纪80年代。"新都""新安""歙州"都是徽州的史称或别称。

　　徽州早期生活的土著人是山越人。"山越人亦越人，依山阻险，不纳王租，故曰山越。"[①]他们遁迹于山林，长期与政权对抗，"山谷万重，其幽邃民人，未尝入城邑，对长吏，皆仗兵野逸，白首于林莽。"[②]"椎髻鸟语""志勇好斗"，不尚开化。"建武六年（30年），（李忠）迁丹阳太守……忠以丹阳越俗不好学，嫁娶礼仪衰于中国，乃为起学校，习礼容，春秋乡饮选用明经，郡中向慕之。"[③]这也是史料记载最早的在徽州进行的教育教化。东汉末年以后，北方中原一带战乱频发，人们纷纷渡江南迁。徽州地靠江南，处"万山丛中"，"东有大鄣之固，西有浙岭之塞，南有江滩之险，北有黄山之阨"[④]，如世外桃源，许多迁徙的中原士家大族就在此获得了避难安居之所。纵观徽州移民的历史，有三次高潮，即魏晋时期的"永嘉之乱"、唐末的黄巢起义和两宋时期的"靖康南渡"，其中尤以"黄巢之乱"为著，一次就迁居来近二十个姓族。这些来自中原的各大姓大族，多为"中原衣冠"，备受教育，他们来到徽州后，除一方面恪守宗谊，严遵谱系，完善徽州的宗法制度与文化外，另一方面就是自觉不自觉地传播发达的儒家文化，敦进儒家仪礼。如徽州的谢氏，其先祖从晋元帝渡江而南，谢安之十三世孙谢杰仕隋，"为歙州教授，由会稽而歙"[⑤]；徽州洪姓的始迁祖洪经纶，"淮阳人，唐天宝六年擢进士……改为宣歙观察使……稍暇与士人讲论，为歙宣文学首倡"，后迁居婺源官源[⑥]等。于是，徽州的习俗由此渐变，"尚武之风显于梁陈，右文之习振于唐宋"[⑦]。文献

---

① 《资治通鉴》卷五十六《汉纪四十八》，第1817页。

② 《三国志》卷六四《吴书·诸葛恪》，第1431页。

③ 《后汉书》卷二十一《李忠传》，中华书局，1973年，第765页。

④ 道光《徽州府志》卷二《舆地志下·形胜》，第134页。

⑤ 程尚宽，等：《新安名族志》前卷《谢》，第八十八叶下至第八十九叶上。

⑥ 嘉靖《徽州府志》卷二十之二《寓贤列传》，第414页。

⑦ 民国《歙县志》卷一《舆地志·风土》，第39页。

记载："本府在唐，郡邑始皆置学。……唐学盛矣。"①至少是到了宋代，徽州就业已形成了重文重教的风气。南宋淳熙《新安志》记载："其（新安）人自昔特多以材力保捍乡土为称，其后寝有文士，黄巢之乱，中原衣冠，避地保于此，后或去或留，俗益向文雅，宋兴则名臣辈出。"②南宋著名诗人范成大在南宋绍兴二十五年至三十一年冬曾任徽州司户参军，留诗十余首，其《次韵知郡安抚九日徽州府南楼宴》写道：

> 斯民邹鲁更丰年，雅道凄凉见此贤。
>
> 万陇登禾新霁色，千村鸣拆旧寒烟。
>
> 镂金绝世诗情妙，倚剑凌空隶墨鲜。
>
> 珍重北窗山六六，使君名与汝俱传。③

该诗首次将徽州比作"邹鲁"。南宋以后，由于受朱子之学的影响，徽州的文风更为昌盛，彬彬乎更多文士，为士者更明义理，儒风独茂。明人赵吉士在《寄园寄所寄》中说："新安自紫阳峰峻，先儒名贤比肩接踵，迄今风尚醇朴，虽僻村陋室，肩圣贤而躬实践者，指盖不胜屈也。"④这些先儒名贤，恪守朱子之学，强化着对徽州的明理达礼的教化，由是更加醇厚了徽州的儒风。到了元代，徽州则有明确的"东南邹鲁"之誉称。元末明初休宁学者赵汸在《商山书院学田记》中就曾记："新安自南迁后，人物之多，文学之盛，称于天下。……故四方谓东南邹鲁。其成德达才之出为当世用者，代有人焉。"至明清，徽州则已是"十家之村，不废诵读"⑤，"远山深谷，居民之处，莫不有学、有师、有书史之藏"⑥。民众对教育的重视，以致形成"一人不读书，不如一头猪；一家不读书，一家

---

① 弘治《徽州府志》卷五之二《学校》。

② 淳熙《新安志》卷一《州郡·风俗》，第7604页。

③ 歙县地方志编纂委员会编纂：《歙县志》，中华书局1995年，第763页。

④ 赵吉士：《寄园寄所寄》卷之十一《泛叶寄·新安理学》，第119页。

⑤ 光绪《婺源县志》卷三《疆域志·风俗》，第一叶下。

⑥ 赵汸：《东山存稿》卷四《商山书院学田记》，第287页。

一窝猪"的俗语,一直流传至今。可见,重文重教是徽州千百年来的传统,它构成徽州一种厚重成熟的习俗。

二

徽州教育的发达是多方面的,明清时期它至少体现在以下几个方面:

1.教育机构完备,数量大

私塾是中国古代一种最基础的启蒙教育形式。徽州历史上到底有多少私塾,今天我们已不得而知,但旧志中凡多记载的"虽十家之村,不废诵读"的情景就是徽州私塾教育极度普及、发达的反映。拿休宁县来说,民国初年新学已兴起,但直至民国十八年(1929年),据对全县的调查,仍有私塾306所,学生达3740人[1]。由于学堂制直接冲击了塾学制,在清末至民国的传统教育向现代教育转型的期间,徽州经常出现塾教阻挠新教的事件和案例。安徽大学徽学研究中心"伯山书屋"就藏有《清末婺源教育文书》共11份,其《清末婺源五乡师范毕业生潘文杰等控腐儒案卷抄底》中的禀状就是:"徽州府婺源县五乡师范毕业生潘文杰、廪生△△、增生△△、监生△△、△△、△△、△△、△△、△△、△△等,禀为腐儒阻挠,师范寒心,叩赏札饬查明,开除旧党以崇新学事。"[2]2002年笔者在屯溪老街收集到了一册《呈文留稿》[3],抄录的是歙县官川私立储英初级小学校"呈为故兴私塾障碍教育进行、恳请给谕责令取缔以维教育前途事"的案例。这些都间接地反映了历史上徽州私塾教育之厚重。社学是官办的乡村教育,明洪武八年(1375年)正月诏书天下立社学,"延师儒,教民间子弟"。当年徽州六邑就立有社学462所。至康熙时,徽州的社学则发展到562所,其中歙县112所;休宁140所,另县塾1所;婺源140所;祁门27所,另县

---

① 休宁县地方志编纂委员会:《休宁县志》,安徽教育出版社,1990年版,第423页。

② 《清末婺源五乡师范毕业生潘文杰等控腐儒案卷抄底》之一,原件245毫米×325毫米,安徽大学徽学研究中心"伯山书屋"藏。

③ 民国手抄本,245毫米×325毫米,现藏笔者处。

塾2所；黟县13所，另县塾1所；绩溪30所，另县塾1所。可见数量之大。府、县学是官办的中初级教育，主要以培养科举人才为宗旨，是读书人进身必经之阶，故在徽州备受重视。徽州府学自唐代就建，后几经搬迁和重修，其中，从明洪武初年至清嘉庆年间曾有20余次的重修与扩建，规模不断扩大，设施不断完善，明成化时已为"南畿诸学之冠"，清时则设施"咸备无阙"①。特别是作为一种高级教育机构的书院、书屋、精舍等在徽州发展最为兴旺，"新安讲学书院较他郡为多"②。据有人统计，自宋至清，徽州六县实际是建有书院、精舍、书屋、书堂等共260多所，其中，宋代11所，元代21所，其余皆明清③。而另据李琳琦先生通过对徽州方志的统计，明清徽州实有书院93所，并制作了一览表④。在这些书院中，目前所知建得最早的是绩溪人胡忠于北宋景德丁未四年（1007年）办的桂枝书院，而影响最大的是歙县的紫阳书院。朱熹的父亲曾在紫阳书院读过书。对此，朱熹曾作《名堂室记》记其父："紫阳山在徽州城南五里，尝有隐君子居焉。今其上有老子祠。先君子故家婺源，少而学于郡学，因往游而乐之。既来闽中，思之独不置，故尝以'紫阳学堂'者刻其印章。盖其意未尝一日而忘归也。"⑤而朱熹本人更是"不敢忘先君子之志，敬以印章所刻，牓其所居之听事，庶几所谓'乐，乐其所自生；礼，不忘其本'者，后世犹有考焉"⑥。朱熹号"紫阳"也是因之。

2.从教人员众，素质好

徽州历史上到底有过多少教师尤其是塾师，今天我们无法统计，但可以肯定其数量之大要超过其他许多地方。教育机构多直接蕴涵的就是教师

---

① 道光《徽州府志》卷三《营建志上·学校》，第203页。

② 康熙《徽州府志·凡例》，第62页。

③ 刘秉铮：《徽州书院沿革述略》，张脉贤、刘伯山等编《徽学研究论文集（一）》，1994年。

④ 李琳琦：《徽州教育》，安徽人民出版社，2005年，第61—68页。

⑤ 《晦庵先生朱文公文集》卷七十八《名堂室记》，《朱子全书》第24册，第3730—3731页。

⑥ 《晦庵先生朱文公文集》卷七十八《名堂室记》，《朱子全书》第24册，第3731页。

队伍庞大。地处歙县南部的小溪村是徽州项氏的居住地，该村文风昌盛，教育发达，曾建有岑山书院，明清两代先后有12个人考中文武进士，曾出现过"父子进士""四世一品""五子登科"等[①]，其中更是出了许多塾师。明后期歙县人方承训所撰的《复初集》中就记载有许多小溪的项氏塾师，并指出："公族多千余人，世受童子师业。凡句读师，其多莫公族若。"[②]笔者自1988年下半年开始在徽州民间收集抢救徽州文书，至2000年8月抢救的文书已达一万一千余份，2001年5月19日正式捐献给安徽大学，为此安徽大学特设"伯山书屋"以藏之[③]。那些文书多具有归户性[④]，涉及许多家族，其中就有不少家族是历史上出过塾师的家族，如《黟县十都宏村万氏文书》《婺源十都方思山胡氏文书》等，间接反映了徽州历史上塾师之多。不仅如此，徽州教师队伍的素质还特别好。徽州历史上出了一大批杰出的教育家，如朱熹、郑玉、赵汸、汪克宽、江永、陶行知等，更是有一大批的学者是既做学问又从事教育，学者为师的风气极盛。就一般的民间塾师而言，他们有许多是既从教亦钻研学问，如婺源溪源人游茂才"著称《四书》《尚书》讲蒙行世，凡宿学、诸生、荐绅、学士每每称诵不倦，门下讲业士丛盈门墙，其赘脩丰腴，自大江以南皆莫茂才若也"[⑤]。歙县绍川人吴完"以《春秋》经术为诸生师，邑以南业《春秋》者悉师公"[⑥]。婺源十都方思山的胡昭潜著有《休宁土音》上下卷等[⑦]。一个肯钻研学问

---

① 胡武林：《歙南小溪项氏考》，黄山市政协文市资料委员会编《徽州大姓》，安徽大学出版社，2005年，第272—284页。

② 方承训：《复初集》卷三十二，《项处士传》，《四库全书存目丛书》集部第188册，齐鲁书社，1977年。

③ 鲍义来：《刘伯山万份徽州文书捐赠安大徽学中心》，《安徽日报》，2001年5月24日B版第1版；彦生：《一个人和"他的书屋"——记徽州文书的捐献者刘伯山》，《档案》，2001年第4期等。

④ 刘伯山主编：《徽州文书》第一辑第一卷《前言——徽州文书的遗存与整理》，广西师范大学出版社，2005年。

⑤ 方承训：《复初集》卷三十二《星婺游茂才传》。

⑥ 方承训：《复初集》卷三十一《吴茂才公传》。

⑦ 见《婺源十都方思山胡氏文书》，安徽大学徽学研究中心"伯山书屋"藏。

又卓有成果的塾师，其素质必然是比较好的。

3.教育质量高，人才辈出

徽州的地理面积只一万多平方公里（指古徽六邑），历史上总人口最多时有一百多万，一般情况下只有几十万，却因为教育发达，所出人才的单位密度极高。科举制度是中国封建社会培养和产生人才的重要制度。徽州的科举，成就十分辉煌。中进士者，仅徽州本籍，宋、明、清三代共有1242人，其中宋代有624人，明代有392人，清代有226人，明清两代徽州本籍中进士者分别占全国进士总数的1.55%和0.86%，若加上寄籍，则总数更多。中国历史上有案可稽的状元为649位，其中仅徽州的休宁县，从宋嘉定十年（1217年）到清光绪六年（1880年）就出状元19位，比例居全国之首，休宁也就是"中国第一状元县"①。科举及第者众，仕宦也就多。弘治《徽州府志》中立有传的宋代朝廷命官就达123人，其中宰相3人，尚书3人，侍郎7人。明代徽州有官至兵部尚书的抗倭名将胡宗宪；有官至少保兼太子太保、礼部尚书、武英殿大学士的三朝元老许国；有官至兵部左侍郎的抗倭名将兼文学家汪道昆等。至清代，仅歙县来说，清末北京有个歙县会馆，其观堂题名榜上，记有清一代歙县本籍和寄籍的京官，计大学士4人，尚书7人，侍郎21人，都察院都御史7人，内阁学士15人。其中，歙县雄村的曹文埴，乾隆时官至户部尚书；儿子曹振镛，嘉庆时官至宰相。绩溪龙川坑口是徽州胡氏的聚住地，历史上总人口仅数百，但其所出的进士，有典籍记载的就有11名，仕宦较大者除胡宗宪外，还有官至太子少保户部尚书胡富等，人称"进士村"。黟县西递是徽州明经胡氏聚住地，人口亦不足万，可据不完全统计，明清时该村入仕的七品以上官员就达115人，文官至"上谕处行走"，武官至"五城兵马司"。徽州人才的辈出，以至流传有"连科三殿撰，十里四翰林""同胞翰林""一门八进士，两朝十举人"等佳话。

---

① 胡宁主编：《休宁：中国第一状元县》，安徽人民出版社，2004年。

三

明清徽州教育的发达不是无缘无故的，除了社会习俗的深层因素外，还存在着一个强大的支持系统，主要体现在：

1.生存压力的逼迫为教育的发展提供了强大的精神动力

徽州"介于万山丛中"，"东有大鄣之固，西有浙岭之塞，南有江滩之险，北有黄山之阨"[①]。"八山一水一分田"，山多地少土瘠人稠，本土经济长期以来都是赖以山林的山经济[②]。"山限壤隔，民不染他俗，勤于山伐"[③]，即使是有限的田地，也是"土田依原麓，田瘠确，所产至薄，独宜菽麦红虾籼，不宜稻粱。壮夫健牛，日不过数亩。烘壅缉枲，视他郡农力过倍，而所入不当其半。又田皆仰高水，故丰年甚少，大都计一岁所入，不能支什之一"[④]。"即丰年亦仰食江楚，十居六七，勿论岁饥也。"[⑤]境内景色尽管优美，但从人的长期生存、发展的角度看，环境还是十分恶劣的，粮食等生活必需品的生产存在严重不足，所需粮食皆"仰四方之来"，至少是在唐代即如此。南宋淳熙《新安志》记："元和三年秋，以右庶子卢坦为宣歙观察使。坦到官，值旱饥，谷贾日增，或请抑其贾。坦曰'宣歙土狭谷少，所仰四方之来者。若贾贱，则商船不复来，民益困矣。'"[⑥]因此，生存问题是千百年来徽州人时刻面对的问题，治生问题是千万个徽州人必须要解决的问题，它内在逼迫每一个徽州人不得不时刻为自己的生存发展而奋斗，不得不千方百计地要拓展自己的生存空间，在自己的周围环境和现实条件之外寻求生存之路。这正如徽州著名的民谚所

---

① 道光《徽州府志》卷二《舆地志下·形胜》，第134页。

② 刘伯山：《戊经济：徽州本土经济的主体》，张脉贤、刘伯山等编《徽学研究论文集（一）》，1994年。

③ 淳熙《新安志》卷一《州郡·风俗》，第7604页。

④ 顾炎武：《天下郡国利病书·江南二十》。

⑤ 康熙《休宁县志》卷七《题·奏疏》，第1083页。

⑥ 淳熙《新安志》卷十《杂录·人事》，第7751页。

言："前世不修，生在徽州，十二三岁，往外一丢。"

要治生就要选择治生之道路。中国传统社会是恪守"士农工商"的"四民"观，推崇"万般皆下品，唯有读书高"。于是，读书以进仕是所有徽州人的首先选择，重视教育，发展教育，以让更多的人通过科举及第而当官，被认为最佳的治生道路。徽州教育的发展由此也就获得了一种原初的动力。然而，科举及第毕竟是千军万马过独木桥，徽州历史上尽管成就功名的人不少，相比较全国其他地方而言，单位密度很高，但这终究是少数人的事情，而治生则是每一个人都要解决的问题。于是徽州人还要再辟道路。经商业贾就是徽州人立于自己的现实而选择的第二条治生道路。既然"即富者无可耕之田，不贾何待"①？对徽州大多数人而言，"土少人稠，非经营四方，绝无治生之策矣"②。所以"天下之民寄命于农，徽民寄命于商"③。明清时期，经商在徽州蔚然形成了一种社会风气。"大抵徽俗，人十三在邑，十七在天下，其所蓄聚则十一在内，十九在外。"④然而，正是因为业贾是在业儒不就的情况下再做出的选择，因此，几乎所有的徽州人都或多或少地有着读书和接受教育的经历。并且，受中国传统价值观念的影响，徽州人总是将积极入仕以求取功名作为人生的最高追求，读书和发展教育总是人们的首要选择。于是徽州人对自己曾经读过书和接受教育的经历总是会有强烈的感受并给予持续关切。更何况，商海险恶，变数太多，只有具备良好的素质和灵活头脑的人才能在激烈的商海竞争获得成功，而经商唯有获得成功才能解决自己的生计问题。由此，在徽州人看来，接受教育就不仅仅是一种普通的经历了，即使是选择经商业贾这条路，接受教育也是一种源自生存压力本身的内在必须，它是不可或缺的。在徽州，只要你想生存，就必须要接受教育，否则即使你去经商，也难以解决生存问题。徽州的教育正是这样，有着一个来自生存压力的强大发展

---

① 《新安歙北许氏东支世谱》卷八。

② 许承尧：《歙事闲谭》卷二十六，第930页。

③ 康熙《徽州府志》卷八《营建志下·蠲赈》，第1218页。

④ 王世贞：《弇州山人四部稿》卷六十一《序·赠程君五十叙》。

动力，它内在持续地支撑着徽州教育的发展。

徽州的教育与徽州人的生存问题紧密联系在一起，由之影响了教育的内容。民众普遍接受的教育是基础教育，尤以蒙学最为直接。徽州蒙学教育的内容过去一般认为主要是两大块，其一是句读，其二是经解。前者教人识字、诵文，后者教人知字、写文。这的确是基础教育的最主要内容，在徽州也普遍存在，走科举及第道路的人在这方面必须是要下苦功的。但理性和务实的徽州教育者在进行民众的一般教育时，总是要考虑到教育之为治生的作用，考虑到所教的人中会有一大批或经商，或务本，或从事其他的民生行业，于是从现实出发，往往要在自己所教的内容中，加上一些更为务实的东西。从笔者的田野调查和近十几年来所收集抢救归户的文书、书籍的情况看，至少有以下两个方面是最为典型的：

其一是官话与乡音通辨的内容。徽州的方言十分特殊，它不属于官语，也不同于吴语和越语，实际是构成自己的"徽语"，并且内部还十分复杂，不仅六邑语言不通，各邑的东南西北中的语音也都不一样，真正体现了"十里不同音""山南山北不同音"。如果徽州人仅仅是局限在山里，倒也无所谓，问题是徽州人总是或当官、或经商而要到山外，这就存在一个乡音和官话通辨的问题，蒙学老师在教学的时候也就必然要遇到这个问题。从目前已经发现的徽州文书、文献的情况看，历史上徽州人为解决这个问题撰著了大量的乡音字类的著作和教材，仅安徽大学徽学研究中心"伯山书屋"藏有此类的稿本书和抄本书就有六部，2001年以后笔者又陆续收集有近十部，其作者大都是一些名不见经传的布衣小人物，许多就是很普通的乡村塾师。如上文所提到的婺源十都方思山的胡昭潜，系清宣统庚戌年（1910年）生，民国十八年仲夏月就抄有江湘岚编《婺北十二都东山乡音字类》上下册，后来他自己也著有《休宁土音》上下卷[1]。据考，胡昭潜就曾经当过私塾先生，并且在休宁开过馆。

其二是珠算的内容。至少是从明中期开始，徽州人经商就已经形成了

---

[1] 安徽大学徽学研究中心"伯山书屋"藏。

一种社会风气。而经商是离不开计算的，算盘是商人的必备工具，会打算盘是每一个商人的基本功。历史上，徽州珠算的普及率是极高的，明中后期徽州还出了一个大数学家休宁人程大位（1533—1606年），一生贡献很多。1592年刊行的《算法统宗》17卷是他积20年心血之作，详述了珠算规则，确立了算盘用法，完善了珠算口诀，搜集和解析的几百道难题多为涉及商业经营的难题。1598年，他又刊行简明本《算法纂要》，以利普及。这两部书历史上总共发行了多少册，笔者没有统计，但在笔者所收集到的徽州文献、文书中，珠算的手抄本和记载有珠算口诀的课本等就有近百部，且各邑皆有发现。

2.宗族的高度重视为教育的发展奠定了坚实的社会基础

徽州社会是一个有着唐宋遗泽的宗族社会。由中原一带迁徙而来的世家望族在徽州是聚族而居，保持血统，强化宗谊，影响极大。明代休宁人赵吉士在《寄园寄所寄》里就记载："新安各姓，聚族而居，绝无一杂姓搀入者。其风最为近古，出入齿让，姓各有宗祠统之。岁时伏腊，一姓村中，千丁皆集。祭用文公家礼，彬彬合度。父老尝谓新安有数种风俗胜于他邑：千年之冢，不动一抔；千丁之族，未尝散处；千载之谱系，丝毫不紊。主仆之严，数十世不改，而宵小不敢肆焉"。[1]

各宗族为强化宗族意识、加强宗族统治，还采取了各种手段，如建祠堂、置族产、修谱牒，以达到敬宗收族。强烈的宗族意识，使徽州的各个宗族总不忘祖上曾有的显赫，宗法制度的强化、宗族活动的开展，在各个方面加深和强化着族人的这种记忆，每一个宗族总是将如何"大吾门""亢吾宗"作为宗族发展的最高追求。而由于在中国封建社会，唯有读书以进仕才是最佳途径，所获得的社会地位才最高，所以，明歙县人汪才生对其子弟曰："吾先世夷编户久矣，非儒术无以亢吾宗。"[2]清休宁茗洲吴

---

① 赵吉士：《寄园寄所寄》卷之十一《泛叶寄·故老杂记》，第127页。

② 汪道昆：《太函集》卷六十七《明赠承德郎南京兵部车驾司署员外郎主事汪公暨安人郑氏合葬墓碑》，第86页。

氏在其家典中也指出："族之有仕进，犹人之有冠冕，身之有眉目也。"①
于是，"士农工商"尽管在徽州人心目中已不仅仅是一种贵贱等级的次序，
而是实现了徽州人在传统价值观念上的一种变革，但"士"的追求仍是徽
州人的第一追求，也是终极追求。各宗族总是将发展教育作为族内第一等
大事，将读书业儒以及第取士作为对族内子弟的最高要求。绩溪东关冯氏
宗族在其家训上就写道："一族之中，文教大兴，便是兴旺气象。古来经
济文章无不从读书中出。草野有英才。即以储异日从政服官之选，其足以
为前人光，遗后人休者。"②并且在《祖训》上明确指出："子孙才，族将
大。"③为鼓励族人读书成才，各宗族还特别注意人才的发现与培养，并重
视在经济上予以扶持。休宁茗洲吴氏在其家典中就规定："族中子弟有器
宇不凡、资禀聪慧而无力从师者，当收而教之，或附之家塾，或助以膏
火。培植得一个两个好人，作将来楷模，此是族党之望，实祖宗之光，其
关系匪小。"④歙县潭渡孝里黄氏家训也规定："子姓十五以上，资质颖敏，
苦志读书者，众加奖劝，量佐其笔札膏火之费。另设义学，以教宗党贫乏
子弟。"⑤安徽大学徽学研究中心"伯山书屋"藏有一份《清同治元年三月
十八日石溪康永清祠秩下经手允例等立议束心预储塾学合文》⑥，这是一
份徽州宗族具体重视教育的文书，兹抄录如下：

　　立议束心预储塾学合文。石溪康永清祠派下衢、逸贰祠人等：缘
　高祖迁徙分派以来，世世芳名。切思十九世吾祖建立祠产，创业开

① 休宁《茗洲吴氏家典》卷六《立春祭先祖仪》，第五叶上。
② 光绪《绩溪东关冯氏家谱》卷上《冯氏家训十条》。
③ 光绪《绩溪东关冯氏家谱》卷首上《祖训》。
④ 休宁《茗洲吴氏家典》卷一《家规八十条》，第三叶上。
⑤ 歙县《潭渡黄氏族谱》卷四《家训》，雍正九年(1731年)刻本，第七叶。
⑥ 《清同治元年三月十八日石溪康永清祠秩下经手允例等立议束心预储塾学合
文》，520毫米×490毫米，系《祁门南乡十三都康氏宗族文书》之一。该户文书共有35份，
其中最早的一份是《明嘉靖二十八年十二月康静斋祠等立清白合同文约》，最晚的一份是
《民国八年仲夏月康世振祠秩下二房人等立束心合同文约》。安徽大学徽学研究中心"伯
山书屋"藏。

基，标名选榜，自英泮之后，未有望焉。明末至今数百载矣，思无博儒出，无塾学读书者，亦未津贴。由因秩丁贫乏而子弟以习学业者寥落，多年门户亦难支持，甚至学持乏人，良由塾学未立，财产未兴。是以秩丁谪议，立一塾学，缵相黄卷之际，执经问难，何愁无志，所以行之者一也。事致以成后，必有望。故将祠内田租，递年除钱粮标祀公用之外，扒田租贰拾秤及祠并各已，欲以鼓励。同立志者束心立文，一体登名注簿。又将本都三保经理自七佰七十九号起至八佰零壹号止，土名胡家坑，系五二派下，先年卖与祠内契据今查明，认契退来山六股，归与永清祠，契买亦归塾学管业，设立塾学，赔（培）养人才。惟读书者选其贤才而举之，其增贴之资，候五年之内生息。分作经、蒙贰馆，习读经书者，初入蒙者。其各项条规公议，开载于后。自立合文之后，各宜遵守，毋得违文，如违文，听凭执文鸣官究治。今欲有凭，立此合文一样三纸，么存一纸，各收一纸存照。

即批：五二派下退来胡家坑山六股，系经纬、伯安二祠已买契分。又照。

公议条规于后：

一议习读四书者，每名贴钱捌佰文，兼经学业者加四佰文；一初入蒙者，每名贴钱壹佰文，递年加壹佰文，如能读四书兼经者照上贴给。此行不发。又照。

一应试生童，县考贴钱五佰文，每场加壹佰文；府考贴钱捌佰文，复试终场照样加倍；院考贴钱壹千文。入泮赏花红贰千四佰文。又照。

一入泮者贴灯油谷拾五秤，递年由首人经收发付。不得坐佃，如西游不给。又照。

一议乡试贴钱捌千文。一议入经馆从师，立意习业，每名贴钱六千文。又照。

今将各输租数于后：（土名注簿）

永清祠输出寔租贰拾秤；

表公祠输出寔租拾叁秤十八斤九两；

裕善祠输出寔租贰秤零七斤

静斋祠输出寔租肆秤零四斤

栢安祠输出寔租贰秤零九两，又输出大钱捌千文；

文辉祠输出寔租壹秤；

蕴石祠输出寔租贰秤；

敬仁祠输出寔租壹秤四斤；

荣瑞输出大钱肆千文；

旗祠输出寔钱肆千文；

荣宗输出寔钱肆千文；

国富输出大钱贰千文；

荣福输出大钱贰千文；

高贤祠输出大钱捌千文；

同治贰年嘉佥输出大钱贰千文。

同治元年三月十八日　立议未心塾学合文康永清祠等

秩下经手：允庶　允例　上英（押）　国富子代（押）（后略）

文书是具有唯一性和真实性的原始材料。这份文书非常真实地反映了徽州一个普通的庶族重视和支持教育的具体情况，具有一定的典型性。

3.徽商的大力支持为教育的发展提供了坚强的经济后盾

发展教育需要大的投入。历史上徽州教育的发达还是因为获得了一个特殊群体的支持，这就是徽商。

徽商形成于南宋，早期是一种简单的以徽州山林盛产的茶、木、瓷土及二次生产的漆、墨、纸、砚等输出，从而换取徽州所需的粮、布、盐等缺盈互补的贸易；明以后得到极大发展，不再局限于以徽州为中心的贩买贩卖，而是面向全国，经营规模越来越大，贾道愈之成熟，发展成为中国商界一支劲旅；清时，则又跃为中国十大商帮之首，尤以经营盐业、木业、茶业和典当业四项为最盛。徽商足迹遍及全国，远涉海外，所谓"钻天洞庭遍地徽"；而且影响极大，以至有"无徽不成镇"之谚。

徽商的本质特征就是儒商。徽州人经商是为了治生，它只是作为一种手段，而不是人生追求的目的。徽州人本底意识中内在追求的目的还是要业儒以入仕。尽管在现实的徽州人的价值观念中，儒和贾可以平行，业儒和业贾只是徽州人的两个选择，但这是有条件和前提的，此即治生。在治生的前提下，业儒和业贾都是作为手段，并且从治生效果看，业贾可能还要优于业儒，以至于徽州人甚至提出"贾何负于儒"的反诘。但受传统价值观念的影响，在徽州人的内心中，儒实际上还是有着远大于贾的更为优越和优先的地位。业儒总是徽州人的第一选择，也是终极的选择；儒贾互通，最终总是贾走向儒。所以，徽州人经商是一种不失儒的经商。就一个典型的徽州商人的一生经历看，一般是存在三个阶段：即先儒后贾——未经商之前几乎是无一例外地要接受教育，然后是为了治生而弃儒就贾；亦儒亦贾——即经商之后并不放弃儒业，仍然孜孜不断地保持对文化和教育事业的热情并在力所能及的情况下继续追求；弃贾还儒——经商成功以后特别是年老的时候，往往是主动放弃贾业而回到儒业上，或自我投身于学术和教育事业，更多的是专心从事于对子弟的教育。明代歙县西部有一个吴处士，原意在业儒，后因父亲死，生活难以维持，其母戴氏就劝之为贾，曰："父资斧不收，蚕食者不啻过半，而儒固善，缓急奚赖耶？"这个吴处士当时是"退而深惟三，越日而后反命，则曰：'儒者直孜孜为名高，名亦利也。籍令承亲之志，无庸显亲扬名，利亦名也。不顺不可以为子，尚安事儒？乃今自母之计而财择之，敢不惟命。'"于是，他远游天下以业贾，获得成功。对此，其母还高兴地说："幸哉，孺子以贾胜儒，吾策得矣。脱或堪舆果验，无忧子姓不儒。"但吴处士的内心世界却是认为："吾少受命于亲，不自意儒名而贾业。幸而以贾底绩，吾其儒业而贾名。"因此，他"暇则闭户翻书，摹六书古帖"，以之慰藉自己渴望为儒之真切之心，尝曰："母氏夺吾儒第，以吉兆卜吾后，吾业未毕，固当为后图。"

于是，他"用课诸子受经以成先志"①。正因为"儒"在徽州人的心目中有着如此优越的地位，故徽商是"与其为贾儒，宁为儒贾"②。特别是徽州又是"程朱阙里"，朱子思想在徽州影响至深至彻，所谓"一以郡先师子朱子为归"③。"我新安为朱子桑梓之邦，则宜读朱子之书，服朱子之教，秉朱子之礼，以邹鲁之风自待，而以邹鲁之风传之子若孙也。"④受此影响，徽商"虽为贾者，咸近士风。"⑤贾儒结合，贾名而儒行，贾事而儒行，热衷于文化事业，尤其是对教育十分重视，明确提出"富而教不可缓，徒积赀财何益乎？"⑥

"富而教"不是徽州人的发明，而是孔子的思想。《论语·子路》就有：

> 子适卫，冉有仆。子曰："庶矣哉！"冉有曰："既庶矣，又何加焉？"曰："富之。"曰："既富矣，又何加焉？"曰："教之。"

但徽州人对"富而教"的理解和实践是十分具体与实在的。"富而教不可缓，徒积赀财何益乎？"的口号是由一个很普通的徽州商人提出的，但却是代表了徽州商人的整体意识。在此思想的指导下，徽商对教育的关注和投入总是不遗余力的，建书院、资官学、置学田、办义田，延师课子，加强对子弟培养等。这些都有大量的历史文献资料记载，举不胜举。这里仅略举徽商资助书院的情况。徽州的书院大都是民间办的，所需资金当然是来自民间，其中商人的资助是主要的。就拿官办的书院说，如徽州府的紫阳书院，始建于南宋淳祐年间，后几次重建、重修，其资金多是由徽商资助。到了清乾隆五十五年（1790年）歙县盐商鲍肯园、程光国又倡

---

① 汪道昆：《太函集》卷五十四《明故处士溪阳吴长公墓志铭》，第560—561页。

② 汪道昆：《太函集》卷六十一《明处士休宁程长公墓表》，第23页。

③ 赵汸：《东山存稿》卷四《商山书院学田记》，第287页。

④ 休宁《茗洲吴氏家典》卷首"序"，第一叶上。

⑤ 戴震：《戴震文集》卷十二《戴节妇家传》，中华书局，2006年，第205页。

⑥ 《歙县新馆鲍氏著存堂宗谱》卷二《柏庭鲍公传》。

议重建，当时是徽属"淮南总商洪箴远、张广德、郑旅吉、罗荣泰、鲍有恒、吴是聚、汪日初、张大安、孙世昌、余晟瑞、吴开大、巴恒大、王履泰、尉跻美、江正大、巴敬顺、汪肇泰、巴善裕、黄恒茂、张肇恒、汪益新、黄潆泰等先后请于运司转详盐院，动支营运项下款银建造。"后在建造中经费有缺额，诸商又捐银11000两，其中仅鲍肯园一人捐银3000两，以助成工①。再如黟县的碧阳书院，始建于明嘉靖四十二年（1563年）。嘉庆十三年（1808年）十二月至十六年七月重建碧阳书院时，共用白银29100余两，其中15000两是由西递商人胡学梓之子胡尚增捐，另14200余两为合邑绅商捐②。可见，商人资助之大。所以说，徽州的书院总是："必得有力而好义者为之倡，然后有所凭藉，以观厥成。"③

四

束修待遇的丰厚为教育的发展有效地稳定了师资队伍。在徽州，读书人的比例很高，但治生的问题又普遍存在。于是为治生计，少数人走上了士而仕的光辉大道，多数人走了士而贾的康庄大道，但仍有一部分读书人既不能为仕又未能业贾，生活无从着落，就选择了当教师，以此作为职业。所以方志记载："士多食贫，不得已为里塾师，资束脩自给，至馆百里外不惮劳。"④而徽州又恰是一个重文重教的社会，尊师重教构成了普遍的社会习俗。因此，一方面是社会存在更大的对教师的需求，从而为更多的人实现士而师提供岗位，另一方面则是社会总是要尽可能高地保障教师的待遇，努力使在岗的教师能安心地工作、较为宽裕地生活。后者更为重要。

经济的保障是最根本的保障。我们就塾师这一最基本的也是涉及面最

---

① 道光《徽州府志》卷三《营建志·学校》，第203页。
② 嘉庆《黟县志》卷十五《艺文志·国朝文·经理建造碧阳书院记》。
③ 民国《歙县志》卷十五《艺文志·记》，第641页。
④ 民国《重修婺源县志》卷四《疆域七·风俗》。

大的教师队伍看，塾师的收入主要是靠收取生徒的束修。那么，在徽州，私塾先生一年的束修收入一般有多少呢？安徽大学徽学研究中心"伯山书屋"藏有一户《黟县十都宏村万氏文书》，其中有一册《清同治三年岁次甲子春月立〈门人姓名附录典故〉》①。它就记载有学生交束修的具体情况。

《清同治三年岁次甲子春月立〈门人姓名附录典故〉》系黟县宏村一个万氏塾师所记，共记载门人36人；门人的学期一般为3～5年。从所记载的情况看，一个学生一年是要交先生三次束修，即午修、秋束和年束；所交的东西除钱外，一般每次还有鸡蛋、鸭蛋等，出塾时还要另加或水果或糕点等。如自然记载列第一位的胡荣利是清咸丰四年（1854年）出生的，同治三年（1864年）一月入塾上学，同治六年（1867年）三月出塾。整整三年的入门学习，所交的束修，计洋5元，钱3400文，另有鸡蛋等。在当时的徽州，这些钱值多少钱呢？对此，我们可以参照徽州当时的物价。以当时的社会生活水平和乡村消费水平，近乎就可以满足先生一个人的基本生活支出。应该说，这个收入是偏高的，就徽州乡村来说，其收入水平当在中等偏上。而恰是黟县宏村那位万氏塾师只是徽州千万个塾师中的一个，如果没有其家族的文书留下，他绝对是一个名不见经传的很普通的徽州乡村塾师，因此，了解了他的束修收入情况，应是具有从个别中窥见一般的意义。

正因为历史上徽州的教师一般都有着相当高的经济收入，这才有效地保证了教师队伍的稳定，内在支持了徽州教育发展的千百年不衰。

---

① 《清同治三年岁次甲子春月立〈门人姓名附录典故〉》，127毫米×180毫米。

清代徽州塾师的束脩

　　塾学教育是中国古代最基础的教育，塾师队伍是中国古代一支最基础的教师队伍，而束脩是塾师的基本收入。学术界关于古代塾师的待遇及经济收入问题也有一些研究，但成果不是很多，所作的研究一般是宏观叙述的为多，微观研究不够；所依据的资料大都是如方志、谱牒等文献记载的材料，文书资料很少利用，由此所得出的结论一般是应然性的而不是实然性的[①]。在出版的《徽州文书》第二辑第八卷、第九卷中收入了新发现的安徽大学徽学研究中心"伯山书屋"所藏清《黟县十都宏村万氏文书》[②]，其中有一部《清同治三年岁次甲子春月立〈门人姓名附录典故〉》（以下简称《门人姓名附录典故》）的类抄簿册[③]。下文以此为中心，就徽州一个普通乡村的一位普通塾师在清同治年间招收学生而获得的束脩收入的具体情况作微观个案研究，从塾师自己的记录来看学生交束脩及塾师获得收入的实际情况。

---

　　① 韩凝春：《明清塾师初探》，《中国社会经济史研究》，1997年第3期，第15—23页。闻洁：《塾师经济待遇初探》，《教育与经济》，2000年第3期，第55—58页；徐梓：《明清时期塾师的收入》，《中国社会经济史研究》，2006年第2期，第30—37页等。

　　② 刘伯山编纂：《徽州文书》第二辑第八卷，第1—547页，第九卷，第1—79页。

　　③ 刘伯山编纂：《徽州文书》第二辑第八卷，第29—92页。

一

《门人姓名附录典故》系类抄手写本，它是《黟县十都宏村万氏文书》
中的一份。

《黟县十都宏村万氏文书》共有386份，最早的是《清康熙二十四年九
月汪名化等立卖屋基地赤契》，最晚的是《20世纪50年代初万松如自种田
收谷账单》。内容除田地、山坦、房屋、基地等买卖和典当契约外，还有
推单、业主执照、易知由单、下忙执照、串票、田赋征收券执照、收据、
收租字、账单账簿、笔据、礼单、信函及包契纸等。成册的除《门人姓名
附录典故》外，还有《清光绪十九年至二十八年流水日志》、清末《课
程》、《清康熙二十四年九月至民国十九年十一月置产誊契簿》等。

《黟县十都宏村万氏文书》是2000年5月3日在黟县宏村发现的，其出
自地亦是宏村。黟县宏村是一个始建于南宋绍兴年间的徽州古老村落，由
于较好地保存了原貌，2000年11月曾被联合国教科文组织列入世界文化遗
产名录。该村位于黟县北部，周围有万村、郭村、叶村、卢村、丰登、西
山等村；村中第一大姓是汪姓，另有万姓、吴姓、郭姓、韩姓等。《徽州文
书》第二辑除收入了万氏文书外，还收入了两户汪氏文书和一户郭氏文书。

《门人姓名附录典故》高127毫米，宽180毫米，共有58叶，其中正文
有字叶56叶，另内夹有散件单叶6份。封面注有"清同治三年岁次甲子春
月立"，这应是其所立的时间；所立者，查无记录，册上亦无注明，但从
其是属于主体性极强的类抄记录性文本，并且是作为归户的宏村万氏文书
的一份情况看，主人当可确定为生活于清咸丰、同治年间的一个黟县宏村
万氏族人，又从所记内容来看，此人当是一个塾师。

《门人姓名附录典故》记录的内容主要为四部分。第一部分内容为杂
抄，抄录天下尚缺官位及其养廉及孔子等一些中国历史名人的年龄情况；
第二部分内容即门人姓名和交束脩情况；第三部分是字类，所录的一般是
难字或有典故的字；第四部分为典故。内容虽然较杂，但仔细分析，都与

教育有关，由此可进一步推断《门人姓名附录典故》的主人和作者应是一个塾师。

二

《门人姓名附录典故》内容的主体部分是记录了门人姓名和交束脩情况。这部分内容又分两块，第一块是用两面通记了所有门人姓名，计36人，记载了不少人的出生年月，如：

> 胡荣利，生命甲寅四月十一卯时；
>
> 万淳钧，生命丙辰正月十六日戌时；
>
> 汤加九，生命丙辰；
>
> 汪启源，生命甲寅五月初十日午时；
>
> ……

接下来的就是各门人交束脩的具体记录。从《门人姓名附录典故》所记载的门人姓名看，诸姓皆有，不仅有本族子弟，更有外族的；门人的学期一般为3~4年，尤以3年为多；束脩是每个门人都要交的。兹就记载列前3位门人入塾、出塾及交束脩的情况照录如下：

> 胡荣利，甲子正月二十二日入塾。
>
> 甲子：五月初四，午脩，钱六百文、子六；
>
> 　　　八月初八，秋束，钱八百文、代子六个；
>
> 　　　十一月十八，年束，洋钱乙元、子六。
>
> 乙丑：五月，午束，洋钱乙元、连子；
>
> 　　　秋束，钱八百、子六；
>
> 　　　年束，洋钱乙元、子六。
>
> 丙寅：午束，钱八百、子六；

秋束，洋钱乙元、子六；

年束，洋钱乙元、子六。

丁卯：三月出门，送菓子二包、子六个、钱四百。

万淳钧

五月十二，午束，钱四百；

八月初四，秋束，钱四百、子十；

十一月二十二，年束，钱四百、子六。

乙丑：五月，午束，钱四百、子六；

八月，秋节，钱四百、子五；

年，钱六百、子六。

丙（寅）：午节，钱四百、子五；

秋节，钱四百、子六；

年，钱六百、子六。

丁卯：午节，钱四百、子六；

秋节，钱四百、子六；

年节，钱四百、子六。

戊辰：午节，钱四百、子十，菓子二包；

四月出门。

汤加九，甲子正月二十二日入塾。

甲子：五月初四，午脩，钱五百、子六；

七月，洋作钱九百六十文、又收钱四十文，子六；

十二月，钱三百、子六。

乙丑：午节，收钱六百、子六；

秋节，收钱六百、子六；

年，收钱八百、子六。

出塾。

上述中，原本中的"钱"字是被写成草写的"ĸ"字形，此为徽州人一个常用的符号，若有数字前置则用作民间金额码的量词"角"字，若单独用或前置的不是数字则用作指谓代词"钱"字。"洋"应是指在当时中国流通的外国银元，主要有两种，一种是俗称"本洋"的西班牙银元，含银量为90%；另一种是墨西哥"鹰洋"，民间亦称"英洋"，含银量94%。"文"指清政府造的制钱。"子六"的"子"是指鸡蛋。甲子、乙丑、丙寅、丁卯、戊辰年分别是清同治三年（1864年）至同治七年（1868年）。

上述记录可见，一个门人一年是要交先生三次束脩，即午脩、秋束和年束，对应一年的端午、中秋和过年三节；所交的束金有制钱，有银洋，另有鸡蛋等；出塾时有的还要另加水果或糕点等。如胡荣利清咸丰四年出生，同治三年一月入塾，同治六年三月出塾，入门三年多一点，共交束金计洋5元，钱3400文，另有鸡蛋等；万淳钧清咸丰六年出生，同治三年入塾，同治七年四月出塾，入门四年半左右，共交束金5600文，另有鸡蛋等；汤加九清咸丰六年出生，同治三年二月入塾，同治四年底出塾，入塾整两年，共交束金3800文，另有鸡蛋等。

《门人姓名附录典故》最初是说有门人36人，但具体记录交束脩时是37人。现将37人交束金情况列表如下（见表1）。

表1　黟县宏村万氏塾师清同治三年至同治八年束金收入原始情况 （单位:文）

姓名	甲子			乙丑			丙寅			丁卯			戊辰			己巳	合计
	午	秋	年	午	秋	年	午	秋	年	午	秋	年	午	秋	年	午	
胡荣利	600	800	1元	1元	800	1元	800	1元	1元	400							5元、3400
万淳钧	400	400	400	400	400	600	400	400	600	400	400	400	400				5600
汤加九	500	1000	300	600	600	800											3800

续　表

姓名	甲子			乙丑			丙寅			丁卯			戊辰			己巳	合计
	午	秋	年	午	秋	年	午	秋	年	午	秋	年	午	秋	年	午	
汪启源	600	600	800	800													2800
潘张榜			1元	500	500	500	500	500	500	500		1000					1元、4500
万淳洪	600	1000	400	400	600	1600	400	600	1200	600	1000	800	1000	1000	600		11800
程高发	500※	400	600	500	400	600	400	400		800		1000					5600
叶灶仪	800※	600	800	600	600	800	600	400	800	400	600	600					7600
胡福荣、胡福金			1600	500	350	550	400	500	600	800	800	800					6900
汪庆龄	5角	5角	5角														1元5角
金成燧										800※	600	600	600	700	700	600	4600
汪长发		500※	500	400	500	500	500	500	500	500		800					5200
万学坚		400	1元	400	600	600	600	600	600	600							1元、4400
韩国桢			600	500	500	800											2400

续　表

姓名	甲子			乙丑			丙寅			丁卯			戊辰			己巳	合计
	午	秋	年	午	秋	年	午	秋	年	午	秋	年	午	秋	年	午	
叶观吉			800※	1元	800	500											1元、2100
万学吉										400※	200	200	200	200	200		1400
吴炽昌			500														500
程金寿							1元	1元	1元								3元
罗大喜										1元	1元	1元	1元	1元			5元
汪延禧				600※	600	600											1800
汪延镰							1100※	900	1000	1000	1000	1000					6000
蒋德田						1元200※											1元、200
韩秉忠							400※	400	400								1200
金长庚										1元	1元	1元	1元	1元			5元
万士喜				500※		700	400	500	500	600	600	600	700	700	700	800	7300

姓名	甲子			乙丑			丙寅			丁卯			戊辰			己巳	合计
	午	秋	年	午	秋	年	午	秋	年	午	秋	年	午	秋	年	午	
王兆泰、王兆益				1000	1000	1000	1000	1000	1000	1000	1000	1000	1200	1300	1400		12900
胡瑞麟				600	600	400	500	400	600	600	400	400					4500
胡振玉				400	400	400	400	400	600	400	400	800					4200
万淳武				400	500	500	600	600	600								3200
万学德				400	500	300	600	600	500	600	600	600					4700
万纯韶																400※	400
朱兆高				600※	400	200	400	400	400	400	400	600	500	600	400	600	5900
万懋霖							600※	300	400	500	500	400	500	600	600	600	5000
万学乾							500※	300	400	400	400	400	300	400	600	400	4100
丁迎禄							800※	600	600	600	600	800	700	800			5500
合计	4000另5角	5700另5角	7300另3元3角	10100另2元	10650	12150另2元	11900另1元	10300另2元	12200另2元	11900	9500另2元	12800另2元	6100另2元	6300另2元	5200另2元	3400	139500另23元5角

表1是根据《门人姓名附录典故》的记录整理出的原始表，其中，胡荣利丙寅年的年束是含出门费400文；打"！"的是该次束含在下一次束中连送；有"※"的是该款中包含了赞钱，它们皆为200文。除此之外，胡福荣、胡福金两人的甲子、乙丑、丙寅年的束金是扣除了轿钱的，甲子年的秋束含在年束中连送，并且是以二次轿钱作价1600文来记录；汪长发是丁卯年七月出门，秋束未交，但交了年束，年束的金额包括了秋束；万纯韶原不在最初的门人名单内，但记载束脩时有了他，并且只交了一次束。

从表1我们可以看到，一个门人一年是要交三次束，每人每次交的额数尽管不尽一样，但具体到每年则大致相当；各人每次交的额数尽管也不尽一样，最高与最低的甚至差到5倍，但总体上还是存在一个基本幅度，一般是每人每年交1200～1800文。从清同治三年至同治八年，黟县宏村那位万氏塾师共收钱139500文，另23元5角。

现在我们来讨论以下两个问题：

1. 一个门人平均每年交束金多少

既然门人每次和每年所交的束金在数额统计上存在一个基本的幅度，则说明其是存在一个社会认同的基本标准，对这个标准我们可以通过取中间平均值来获得。

表1是原始表，反映的是清同治三年至同治八年这头尾6年间，黟县宏村那位万氏塾师收门人所交束金的原始总体情况。现在我们要想获得一个门人平均每年交束金的平均值，就需要对表1作统计处理。

其一，由于各门人入塾和出塾的时间都不尽一样，有的在春季，有的在秋季，所交的束脩，有的是一年三次都交了，有的只交了两次或一次，因此，我们不能以平常的社会年的概念作为取年平均值的基数，而应该取"学年"的概念。既然门人入塾都必须要交束脩，并且是入了多长时间的学就交多少的束脩，而塾学的束脩按惯例又是每年要分午脩、秋束和年束交三次，尽管这三次束脩的束金数不尽一样，但就一年来说，还是存在一个大致的平均值。因此，我们就可以定义：凡交足了三次的束脩就是交足了一个完整学年的束脩，每三次束脩的时间就为一个学年的时间。这样，凡上表中两次的束连作一次交的都必须还原。

其二，在上表中，胡福荣、胡福金两人的交束是并作一起记的，并且其束金额在甲子、乙丑、丙寅年又都是扣除了轿钱。由于在甲子年曾是二次的轿钱作价1600文，代作了两人两次的束，而丁卯年两人每次的束又都是800文，故每人每次的束金应是400文，两人分开统计。同理，上表中原并作一起记的王兆泰、王兆益的交束也要分开，每人每次的束金额取原数的一半。

其三，贽钱是指学生第一次见到先生时的见面礼金，按理说不属严格的束金，但从上表情况看，许多人的贽钱还是计在了第一次的束金中计算的，如汪延禧乙丑年初入塾，贽钱200文，当年的午束束金是400文，合起来是600文，而当年的秋束与年束的束金皆是600文。故我们统一将贽钱算作束金。

其四，上表中有少数人的束金是交洋的，为了便于统计，应将它们统一折算为文。1元相当多少文呢？据张研先生记述："外国银元流入中国之始，以含银量为价，每元值钱六七百文，约合纹银六七钱。后来因使用方便，流通广泛，价格上升，超过了其本身价格。道光间值钱1200～1300文，咸丰间涨至1900文，几乎与当时银价相等（1两银约合钱2000文）。"[①]但徽州是一个"介于万山丛中"的地区，黟县宏村更是一个地处僻远山区的乡村，社会一直相对稳定，人们对传统十分恪守，银钱的比价也保持有长时间的相对稳定，它存在着一个社会认同的基本比值，从上表看，人们一般是认同1元相当于六七百文的，尤以取600文接近实态。

根据以上原则，我们就可以得到表2。

---

① 张研：《清代经济简史》，中州古籍出版社，1998年，第316页。

表2　黟县宏村万氏塾师清同治三年至同治八年束金收入一览　（单位：文）

姓名	甲子			乙丑			丙寅			丁卯			戊辰			己巳	合计
	午	秋	年	午	秋	年	午	秋	年	午	秋	年	午	秋	年	午	
胡荣利	600	800	600	600	800	600	800	600	1000								6400
万淳钧	400	400	400	400	400	600	400	400	600	400	400	400	400				5600
汤加九	500	1000	300	600	600	800											3800
汪启源	600	600	800	800													2800
潘张榜			600	500	500	500	500	500	500	500	500	500					5100
万淳洪	600	1000	400	400	600	1600	400	600	1200	600	1000	800	1000	1000	600		11800
程高发	500	400	600	500	400	600	400	400	400	400	500	500					5600
叶灶仪	800	600	800	600	600	800	600	400	800	400	600	600					7600
胡福荣		400	400	400	400	400	400	400	400	400	400	400					4400
胡福金		400	400	400	400	400	400	400	400	400	400	400					4400
汪庆龄	300	300	300														900
金成燧										800	600	600	600	700	700	600	4600

姓名	甲子			乙丑			丙寅			丁卯			戊辰			己巳	合计
	午	秋	年	午	秋	年	午	秋	年	午	秋	年	午	秋	年	午	
汪长发		500	500	400	500	500	500	500	500	500	400	400					5200
万学坚		400	600	400	600	600	600	600	600	600							5000
韩国桢		600		500	500	800											2400
叶观吉		800		600	800	500											2700
万学吉										400	200	200	200	200	200		1400
吴炽昌			500														500
程金寿							600	600	600								1800
罗大喜											600	600	600	600	600		3000
汪延禧				600	600	600											1800
汪延镶							1100	900	1000	1000	1000	1000					6000
蒋德田						800											800
韩秉忠							400	400	400								1200

续 表

姓名	甲子			乙丑			丙寅			丁卯			戊辰			己巳	合计
	午	秋	年	午	秋	年	午	秋	年	午	秋	年	午	秋	年	午	
金长庚											600	600	600	600	600		3000
万士喜				500	350	350	400	500	500	600	600	600	700	700	700	800	7300
王兆泰				500	500	500	500	500	500	500	500	500	600	650	700		6450
王兆益				500	500	500	500	500	500	500	500	500	600	650	700		6450
胡瑞麟				600	600	400	500	400	600	600	400	400					4500
胡振玉				400	400	400	400	400	600	400	400	800					4200
万淳武				400	500	500	600	600	600								3200
万学德				400	500	300	600	600	500	600	600	600					4700
万纯韶																400	400
朱兆高				600	400	200	400	400	400	400	400	600	500	600	400	600	5900
万懋霖							600	300	400	500	500	400	500	600	600	600	5000
万学乾							500	300	400	400	400	400	300	400	600	400	4100

续　表

姓名	甲子			乙丑			丙寅			丁卯			戊辰			己巳	合计
	午	秋	年	午	秋	年	午	秋	年	午	秋	年	午	秋	年	午	
丁迎禄							800	600	600	600	600	800	700	800			5500
合计	4300	6800	8600	11600	11450	13250	12900	11800	14000	11500	12100	12600	7300	7500	6400	3400	155500

通过分析表2，我们可以知道，从清同治三年至同治八年间这头尾6个社会年里，黟县宏村那位万氏塾师的37个门人共交了286人次的束金，束金总额为155500文。将束金总额除以总人次束，我们就得到了平均每个门人每次所交的束金额，约为544文，即155500文÷286人次束≈544文/人次束；再将每次束的束金额乘以3，就是平均每个门人每学年所交的束金额，它约为1631文，即544文/人次束×3次束/学年≈1631文/人学年。

这就是说，从《门人姓名附录典故》的记载情况看，至少是在清同治年间，徽州黟县宏村的那位万氏塾师开馆，社会基本认同的学生交先生的束金额是每人每次500～600文，一年要交三次，三次为一个学年，则每人每学年是交1500～1800文。

2. 黟县宏村那位万氏塾师年束金收入多少

《门人姓名附录典故》里记载的门人总数尽管是37人，但他们的在塾时间是分布在清同治三年至同治八年这6个社会年里的。现就每年在塾门人数、交束脩次数及束金情况制表，如表3。

表3　黟县宏村万氏塾师清同治三年至同治八年各年在塾人数、束次、束金一览

年份	在塾人数	束次	束金
甲子	16人	36次	19700文
乙丑	24人	68次	36300文
丙寅	24人	72次	38700文
丁卯	24人	68次	36200文
戊辰	13人	36次	21200文
己巳	6人	6次	3400文

从表3可以看到，总数37个门人，由于各人入塾、出塾时间不尽相同，分解到每年，则在塾的人数是不尽一样的。但在乙丑、丙寅、丁卯这三年里，记录的在塾人数都是24人，尽管束次不一样，由之说明具体到各个人来说每年不尽一样，但由于这三年人数相对集中，可以反映黟县宏村那位万氏塾师这几年收门人的实际情况，其收入亦可看作这几年束金的实际收入：三年总收入111200文，平均每年37100文。

此数值符合24个门人理论上每学年应交束金的域值范围。

<h2 style="text-align:center">三</h2>

从以上的讨论我们可以知道，根据《门人姓名附录典故》的记载，至少是在清同治早期，在黟县的乡村，社会基本认同的学生交塾师的束金标准是每人每学年1500～1800文，换算为洋是每人每学年2.5～3元；一个塾师，以每年收门人20人计，则一年可收束金30000～36000文，换算为洋就是50～60元。如此收入究竟是高是低呢？

徐梓在《明清时期塾师的收入》一文中披露了一则重要的资料，即刊行于道光三十年的《童蒙急务》在论及"尊师"时，提出要"学钱宜重"，首先指出了当时塾师收入的偏低状况："近见蒙馆中，富者学钱止一二千，贫者学钱止七八百，甚至有二三百文者，殊属不成事体。屈指一堂学生，已有二十余人，统计一年学费，不过十三四千。比之人家雇工，虽见有余，较之有等匠师，则大不足。"接着就提出了一个理想的塾师收入的标准："出得起学钱者，每人一年或四千、五千、六千、七千，务须尽力具办，不可推诿。如顶上极富者，可出五六十千文，即极贫者，亦宜有二三千之谱。学人不可多，亦不可少，或六七人，多则十一二人。总计一年学钱，必有五六十千，少亦要有四十千之谱，方可成事。"①从这则资料来看，徽州塾师年学钱收入30000～36000文是接近理想的情况的，且应当属

---

① 《童蒙急务》卷一《劝尊师第十》，转引自徐梓：《明清时期塾师的收入》，《中国社会经济史研究》，2006年第2期，第33页。

偏高。但真正要弄清楚徽州塾师的收入是高是低，最好的方式还是比照当时的物价。

彭信威在《清代米价表》中，列1861年—1870年（清咸丰十一年至同治九年）的米价是每公石合制钱数4480文[1]。由此看，30000～36000文的束金只能购米6.7～8公石，如此，收入当属偏低的。但笔者认为，彭信威列的米价是当时全国市场的一般米价，现在我们要讨论一个具体的乡村塾师的收入高低，除了要有"当时"的概念外，还要有"当地"的概念。那么，当时，在徽州尤其是在黟县宏村一带的物价情况是怎样的呢？

首先看谷价。笔者手头正好有4份2002年5月在屯溪老街收集到的清同治年间出自徽州婺源的《婺学租执照》[2]，兹将一份同治四年的《婺学租执照》照录如下：

> 今收土名大垅佃人詹润廷交纳乙丑年分学租五秤零觔，折合则银交洋三角贰分五厘整，合给租票收执。此照。
>
> 乙丑年十二月初五日
>
> 联辉、缉熙灯会给

1秤一般是20斤，5秤即100斤。在清同治四年，徽州婺源的100斤租谷值银洋3角2分5厘钱。

再看屋价。《黟县十都宏村万氏文书》中有一本《清康熙二十四年九月至民国十九年十一月置产誊契簿》[3]，上面抄有同治八年四月万氏购买本家房屋的契约，兹照录如下：

> 立杜断卖契人万新成，今因正用无措，自情愿将祖遗屋壹所，土

---

① 彭信威：《中国货币史》，上海人民出版社，1988年，第844页。

② 《婺学租执照》均为刻印填写，228毫米×102毫米。原件藏笔者处。

③ 《清康熙二十四年九月至民国十九年十一月置产誊契簿》，152毫米×220毫米。刘伯山编纂：《徽州文书》第二辑第九卷，第1—38页。

名宏村东边街口，坐北朝南，系经理丛字不等号，计地税壹亩正。其屋新立四至，东至王姓滴水为界，南至甬道石板为界，西至汪姓滴水为界，北至滴水为界。以上四至寸土、存石、寸木不留，尽行凭中立契出卖无本纯鹤名下为业，三面言定，时值契价英洋壹佰元正。其洋当日亲手收足，其屋即听改造管业君（居）住无阻。其税另立推单过户，输纳边粮。未卖之先并无重叠交易，倘有外人声说等情，尽身支当，不涉受者之事。自卖之后，永不加找，永断葛藤。恐口无凭，立此杜断绝卖契人，永远存照。

再批：填"宏村""至"三个。又照。

再批：上首老契兵燹遗失，日后检出，作为废纸，不得行用。又照。

同治八年四月日　立卖契人万新成（后略）①

此屋是位于"宏村东边街口，坐北朝南"，位置很好，面积也比较大，有"地税壹亩正"②，四至之内不留"寸土、寸石、寸木"的出卖，价格也就是"英洋壹佰元"。

最后看田价。徽州山多地少，地狭人稠，所谓"即富者无可耕之田"③，田地是十分珍贵的，价格也相对较高。安徽大学徽学研究中心"伯山书屋"藏有一户《黟县十一都卢村（卢大奎户）卢氏文书》，其所出地卢村仅距宏村数里，其中有一份《清同治二年十月卢昌云立杜断卖田契》④，兹照录如下：

立杜断卖契卢昌云，今因度支弥急，自愿将祖遗田壹丘，土名碌

---

① 刘伯山编纂：《徽州文书》第二辑第九卷，第31—32页。

② 所谓"地税一亩正"的"亩"是指"税亩"，系国家造册清丈土地而确定的亩，一般是等于或略小于社会的亩。

③ 汪道昆：《太函集》卷四十五，《明处士江次公墓志铭》，第550页。

④ 《清同治二年十月卢昌云立杜断卖田契》，540毫米×540毫米。刘伯山编纂：《徽州文书》第二辑第九卷，第225页。

矿坑，计租佃三砠正，系经理伏字号，计田税贰分四厘正。其田新立四至，东至；南至；西至；北至。以上四至内凭中立契，尽行出卖断与本族宗明公祀会名下为业，三面议定，时值纹九大钱九千四百文正。其钱当日收足，其田即听管业耕种收租，其税即听收割过户，输纳边粮。如有来历不明及重叠交易、内外人声说等情，尽身支当，不干会内之事。今欲有凭，立此杜断卖契，永远存照。

再批：老契日后捡出，不得行用。又照。（押）

同治二年十月　日　立杜断卖契：卢昌云（押）（后略）

这块田，面积有"田税贰分四厘"，价格是"大钱九千四百文"。

安徽大学徽学研究中心"伯山书屋"还藏有一户《黟县十都宏村汪氏文书》，其中有一份《同治八年四月金李氏立卖田契》[①]，兹录如下：

立杜断卖契人金李氏，今因正用，自情愿将祖遗田壹处，土名乌石，计田壹丘，水道照原通行，计实租贰拾砠正，系经理章字号，计田税贰亩正。其田新立四至，东至；南至；西至；北至。以上四至内凭中尽行立契，断卖与万名下为业，三面言定，时值曹平价银肆拾两整。其银当日凭中收足，其田听凭管业收租无阻，其税另立推单，收割过户，输纳边粮。未卖之先，并无重叠交易，如有来历不明及内外人声说等情，尽身支当，不涉买者之事。自卖之后，永斩葛藤。今欲有凭，立此杜断卖契，永远存照。（押）

同治八年四月　日　立杜断卖契：金李氏（押）（后略）

这块田面积有"田税贰亩正"，买的人就是宏村的万氏，价格是"曹平价银肆拾两整"。据彭信威的《清代制钱市价表》，清同治六年的白银一

---

① 《同治八年四月金李氏立卖田契》，480毫米×410毫米。刘伯山编纂：《徽州文书》第二辑第六卷，第125页。

两合制钱数是1500～1600文①。因此，这块田若按当时全国一般市场的比价则值制钱60000～64000文。但清代的银钱比价是有法定值的，即钱1000文换银一两。正如我们前面所说，徽州是个十分恪守传统的社会，民间对官方法定的比价总是会长期认同并恪守的。如此，则这块田是值制钱40000文。

从上述比照我们可以看出：清代徽州塾师的束脩收入确实相对较高。在清同治四年至同治六年里，黟县宏村那位万氏塾师每年的束金收入达37100文左右，换算成洋，按当时当地的比价是近62元；换算成银，按清代法定的比价是37两多。这样的收入，在当时当地不仅衣食不愁，而且可以适量购房、买田、置地。

不仅如此，一个塾师一年完整的束脩收入还不仅仅是钱的收入，还有物。从《门人姓名附录典故》记载的情况看，每个门人每次交束脩时至少还要交鸡蛋6个，一年三次就是18个。在清同治乙丑、丙寅、丁卯这三年里，黟县宏村那位万氏塾师共收门人208次束，则应收鸡蛋1248个，平均每年就是416个。这也是一笔不小的收入。

所以，依笔者的意见，清代徽州乡村塾师的收入，比照当时、当地一般的农户来说，水平当属中等偏上。

四

徽州有着重视教育的传统，教育十分发达，人才辈出，文化繁荣，自宋元以来就有"东南邹鲁"的美誉，其中塾学教育是基础。尤其是在明清，徽州的塾学教育十分普及，所谓"远山深谷，居民之处，莫不有学、有师、有书史之藏"②，"十家之村，不废诵读"③。普及的塾学需要的是一支庞大的塾师队伍，并且这支队伍还要相对稳定，这样才能保证教育事

---

① 彭信威：《中国货币史》，第832页。
② 赵汸：《东山存稿》卷四《商山书院学田记》，第287页。
③ 光绪《婺源县志》卷三《疆域志·风俗》，第一叶下。

业的持续发展。而要稳定塾师队伍，经济是根本的保障。徽州由于山多地少土瘠人稠，"土田依原麓，田瘠确，所产至薄，独宜菽麦红虾籼，不宜稻粱。壮夫健牛，日不过数亩。烘壅缉栉，视他郡农力过倍，而所入不当其半。又田皆仰高水，故丰年甚少，大都计一岁所入，不能支什之一"①。"即丰年亦仰食江楚，十居六七，勿论岁饥也。"②因此，治生问题是千百年来徽州人时刻面对并要解决的问题，而当塾师就是徽州一些士人治生的职业选择，方志记载："士多食贫，不得已为里塾师，资束脩自给，至馆百里外不惮劳。"③就有许多塾师因束脩收入高而生活丰腴，如明婺源溪源人游茂才因"壤坎未第"而为塾师，"著释《四书》《尚书》讲蒙行世，凡宿学、诸生、荐绅、学士每每称诵不倦，门下讲业士丛盈门墙，其赘脩丰腴，自大江以南皆莫茂才若也。"④但这只是较为突出的情况。上文所讨论的清同治年间黟县宏村那位万氏塾师是徽州千万个普通乡村塾师中的一个，其所开的塾馆也不单纯是家塾或族塾，而是面向社会的。因此，研究和了解这位塾师束脩收入的具体情况，应是具有从个别中窥见一般的典型意义。

---

① 顾炎武：《天下郡国利病书·江南二十》。
② 康熙《休宁县志》卷七《题·奏疏》，第 1083 页。
③ 民国《重修婺源县志》卷四《疆域·风俗》。
④ 方承训：《复初集》卷三十二《星婺游茂才传》。

晚清徽州乡村塾学教育的实态

  塾学教育是中国传统教育的基础。清代中国乡村的塾学教育直至19世纪末还是恪守传统的模式，之后才开始了塾学的改良和新式教育的推行[①]。而关于清代塾学教育状况的研究，学术界尽管也有不少成果[②]，但这些成果一般都是宏观叙述或间接描述的，所依据的材料主要是刊印的文献材料，实态把握不足。明清的徽州教育极其发达，塾学教育十分普及，旧志中几多记载的"十家之村，不废诵读"[③]，"远山深谷，居民之处，莫不有学、有师、有书史之藏"[④]的情景就是写照。对此的研究也有许多成果[⑤]，但既有的成果多为中观层面的研究，还未能把握教育的实态。安徽大学徽

---

  ① 这方面的成果很多，有直接论述的也有间接论述的，如王笛：《清末新政与近代学堂的兴起》，《近代史研究》，1987年第3期；王先明、尤永斌：《略论晚清乡村社会教化体系的历史变迁》，《史学月刊》，1999年第3期；贾国静：《私塾与学堂：清末民初教育的二元结构》，《四川师范大学学报》(社会科学版)，2002年第1期；贺军妙：《清末民初劝学所改良私塾获得述评》，《历史教学》(高校版)，2007年第9期等。

  ② 如徐梓：《清代启蒙教材述要》，《文史知识》1999年第3期；薛梅、程为民：《清代私塾教育及其在〈红楼梦〉中的体现》，《华中农业大学学报》(社会科学版)，2003年第2期；程利、徐晓霞：《清末山东私塾述论》，《商丘师范学院学报》，2008年第11期等。

  ③ 光绪《婺源县志》卷三《疆域志·风俗》，第一叶下。

  ④ 赵汸：《东山存稿》卷四《商山书院学田记》，第287页。

  ⑤ 参见李琳琦：《徽州教育》，安徽人民出版社，2005年。《安徽文化史》编委会：《安徽文化史》，南京大学出版社，2000年。吴存心：《源远流长的徽州教育》，《徽学通讯》，第13—14期增刊。周致元：《塾学教材中的近代徽州社会变迁》，《合肥学院学报》(社会科学版)，2010年第1期。

学研究中心"伯山书屋"中藏有《黟县十都宏村万氏文书》386份①和万氏家藏刻本抄本书110册，其中直接涉及教育的有《清同治三年岁次甲子春月立〈门人姓名附录典故〉》（以下简称《门人姓名附录典故》）②和《清末〈课程〉》（以下简称《课程》）③两册类抄本。在上文《清代徽州塾师的束脩》中，笔者曾就宏村万氏塾师的束脩收入情况进行了研究，下文试图再利用目前已发现的有关宏村万氏的材料，就开办于清同治、光绪年间的黟县宏村万氏塾学的教育情况作微观个案研究，以展示晚清徽州乡村塾学教育的实态。

一、宏村万氏塾学门人的入学年龄与在塾时间

黟县宏村的大姓是汪姓，始住宏村的时间，据《宏村汪氏家谱》记载是在南宋绍兴年间，一直聚族而居，是宏村的主姓，其他各姓为迁居而来。宏村的汪姓宗族十分重视教育，早在17世纪中叶就曾在宏村南湖北畔建有私塾六所，称作"倚湖六院"；清嘉庆十五年又众议合并倚湖六院，创办规模宏敞的学堂，遂在嘉庆十九年秋建成"南湖书院"，此亦为"以文家塾"。但汪氏所创办的教育机构是宗族姓的，教育的对象限于本族汪姓人。

万氏是徽州较小的一个名族，明程尚宽等编撰的《新安名族志》关于徽州万氏分布的记载非常单一，仅记载了黟县东街："东街，在邑东隅，世居于此。"④黟县宏村的万氏是外来迁居宏村的，迁自地不得而知，但从徽州万氏的整个分布情况看，当在黟县本邑；始迁者，据《寄公会祖宗簿》记载："我万氏自五十六世祖佛童公迁居雷岗，乃宏村之始祖也。"⑤始迁时间，据文献、文书考证和田野调查，当在清康熙朝头30年。万氏落

---

① 刘伯山编纂：《徽州文书》第二辑第七卷，第1—547页，第九卷第1—79页。
② 刘伯山编纂：《徽州文书》第二辑第八卷，第29—92页。
③ 刘伯山编纂：《徽州文书》第二辑第八卷，第464—485页。
④ 程尚宽，等：《新安名族志》后集《万》。
⑤ 《寄公会祖宗簿》手抄本系2007年由宏村万康年先生提供，笔者拥有复印件。

户宏村后，宗族获得了极大的发展，尽管它作为一个外来小族，在当地的地位总有限制，但万氏宗族还是努力地介入了一些社会性的事业，兴办教育就是其中一项。

从目前我们掌握的资料情况看，宏村的万氏家族至少在清同治早期就开设了塾学。从《门人姓名附录典故》的记载来看，宏村的万氏曾从清同治甲子三年（1864年）至同治己巳八年（1869年），连续六年办学，有门人37人。

《门人姓名附录典故》关于门人情况的记载十分详细，主要分两块，其一记载了所有门人的姓名，许多还记载了出生时间，其二记载了各门人入、出塾的时间及交束脩情况。就此，我们可以讨论以下问题：

1.宏村万氏塾学门人的入学年龄

《门人姓名附录典故》中记载的37个门人都有入塾和出塾的时间——或明确记载，或间接记载，又有20人还记载了出生时间。兹就记载有出生时间的门人入塾年龄情况列表，如表1。

表1　清同治三年至八年黟县宏村万氏塾学门人入塾情况　（单位：周岁）

姓名	出生时间	入塾时间	入塾年龄
胡荣利	生命甲寅四月十一卯时	甲子正月	10
万淳钧	生命丙辰正月十六日戌时	甲子春节后	8
汤加九	生命丙辰	甲子正月	8
汪启源	生命甲寅五月初十日午时	甲子端午节前	10
潘张榜	生命辛亥十月初三日丑时	甲子端午节前	13
万淳洪	生命丙辰七月初八日辰时	甲子端午节前	8
程高发	生命乙卯	甲子二月	9
叶灶仪	生命乙卯	甲子二月	9
胡福荣	生命甲寅十二月二十九日子时	甲子正月	10
胡福金	生命乙卯	甲子春	9
汪庆龄	生命甲寅十月二十八日子时	甲子三月	10
汪长发	生命甲寅	甲子六月	10
万学坚	生命甲寅闰七月二十一日卯时	甲子七月	10

续 表

姓名	出生时间	入塾时间	入塾年龄
韩国桢	生命甲寅	甲子八月	10
叶观吉	生命辛亥	甲子十月	13
吴炽昌	生命辛亥	甲子十月	13
韩秉忠	生命戊午十一月二十日酉时	丙寅二月	8
金长庚	生命辛亥十二月初八日未时	丁卯六月	16
朱兆高	生命丙辰七月二十九日夜子时	乙丑二月	9
万懋霖	生命己未十二月二十九日寅时	乙丑十一月	6

从表1我们可以看到，这20位门人里，入塾年龄最大的是金长庚，16岁，但他是"入塾读医书"；年龄最小是万懋霖，6岁，系万氏族人；其他年龄的分布：8岁4人，9岁4人，10岁7人，13岁3人。这样，我们去掉一个最大的和去掉一个最小的，清同治三年至八年宏村万氏塾学门人平均入塾年龄为10周岁。

2.宏村万氏塾学门人的在塾时间

《门人姓名附录典故》记载了清同治三年至八年共6年时间里各门人入塾、出塾的时间和交束脩的次数、时间、金额。对入塾、出塾时间的记载，有的很明确，有的比较笼统，如××冬、××春、××后等；但对交束脩次数和时间的记载则十分明确。兹就《门人姓名附录典故》中的记载，整理出表2。

表2 清同治三年至八年黟县宏村万氏塾学门人入塾、出塾时间与交束脩次数一览

姓名	入塾时间	出塾时间	交束脩次数
胡荣利	甲子正月	丁卯三月	9
万淳钧	甲子春节后	戊辰四月	13
汤加九	甲子正月	乙丑年冬	6
汪启源	甲子端午节前	乙丑端午后	4
潘张榜	甲子端午节前	乙卯年底	10
万淳洪	甲子端午节前	戊辰年底	15

姓名	入塾时间	出塾时间	交束脩次数
程高发	甲子二月	乙卯年底	12
叶灶仪	甲子二月	戊辰春	12
胡福荣	甲子正月	戊辰秋	11
胡福金	甲子春	戊辰秋	11
汪庆龄	甲子三月	甲子年冬	3
金成燧	丙寅十二月	己巳端午后	7
汪长发	甲子六月	丁卯七月	11
万学坚	甲子七月	丁卯七月	9
韩国桢	甲子八月	乙丑年底	4
叶观吉	甲子十月	乙丑年底	4
万学吉	丁卯正月	戊辰年底	6
吴炽昌	甲子十月	甲子年底	1
程金寿	丙寅正月	丙寅年底	3
罗大喜	丁卯五月	己巳三月	5
汪延禧	四年二月	四年年底	3
汪延镶	五年二月	丁卯年底	6
蒋德田	乙丑二月	乙丑年底	1
韩秉忠	丙寅二月	丙寅年底	3
金长庚	丁卯六月	戊辰年底	5
万士喜	乙丑正月	己巳端午后	13
王兆泰	乙丑正月	戊辰年底	12
王兆益	乙丑正月	戊辰年底	12
胡瑞麟	乙丑正月	戊辰春	9
胡振玉	乙丑正月	丁卯年底	9
万淳武	乙丑春	丁卯春	6
万学德	乙丑正月	丁卯年底	9
万纯韶	己巳正月	己巳端午后	1
朱兆高	乙丑二月	己巳端午后	13

姓名	入塾时间	出塾时间	交束脩次数
万懋霖	乙丑十一月	己巳端午后	10
万学乾	丙寅正月	己巳端午后	10
丁迎禄	丙寅正月	戊辰年底	8

我们确定在学时间的长短一般是以年或月等为单位的，但从表2来看，若确定以"年"为单位，则各门人的入塾、出塾时间不尽一样，有的在春季，有的在秋季，有的在冬季，难以统一；若确定以"月"为单位，则有的记载十分模糊，无法确定。所幸的是，依据《门人姓名附录典故》的记载及结合田野调查，我们可以知道，古代徽州乡村塾学教育的惯例是：学生上学必须要交老师束脩，并且是一年交三次，即端午节的午束、中秋节的秋束和年节的年束，与之相对应，学生上学的档期就分了三期，是为"学期"，交了一次束脩就视为读书一学期，学期数可以等于交束脩次数。由此，当我们要确定以"年"作为衡量塾学的在塾时间标准时就可以不取平常的社会年的概念，而取"学年"的概念，即上文所界定："凡交足了三次的束脩就是交足了一个完整学年的束脩，每三次束脩的时间就为一个学年的时间。"这样，由表2我们就可以直接得到表3。

表3　清同治三年至八年黟县宏村万氏塾学门人在塾时间一览

姓名	学期	学年	姓名	学期	学年
胡荣利	9	3	罗大喜	5	1.6
万淳钧	13	4.3	汪延禧	3	1
汤加九	6	2	汪延镳	6	2
汪启源	4	1.3	蒋德田	1	0.3
潘张榜	10	3.3	韩秉忠	3	1
万淳洪	15	5	金长庚	5	1.6
程高发	12	4	万士喜	13	4.3
叶灶仪	12	4	王兆泰	12	4
胡福荣	11	3.6	王兆益	12	4
胡福金	11	3.6	胡瑞麟	9	3

姓名	学期	学年	姓名	学期	学年
汪庆龄	3	1	胡振玉	9	3
金成燧	7	2.3	万淳武	6	2
汪长发	11	3.6	万学德	9	3
万学坚	9	3	万纯韶	1	0.3
韩国桢	4	1.3	朱兆高	13	4.3
叶观吉	4	1.3	万懋霖	10	3.3
万学吉	6	2	万学乾	10	3.3
吴炽昌	1	0.3	丁迎禄	8	2.6
程金寿	3	1			

在表3中，吴炽昌、蒋德田、万纯韶三人只交了一次束脩，实际在塾时间只有两三个月，故不具有统计意义。这样，宏村万氏塾学的门人，其平均在塾的学期是283学期÷34人≈8.32学期／人，平均在塾的时间是283学期×1年／3学期÷34人≈2.77学年／人，即每个门人平均在塾读书近9个学期、3个学年。

3.宏村万氏塾学门人的姓氏分布

从表2或表3我们就可以知道，宏村万氏塾学招收的门人，不是宗族性单姓的，而是社会性的，其姓氏分布见表4。

表4　清同治三年至八年黟县宏村万氏塾学门人姓氏分布一览　　单位：人

姓氏	万	汪	胡	程	叶	金	韩	王	汤	潘	吴	罗	蒋	朱	丁
人数	10	5	5	2	2	2	2	2	1	1	1	1	1	1	1

从表4可见，万氏塾学所收的门人共涉及15个姓氏，其中万姓最多，有10人；作为宏村大姓的汪姓也有5人；其他的姓氏，所来自的村庄，据田野调查，或为宏村本村，或为宏村周边的际村、叶村、西山等村。可见宏村万氏所办塾学的社会性。

二、宏村万氏塾学重在治生的教育目的

中国传统的价值观深受儒家文化影响，凸现的是士农工商的"四民观"，士为上为先，将读书以取士，进而进仕作为人生追求的理想目标，将入世以济世作为人生的最高追求，实现"修身、齐家、治国、平天下"的抱负，由之直接影响和决定了中国传统教育特别是作为最基础的塾学教育的基本目的。徽州是"程朱阙里"，是传统儒家思想和文化的厚实沉淀区，读书以求仕进当然也是徽州人普遍的基本追求，各宗族尤重之。清休宁茗洲吴氏在其家典中就指出："族之有仕进，犹人之有冠冕，身之有眉目也。"①绩溪东关冯氏宗族在其家训上也写道："一族之中，文教大兴，便是兴旺气象。古来经济文章无不从读书中出。草野有英才。即以储异日从政服官之选，其足以为前人光，遗后人休者。"②祁门十三都的康氏宗族，在清咸丰年间，感慨自己宗族"明末至今数百载矣，思无博儒出，无塾学读书者，亦未津贴。由因秩丁贫乏而子弟以习学业者寥落，多年门户亦难支持，甚至学持乏人，良由塾学未立，财产未兴。是以秩丁嘀议，立一塾学，缣相黄卷之际，执经问难，何愁无志，所以行之者一也。事致以成后，必有望。"于是在清同治元年三月十八日合族订立合文，预储资产兴办塾学，扶持教育，明确规定：

> 一议习读四书者，每名贴钱捌佰文，兼经学业者加四佰文；一初入蒙者，每名贴钱壹佰文，递年加壹佰文，如能读四书兼经者照上贴给。此行不发。又照。
>
> 一应试生童，县考贴钱五佰文，每场加壹佰文；府考贴钱捌佰文，复试终场照样加倍；院考贴钱壹千文。入泮赏花红贰千四佰文。又照。

---

① 休宁《茗洲吴氏家典》卷六《立春祭先祖仪》，第五叶上。
② 光绪《绩溪东关冯氏家谱》卷上《冯氏家训十条》。

一入泮者贴灯油谷拾五秤，递年由首人经收发付。不得坐佃，如西游不给。又照。

一议乡试贴钱捌千文。一议入经馆从师，立意习业，每名贴钱六千文。又照。[1]

将读书以应试及第作为宗族追求的重点。

宏村万氏宗族所办的塾学教育也毫不例外地将培养科举及第的人才作为教育的一个基本目的。在《课程》中，抄录了许多典文与诗文，前者如《朱柏庐先生治家格言》《朱文公劝学文》等，后者有《本源》《心志》《纲领》《立志》《读书》等，它们一般是要运用于教学的，或者是要影响教学的，抄录者选用它们，就是要既起到教的目的又要起到育的目的，是教学与教化的并重。而恰恰是在这些杂抄中，抄录者选抄了许多激励和鼓励学子及第上进的内容。如在励志诗中，就抄有《立志》："朝为田舍郎，暮登天子堂；将相本无种，男儿当自强。"[2]《读书》："苦读诗书二十年，乌纱头上有青天；男人要登凌云阁，第一功名不要钱。"[3]罗洪先诗："人生年少莫怆惶，好把文章耀目光；不怕青云千万丈，只消黄卷两三行；棘园门户无关锁，茅屋人家有栋梁；若向广寒宫里过，满身浑是桂花香。"[4]这强烈表达的是呼唤和鼓励人们苦读经书以争取功名。

但徽州又是一个山多地少、土瘠人稠的地方，"山限壤隔，民不染他俗，勤于山伐"[5]。即使是有限的田地，也是"土田依原麓，田瘠确，所产至薄，独宜菽麦红虾籼，不宜稻粱。壮夫健牛，日不过数亩。烘壅缉枱，视他郡农力过倍，而所入不当其半。又田皆仰高水，故丰年甚少，大

---

[1]《祁门南乡十三都康氏宗族文书》之《清同治元年三月十八日石溪康永清祠秩下经手允例等立议束心预储塾学合文》。刘伯山编纂：《徽州文书》第二辑第一卷，第370页。

[2] 刘伯山编纂：《徽州文书》第二辑第八卷，第479页。

[3] 刘伯山编纂：《徽州文书》第二辑第八卷，第480页。

[4] 刘伯山编纂：《徽州文书》第二辑第八卷，第482页。

[5] 淳熙《新安志》卷一《州郡·风俗》，第7604页。

都计一岁所入，不能支什之一^①。"即丰年亦仰食江楚，十居六七，勿论岁饥也。"^②因此，治生问题在古代徽州是具有决定性影响和占据头等大事的问题，也是每一个徽州人首先要面对和必须解决的问题，徽州人的价值观就受之影响而有所改变。中国传统的"四民观"是具有等级身份意义的，四民之中，士为先为尊，农为次为本，工再次为从，商居后为末。它们之间存在高低贵贱之分。但在明清时期，徽州人迫于生存的需要，就以治生为准衡，理性务实地看待"四民"问题，淡化了"四民"在政治和意识形态上的等级身份性，而赋予它在治生意义上的职业性，于是士、农、工、商皆是职业，它们是实现治生的手段而不单纯是人生追求的目的；"四民"之间的差异是有先后之分而无高下之别，它们只具有选择性而无决定性；在传统的中国社会，"士"是首先的选择，但不是唯一的选择；读书取士以进仕是治生的最佳道路而不是唯一道路。于是在徽州人看来，士者不仅可以为官而且在于谋取官职以实现最佳的生计解决，农者不仅仅在于务本而且通过农耕生产以解决口食，工者不仅仅为艺而且立业于工匠以解决生计，而商者也不再是行商为末而在于从事了商贾可取赢。如此价值观影响了徽州教育，特别是乡村基础教育的目的变为"学以治生"。对此，清同治光绪年间的宏村万氏塾学就有具体体现。

从宏村万氏所遗存的文书看，其塾学教育的目的主要有二：

1.培养能够谋取官职之人才

在《门人姓名附录典故》的第一面，抄录的就是天下尚缺官位数及其养廉数、品级：

天下总督十一缺，养廉一万八千两，从一品；巡抚十五缺，养廉一万两，从二品；布政十九缺，养廉八千两，从二品；按察十八缺，养廉六千两，正三品；学院十七缺，养廉二千四百两，使官不限品级；知府百八十一缺，从四品；知县千三百缺，正七品；教授百八十

① 顾炎武：《天下郡国利病书·江南二十》。
② 康熙《休宁县志》卷七《题·奏疏》，第1083页。

七缺，正七品；教谕千一百缺，正八品；训导千五百二十一缺，从八品；修撰，从六品；编修，正七品；检讨，从七品。[①]

抄录者如此抄录颇具匠心。《门人姓名附录典故》的开篇就抄录此内容，体现了抄录者对此的重视；所抄内容是当时天下尚缺的官位，这是激励和呼唤学子努力读书，通过科举及第、取士入仕以谋取之；而凸现这些官职的养廉银数额，则是要门人知道谋取到这些官职后在治生方面的重大意义。

2.培养能够务业安生之能者

清代后期宏村万氏塾师受曾国藩的影响很大，在《课程》中就抄录了曾国藩家书中《立志箴》《居敬箴》《主静箴》《谨言箴》《有恒箴》的五箴并序[②]。"序"中写道："少不自立，苒苒遂泪，今兹。盖古人学成之年，而吾碌碌尚如斯也，不其戚矣。继是以往，人事日纷，德慧日损，下流之赴，抑又可知。夫疢疾所以益智，逸豫所以亡身，仆以中材而履安顺，将欲刻苦而自振拔，谅哉其难之。因作五箴，以自创云。"[③]教诲和要求门人要少而自立，不要碌碌无为；要通过刻苦努力以实现自己的振拔。其《立志箴》写道："煌煌先哲，彼不独人？藐焉小子，亦父母之身。聪明福禄，予我者厚哉。弃天而佚，是及凶灾，积悔累千，其终也已。往者不可追，请从今始。荷道以躬，舆之以言。一息尚活，永矢弗谖。"[④]道出了人人可以不为圣贤，能够安生也是一种立志。《课程》抄录者的如此抄录反映的是对此的认同。同时，《课程》中还抄有典文19篇，除了有《朱柏庐先生治家格言》《朱文公劝学文》《百字铭》《敬惜字纸》等外，再如《蒋壁辉惜钱歌》《吕蒙正叹贫贱富贵世情》《异地作商赋》等切近人情、世态、生计之文辞，由之也可窥见抄录者务实重治生的理念。

① 刘伯山编纂：《徽州文书》第二辑第八卷,第30页。
② 曾国藩家书的最早刊印出版该是在清光绪五年,由传忠书局刻印,李瀚章、李鸿章编校的《曾文正公家书》。
③ 刘伯山编纂：《徽州文书》第二辑第八卷,第464页。
④ 刘伯山编纂：《徽州文书》第二辑第八卷,第465页。

三、宏村万氏塾学务实的教育内容

中国传统蒙学教育的内容主要是两大块，其一是句读，其二是经解。前者教人识字、诵文，后者教人知字、写文。这的确是基础教育的最主要内容，在徽州也普遍存在，走科举及第道路的人在这方面必须是要下苦功的。但理性和务实的徽州教育者在进行民众的一般教育时，总是要考虑到教育之为治生的目的，考虑到所教的人中将有一大批是要经商，或务本，或从事其他行业，于是从现实出发，往往要在所教的内容中加上一些更为务实的东西。宏村万氏塾学教育的内容对此就有所体现。

1. 从《门人姓名附录典故》抄录看，其识字知文更为深广

《门人姓名附录典故》第三部分抄录的内容是字类，所录的基本就是一些难字或有典故的字，如：

> 嬖，嬖人有庄仓者，嬖人之子州吁戢而得宠，曰嬖。
>
> 镒，音逸，二十两也，郑康成曰三十两也。秦以一镒为一金，汉以一斤为一金。盖汉以前以镒名金，汉以后以斤名金也。镒者二十四两，斤者十六两也；
>
> 尺，十寸也。蔡邕独断夏十寸为尺，殷九寸为尺，周八寸为尺。……①

第四部分为典故，有"塞翁失马""竹林七贤""河东狮吼"等。这些都是先生的教学备案，结果都是会运用到教学中的，目的是要让学生在识字知文阶段能学到更多的内容。

2. 从《课程》所设计的课程看，有许多务实的内容

曾国藩晚年是将自己的住所题为"求缺斋"。《课程》中就抄录了曾国藩家书中的求缺斋课程：

---

① 刘伯山编纂：《徽州文书》第二辑第八卷，第47页。

　　读熟读书十叶：《易经》《诗经》《史记》《明史》《屈子》《庄子》《杜诗》《韩文》。看应看书十叶：不具载。

　　习字一百。数息百八。记过隙影：即日记。记茶余偶谈一则。——右，每日课

　　逢三日写回信，逢八日作诗、古文一艺。——右，月课①

　　作为徽州乡村的一名普通塾师，《课程》抄录者如此的抄录至少是体现了对曾国藩课程设计的充分肯定和极大认同。同时，也是与徽州社会的本身情况内在契合。求缺斋课程的设计，除了读书习字等常规教育内容外，还特别注重培养学生的两种素质与习惯：其一，在日课上，要求学生"记过隙影：即日记。""记茶余偶谈一则。"这一方面是要求学生活学活用所认的字、所学的词，另一方面是锻炼学生记实、记事的工夫，培养有事就记、有志就写、有感就发、有闻就录的习惯，这与徽州社会重理性、重契约和事无巨细地打理事务、家务、财务的传统与习俗内在契合，体现一种务实的精神。如此的教育在徽州是具有普遍性的。在目前已发现的清代和民国时期徽州蒙童课本与作业中，有许多就是日记，且有先生的批改和评点；已发现的徽州文书中，更是有许多日志、日记、便记、流水、记事等。其二，在月课上，要求学生"逢三日写回信"，这更体现了徽州的特色。徽州社会至少是从明代中期以后，人们外出经商就形成了一种社会风气，以致形成"人十三在邑，十七在天下"②的局面，鱼雁传情、书信往来在古代徽州十分重要，也十分普遍，而从小就培养学生常写和善写书信这是极为务实与有用的，由之体现了古代徽州乡村基础教育的特点。

　　3.从万氏遗存书籍的分布看，其塾学教育还有体现徽州社会与文化特点的务实内容

　　万氏家族还遗存有刻抄本书约110册，其发行及所抄年代均在20世

————

　　① 刘伯山编纂：《徽州文书》第二辑第八卷，第465页。

　　② 王世贞：《弇州山人四部稿》卷六十一《序·赠程君五十叙》。

40年代之前。这些书最初在安徽大学徽学研究中心"伯山书屋"保存时是归户的，惜在2002年上半年，由于管理人员的不慎，将该户的书与其他刻本书混杂了，从此归户性丧失，并且再难复归，留下了永恒的遗憾。现凭笔者的记忆与考订，其内容大致有：其一经书，《论语（朱子集注）》（万五宝读本）、《礼记》、《孟子》、《孟子序说》（万五宝读本）、《诗经》、《诗经旁注》（万五宝读本）、《易经增订旁注》、《书经》、《书经旁注》等；其二类书，《通书备要》（咸丰二年抄本）、《文明尺牍教科书》（宣统二年石印本）、《唐著写信必读》、《中华民国应用商业写信必读》（民国石印本）等；其三风水堪舆书，《命学大成》、《命学摘要》、《趋吉避凶》、《梅花神数》、《选择总要》等；其四算术书，《算书（又名大九归读诀）》（宝记）等；其五医药书，《二道同钞》（同治三年抄本）等；其六法律书，《大清律例全纂集成》、《大清律例》（抄本）、《海陆军法规三十二种》（民国石印本）等；其七读本，《绘图百家姓读本》等。一个家族所藏图书情况间接反映了这个家族成员的职业、兴趣与爱好。既然宏村万氏在清代后期从事了塾学教育，则这些家藏图书必然有一些是与教育关联的。从上述图书的内容分布情况看，除了传统的重视经学教育外，宏村万氏还重视日用类文、风水堪舆、算学尤其是珠算、医药、法律等，而这些都烙有徽州社会与文化的特点，与人才的教育目的相关联，也具有一定的近代特征。

四、宏村万氏塾学受曾国藩影响的教育方法

这里说的教育方法也就是教育学生学习的方法。清中期之前徽州乡村塾学教育的具体方法由于缺乏研究，我们不得而知。但至少是在清光绪以后，就黟县宏村万氏塾学情况看，其教育方法深受曾国藩的影响。曾国藩从道光二十年二月初九至同治十年十一月十七日间，曾给自己的父母、兄弟、子女等人写了一千二百五十余封家书，内容十分丰富，主要涉及做人、做事、教育、治学之道等，尤其有非常具体的关于教育和学习方法的体要与规定。曾国藩的家书影响很大，光绪五年，传忠书局就刻印了由其

门人李瀚章、李鸿章编校的《曾文正公家书》，流传很广。宏村的万氏塾师应该是很早就读过曾国藩家书，并在《课程》中辑录了不少其中有关教育和学习方法方面的内容。

《课程》开篇抄录的就是曾国藩家书中的下述内容：

> 主敬：整齐严肃，无时不惧。无事时，心在腔子里；应事时，专一不杂。
>
> 静坐：每日不拘何时静坐一会，体验静极生阳来复之仁心。正位凝命，如鼎之镇。
>
> 早起：黎明即起，醒后勿粘恋。
>
> 读书不二：一书未点完，断不看他书，东翻西阅都是徇外为人。
>
> 读史：二十三史每日读十叶，虽有事不间断。
>
> 写日记：须端楷，凡日间过恶，身过、心过、口过皆记出，终身不间断。
>
> 日知其所亡：每日记茶余偶谈一则，分德行门、学问门、经济门、艺术门。
>
> 月无忘其所能：每月作诗文数首，以验积理之多寡、义气之盛否。
>
> 谨言：刻刻留心。
>
> 养气：无不可对人言之事，气藏丹田。
>
> 保身：谨遵大人手谕，节欲、节食、节饮食。
>
> 作字：早饭后作字，凡笔墨应酬当作自己功课。
>
> 夜不出门：旷功疲神，切戒、切戒。[1]

此内容尽管曾国藩说是"课程表"[2]，但实际就是读书学习修养的方法，作为教育者来说也就是教育的方法，《课程》抄录者抄录了它，表示

---

[1] 刘伯山编纂：《徽州文书》第二辑第八卷，第464页。

[2] 《曾国藩家书》"劝学篇"，《致诸弟·勉励自立课程》。

对它的认同，甚至是作为自己塾学的规约。结合徽州的情况来看，这样的教育方法，既体现了中国传统儒学教育和修养方法的一般，又体现了徽州基础教育方法和要求的特点。其中最富特色的是要求每个学生每天写日记和茶余偶谈、每月作诗文，其内在的逻辑实质是：写日记重在培养和训练学生如何正确看待与记录自己，写茶余偶谈重在培养和训练学生如何正确看待与记录世界，而作诗文则是要求学生时时总结、概况及反省自己的所学、所知、所得。而在怎么写、写什么的问题上，都有具体要求。写日记"须端楷，凡日间过恶，身过、心过、口过皆记出，终身不间断"。要求态度端正，求真务实，记下的是自己真实经历、内心真实感受和确实说过的话，并以此养成习惯，达到终身不间断。日记是以文字的形式而记，它历时可存、有案可稽，潜在地还是人人可共睹的，更何况在读学生的日记总是要交给先生批改的，于是，如此的要求，是非常具体地将学习与做人、做事密切结合，将心灵教育、思想道德教育以及价值观念的培养融入孩子们不知不觉的日常学习、生活之中。写茶余偶谈要做到"日知其所亡"，每日一则，分德行门、学问门、经济门、艺术门。这是要求和倡导学生以自己的眼光及价值观念来看待社会，了解把握社会事务与知识的既有分类，并参与其中，将自己所学、自我所想、自我所依与外在世界结合，分德行、学问、经济、艺术四门加以外化，并如实记录下来，强化积累，旨在提高。而作诗文要实现"月无忘其所能"，通过每月作数首诗文来总结、概括以及反省过去，达到验积理之多寡、义气之盛否。如此的教育方法是极具操作性和实用有效性的，它内在契合了科学教育的精神，实现的是素质教育与德行修养的结合。

中国的塾学教育有几千年的历史，至清后期达到最后的自我发展，随后就受到近代教育的冲击。徽州最早的新式学校是光绪二十六年歙县基督教堂在城内创办的崇一学堂，之后各地都创办了新式学校，至光绪三十三年，徽州各县基本成立了教育会、劝学所。但由于塾学教育在徽州的根基深厚，其在晚清的发展也趋于完善，并具有了一定的近代特征，因此，在整个徽州近代教育的转型期间，传统教育与新式教育的冲突一直不断。笔者就藏有一册民国年间的《呈文留稿》，反映的是20世纪30年代后期，歙县官川私立储英初级小学校"呈为故兴私塾障碍教育进行、恳请给谕责令取缔以维教育前途事"的案例。通过个案研究晚清黟县宏村万氏塾学，典型了解和把握晚清徽州乡村塾学教育的实态，可以帮助我们认识与把握近代转型期之前中国传统教育的功能与作用。

第六章 徽州乡村治理论

徽州社会与文化得以长期稳定和繁荣，除了有上述各项基础和决定性因素外，还有环境保障的因素，其中既有无灾难性自然地质灾害、无经常性与全局性战乱等外部因素，更有社会内部的自我调节因素，后者即徽州乡村社会的有效自治治理，其机制在长三角地区具有模式意义。

长三角一体化背景下的传统徽州乡村社会治理①

　　"长三角"一体化建设不仅在国家战略层面的区域社会经济发展上意义重大，在区域本身的乡村共同体建设上也大有作为，尤其是在乡村社会治理上可望构建出一个既内在传承历史、又在新时代实现"创造性转化和创新性发展"的新常态模式。其中，传统徽州乡村社会治理的模式与经验值得我们深入研究。

一、长三角地区乡村的共同性

　　长三角地区至少从宋代以来，除了外来战争的影响外，自身曾保持了千百年的稳定与繁荣，经济社会与文化事业获得极大发展。这不是无缘无故的，而是由诸多内在因素决定的，乡村社会本身的稳定并具有极大的共同性当为关键。

　　传统的中国是个农业大国。长三角地区特别是苏杭一带，尽管自宋代以后，商品经济获得了极大发展，市镇大量出现，但其本底还是乡村，市镇的建设也是在乡村基础上的建设，乡村的力量仍然很强大；更何况传统意义上的"乡村"从未消失，在新时代的今天仍然占据重要份额。所以，十九大报告中就提出："实施乡村振兴战略。农业农村农民问题是关系国

————————

　　① 此文系笔者与安徽大学徽学研究中心2018级研究生叶成霞共同完成。

计民生的根本性问题，必须始终把解决好'三农'问题作为全党工作重中之重。"①

现实来源于历史，研究当代必须要把握传统。在谋求长三角一体化发展的今天，探究长三角地区传统乡村社会的结构与性质，可以发现它们原本就具有极大的共同性，至少体现在以下三个方面：

1.乡村社会构成上具有同质性——注重血缘关系的宗族社会

传统长三角地区的乡村社会是由一个个的宗族构成的，其中既有唐宋之前就世居的原住民宗族，也有唐宋以后外迁来的宗族。如江南重地无锡一带，吴、周为最早的姓氏，接而有顾氏、陆氏、孙氏、钱氏、高氏等，皆为世居的原住民；唐末之后，陆续又迁来了胡氏、司马氏、侯氏、赵氏、荣氏、薛氏等，号称"十五大名门姓氏"。吴郡苏州，晋代张勃所作《吴录·士林》曰："吴郡有顾、陆、朱、张为四姓。三国之间，四姓盛焉"，加上潘、王、吴、徐，号称苏州"八大姓"，另有沈、程、周、钱、翁、彭、袁、贝等望族。根据叶梦珠《阅世编》卷五《门祚》的记载，松江府一带名门望族达60余家。吴仁安先生梳理上海地区有300多家姓氏，发现其中门祚达三代者有51家、四代者98家、五代者48家、六代者36家、七代者23家、八代者15家、九代者6家、十代者2家、十一代者1家、十二代者3家、十三代者和十四代者各2家、十五代者和十六代者各1家②。浙江的望族中，青田刘氏、临海王氏、西安余氏、余姚王氏、山阴沈氏、德清余氏等皆为闻名海内外的文献之家，余姚孙氏、钱塘于氏、山阴朱氏等为忠孝之家③。古徽州地区更是名族林立，明修《新安名族志》里综录有名族84个，其中最有名望的是程、汪、吴、黄、胡、王、李、方、洪、余、鲍、戴、曹、江、孙等，号称"新安十五姓"。

长三角地区的宗族大多是聚族而居，注重血统。如上海嘉定葛氏，

---

① 习近平：《决胜全面建成小康社会　夺取新时代中国特色社会主义伟大胜利——在中国共产党第十九次全国代表大会上的报告》，人民出版社，2017年。

② 吴仁安：《明清时期上海地区的著姓望族》，上海人民出版社，1997年，第20页。

③ 吴仁安：《明清江南著姓望族史》，上海人民出版社，2009年，第189—192页。

"自思萱公而下，迄今凡八世，聚族而处"①。苏州洞庭东山葛氏自明初分为南北二支后，"其留武峰者，迄今数百载，聚族而居，子姓蕃衍为洞庭山望族"②。浙江萧山来氏家族，"自有宋南来，卜居越滨，左江右湖，环族而处，生齿日繁，人文日盛，颇称为两浙巨宗"③。徽州的宗族，清初休宁进士赵吉士写道："新安有数种风俗胜于他邑：千年之冢，不动一抔；千丁之族，未尝散处；千载之谱系，丝毫不紊。主仆之严，数十世不改，而宵小不敢肆焉。"④这些都非常重视宗族的管理。为了敬宗，各宗族都建有祠堂，所谓"举宗大事，莫最于祠，无祠则无宗，无宗则无祖"⑤；"创建宗祠，上以奉祀祖宗，报本追远；下以联属亲疏，惇叙礼让，甚晟典也。"⑥如上海曹氏家族中，"巢南先生昔与其兄赣县君既创建为祠堂，设立规条，聚族人而严春秋之享祀矣"⑦。浙江的宗族有的十分庞大，下分几个、十几个支派，拥有大宗祠、小宗祠、支祠、分祠等多个层级的祠堂⑧。浙江顺溪陈氏所建的祠堂，已成为其宗族文化的大展厅⑨。在徽州，"徽俗，士夫巨室，多处于乡，每一村落，聚族而居，不杂他姓。其间社则有屋，宗则有祠"⑩。黟县西递村曾有明经胡氏祠堂20多座，至今保存完整的还有3座；歙县的呈坎（现属黄山市徽州区）历史上曾有祠堂15座，始建于明代嘉靖年间的罗东舒祠至今保存良好，系国家重点文物保护单位等。上海著名的祠堂，有始建于明嘉靖年间位于浦东陆家嘴的陆氏宗

---

① 郁锦春：《嘉定葛氏宗谱》卷首"序"，民国二十九年（1940年）铅印本。

② 严家炽：《苏州洞庭东山葛氏四修族谱》卷首"序"，民国十三年（1924年）铅印本。

③ 来集之：《萧山来氏家谱》卷首"序"，光绪二十六年（1900年）活字本。

④ 赵吉士：《寄园寄所寄》卷之十一《泛叶寄·故老杂记》，第127页。

⑤ 程一枝：《程典·本宗列传》。

⑥ 吴元满：《新安歙西溪南吴氏世谱》卷首《续刻溪南吴氏世谱叙》，传抄本，上海图书馆藏。

⑦ 张云章：《上海曹氏族谱》卷一"旧序"，民国十四年（1925年）铅印本。

⑧ 汤敏：《从祠堂到礼堂——浙江农村公共空间的转型与重构》，浙江人民出版社，2015年，第38页。

⑨ 祝伟，等：《浙江宗族村落社会研究》，方志出版社，2001年，第182—189页。

⑩ 程且硕：《春帆纪程》，许承尧辑，李明回等校点《歙事闲谭》卷八，黄山书社，2001年，第258页。

祠，"陆家嘴"的地名也因陆氏而来；有始建于清道光年间的"陈公祠"，
1985年7月被松江县公布为文物保护单位；有建于民国七年（1918年）位
于静安区闸北公园内的钱氏宗祠"春晖堂"，2014年4月被上海市人民政府
列为文物保护单位；有建于民国七年位于上海闵行区荷巷桥的金氏宗祠
（金氏义庄），2016年9月5日被闵行区政府列为文物保护点；有建于民国
二十年（1931年）位于浦东新区陆家堰的杜家祠堂，为上海闻人杜月笙之
所建等。江苏也是祠堂林立，仅无锡市的惠山镇就曾汇集自唐代至民国时
期的80个姓氏，建有108处祠堂建筑体，数量之多、密度之高、类别之
全、风貌之古朴，为国内所罕见；2006年5月，惠山古镇祠堂群被国务院
公布为全国重点文物保护单位；2012年，无锡惠山祠堂群被列入《中国世
界文化遗产预备名录》[①]。

　　为了收族，各宗族都修有族谱，所谓"夫人之一生莫大乎纲常之事，
纲常之大莫过于谱牒"[②]。"家谱之作，由来尚矣。古之人虑后世支分派
别，不克联宗姓、笃恩谊也。于是有谱以纪其世次，使数传、数十传以
后，一披览而知有水源木本之思，且以知某也修德，某也惰行，某也赫赫
流芳，某也没没无闻，观者莫不油然兴悚，然动思贻身后令名，以光前烈
而启后昆，则谱之所系，岂不重哉。"[③]"族谱不作，人伦之道不明，尊卑
失序，礼乐攸斁，揆之风化，非小失也。"[④]由此，江南地区遗存的族谱甚
巨，如苏州钱氏家谱，现存有清同治抄写本《吴越钱氏宗谱》、民国二十
三年（1934年）刻本《钱氏族谱》二卷、民国三十七年（1948年）铅印本
《堠山钱氏丹桂堂家谱》不分卷等计19部[⑤]；上海朱氏族谱，仅《中国家谱
总目》里明确收入的就有清乾隆抄写本松江《朱氏家乘》1册、清嘉庆七

　　① 《行走惠山古镇、领略人文之美》，《无锡日报》2019年10月29日T7版。
　　② 祁门《武溪陈氏宗谱》"谱序"，安徽大学徽学研究中心"伯山书屋"藏。
　　③ 洪学巽：苏州《陶氏家谱》卷首"序"，光绪三十四年（1908）刻本。
　　④ 明嘉靖二十八年(1549)修婺源《詹氏统宗世谱》前序，见刘伯山编著：《徽州谱牒》
第一辑第9册，广西师范大学出版社2019年，第166页。
　　⑤ 苏州市图书馆古籍部：《苏州市家谱联合目录(上)》，《苏州史志资料选辑》第六
辑，1986年编印。

年（1802年）刻本《上海朱氏族谱》六卷、清嘉庆二十一年（1816年）刻本崇明《朱氏家乘》不分卷39册、民国二十三年铅印本宝山《罗阳朱氏家谱》四卷等计14部①。至于徽州谱牒遗存的数量，《中国家谱总目》中收录的是1568部，而据笔者的研究与调研，《中国家谱总目》里收录和已作为公藏机构公藏的徽州谱牒当属已发现的徽州谱牒；作为徽学研究者与爱好者私家藏的徽州谱牒为可发现的徽州谱牒；还散存于民间由谱牒的拥有主人保存的自己家族的谱牒属于尚待发现的徽州谱牒。它们皆为存世的徽州谱牒，估测其数量，将超过5000部。

有着唐宋遗风的血缘性宗族，是长三角地区乡村社会的基本构成，对此，它们是具有很强的同质性的。

2.乡村意识形态的同属性——儒家文化厚实沉淀

在中国，至少从汉武帝时期提出并实施了"罢黜百家、独尊儒术"以来，儒家思想就一直作为正统思想的代表，长期占主导地位，构成了中国人意识形态的主流。宋学的兴起，儒家学说除了一方面兼容并蓄地吸纳佛老等各种思想体系的合理内容，以进一步理论化、体系化、科学化自身的思想体系外，另一方面就是积极抵御佛老，让儒家思想务实下沉，使之通俗化、大众化，走上一条让理论与思想落实到民间的道路。对此，南宋大思想家朱熹的功劳最大，他通过自己的积极努力，不仅让儒家思想在其之后的六七百年里成为官方的思想，并且使之深深地下沉，构成民众意识形态的主流。

长三角地区的乡村社会就厚实沉淀着儒家的思想。以"仁爱"为核心，讲求忠、孝、节、义的儒家伦理是民众普遍接受的道德伦理，修身、齐家、治国、平天下的追求是人们普遍的价值追求。各宗族多以儒家思想与伦理作为宗族教育、管理的基本准则，开辟家训、制定家规、形成格言等，以之教化、规束族人，培育出良好的家风。此方面的遗产在长三角地区最为丰厚，影响也极大，仅苏州的家训而言，著名的就有南宋初年叶梦

---

① 王鹤鸣主编：《中国家谱总目》第一卷《朱》，上海古籍出版社，2008年，第519—521页。

得效仿《颜氏家训》而制定的苏州吴中叶氏《石林家训》、明末清初苏州府昆山县朱用纯（号柏庐）制定的《朱子家训》（又名《治家格言》）、清咸丰年间定本的徽州歙县大阜迁苏州潘氏《潘文恭公遗训》等。

　　徽州是"程朱阙里"，传统儒家文化在此更是有着厚重的沉淀，尤其是朱子思想在徽州的影响至深至彻，所谓："一以郡先师子朱子为归。凡六经传注诸子百氏之书，非经朱子论定者，父兄不以为教，子弟不以为学也。"①"我新安为朱子桑梓之邦，则宜读朱子之书，服朱子之教，秉朱子之礼，以邹鲁之风自待，而以邹鲁之风传之子若孙也。"②各宗族都自觉和内在地以朱子思想作为治族的基本思想，以朱子之礼教作为族风敦进的基本礼教，朱子《家礼》是被奉为"金科玉律"的社会及家庭仪礼范本，各宗族制定族规、家法等都以《家礼》为根据。如新安黄氏在评价《家礼》时称："盖人伦不明，宗法废弛，民俗颓弊甚矣。幸而皇宋诞膺景运，五星聚奎。由是吾郡朱夫子者出，阐六经之幽奥，开万古之群蒙，复祖三代之制，酌古准今，著为《家礼》，以扶植世教。其所以正名分，别尊卑，敬宗睦族之道，亲亲长长之义，灿然具载。"③明万历徽州萧江氏"祠规"的"崇礼教"条目规定："遵文公《家礼》。④"清雍正休宁茗洲吴氏在制作《茗洲吴氏家典》时说：吴氏族规乃"推本紫阳家礼，而新其名曰家典"⑤。清光绪黟县李氏在家训中说："新安为朱子桑梓之邦，民多读朱子之书，服朱子之教，其所著《家礼》一书，凡冠昏丧祭诸大典，炳如日星，允宜遵而行之久矣。"⑥朱子思想构成了徽州民众强大的思想意识支柱，直接导致儒家文化价值观在传统徽州占据统治地位。

---

① 道光《休宁县志》卷一《风俗》，第42页。
② 休宁《茗洲吴氏家典》卷首"序"，第一叶上。
③ 明弘治十四年（1501年）刻本《新安黄氏会通宗谱》卷首《集成会通谱叙》，国家图书馆藏。
④ 明万历《萧江全谱》附录卷五《祠规》。
⑤ 休宁《茗洲吴氏家典》卷首"序"。
⑥ 光绪《鹤山李氏宗谱》卷末《鹤山李氏家典序》，民国六年（1917）活字本。

3. 乡村社会建构上的同构性——礼仪之邦的伦理打造

社会构成的同质性必然会导致社会结构在形成与发展上的相通性，而意识形态的同属性决定了社会性质在存在与变化上的共同性。传统长三角地区乡村都是由注重血缘性的宗族所构成，皆有儒家文化的厚实沉淀，两者的结合，导致在乡村构建上就是一种体现儒家文化价值观的"宗族→乡村"构建，其基本逻辑是以仁爱为核心，首先建构好每个宗族，重在弘扬与落实"忠"与"孝"的理念，以追求宗族的和睦与兴旺，是为"亢吾宗"；接而推及族邻与乡邻，处理好族与族、村与村之间的关系，建构好乡村，重在弘扬与落实"信"与"义"的理念，以追求乡村的和谐与稳定，是为"睦乡邻"。这方面的论据和材料很多，涉及的种类也十分广泛，这里仅用一类。

笔者曾参与《记住乡愁》节目的策划，并担任点评专家。《记住乡愁》是由中共中央宣传部、住房和城乡建设部、国家新闻出版广电总局、国家文物局联合组织实施，中央电视台中文国际频道摄制的大型纪录片，它本着大历史小村落、大文化小故事的原则，以高度纪实的手法，展示了中国传统乡村社会与文化自我发展而延续至今的实态及乡村自治的实态。此节目自2015年1月开播以来，目前已拍摄有300多集，长三角地区的乡镇多有入选，从中可以看到儒家文化在长三角地区乡村治理上发挥的作用且延续至今的一个个具体实例。

一是在宗族的自身建构方面。徽州黟县屏山村是舒氏宗族的世居地，该族全方位遵从孝道，子女对父母的孝顺不仅是要尽到"养父母之身"，更是要做到"悦父母之心、承父母之志"，由此形成家风与族风，千百年来延续至今——是谓"孝道传家"①。浙江省宁海县前童村是童氏宗族的世居地，始建于南宋末年，恪守"以孝治家"的传统，最终使前童村为目前中国童姓最大的聚居地——是谓"以孝为本家业兴"。位于浙江省桐庐县富春江南岸的荻浦村是"申屠"姓聚居的千年古村，申屠氏先祖申屠理

---

① 《记住乡愁》第一季第二集"屏山村——孝道传家"。以下为《记住乡愁》的节目，不再注出。

从屠山入赘到范家后，历尽孝心孝行，开辟孝道传统；《申屠氏宗谱》里录有家箴八则，首位就是"孝字箴"，提出"敬父母犹如敬天地"；村中至今还保存有"范家井""孝子牌坊""孝子故居"等；每年的农历十月二十一是当地独有的敬老节，每年还会有孝媳妇评选等——是谓"百善孝为先"。浙江省诸暨市的东白湖畔有一座斯姓宗族世居的千年古村斯宅村，村中有民居建筑十多栋，体量都特别大，当地人称"台门"，其中有称作"江南巨宅"的"斯盛居"，人称"千柱屋"，占地6000多平方米，里面居住有数十户人家，皆是源自同一位祖先，他们能够在同一个屋檐下世代相居，遵循的是孝道家风——是谓"百行孝为首"。

二是在宗族的建构推及乡村社会方面。徽州绩溪县的仁里村，原先居住的宗族是耿氏，讲仁义、重仁爱，形成了祖训以教导族人；后来程氏家族迁入，并很快成为望族，还是秉持了这条训诫，由是形成了村风，保持了千百年——是谓"仁爱为本"。江苏省泰州市溱潼镇的城北社区，有朱、储、李、沈四大望族，现有4000多人居住，"尊长尽孝"是这里由来已久的社会风尚；在如何照料家中的长者上，"侍奉晨昏"是一个千百年的习俗——是谓"尊老尽孝,一脉传承"。浙江省湖州市的荻港村有600多年历史，如今生活有不同姓氏的1000多户3700多人，这些不同族的人能够在这片土地上繁衍生息、和睦共处数百年，奥秘在于先祖题写于村中"总管堂"前一副对联的教化："善为至宝一生用之不尽，心作良田百世耕耘有余"——是谓"齐心向善"。江苏省苏州市的陆巷村，多姓氏杂居，村民一直以"积金积玉不如积书教子，宽田宽地莫若宽厚待人"的古训育人，"兴文重学"，古往今来，这个滨湖的小山村先后走出过46位举人、41位进士和2位状元，近代走出60多位院士与教授——是谓"代代向学"。浙江省龙门古镇的孙氏，"循祖训、奉义行"，把"义"奉为家族处事的原则，传承为家风，进而扩张为整个古镇的文脉和传统。浙江省龙游县的"饭甑山"下有个三门源村，北宋时期，叶氏祖先为躲避战乱迁居此地，在溪水西岸的青龙山下建村立庄；100多年后，翁氏家族在南迁途中，见这里山清水秀、叶家待客谦和有礼，便定居在溪水东岸的白虎山旁。叶氏宗族将

"和睦宗族"作为族规写入宗谱，明示后人"宗族之兴以礼让"；翁氏的先人把"睦乡邻"作为家法写入翁氏家谱，教导后人要做到"有无相通，守望相助，视一乡如比邻，视比邻如一家"，于是叶、翁两家和睦相处达千年。

以儒家思想和伦理打造的宗族必然是一个要追求"修身、齐家、治国、平天下"价值实现的宗族，推及而打造的社会也就是一个可以称为"礼仪之邦"的社会。这在传统长三角地区的乡村具有一定共同性，构成了其乡村治理的前提与基础。

二、传统徽州乡村社会治理的机制

徽州位居江南，自古以来都是长三角地区的内在组成部分。自南宋以来，曾保持了千百年的社会稳定与繁荣，文化获得了极大发展，形成了"徽州文化"概念。这是由许多因素导致的，其中，乡村社会治理的有效、"礼法兼治"理念的具体践行至为重要。

徽州本是个移民社会，原土著人是越人。东汉末年以后，由于中原一带战乱纷繁，许多世家大族南迁。徽州"介于万山丛中"，如世外桃源，于是，许多南迁的中原人在此择地而居；也有仕宦于徽州者、偶游于徽州者，迷恋山水，遂作定居。而恰在东吴政权统治这里的期间，由于越人"依阻山险，不纳王租，故曰山越"[1]。他们长期不服统治，经常出扰与暴乱，因此是几遭了平复，最惨烈的平复是建安十三年（208年）孙权部将贺齐率兵的镇压，仅黟县的林沥山一战就"凡斩首七千"[2]，大大削弱了越人的势力。嘉禾三年（234年），孙权拜诸葛恪为抚越将军，采取断粮围困的方法逼迫山越人出山，花了三年的时间完全平服了山越人，之后，徽州的山越人接受了"王化"和教化。也正因为此，由中原迁徙到这里的"客人"能够很快"反客为主"，他们在与土著越人的融合过程中，一方面

---

① 《资治通鉴》卷五十六《汉纪四十八》，第1817页。

② 《三国志》卷六十《吴书·贺齐》，第1379页。

是将北方先进的农业生产技术和手工业技术创造性转化地移植到徽州，促进了徽州本土山区经济的开发；另一方面是将发达的中原教育与文化直接移植到徽州，"起学校，习礼容，春秋乡饮，选用明经"等[①]，传播儒家文化。至于作为原本为"中原衣冠""名门世族"的宗族本身，他们在此都是聚族而居，强化血统，注重宗族的管理；在各个宗族之间的关系上，做到彼此和睦相处，推崇谦和与敬让。到了宋代，中原客人与土著越人的融合已趋完成，传统的徽州宗族社会业已形成，社会风尚也为之一新，"尚武之风显于梁陈，右文之习振于唐宋"。对此，南宋罗愿在《新安志》中就写道："其（新安）人自昔特多以材力保捍乡土为称，其后浸有文士，黄巢之乱，中原衣冠，避地保于此，后或去或留，俗益向文雅，宋兴则名臣辈出。"[②]元代休宁学者赵汸亦记："新安自南迁后，人物之多，文学之盛，称于天下。当其时，自井邑、田野以至于远山深谷，民居之处，莫不有学、有师、有书史之藏，……故四方谓东南邹鲁。其成德达才之出为当世用者，代有人焉。"[③]明嘉靖《徽州府志》记："家多故旧，自唐宋来数百年世系比比皆是。重宗义，讲世好，上下六亲之施，村落家构祠宇，岁时俎豆。"[④]徽州的乡俗风气日益文雅，"比户习弦歌，乡人知礼让"[⑤]，"礼仪之邦"形成。明代大儒汪道昆在《太函集》云："新安自昔礼义之国，习于人伦，即布衣编氓，途巷相遇，无论期功强近、尊卑少长以齿。此其遗俗醇厚，而揖让之风行，故以久特闻贤于四方。"[⑥]

"礼仪之邦"是南宋之后徽州传统社会的基本属性，其本身也构成了徽州乡村自治与治理的前提。对此，笔者曾发表文章指出："它本身就内秉有法治与法度的精神，并以之作为了边界条件，相互内在呼应。由此而推进，徽州传统社会的乡村治理遵循'礼法兼治'的基本原则，形成了一

① 《后汉书》卷二十一《李忠传》，中华书局，1973年，第765页。
② 淳熙《新安志》卷一《州郡·风俗》，第7604页。
③ 赵汸：《东山存稿》卷四《商山书院学田记》，第287页。
④ 嘉靖《徽州府志》卷二《风俗》，第67页。
⑤ 道光《徽州府志》卷首《重修徽州府志序》，第1页。
⑥ 汪道昆：《太函集》卷一《黄氏建友于堂序》，第71页。

整套的方法与步骤，一步步地化解着社会的矛盾与纠纷，有效保证了徽州传统社会千百年的稳定。"①

乡村治理重在各种社会矛盾与纠纷的解决与处理。矛盾的存在是具有普遍性和绝对性的，毛泽东同志就曾指出："没有什么事物是不包含矛盾的，没有矛盾就没有世界。"②只要有人的地方就会有矛盾，就会有由矛盾而导致的纠纷。判断一个社会是否和谐稳定，重点不在于看它是否有矛盾的存在与纠纷的发生，根本要看它对矛盾和纠纷采取了什么样的解决方式与处理方法。对此，传统的徽州社会为我们提供了一种样板。

设想徽州在某时某刻出现了一万个矛盾，将会产生一万个纠纷。由于徽州是"礼仪之邦"，"礼义之国，习于人伦"，乡俗醇厚，揖让风行，常态的礼先与辞让之风尚就会使日常产生的矛盾很少激化，一万个矛盾中至少有九千个在形成之初就得到了化解，由之而来的就是一万个可能发生的纠纷有九千个在萌发之初就得到了消解。这也就是"礼仪之邦"的前置优势和强大魅力。剩下的一千个矛盾激化了，徽州人也不是采取暴力、欺压等方式来解决，而是会激活一个产生于徽州社会内部的自我调节机制，步入以下化解程序：

1.第一道程序：当事者凭中人协商，以议约的方式和解

这是传统徽州乡村社会最为普遍和常态的人与人之间矛盾与纠纷的解决方式，由此而形成了"议约"。徽州人还会诉之于文字，形成"文书"，以防"恐口无凭"。在目前已大量发现的徽州文书中，就有许多当事者凭中人协商以和解矛盾与纠纷的"合墨""议墨""和约"等。仅举黟县文书为例，有同门兄弟和解的文书，如笔者家藏《黟县一都二图李家园汪氏文书》之《乾隆四十二年七月圣星同弟圣晃立合墨》，涉及"承祖田地、屋业，各有阄单为凭"，今"托凭中……匣内捡出清查……两半公分，无得声说。今恐无凭，立合墨两张，各执一张。"有同门三家和解的文书，如

---

① 刘伯山、叶成霞：《礼与法：传统徽州乡村社会的治理》，《光明日报》，2020年3月9日"国学"版。

② 《毛泽东选集》(合订本)，人民出版社，1968年，第280页。

笔者家藏《黟县十都横段韩氏文书》之《民国二十年八月十四日兄承来、弟承裕、嫂韩门汪氏三支立同合议墨》："同堂酌议，阄分祖业"，"自今凭亲族面分后，兄弟各守各业，无口思悔，如有思悔者之期者，即将投族论理，鸣公究系。恐口无凭，立此合同议墨一样三张，永远存照。"有异姓两家和解的文书，如《黟县十都三图余氏文书》之《道光二十三年二月余、俞二姓立议墨》："立议墨余霞章、俞介初等，缘十都平坦头地方，二家祖塚余地毗连，……此处二姓命脉所系，事同一体。今同议定，所有四至内地，二姓子孙永远不得加厝、加葬以及盗卖等情，倘日后有不肖违此议墨，听凭有分支丁执墨鸣官，以诛不孝。"[①]有三姓三家和解的文书，如《黟县十都丰登江氏文书》之《清同治七年三月黄、方、吴三姓立议合墨》，涉及三姓人坟地开穴扦葬的大小位置问题，"托凭亲友相嫡，……立此议合墨一样三张，方、黄、吴各执一张为据"[②]。有多姓之间和解的文书，如《黟县二都四图胡氏文书》中，就有一份《道光四年七月胡社大、吴攀桂、江灶发、万周如、韩德众等立议墨合同》：

> 立议墨合同人胡社大、胡德来、吴攀桂、江灶发、万周如、韩德众、胡嘉容等，原有土名冷水塌，系吴姓通水灌碓之业，今有各姓田佃人等无水溉灌，多蒙邻人从中再四说情，两各心平，愿认塌费之资，其塌吴姓支各田人通水救禾。自今议定之后，永不得争论。其塌恐后洪水冲坏，言定各姓派费若干，其作水之时，轮流投次，不得倚强欺弱，如有此情，听从执此墨鸣公理处。各姓情愿，愿立议墨合同一样，每张为据。
>
> 　道光四年七月　日　立议墨合同人：吴攀桂（押）、胡德来、
> 　　　　　　　韩德众、胡社大、江灶发、万周如、胡嘉容、
> 　　　　　　　胡德浥、胡德沧、吴元湖、胡观如、胡罗九、
> 　　　　　　　胡贵福

---

① 刘伯山主编：《徽州文书》第一辑第五卷，第455页。
② 刘伯山主编：《徽州文书》第一辑第五卷，第234页。

再批：听从作水，愿收竭费钱一千三百文。①

在乡村民间，因房屋"滴水"和建房阻路而导致的纠纷很多，安徽桐城"六尺巷"的故事是彼此让路的美谈。其实，类似的事例，在古代的徽州比比皆是，且还会形成文字依据，有凭中协商的议约。这在徽州文书中有大量的发现。仅建房让路的文书，既有同族两家之间的让路议约，如《黟县十都三图余氏文书》之《清乾隆六年七月余应纶同侄文积、文景等立议墨》：

立议墨余应纶同侄文积、文景等，原祖天值公遗存屋壹所，因梦仙将门前基地乙片，土名舒家园，卖与文景，于康熙五十四年竖造楼屋，东向墙外原存直路一道，二家通行。今因文景楼屋东向墙外竖造厨屋一间，二家合议，将原路改换与文景靠墙竖造厨屋，将文景厨屋外北向取地三尺五寸，转弯至东；东向又取地三尺五寸，至南大路，二家通行，永远无得争阻，如有异说，听自执墨鸣族理论。今欲有凭，立此议墨一样二张，各执存照。

　　乾隆六年七月十一日　立议墨：余应纶（押）

　　　　　　　　　　　　　侄：文积（押）、文景（押）、文科（押）

　　　　　　　　　　　　　保长：郭百先（押）

　　　　　　　　　　　　　亲：卢汉清（押）、张宗于（押）

　　　　　　　　　　　　　族：应兆（押）、应焕（押）、应联（后略）②

又有两姓两家之间的让路议约，如《歙县二十一都六图汪氏文书》之《清道光十二年十二月汪起全、吴应祥立议合同》：

立议合同人汪起全、吴应祥，因大园坦地一业，历来各宅出入要

---

① 刘伯山编纂：《徽州文书》第二辑第四卷，第423页。

② 刘伯山主编：《徽州文书》第一辑第五卷，第372页。

路，目今吴宅情嫡改造，朝坦开门出入，但汪宅亦不得生端扦造，仍归原旧出入，两无异说。自议之后，两相平允，再不得生端异言，嗣后不遵，公议指名干罚。今恐无凭，特立合同两纸，各执一纸，永远存据。

  道光十二年十二月　日　立合同人：汪起全（押）、吴应祥（押）

          凭中：汪明远（押）、吴兴隆（后略）①

还有三家之间的让路议约，如《民国三十一年十月[歙县]吴清渭等立合墨》：

  立合墨人吴清渭、凌正中、吴世福，因基地毗连，道路出入遵照旧章，故立合墨以杜后患事。缘吴世福于民国三十一年十月　日买进吴清渭之三间楼房并厨灶全堂，其南边吴清渭之门亭与凌正中之基地均相毗连，于民国二年凌正中之父天顺与吴清渭之伯承元立有合墨，双方永远通行，今吴清渭已将房屋基地出卖吴世福，亦得凌正中、吴清渭之同意，仍遵照旧章，将此门亭作为永远通行道路，各方不得争执，欲后有凭，立此合墨三纸，各执一纸，永远存照。

  中华民国三十一年农历十月　日　立合墨人：吴清渭（押）、

          凌正中（押）、吴世福（押）

        中见人：吴培元（押）

          吴世坤（后略）②

一千个激化了的矛盾经过第一道程序的解决，至少有九百个得到了化解。

---

① 刘伯山编著：《徽州文书》第三辑第三卷，第18页。

② 黄山学院编：《中国徽州文书·民国编》第一辑第十卷，清华大学出版社，2010年，第107页。

2.第二道程序：调解与仲裁

剩下一百个矛盾如果继续激化，则就步入寻求调解与仲裁的环节。这要区分出两种情况，分为两条路径。

第一种情况是：属于同族之人产生的矛盾与纠纷，诉之于宗族的祠堂，交由族长和族老们来调解和处理。这种情况十分普遍。"徽州聚族居，最重宗法。"[①]各个宗族都非常重视宗族的管理，定有族规，建有祠堂，人丁兴旺的宗族除建有宗祠外还会有支祠。如祁门县古溪乡黄龙口自然村是汪氏宗族的聚居村，现在的人口也只有七百多，却保存有汪氏祠堂五座，即宗祠永安堂，支祠敦本堂、天合堂、中和堂和同善堂。这些祠堂既是宗族的象征，也是宗族执行管理的场所。各族都有由族众选举产生的族长，作为支派还会设有门长、房长等，他们具体地执行着宗族的管理。族人之间产生了纠纷，可以向祠堂投诉，既可口头反映，也可递状纸，后者如笔者家藏的《黟县一都二图李家园汪氏文书》中之《同治十二年十二月汪长龄向族老投告外甥余康龄状词》等；而祠堂一旦接受了族人的投诉，族长就会出面召集族老及其他中人来商议，从中予以调解。如《民国二十年五月[歙县]邵新喜等立和睦据》：

> 立和睦据人邵新喜与顺荣，缘属根同一本，叔侄之称，于年前为房内百万自愿卖与新喜之田一业，土名小墓尖。兹因百万年迈无嗣，继立顺荣承祧，为此田业致生口角。近因房内告化不幸年壮去世，未曾立嗣，双方各执己见，争论不休，今凭中族排解，其田已出，不可挽回，其告化不幸，当以继嗣为先，是以经中族公同酌议，将顺荣次子继续告化一脉，所有产业进出账目以及门庭支应，一概归于顺荣暂摄经理，待其子成壮之日，再为交领，亲房内外无得异说，当念一脉流传，不愿争长论短，务要和好如初，此系两相情愿。恐口难凭，立此和睦一样两纸，各执一纸，永远大发存照。

---

① 嘉庆《黟县志》卷三《风俗》，第58页。

民国二十年五月 日　立和睦据人：邵新喜（押）、邵顺荣（押）

　　　　　　　　族长：百万（押）

　　　　　　　　房长：玉贵（押）、观有（押）、天明（押）、

　　　　　　　　　　　小苟（押）、佛义（押）、祥勇（押）、

　　　　　　　　　　　彩高（押）、元贵（押）

　　　　　　　　凭中：邵臣禄（押）、邵玉华（押）、

　　　　　　　　　　　邵顺祥（押）、吴岳钟（押）、

　　　　　　　　　　　项德进（押）

　　　　　　　　代书人：毕雨旸（押）①

　　这是叔侄二人因继产"田业致生口角"，"双方各执己见，争论不休，今凭中族排解……务要和好如初，此系两相情愿。恐口难凭，立此和睦一样两纸，各执一纸，永远大发存照。"

　　第二种情况是：不同族之人产生的矛盾与纠纷，诉之于乡村文会，交由乡贤们来调解与仲裁。文会组织在传统徽州乡村是普遍存在的。它是一种民间自发组织成立的文化团体，主要由担任"乡约"之人（约正、约副）、在家功名之人（进士与秀才）、当地致仕之人及口碑好的读书人构成，以"言规行矩、讲学明道、砥砺名节、宣布教化"为宗旨。文会平常的活动也只是定期聚会以研读经典、吟诗谈文等，一旦接受了投诉，则立马成为一个社会化的调解与仲裁组织。在徽州文书中，就有许多投诉于文会乡约的投状，如《婺源北乡诉讼与教育等文书》之《清光绪三十四年十二月潘银开具投状》：

　　　　具状人潘银开投为价业交清、凭唆赖讹、叩呈无厌、以惩强梁事。

　　　　被：主唆人查正忻、查三法；余唆人后补；讹赖人查洧忻。

　　　　缘地赖查洧忻曾于光绪卅年以祖遗长尾坦民田一局，央中立契，由缮推签，绝卖与身，契价两已交清，业亦交身耕种，经今五载，异

①　黄山学院编：《中国徽州文书》第二辑第六卷，合肥工业大学出版社，2016年，第177页。

议毫无。讵忻至今冬欲壑突萌，不念业已卖休，欲讹无间，率尔凭唆煽惑，诬价未清，擅自拥门，摇唇滋闹，逞凶坐赖，冀嚇图讹。窃思买业以红契为凭，价清悉填明于契尾；如真欠价，忻押岂肯从书？况业管五年，忻何置之不索？显明付楚，妄听唆讹，昧己瞒心，殊无理法，不得不叩贵约老先生尊前施行。

　　光绪三十四年十二月　日具[①]

　　古代徽州人十分热衷于文会的兴办，举凡各地都有，有一村独办，更有诸村合办，皆为超宗族性和社会化的，由多个姓氏家族构成，如清代中后期至民国年间的黟县集益文会，参与的姓族达十五个；至民国，"文会"名称也有被"村董"替代。与之相关联，文会所接受的投诉也一般是或鸣族不能决的投诉，或区域社会化的投诉。文会的调解，也会形成文书，如《民国十九年十月[休宁]程炳进等立议合同》：

　　　　立议合同人海太房程荣福、程中文二人等，同子和房程炳发、程炳进二等，今因土名水竹坞，计山一号，坐落四址，东至程丐食母祖坟，为南至大路，西至大溪平降、北大平降，此山两房众等子侄争论，凭公村董、中人、明保排解，登山定界，公分大房分归下山，东至方坵田头大石直上，南至路，西至大溪，北至大平降，四至归大房执管；和房归分东至坟南路，西至方坵大石，北至大平降，四至内归和房执管。嗣后两房子孙不得强竞，倘后乃房反悔，当日凭公议，罚大洋一百元，无容宽情，倘有内外人言，均是两房等名人一力承值，两（无）异说。恐口无凭，立此合同存照。

　　　　民国十九年十月二十二日　立议合同人：程炳进（押）、

　　　　　　　　　　　　　　　　　　　　　　程炳发（押）、

　　　　　　　　　　　　　　　　　　　　　　程荣福（押）、

---

① 刘伯山编著：《徽州文书》第六辑第八卷，广西师范大学出版社，2017年，第100页。

程中文（押）

中见人：刘茂森（押）

地保：刘双林（押）

代书人：曹德钧（押）①

对文会的功用与仲裁结果，古代徽州人总是予以充分认同，至少会形成乡村社会的舆论导向，从而具有很强的强制力和影响力。对此，清代歙县人方士庹在《新安竹枝词》里就写道："雀角何须强斗争，是非曲直有乡评。不投保长投文会，省却官差免下城。"②歙县江村人江绍莲更是评述道："乡居非就试罕至城府。各村自为文会，以名教相砥砺。乡有争竞，始则鸣族，不能决，则诉于文会，听约束焉；再不决，然后讼于官，比经文会公论者，而官籍以得其款要过半矣，故其讼易解。若里约坊保，绝无权焉，不若他处把持唆使之纷纷也。"③

至第二道程序，剩下的一百个矛盾，至少会有九十个得到了解决。

3.第三道程序：鸣官诉讼

这是徽州人对矛盾与纠纷解决的最后一道程序，也是对所剩下的十个之前解决不了的矛盾所能采取的唯一解决方式。至此阶段的纠纷，一般都是徽州人普遍认为的重大纠纷，其中除了一些较大、较复杂的命案、伤害案等刑事案件外，更多涉讼的是祖坟风水地案和名分背主案，且这两类案件是不争则已，一争到底。前者如清康熙朝休宁县令廖腾煃所云："每见健讼者无有止息，而争坟争地，殆居其半，大约富者惑于形家利害之说，非分妄图。贫者无力经营，停丧不葬，于是北邙蒿里，累累相望，以致累世暴露，余心恻然伤之。"④后者如康熙《徽州府志》所云："脱有稍紊主

---

① 黄山学院编：《中国徽州文书·民国编》第一辑第十卷，第109页。

② 方士庹：《新安竹枝词》，许承尧辑、李明回等校点《歙事闲谭》卷八，黄山书社，2001年，第207页。

③ 江登云辑，江绍莲续辑：嘉庆《橙阳散志》卷末《歙风俗礼教考》，上海图书馆藏。

④ 廖腾煃：《海阳纪略》卷上《义塚记》，《四库未收书辑刊》第七辑第28册，北京出版社，2000年，第398页。

仆之分，始则一人争之，一家争之，一族争之，并通国之人争之，不直不已。"①如休宁县七都一图的潘、余二姓争仆诉讼，官司从天启四年二月打到崇祯二年十一月，历时六年，事经三讼②。明代嘉靖八年发生在祁门十一都的李、黄主仆互控案，从祁门县衙打到徽州府衙。③而清康熙十二年发生的祁门县李、吴互控案，既涉及祖坟地问题，又涉及主仆关系问题，其祁门县正堂的案结文是：

> 祁门县正堂何审得：李梦鲤，李、吴二姓之庄仆也，有李开甲丁李应明与吴自祥甲丁朱宗泰有共业坟基一所，于上年十二月出卖与梦鲤，得价十二两，各分其半，梦鲤已经卜吉葬亲讫。缘徽俗旧例，仆居主屋，种主田，葬主山，则世世服役而莫之有违。梦鲤身事二主，即当俛首两大，乃不告于吴，竟买山自葬，致自祥疑其有背主之心，梦鲤遂有退业之鸣。讯据：应明、宗泰已衰老待毙，力不能赎；梦鲤已葬经半载，法无断迁，相应照契管业，毋容旁挠；仍着梦鲤赴吴门荆请以谢不告之罪，自祥既有主道，亦宜共相抚恤，毋得偏护宗泰，膜视梦鲤，则两得其平矣。免供存案。④

或许正是这类官司的"不直不已"，所以会给许多在徽州任职的官员产生一个"徽人好讼""健讼"印象，殊不知在徽州，凡已涉讼的案件实际只占可能兴讼案件的极小一部分了。同时，也正因为"鸣官诉讼"是作为矛盾与纠纷的终极解决方式，由之体现的就是徽州人一种尊重法律、信赖官府、看重法治的精神与意识。

将"大事化小，小事化了"，最大程度地"息讼"，努力实现"小事不

---

① 康熙《徽州府志》卷二《舆地志下·风俗》，第444页。

② 阿风：《明清徽州诉讼文书研究》，上海古籍出版社，2016年。

③ 冯剑辉：《明代徽州"义男"新探——以嘉靖祁门主仆互控案为中心》，《安徽大学学报（哲学社会科学版）》，2014年第6期。

④ 王钰欣、周绍泉主编：《徽州千年契约文书》清·民国编第一卷，花山文艺出版社，1991年，第76页。

出村、大事不出乡"，这是传统徽州乡村社会自我调节机制发挥作用所追求的目标，也是徽州各个宗族的期盼。徽州的宗族绝不提倡健讼和烦累官府，并多将之写入族规家法。如《济阳江氏家训》规定："子孙不许好讼，好斗，好奢侈。亡身败家，皆由好勇斗狠、骄奢无度而起。"[1]萧江氏《祠规》亦规定："一止祠讼。健讼破家，且开怨府。或有横逆之来，当虚怀忍让；或产业相干、口角相仇，祠正副会同门尊公道处分，或毕情劝释，不许竟烦官府力逞。刁奸如强项不服，祠正副奉宗规呈治，毋玷清门。"[2]在徽州文书中，我们可以看见有许多这样那样的"劝息""遵依""息讼"等文书，如《光绪六年祁门吴振茂等立议遵中调处约》[3]《民国元年七月[歙县]程大喜等立劝息合墨》[4]《民国十九年四月徽州郑本桂等立永远息争字》[5]等。甚至还有已在案的讼案，徽州人还要努力地予以"息讼"。如在《婺源北乡诉讼与教育等文书》里就有一份《民国二十年三月胡心庵、詹缉甫、詹子谦等立息讼证》：

> 立息讼证人詹缉甫、胡心庵、詹子谦等，原因查平坦查全发胞弟查林发，即胡灶养之嗣子，于本月十一日挖树到樟前村头履安桥外，被严坑江炳元等截毙，林发因伤毙命、潘连太伤害头部一案，已经县政府委员勘验，填注尸格、伤单，起诉在案。兹据双方合意，请求公断，胡心庵等见该查林发等既系伤毙属实，故秉息事宁人宗旨，力令江炳元等出洋八百元给与尸亲胡灶养等，恤死医生；至于本诉，应由原告撤回，该尸即由尸亲领去埋葬，两无异议，三面订定，此后不得翻悔。恐口无凭，立此息讼证如左。
>
> 民国二十年三月二十五日　立息讼证人：胡心庵、詹缉甫、
> 　　　　　　　　　　　　　　　　詹子谦、詹达标、

---

① 江峰青辑：《济阳江氏家训》。

② 明万历《萧江全谱》附录卷五《祠规》。

③ 王钰欣、周绍泉主编：《徽州千年契约文书》清·民国编第三卷，第112页。

④ 黄山学院编：《中国徽州文书》第二辑第八卷，第208页。

⑤ 黄山学院编：《中国徽州文书》第二辑第八卷，第214页。

> 詹雨生、詹佐丞、
>
> 詹达夫、詹烈光、
>
> 詹秀章、詹松申、
>
> 詹宣甫、何坤祥、
>
> 汪灶荣、潘树德、
>
> 查文林
>
> 依议人：查全发
>
> 伤亲人：潘宗能、胡铭善、
>
> 江金时、江顺和、
>
> 程助兴、江旺来
>
> 约：江成开、江聚和、
>
> 江接开、江元保、
>
> 汪桂盛、江兴时
>
> 保：程元贺、
>
> 江焕荣（后略）[1]

此息讼证当为婺源北乡一带的一个文会所立，"秉息事宁人宗旨"，竟提出已在案的刑事命案也要私了，原告人也向官府递交了撤诉状。当然，其最后的结果是：婺源县政府公批："案关公诉，碍难撤回。"[2]安徽省高等法院第二分院答复："状悉。胡林发被殴身死，前据婺源县县长呈报有案。事关人命，应候该县依法核办，原告诉人绝无自行和解或撤回原告诉之余地。仰知照。此批。"[3]据此，也是维护了法律的尊严。

---

[1] 刘伯山编著：《徽州文书》第六辑第八卷，第114页。

[2] 刘伯山编著：《徽州文书》第六辑第八卷，第224页。

[3] 刘伯山编著：《徽州文书》第六辑第八卷，第224页。

三、传统徽州乡村社会治理机制在长三角地区的模式意义

注重自我调解来解决民间纠纷并非徽州的专利，相似的做法在全国其他地方也都这样那样的存在，其中更是包括了长三角地区。如《记住乡愁》第一季的第3集是"明月湾村——讲和修睦"，说的是坐落在太湖之畔的苏州市金庭镇明月湾村，有近八百年的历史，居民以邓、秦、黄、吴四大家族为主。四个宗族在宗族的教育与管理上，皆建有祠堂、修有族谱，教人"敬宗睦族""以和为贵"；在对待矛盾和争执的处理上，该村有"喝讲茶"习俗，即请出村里德高望重的长辈和为人比较公平公正的人，一起坐下来喝茶，当事者先凭众摆自己的"理"，接着大家来评议，最后长辈来调解。迫于宗族和大众舆论的压力，大多数的争执和矛盾都可以由此调解而得到解决。如此方式是生动有效的，但也是有一定的自身局限性，还是停留在情理层面调解的初级阶段而未能涉及其他。

在社会治安的司法治理上，20世纪60年代初，浙江诸暨县（现诸暨市）枫桥镇干部群众创造了"发动和依靠群众，坚持矛盾不上交，就地解决。实现捕人少，治安好"的"枫桥经验"，为此，1963年毛泽东同志曾亲笔批示："要各地仿效，经过试点，推广去做。"2013年10月，习近平总书记就坚持和发展"枫桥经验"作出重要指示，强调：各级党委和政府要充分认识"枫桥经验"的重大意义，发扬优良作风，适应时代要求，创新群众工作方法，善于运用法治思维和法治方式解决涉及群众切身利益的矛盾和问题，把"枫桥经验"坚持好、发展好，把党的群众路线坚持好、贯彻好[①]。

徽州传统社会关于社会矛盾与纠纷的解决有一整套的方式，并形成了机制。它分级分层，解决问题的涵盖面近乎包括了中国传统乡村社会所能产生的矛盾与纠纷的全部，并且是在每一级、每一步的解决上，都本着"礼法兼治"的原则，"情理"与"法理"皆备于其中，实现的是自治、法

---

① 《人民日报》2013年10月12日头版头条。

治与德治的内在结合。这是具有很大合理性的，由之也体现出了极大的优越性。不仅如此，徽州传统社会的上述方式与机制早已约定成俗，构成了惯常的定例，在徽州各地具有极大的普遍性，成为民间习惯法，同时在中国传统的乡村社会治理中具有表率和样板意义。

十九大报告提出："坚持依法治国和以德治国相结合""加强农村基层基础工作，健全自治、法治、德治相结合的乡村治理体系。"十九届四中全会决定提出："健全充满活力的基层群众自治制度""构建基层社会治理新格局，完善群众参与基层社会治理的制度化渠道。"传统徽州社会的乡村治理经验与做法，有许多值得我们今天总结与借鉴。

2020年8月20日，中共中央总书记、国家主席、中央军委主席习近平在合肥主持召开扎实推进长三角一体化发展座谈会并发表重要讲话，明确指出："实施长三角一体化发展战略要紧扣一体化和高质量两个关键词，以一体化的思路和举措打破行政壁垒、提高政策协同，让要素在更大范围畅通流动，有利于发挥各地区比较优势，实现更合理分工，凝聚更强大的合力，促进高质量发展。"①长三角地区的政治、经济、文化的发展，自宋代以来就具有很强的趋同性与互补性，在乡村社会的存在与构成上有着极大的同源相关性和同质共同性。因此，在长三角一体化发展的大背景下，在坚持、发展好"枫桥经验"的前提下，总结与探讨传统徽州乡村社会治理的方式与机制，寻求其在新时代实现"创造性转化和创新性发展"，或许能发现其在长三角地区乡村治理上的模式价值和意义。

---

① 中国共产党新闻网，2020年8月22日"高层动态"《习近平主持召开扎实推进长三角一体化发展座谈会并发表重要讲话》。

第七章　余　论

宋代以后，徽州社会与文化得以保持千百年的持续稳定与繁荣，不是无缘无故的，而是有着诸多内在的存续基础与根据。时值 21 世纪的今日，历史已经实现了自己的跨越，新时代到来，关于徽州历史文化研究的徽学更是有着时代的担当。

超越过去，拥抱黄山时代

五千年中华民族文明发展的历史长河，至少有一千年，徽州拥有和占据了自己独特、意义非同寻常的地位，这就是我们刚刚告别的一千年。

徽州的历史至少有三个千年可溯。最早的千年史是我们称作山越时代的东汉末年之前的历史，屯溪西郊出土的时间跨度从西周至春秋的古墓葬群文物，曾是向我们展示了那个时代独有的价值和魅力；但秦王朝以后越人的"入山为民"、刀耕火种，又喻示了那个时代的封闭和落后。再往后的一千年，中华民族独领世界风流，徽州的社会也在经历巨大的历史激荡。至少有三次源源不断的北方中原士族的迁徙高潮，一再地冲击、整合，最终彻底地改变了徽州的人口、经济、文化、习俗社会，封建化进程在此时加速，旧时代被告别，新安时代到来。先进冲击落后，高层次发展征服低层次徘徊，生机与活力得到极大蕴蓄，态势形成，新时代呼之欲出！公元1121年，徽州设立；1126年，宋王室迁都临安……，刚刚由新安人转为徽州人的徽州人，机敏地抓住民族政治、经济、文化发展中心开始移进江南这一千年机遇，顺天时、占地利、尽人和，全面迸发，拥抱了一个崭新的时代——徽州时代，创造了辉煌的时代文化——徽州文化。在社会、经济、教育、哲学、经学、医学、绘画、艺术、印刷、雕刻、戏曲、饮食、科技、工艺、建筑等几乎涉及社会文化生活的所有领域，徽州人都占尽风流，贡献卓著，文成风、学成派、商成帮、俗益雅，独领风骚千百年，浓墨重彩地写下了民族文化乃至世界文化的遒劲一笔，徽州的社会与文化既成为中国后期封建社会与文化发展的典型投影，又是典型缩影，从而构成典型的标本。徽州就是这样，在民族社会文化历史发展的长河中，获得了不容置否的地位。

千年卓著人为激。徽州地处江南的万山丛中，历史上的方圆仅一万平方公里左右，人口百万，辉煌和灿烂是曾悲叹"前世不修"、生在山多地少土瘠人稠的徽州的一个个人的创造，他们是一个多么令人尊敬与骄傲的富足开拓、创新、无畏、进取、勤劳智慧的奋斗群体啊！英才辈出，群星璀璨，诞生和贡献了多少俊杰骄子。留名者万万一，默默奉献者千千万。我们为他们喝彩！

历史不会停止脚步。站在大跨千年、百年世纪的门坎上，蓦然回首，竟然发现：昔日的辉煌已成过去，曾是令人骄傲的徽州时代正在告别。

徽州文化毕竟是祖先的历史创造，它烙有深刻的封建胎印。首先，作为徽州文化形成与繁荣的那个时代正是中国封建社会发展到后期，封建政权、思想、文化历史上最后一次充分高度集权化和加强一体化的时期，时代的舞台决定了它的时代局限。其次，程朱理学是维系中国后期封建社会的精神支柱和官方哲学，它既是徽州文化的理性内核，又是徽州文化发展的指导思想。其三，徽州发达厚重的教育是徽州文化得以形成的温床，而这种教育，在教材的选定、教程的安排、教授的形式、教育的目的等方面，无不内在体现中国封建社会的内容与要求，因此，本质上都还是一种封建教育。其四，徽州文化发展的经济基础是徽商，而徽商本质上是一个封建商帮，尽管它有许多体现先进生产力发展的因素，但其贾而好儒、贾仕结合、强化宗亲乡谊、强化与封建势力的结合等特点，都是封建性的典型体现。最后，从徽州文化的本身内容来看，尽管它有许多超越于时代、超越于自身局限的贡献于民族、贡献于人类文明的精粹、精华，但糟粕也总存在。歙县棠樾牌坊群的那一座座牌坊，无不渗透着封建愚忠、愚孝、愚节、愚义的内容；徽商顶上那耀眼的"红顶商人"光环，多少也罩有被时代唾弃与否定的色彩；等等。所以，在社会文明发展的今天，在我们已远离封建时代，建立并建设有中国特色社会主义新中国的今天，过去的，我们应当含笑向它告别，历史的发展应当顺其脚步永远向前。

就在20世纪的最后20多年里，历史的机遇再次降临：1978年，三中全会召开，中华民族进入全面崛起、振兴的历史激流，徽州大地是百废具兴，久衰而挺起；1979年，邓小平视察黄山，登高一呼："把黄山的牌子打出去！"呼出了时代最强音，划出了历史大手笔；1987年，徽州地区撤消，黄山市成立……历史又在重新激荡，上一个千年所标记的历史仿佛又在重演。

旅游经济：这一具有现代、开放意味的综合型、朝阳型的经济形式，在20世纪80年代以后，第一次快速、有效地进入了徽州本土的经济社会结构之中，强烈地冲击、改造、整合了延续竟达几千年的徽州本土的山区自然经济、山区农业经济的模式，经济社会结构正在改变，活力和潜力得到极大地注入。

旅游人口：这群来自全国各地、世界各地，来自各个行业、方方面面的人口，他们一而再、再而三，源源不断、内在强劲地涌入徽州，动态调整、整合徽州本土的人口结构，冲击改造着原本山里人的观念、意识、习俗、服饰、行为规范、工作方式、生活方式等，大山里、小山村直接与全国、国际接轨，人口社会结构正在改变。

旅游文化：这一极具动态、前沿、综合、先进、快捷、丰富的文化形式伴随着经济与人口也介入了徽州，与传统的徽州文化直接碰撞、磨合、相互观照，传统文化直接面对现代与未来的审视、检验、挑剔和选择，文化社会实际上已在进行着一种重新整合和改变。

上述经济、人口、文化社会的三大激荡、整合、改造的一体，是在预示：大更替的时代已经来到，旧时代就要告别，新时代已在不可抗逆地迈着坚实的步伐到来！这就是黄山时代！黄山时代是超越于徽州时代之上的更高层次发展的崭新时代，它将伴随着我们新的一千年，在未来的岁月里创造和拥有新的辉煌。

但是，历史是要人创造的，新的时代辉煌要靠我们每一个人的努力与奋斗。徽州时代跨越到黄山时代，有许多事情需要做，当下最为迫切的是要尽快实现三大跃迁。

其一，经济上，要尽快实现由传统的徽州山区农业经济向现代的黄山城市旅游经济的跃迁，充分认识旅游经济的横向、综合的本质，发挥旅游业在整个经济结构之中的导向、催化和调剂功能，彻底、有效地调整产业结构，寻找出切合实际和实情的经济增长点，以全面整体带动、拉动经济的发展，跃上新台阶。历史上徽商的发达与鼎盛是徽州人远离本土，在异地外邦的发达与鼎盛，"无徽不成镇"的辉煌是徽州人在长江中下游一带创造的辉煌，徽州本土的经济长期以来还是落后的，属山区农业经济，对此，我们一定要清醒。

其二，文化上，要尽快实现由传统的徽州文化向现代的黄山文化跃迁。徽州文化的精华要弘扬光大，但其糟粕也要无情地摒弃和批判。我们要心平气和、客观冷静地看待自己的过去，在过去、现在、未来三相统一的动态结构中看待自己。一方面，要强化对徽州历史文化的研究，只有充分认识、了解了过去，才谈得上正确对待过去，准确把握未来；另一方面，要着眼于当代、现在、未来而有所创造，以新的成绩谱写历史。

其三，人口上，要尽快实现由过去的徽州人向现代的黄山人跃迁。历史上的徽州人曾经创造了伟大的时代辉煌，但今天他们面临着时代的选择与转换。第一，要实现由山里人向城市人的转换。身处黄山大山里的徽州人过去曾以不甘现状、矢志千里的精神和意志，以经商和科举而走出山门，风流世界，在面向现代化和未来的当代社会，他们的眼光不仅要进一步地放开，还要实现角色转换，以城市人的意识和观念，重新定位，适应新时代。第二，徽州人十分勤劳、俭朴，特别是生活在徽州本土的徽州人，过去长期劳作于山林，"勤于山伐"，竟可"数月不沾鱼肉，惟善积蓄"，可敬可嘉，但现代社会毕竟是商品经济、资本经济的社会，面向现在和未来，为适应时代发展，徽州人要转变观念，由惟勤善蓄的劳朴之人转换为极具商品和资本意识的当代经济之人。第三，徽州历史上被誉为"东南邹鲁""礼仪之邦"，人们知书达礼、喜文善墨，有着厚重的文化沉淀，但现代社会与文化的发展，仅仅是传统意义上的文化人的概念，还不能适应时代发展要求，徽州人还要努力地适应和学习，面向现代和未来，使自己尽快地转换为现代意义上的文化人。总之，新一代的黄山人应是极具开放意识、文明修养、开拓创新的新型群类，这是黄山时代的呼唤。

让我们全方位地调整、摆正好自己，以全新的姿态、高昂的精神，迎接和拥抱崭新的时代——黄山时代，创造新的时代辉煌。

新时代徽州传统文化遗存的开发与价值评估①

传统文化遗存的抢救、保护与开发问题是一个具有全局性的时代课题。徽州传统文化在当代就有大量的遗存，它们大都获得了现代社会与文化发展背景下的价值确认，成为文化遗产，许多还得到了有效利用与开发，从而活态传承，融入现代社会。2010年，笔者曾就截至2009年底徽州传统文化遗存保护和开发状况作过专题调查与研究，得出了一些结论②。如今又近十年过去了，当下我们已经进入新时代。下文是继续的跟踪调研，以2018年为截止期，就徽州传统文化的遗存情况、开发路径和已开发状况的价值评估等问题进行再探讨。

一、徽州传统文化的遗存

徽州传统文化本质上是以儒家文化为核心的中国乡村民间文化，它崛起于南宋，鼎盛于明清，延续至当代，在思想学术、文学艺术、科学技术、印刷出版、医药卫生、体育竞技、方言俚语、宗教信仰等领域，在社会关系、社会经济、社会生活、传统工艺等方面，都有非凡的创造和突出

---

① 此文系笔者与安徽大学历史系2018级考古学专业博士生、安徽大学研究生院学位办副主任科员王培鑫讲师共同完成。

② 刘伯山：《徽州传统文化遗存的开发路径与价值评估》，《探索与争鸣》，2010年第12期。

表现。仅历史上形成并得到社会与历史认同的学术与文化流派就有新安理
学、新安医学、新安画派、徽派朴学、徽派刻书、徽派版画、徽派篆刻、
徽派建筑、徽派盆景、徽商、徽菜、徽剧、徽漆、徽州文房四宝、徽州三
雕艺术、徽州方言等。徽州文化有一个极大的魅力，它不是废墟遗址文
化、考古挖掘文化、历史传说文化，而是有着很强现实性的文化，它在今
天有大量的文化遗存。

1.物质文化的遗存

"徽州"是一个历史文化地理的概念，其区划空间特指北宋宣和三年
（1121年）设立徽州后所辖的歙县、休宁、黟县、祁门、绩溪、婺源六个
县，俗称"一府六县"。它长期保持稳定，直至民国。当下的行政区划，
歙县、休宁、黟县、祁门四县归属于安徽省黄山市，绩溪归属于安徽省宣
城市，婺源归属于江西省上饶市。下文所说的"徽州传统文化遗存"仅指
历史上徽州府所辖六县的文化遗存。

传统徽州本土社会是一个典型的以汉民族为绝对主体的江南山区农耕
社会，县城、市镇和村落是基本的社会聚落构成，这些古城、古镇、古
街、传统村落有许多至今仍然保存完好，成为重要的文化遗产。歙县于
1986年12月、绩溪县于2007年3月被国务院公布为国家级历史文化名城；
2000年11月，黟县的西递村和宏村被联合国教科文组织列入世界文化遗产
名录；从2003年起，建设部和国家文物局共同组织开展了"中国历史文化
名镇名村"评选工作，至今已经公布了6批，徽州的村镇有23个列入名录
（见表1）；中国传统村落（原名古村落）是中国农耕文明留下的最大遗产，
从2012年开始，住房和城乡建设部、文化部、财政部等就组织开展了全国
性传统村落的摸底调查、评价推荐、评审认定工作，至今已公示公布了5
批，共6799个具有重要保护价值的中国传统村落，其中属于徽州的村落就
有306个（见表2），占总数的4.5%；2015年4月，住房和城乡建设部、国
家文物局公布了第一批30个中国历史文化街区名单，黄山市屯溪区的屯溪
老街名列其中。

表1 截至2018年12月已列入中国历史文化名镇名村名录的徽州村镇名单

第一批	黟县西递镇西递村、黟县宏村镇宏村
第二批	婺源县沱川乡理坑村、歙县徽城镇渔梁村
第三批	歙县郑村镇棠樾村、黟县宏村镇屏山村、黄山市徽州区潜口镇唐模村、婺源县江湾镇汪口村
第四批	黄山市徽州区呈坎镇呈坎村、歙县许村镇、休宁县万安镇、婺源县思口镇延村、黟县碧阳镇南屏村
第五批	黟县碧阳镇关麓村、休宁县商山乡黄村、婺源县浙源乡虹关村
第六批	黄山市徽州区西溪南镇、祁门县闪里镇坑口村、婺源县思口镇思溪村、黄山市徽州区呈坎镇灵山村、歙县雄村乡雄村、黟县宏村镇卢村、绩溪县瀛洲镇龙川村

表2 截至2018年12月已列入中国传统村落名录的徽州村落数量

	黄山区	徽州区	歙县	休宁	黟县	祁门	绩溪	婺源	合计
第一批		4	2	2	6	1	1	5	21
第二批		0	7	2	12	2	1	10	34
第三批		2	5	8	2	3	2	4	26
第四批		2	11	3	6	1	5	4	32
第五批	1	3	123	18	10	16	17	5	193
合计	1	11	148	33	36	23	26	28	306

　　徽州的这些古城、古镇、古街、传统村落都蕴藏有丰富的历史文化信息，拥有大量的物质形态文化遗产，目前已查明至今保存完好的古民居、古祠堂、古牌坊、古桥、古塔等地面文物就达6000多处，它们有许多被列为了重点保护单位。其中，属于国家级重点文物保护单位的有39处(见表3)；属于省级重点文物保护单位的有124处，其中安徽省有100处，江西省有24处71个点；属于市级重点文物保护单位的有222处，其中安徽省黄山市有165处，安徽省宣城市有23处，江西省上饶市有34处；另有许多属于县、区级重点文物保护单位，其中仅安徽省就有342处。

表3　截至2018年12月全国徽州文化类国家级文物保护单位名录

	屯溪区	程氏三宅、程大位故居
黄山市	徽州区	潜口民宅、罗东舒祠、岩寺新四军军部旧址、老屋阁及绿绕亭、呈坎村古建筑群
	黄山风景区	黄山登山古道及古建筑、黄山摩崖石刻群
歙县		棠樾石牌坊群、许村古建筑群、郑氏宗祠、洪氏宗祠敬本堂、北岸吴氏宗祠、昌溪周氏宗祠、许国石坊、渔梁坝、竹山书院、长庆寺塔、棠樾古民居、员公支祠、北岸廊桥、西递村古建筑群
黟县		宏村古建筑群、南屏村古建筑群
休宁县		溪头三槐堂、齐云山石刻、黄村进士第
祁门县		祁门古戏台、洪家大屋
绩溪县		龙川胡氏宗祠、上庄古建筑群、奕世尚书坊和胡炳衡宅、徽杭古道绩溪段
婺源县		彩虹桥、理坑村民居、新源俞氏宗祠、婺源宗祠、凤山查氏宗祠

2.非物质文化的遗存

2003年10月,《保护非物质文化遗产公约》在联合国教科文组织第32届大会上通过并于2006年4月生效;2005年,中国文化部(现为文化和旅游部)在全国范围内启动第一次非物质文化遗产的普查活动,随后各地都开展了非物质文化遗存的普查、分类、立项和申报工作;2011年6月,《中华人民共和国非物质文化遗产法》施行。至2018年12月,属于徽州文化类的非物质文化遗产,已列入联合国教科文组织"人类口头和非物质遗产代表作"名录是2项,即徽州传统木结构营造技艺和程大位珠算法;已列入中国国家级非物质文化遗产保护名录的有23项(见表4);有徽菜、徽州民谣、徽派版画、徽州篆刻等75项列入省级非物质文化遗产保护名录,其中安徽省是68项,江西省是7项;有徽州民谚、徽州毛豆腐、紫云臭鳜鱼制作技艺、徽州挞粿技艺等89项列入黄山市市级非物质文化遗产保护名录;另有数百项列入县(区)级非物质文化遗产保护名录。

表4 截至2018年12月徽州文化类国家级非物质文化遗产名录

歙砚制作技艺(歙县、婺源县)	徽墨制作技艺(绩溪县、歙县、黄山市屯溪区)
万安罗盘制作技艺(休宁县)	徽剧(黄山市、婺源县)
徽州三雕(黄山市、婺源县)	徽州目连戏(祁门县)
婺源傩舞(婺源县)	徽派传统民居营造技艺(黄山市)
绿茶制作技艺:黄山毛峰(黄山市徽州区)	徽派盆景技艺(歙县)
徽州民歌(黄山市)	徽州漆器髹饰技艺(黄山市屯溪区)
祁门红茶制作技艺(祁门县)	程大位珠算法(黄山市屯溪区)
齐云山道教音乐(休宁县)	祁门傩舞(祁门县)
张一帖内科疗法(歙县)	徽笔制作技艺(黄山市屯溪区)
徽州竹雕(黄山市徽州区)	西园喉科医术(歙县)
徽州祠祭(祁门县、黟县)	手龙舞(绩溪县)
婺源绿茶制作技艺(婺源县)	

除此之外，目前黄山市还拥有2项被原农业部确认并公布的"中国重要农业文化遗产"，即2015年10月第三批公布的"安徽休宁山泉流水养鱼系统"，2017年6月第四批公布的"安徽黄山太平猴魁茶文化系统"。

3.文献文书的遗存

一是徽州典籍文献。徽州历史上素有"东南邹鲁""文献之邦"之称，至今仍然遗存有大量的典籍文献。据目前已经完成的对数百种公私目录、藏书志及各种版本的府县志、正史、诗文集、笔记的普查，见诸著录的徽州人经史子集类著作总数当在20000部以上，存世的尚有6000多部。而笔者所知，未见诸著录而散存于徽州民间的印制本、稿本、手写本还有很多，据不完全统计，存世数量当在3000部以上。

二是徽州谱牒。2008年上海古籍出版社出版的《中国家谱总目》被誉为"迄今为止收藏中国家谱最多的专题性目录"[①]。其中属于徽州的家谱占了较大的比重，数量达到1568部。而据笔者调查，目前已发现且已被各收藏单位和私家收藏尚未著录的至少有2000多部，特别是至今还散藏于民间为谱主拥有、属于尚待发现的徽州谱牒数量更大。笔者长期以来注重乡

① 王鹤鸣主编:《中国家谱总目》第一卷"前言"，上海古籍出版社，2008年，第1页。

村田野调查，近二十多年来至少调研了300多个徽州的自然村，近乎是在每一个村，都有谱牒的发现，而且有的村可以发现好几部。如祁门县古溪乡的黄龙口村就珍藏有4部汪氏宗谱，分别是明隆庆四年修《汪氏统宗正脉》18册、清乾隆五十八年修《汪氏通宗世谱》140卷38册、清光绪十八年修《文溪汪氏支谱》1册、民国三十五年修《文溪汪氏支谱》6册；祁门历口镇叶村一个村民家藏有民国己巳年重修《沙堤叶氏宗谱》12册、民国甲戌年叶涤烦抄《要录》等。笔者所调研的村庄大都有此发现。徽州所属六县至今还有七八千个自然村，按每个村还保留一部谱牒计，数量达七八千部；取其二分之一，也有三四千部。由之可见，散存于徽州乡村的谱牒数量之大。

三是徽州文书。它遗存的数量甚巨，20世纪50年代第一次被大规模发现时有10万余件，被誉为20世纪继甲骨文、汉晋简帛、敦煌文书、明清档案发现之后中国历史文化上的第五大发现；至20世纪末，已知被各地图书馆、博物馆、档案馆、大专院校、科研单位收藏的约25万件；进入21世纪之后，徽州文书的发现进入高峰期。至2018年底，依笔者所见，已发现徽州文书的数量不下于80万份；而可资研究利用、目前还散落在民间属于尚待发现的文书数量应该还有20万份左右。这些徽州文书，上溯至南宋，下至20世纪80年代，均是历史上的徽州人在具体的社会生产、生活、发展与交往过程中为各自切身利益形成的原始凭据、字据、记录，是徽州历史、文化、社会发展以及生产、劳动、商业、社会交往、风俗习惯、宗教信仰等状况的最真实、具体的反映。

二、徽州传统文化遗存的开发

文化是一种资源。一个区域的历史文化发展及遗存情况是这个区域社会经济发展软实力的重要体现。徽州传统文化在今天的遗存，大都融入了现代社会，许多都重新获得了现代社会与文化发展背景下的价值确认，得到了开发，从而滋生和培育了一批新的经济与文化的发展点。就目前情况看，遗存的徽州传统文化得到开发的具体路径有以下几点。

1.徽州传统物质文化遗存的开发直接导致了徽州人文旅游事业的发展

徽州传统物质文化的遗存具有很高的历史、文化和精神价值。它是徽州文化的重要载体，具有不可替代性。作为文化遗产，它融入现代社会，直接催生和导致了徽州人文旅游事业的发展。这项工作起始于20世纪80年代中期的黄山市，最初的目的是要通过开发人文旅游以促进文物的保护；进入20世纪90年代后，徽州人文旅游事业得到很大发展，徽州物质文化遗存与旅游相结合的目的已不仅停留在文物保护的需要，而是要打造成一个新的经济增长点，帮助乡村农户脱贫致富；至21世纪，以徽州物质文化遗存为主要开发内容的徽州人文旅游事业蓬勃发展，不仅在黄山市，在绩溪县和婺源县都逐渐发展成一个重要产业，在区域社会经济发展中占据了重要地位。

从黄山市情况来看，黄山市的旅游业发展，自从2010年接待游客突破2500万人次、入境游客突破百万人次、旅游总收入突破200亿元、旅游创汇达到3亿美元后，从2012年至2018年，旅游接待人数和旅游收入就一直处于高位运行，2012年总接待游客3600万人次，其中入境游客160万人次，旅游总收入300亿元，旅游创汇4.8亿美元；至2018年，总接待游客达到了6487万人次，其中入境游客263万人次，旅游总收入达到572亿元，旅游创汇达到8.4亿美元（见表5）。2018年黄山市旅游业发展的四项指标分别比2012年增长了80%、64%、90%、75%。其中，徽州人文旅游业的贡献是很大的。

表5　2012年至2018年黄山市旅游接待与收入统计

年份	旅游接待/万人次				旅游收入/亿元			
	总人次	同比	入境人次	同比	总收入	同比	旅游创汇	同比
2012年	3600		160		300		4.8	
2013年	3732.6	2.5%	160.59	0.2%	314.5	3.8%	4.87	1.04%
2014年	4165.1	11.6%	176.85	10.13%	354.4	12.7 %	5.43	11.48%
2015年	4666	12%	195.06	10.30%	400.7	13%	6.04	11.25%

年份	旅游接待/万人次				旅游收入/亿元			
	总人次	同比	入境人次	同比	总收入	同比	旅游创汇	同比
2016年	5187.1	11.2%	215.2	10.3%	450.1	12.3%	6.72	11.26%
2017年	5780	11.4%	238	10.43%	506	12.4%	7.5	11.62%
2018年	6487	12.3%	263	10.6%	572	13.2%	8.4	12%

资料来源：黄山市《政府工作报告》、黄山市旅游委。

2018年，黄山市纳入旅游统计监测的景点有62处，其中有门票收入的景点是43处，门票总人数22301677人次，门票总收入127697.65万元。其中，利用徽州传统文化的物质文化遗存及相关联的山川田园风貌而开发的本质上属于人文旅游的景点是30处，门票总人数13573608人次，门票收入54823.09万元。黄山市的旅游过去一直是以黄山自然风光游[①]为主体，自20世纪90年代徽州人文旅游大规模开发以来，徽州人文旅游的总人数持续增加，2002年第一次追平了黄山风景区，2008年达到了黄山风景区的1.6倍，2018年则达到了黄山风景区的4倍。徽州人文旅游早已成了黄山市的支柱产业之一。

2.徽州传统非物质文化遗存的开发直接导致了徽州传统技艺的产业化开发

徽州传统非物质文化的遗存是徽州文化的直接体现，它不仅具有很高的历史、文化和精神价值，更具有在当代的传承和开发价值。特别是徽州传统的工艺和技术，在今天就有许多得到传承和产业化开发。在林林总总的徽州文化类非物质文化遗产名录中，目前已经得到实质性产业化开发的项目，据笔者调查，至2018年底，仅黄山市至少有78项，其中，属于国家级非物质文化遗产的是13项、省级非物质文化遗产的是37项、市级非

[①] 黄山的旅游起始于20世纪80年代初期。1979年夏天，随着"中国改革开放的总工程师"邓小平视察黄山，登高一呼："把黄山的牌子打出去！"黄山才开始真正意义上的旅游业开发；1990年12月14日，黄山被联合国教科文组织列入"世界文化与自然遗产"名录。

物质文化遗产的是28项。另有2项"中国重要农业文化遗产"也在传承与开发。它们还要分为三类。第一类是徽州传统产业的技艺与系统，它自古至今一直是获得产业化开发的，如徽墨、歙砚、万安罗盘、各种茶叶制作技艺、新安医学等，所涉及的非物质文化遗产项目有44项、农业文化遗产2项（见表6）。第二类是原本只是用于满足徽州传统社会自给自足的生产、生活、习俗和精神需要的技艺，它是在20世纪80年代以后，随着社会经济和文化事业的发展，特别是旅游事业的发展而得到再生性开发，从而走向产业化经营发展道路的，如新安画派、徽派传统民居建筑营造技艺、五城豆腐干制作技艺等，所涉及的非物质文化遗产项目有34项（见表7）。第三类是一些民间文学、曲艺、音乐、表演、仪礼、节庆、民俗类的徽州文化类非物质文化遗产项目，虽然它们本身目前还没有得到产业化开发，但已经借助黄山市旅游业的发展和各种社会化活动的开展，获得了辅助性的开发，项目至少有11项（见表8）。如祁门的目连戏演出团队经常到黄山市各区县的旅游接待场所串堂演出，有时还到香港、澳门等地演出；歙县的徽州府衙有旅游的定点演出，节目是根据歙县民间文学"寄信割驴草"改编而来的折子戏"三戒杯"等。

表6　截至2018年12月黄山市传统产业延续发展技艺与系统名录

徽墨制作技艺（国家级）	西园喉科（国家级）
歙砚制作技艺（国家级）	祁门胡氏骨伤科（省级）
徽州漆砂砚制作技艺（省级）	祁门蛇伤疗法（省级）
万安罗盘制作技艺（国家级）	吴山铺伤科（省级）
吴鲁衡日晷制作技艺（省级）	沛隆堂程氏内科（省级）
徽州漆器制作技艺（国家级）	野鸡坞外科（省级）
徽州竹编（省级）	龙川胡氏医学（市级）
祁门竹编传统制作技艺（市级）	屏山润生堂烫伤灵（市级）
徽派盆景制作技艺（国家级）	徽菜（省级）
祁门红茶制作技艺（国家级）	徽州贡菊制作技艺（省级）
绿茶制作技艺：黄山毛峰、太平猴魁（国家级）	徽州顶市酥制作技艺（省级）
绿茶制作技艺：屯溪绿茶（省级）	徽州寸金糖制作技艺（市级）

松萝茶制作技艺(省级)	金丝琥珀蜜枣制作技艺(市级)
顶谷大方制作技艺(省级)	徽派传统民居营造技艺(国家级)
黄山银钩制作技艺(市级)	徽派古建材料制作传统技艺(市级)
安茶制作技艺(省级)	徽州古建砖瓦制作技艺(省级)
珠兰花茶制作技艺(省级)	皖南古民居门罩艺术(市级)
黟县石墨茶制作技艺(省级)	徽州水口建筑技艺(市级)
黄山白茶(徽州白茶)制作技艺(市级)	徽作家具制作技艺(省级)
紫霞贡茶制作技艺(市级)	徽式家具制作技艺(市级)
太平曹氏纸制作技艺(省级)	三六表纸制作工艺(市级)
新安医学(省级)	休宁山泉流水养鱼系统(国家级农业)
张一帖内科疗法(国家级)	黄山太平猴魁茶文化系统(国家级农业)

表7 截至2018年12月黄山市再生开发为产业的技艺名录

新安画派(市级)	观音豆腐制作技艺(省级)
徽派版画(省级)	五城豆腐干制作技艺(省级)
徽州篆刻(省级)	五城米酒制作技艺(省级)
徽笔制作技艺(国家级)	皖南火腿腌制技艺(省级)
余香石笛制作技艺(省级)	紫云臭鳜鱼制作技艺(市级)
徽州手工瓷制作技艺(省级)	利源手工麦芽糖果制作技艺(市级)
徽州三雕(国家级)	食桃制作技艺(市级)
竹刻(徽州竹雕)(国家级)	渔亭糕制作技艺(市级)
徽州根雕(省级)	嵌字豆糖制作技艺(省级)
徽州楹联匾额(省级)	徽州果膏制作技艺(市级)
徽州楹联匾额传统制作技艺(省级)	徽州烧饼制作技艺(省级)
"黟县青"与石雕艺术(市级)	徽州挞粿技艺(市级)
徽州饰盒制作技艺(市级)	歙县木榨油技艺(省级)
利源手工制麻技艺(省级)	休宁县木榨油技艺(省级)
徽州毛豆腐(市级)	徽府菜制作技艺(市级)
徽州毛豆腐(呈坎毛豆腐)(市级)	徽州名人宴(市级)
腊八豆腐制作技艺(市级)	祁门中和汤制作技艺(市级)

表8 截至2018年12月黄山市获得辅助性开发的徽州文化类非物质文化遗产名录

徽剧（国家级）	徽州目连戏（国家级）
齐云山道教音乐（国家级）	黄山市徽州区上九庙会（省级）
祁门县采茶扑蝶舞（省级）	歙县叶村叠罗汉（省级）
歙县跳钟馗（省级）	齐云山道场表演（省级）
黟县女人歌（市级）	歙县寄信割驴草（市级）
徽州婚俗（市级）	

这些已经获得产业化开发的徽州传统技艺所产生的效益是巨大的。其社会效益，笔者一时难以全面评估；其经济效益，据笔者调查，2018年的黄山市非物质文化遗产和农业文化遗产开发，产值超过500万人民币的项目就有18个，总产值达到1910192万元（见表9），而当年黄山市全市的生产总值是677.9亿元①，占了28.2%，可谓奇迹。

表9 2018年黄山市非物质文化遗产和农业文化遗产开发产值过500万元的项目

项目名称	产值/万元	备注和数据来源
歙砚制作技艺	29000	黄山市文化委提供基本数据和笔者的市场调查
徽墨制作技艺	8516	黄山市文化委提供
徽纸制作技艺	4000	黄山市文化委提供
万安罗盘、吴鲁衡日晷制作技艺	526	万安罗经文化博物馆提供
徽州漆器髹饰技艺	500	笔者的调查与汇总
徽州三雕、徽州竹雕	25000	黄山市文化委提供
徽派传统民居营造	16000	仅徽派传统民居修复的官方支付,黄山市文化委提供
徽派盆景技艺	60000	笔者的调查与测算
徽州传统茶叶制作技艺	342800	仅指一产产值,据2018年黄山市《政府工作报告》
徽州贡菊制作技艺	69750	黄山市农业委员会提供
徽菜	670000	黄山市餐饮协会提供,据不完全统计
徽州臭鳜鱼制作技艺	300000	黄山市餐饮协会提供

---

① 《2018年黄山市国民经济和社会发展统计公报》,《黄山日报》2019年3月28日第2、3版。

续　表

项目名称	产值/万元	备注和数据来源
皖南火腿腌制技艺:刀板香①	130000	黄山市餐饮协会提供
五城豆腐干制作技艺	29000	黄山市餐饮协会提供
五城米酒制作技艺	2100	休宁县五城镇政府提供
徽州烧饼制作技艺	180000	黄山市餐饮协会提供
徽州毛豆腐	3000	仅指驻房式企业生产,黄山市餐饮协会提供
山泉流水养鱼系统	40000	据2018年黄山市《政府工作报告》
合计	1910192	

3.徽州古代文献文书遗存的开发直接促进了徽学事业的发展

徽州传统社会与文化既是中国传统社会与文化发展的典型投影，又是典型缩影，具有"标本"的价值和地位。因此，早在20世纪20年代，国内外就有人专题研究徽州问题；20世纪30年代，歙县籍大画家黄宾虹正式提出了当代意义下的"徽学"概念；进入20世纪80年代，一门以"徽学"命名的新兴学科广为传播，90年代后大踏步地走向世界；在21世纪初，徽学已是被学术界、文化界及社会各界共识为走向世界的显学②。但徽学这门学科之所以能够成立，大量典籍文献和文书的遗存是极为重要的支撑。特别是徽州文书，它具有极高的研究价值。美国学者约瑟夫·麦克德谟特指出：徽州文书是研究中国封建后期社会史和经济史不可或缺的关键资料。日本学者臼井佐知子也提出："对于研究中国封建社会末期政治、经济、文化和探讨其发展规律方面，徽州文书具有很大价值，起着任何东西都无法替代的作用。"③已故的中国社会科学院历史所研究员周绍泉认为：徽州文书的研究"将给宋代以后的中国古代史特别是明清史带来革命性的变化"④。没有徽州典籍文献和文书的存在，徽学难以成立，至少不具有

---

① 据黄山市文化委介绍:至2018年12月,"刀板香"还归属于"皖南火腿腌制技艺"。
② 刘伯山:《徽学研究的历史轨迹》,《探索与争鸣》,2005年第5期。
③ ［日］臼井佐知子:《徽州文书与徽州研究》,载森正夫等编:《明清时代史的基本问题》,汲古书院,1997年。
④ 周绍泉:《徽州文书与徽学》,《历史研究》,2000年第1期。

学科化存在的价值与意义。而一门具有学科性、全局性和国际影响性的关于徽州历史文化研究的徽学的存在，对进一步提升徽州区域的文化软实力、促进徽州传统文化产业的开发等，现实性的价值和深远性的意义都十分重大。

三、徽州传统文化遗存开发的价值评估

徽州传统文化遗存有目的抢救、挖掘、保护及充分利用的开发，主要发生在20世纪80年代以后。2010年，笔者曾就徽州传统文化遗存保护和开发问题作过专题调查与研究，得到的结论是：直至2009年，徽州人文旅游事业的发展尚属初级阶段、徽州传统技艺的产业化开发正处起步阶段、徽学的研究还在发展阶段[①]。通过对此问题的跟踪调查和研究，笔者发现之后的情况是发生了巨大的变化！特别是从2012年以后，徽州传统文化遗存的开发进入了一个急速变化发展的时期，经过了20多年的发展，量变已经导致质变，当下正处在质变过程中量的扩张时期，即将步入一个新的发展阶段。

1.徽州人文旅游事业的发展目前已经渡过了早期发展的初级阶段，正在实现自身结构和内容的调整而进入一个新的发展阶段，生机无限

位于初级阶段的徽州人文旅游业仅是利用徽州物质文化遗存的"物"本身而开发的旅游，未挖掘和开发其"物"所载的文化与精神内涵，其对徽州传统物质文化遗存的开发利用还只是简单、静态、平面的，所推的旅游项目仅是对古民居、古建筑的游览、参观，内容单一，形式单调；所获得的经济效益主要是门票收入，渠道狭窄，收入有限。这种状况当时尤以黄山市的徽州人文旅游业为著并在整个徽州文化区具有全域性。

2012年之后，徽州区域尤其是黄山市的旅游市场发生了巨大的变化：

其一，休闲养生游发展速度很快。进入21世纪，中国经济的发展速度

---

① 刘伯山：《徽州传统文化遗存的开发路径与价值评估》，《探索与争鸣》，2010年第12期。

很快，2000年时，中国还是世界第七大经济体，至2010年，一跃成为世界上仅次于美国的第二大经济体。经济快速发展的同时，带来的是人们生活节奏的加快以及身心的疲惫，于是休闲与放松、清心与养生是人们普遍的需求，休闲养生游也就成为中国旅游发展的大势。从2010年以来，黄山市积极利用得天独厚的古徽州文化资源和生态环境资源开发发展休闲养生游。在旅游资源的配置和产品的提供上，除了继续挖掘徽州人文资源，还新开发如祁门历溪景区、黟县屏山景区及宏村阿菊、秀里影视城等一批人文旅游景区并获得了良好的经济效益外，更是注重本着"人文+自然"的原则来追求新发展。一方面是整治和改造一批既有景区，对原本只在开发人文资源的景区强化周边自然环境的整治，对原本只在开发自然资源的景区强化历史文化内涵的挖掘，让人文与自然相得益彰，以适应人们休闲养生的需求，让这些老景区焕发青春，经济效益获得几倍的增长。另一方面是开发出一批新的自然山水风光和人文田园村落相结合的景区，这些景区的自然景色与人文价值如果各自分立，都达不到旅游的星级标准，而在经过了自然环境与人文环境的双向治理与内在整合后，就出现了1+1>2的局面，旅游的品位与级别陡然抬升，经济效益显著，发展势头强劲。

发展休闲养生游所带动的人文资源与自然环境双向协同整治与开发，实现的是经济效益和社会效益共赢。2016年4月，在由国家卫计委和安徽省政府主办的第八届世界养生大会上，黄山市获得"养生宜居城市"称号；2017年8月，国家住房和城乡建设部公布第二批全国特色小镇名单，休宁县齐云山镇凭借着独特的生态文化旅游资源优势成功入列，成为黄山市继黟县宏村镇之后又一跻身全国特色小镇行列的建制镇。

其二，乡村游发展势头很猛。黄山市在2006年就出台《大力发展乡村旅游的若干意见》；2007年编制《黄山市乡村旅游发展规划》；2007年3月，在国家旅游局和安徽省旅游局的支持下，中法安徽省徽州（黄山市）乡村旅游合作示范项目正式确立，以开发黄山国际化乡村旅游产品为目标，打造"黄山乡村旅游国际品牌"。黄山市以此态势迎接全国性大众旅游热的到来。很快，随着我国"美丽乡村"建设的深入，特别是2012年中国传统村落评定工作启动以后，黄山市的乡村旅游进入了全面发展的黄金时期；2014年，全市接待乡村旅游游客2918.33万人次，乡村旅游总收入201.1亿元①；2015年，在黄山市734个行政村中有188个行政村从事乡村旅游接待，农家乐经营户近1000户，其中省星农家乐151户，超过10万农民从事以旅游为主的第三产业，年人均旅游收入超8000元②；至2018年，黄山市的"全域旅游发展势头强劲。积极推进'旅游+'战略，强力推进旅游'品质革命'，深入实施全域旅游发展规划，全年乡村旅游接待4725万人次，占全市游客接待量的三分之二以上，山上山下联动、观光休闲并重的全域旅游格局加速形成，打响了'中国旅游，从黄山再出发'品牌"③。婺源县和绩溪县的旅游发展情况与此相类。如婺源的旅游开发一开始就是以乡村游为主体，2007年后提出打造"中国最美的乡村"口号，2011年时，接待旅游人数530万人次，实现旅游综合收入23亿元，至2017年，接待旅游人数已达到2100万人次，实现旅游综合收入160亿元④。2017年7月，国家旅游局认定公布了10个"中国优秀乡村旅游目的地"，黟县和婺源县双双入选。乡村旅游已经成为徽州区域旅游发展的新增长极。

其三，研学游异军突起。2014年8月，国务院下发《国务院关于促进旅游业改革发展的若干意见》，在提出要积极发展休闲度假旅游、乡村旅游等的同时，更是极富创意地提出了要积极发展研学旅行；2016年1月，国家旅游局下发《关于公布首批"中国研学旅游目的地"和"全国研学旅游示范基地"》的通知，黄山市是首批10个"中国研学旅游目的地"城市之一；2017年4月，黄山市旅游委印发《黄山市研学旅游示范点评定基本

---

① 闫冲冲：《从1.0到3.0——全市乡村旅游发展综述系列之一》，《黄山日报》，2015年8月17日头版。

② 闫冲冲：《绿水青山就是金山银山——全市乡村旅游发展综述系列之二》，《黄山日报》2015年8月18日头版。

③ 2019年1月9日，黄山市人民政府市长在黄山市第七届人民代表大会第二次会议上所作的《政府工作报告》。

④ 2018年婺源县《政府工作报告》。

条件》的通知，并认定"屯蒙学舍""程大位纪念馆"等20家单位为首批黄山市研学旅游示范点，突出徽州文化的特色。至此，研学游在黄山市正式拉开序幕。据黄山市旅游委提供的数据，2018年，黄山市研学游的人数已达到151万人次。

考察近六七年来徽州区域的旅游业发展，可以发现：休闲养生游的发展一改过去单纯的或自然景观观光游、或人文景观游览游的平面静态、目的单一的状况，使得综合活态、多种旅游形式并存的多元状态形成，"徽州文化生态"①的概念得到进一步诠释，其资源开始得到全面开发；乡村游一改过去的点、线游而发展为全域游，综合效益得到极大体现；而研学游的发展则是要全面展示与挖掘徽州文化的丰富内容与深刻内涵，既充分展示了徽州文化的魅力又促进了徽学研究成果的转化。在旅游的经济效益上，由于休闲养生游、乡村游和研学游都是一种较长时段的"慢"旅游，直接带来的是游客大量逗留过夜。据黄山市《政府工作报告》公布的数据，2015年黄山市境内过夜登记游客的人数是796万，至2018年时已经发展到1000万，平均每天都有27397人，这对于至2018年末户籍人口只有148.58万人、常住人口只有140.7万人的黄山市②来说是个不小的数字。

图1与图2是基于表5而绘制的2012年至2018年黄山市旅游接待人次和旅游收入数值对比与增幅变化。它们的基本态势一致，增幅上，2013年较2012年还是平稳发展，到了2014年则出现跳跃式提升，之后一直保持在高位上运行。这表明：从2014年开始，黄山市的旅游业发展处在一个急速发展时期，其过程至今还没有结束。

---

① 2008年1月8日，国家文化部正式挂牌成立了"徽州文化生态保护实验区"，范围包括安徽省的黄山市、绩溪县和江西省的婺源县。保护区坚持"保护为主，抢救第一，合理利用，加强管理，传承发展"的基本方针，将文化遗产保护的社会效益放在首位，通过采取有效的保护措施，建设一个物质文化遗产和非物质文化遗产相依存，与人们的生产生活密切相关，与自然环境、经济环境、社会环境协调发展的文化生态区域。

② 《2018年黄山市国民经济和社会发展统计公报》，《黄山日报》，2019年3月28日第2、3版。

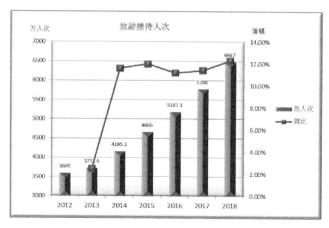

图1　2012年至2018年黄山市旅游接待人次对比与增幅变化

图2　2012年至2018年黄山市旅游收入对比与增幅变化

综合评估，笔者的结论是：从2012年之后，徽州区域尤其是黄山市的人文旅游事业发展进入一个大的、具有根本性的结构与内容调整的时期，它正在进行着质变，完成质变过程中量的扩张，最终实现由初级阶段向更高阶段的发展。

2.徽州传统技艺的产业化开发目前已经顺利超越了起步发展阶段，正处在一个急速发展时期，即将进入一个新常态，空间广阔

徽州传统技艺的产业化开发整体起步晚，在2010年之前，发展极不充分。以黄山市为例，据笔者在2010年的调查，至2009年底，已经得到产业化开发的非物质文化遗产中的传统技艺只有28项，其中，属于传统延续发展产业的技艺有14项，再生开发为产业的技艺有14项，涉及国家级、省级和市级非物质文化遗产的项目分别有11项、11项、6项[1]；不仅被开发的项目少，而且经营规模不大，许多再生开发项目的年产值仅几十万、几百万。

这种情况在2012年以后发生了巨大的变化。

其一，随着非物质文化遗产申报与认定工作的加强，已经有越来越多的徽州传统技艺归入非物质文化遗产名录。黄山市所拥有的徽州文化类国家级、省级和市级的非物质文化遗产项目，在2010年12月时分别是16项、21项、41项，总数为78项；至2018年12月分别扩展到20、55、90项，新增了87项，新增的数量就超过了过去的总数。黄山市目前所拥有的2项中国重要农业文化遗产是在2015年以后才申报成功的。

其二，随着2010年上海世界博览会的成功举行，中国的社会经济发展进入了"世博后"时代，越来越多的人看到了传统手工制品和工艺品的价值，对中国传统技艺开发的热情更是持续升温。从2012年开始至2018年，在黄山市的徽州文化类非物质文化遗产中，传统技艺开发的项目新增加了50项，其中国家级2项、省级26项、市22项，另有2项国家级农业文化遗产得到开发，新增数量接近过去的2倍；一些过去一直没有得到有效开发的项目，也有12项得到辅助性开发。

其三，2012年5月《舌尖上的中国》在中央电视台热播，这极大地勾引起在生活上已解决了温饱、正在奔小康的中国人对美食和美好生活的追求，徽州传统的臭鳜鱼、毛豆腐、刀板香等由于被采撷入了镜头，播出后马上得到大家的热捧。再加上"互联网+"和"物流+"给卖家与买家带来的极大便利，于是从2012年以后，徽州传统技艺中的食品、饮食类技艺的开发异军突起，发展形势如火如荼。在黄山市新开发的项目中，产值过千万的就有5项，2018年的合计产值达到了65.3亿元（见表10），占当年黄山市生产总值（GDP）的9.6%，可谓奇迹。

---

① 刘伯山：《徽州传统文化遗存的开发路径与价值评估》，《探索与争鸣》，2010年第12期。

考察2012年至2018年徽州传统技艺产业化开发情况，从发展速度来看，黄山市的5项产值过千万的食品类非物质文化遗产和农业文化遗产的开发都是在2012年以后起步，2016年出现了一个跳跃式发展，之后一直处在高位运行，其合计的产值，2017年较2016年增长77%，2018年较2017年增长54%；绩溪县的徽州挞馃在2012年之前还没有得到产业化开发，至2018年，所开发的产值已经超过了500万元；甲路纸伞是婺源县的传统产业，20世纪90年代一度濒于技艺失传，21世纪获得再生开发后，也一度步履维艰，2012年后获得长足发展，至2018年，产值已经超过500万元。

表10　黄山市新开发产值过千万食品类非物质文化遗产和农业文化遗产产值

（单位:万元）

项目名称	2016年	2017年	同比增长	2018年	同比增长
徽州臭鳜鱼制作技艺	100000	200000	100%	300000	50%
皖南火腿腌制技艺:刀板香	70000	100000	43%	130000	30%
徽州烧饼制作技艺	80000	130000	63%	180000	38%
徽州毛豆腐	800	2000	150%	3000	50%
山泉流水养鱼	5000	20000	300%	40000	200%
合计	255800	452000	77%	653000	54%

资料来源:黄山市文化委、黄山市餐饮协会、笔者的调查与汇总。

综合评估，笔者的结论是：从2012年之后，徽州文化类非物质文化遗产和农业文化遗产的产业化开发进入了一个全面急速发展时期，即将顺利跨越刚开始的起步阶段而进入一个新常态，成为社会经济发展的一个重要组成部分，发展空间广阔。

3.徽学的研究目前正处在活跃预热期，基础资料的整理与公布工作正在加快，学术上的多学科研究和现实服务上的智库作用已开始展开，正要迈入一个新的发展阶段，前景光明

徽学的研究已经有百年的历史，在20世纪90年代时曾一度十分火热，一些基础性的资料开始得到系统整理与陆续公布；研究队伍不断扩大，除了国内相继成立了各种研究组织和机构外，日本、韩国、法国等已有了专门的徽学研究组织与团体；国际化的学术交流全面展开，1993年10月，中国社会科学院历史研究所、黄山市社会科学联合会、安徽大学联合主办了第一次全国性的徽学学术研讨会，之后的7年，徽学的国际性会议是连续性召开了8次；到了1999年，作为教育部人文社会科学重点研究基地的安徽大学徽学研究中心成立，标志着徽学正式进入国家队。但从2000年以后的十几年，徽学的研究仿佛进入一个相对平稳的发展时期，基础资料的整理还任重道远，多学科的研究还没有全面展开，徽学研究阵地的打造没有取得实质性进展，人才队伍的培养不够充沛，国际化的学术交流甚至出现冷清。如此的不活跃状态直到2017年后才有所改变，具体表现在：

其一，必须的担当。2017年1月，中共中央办公厅、国务院办公厅联合印发《关于实施中华优秀传统文化传承发展工程的意见》，提出的总体目标是："到2025年，中华优秀传统文化传承发展体系基本形成，研究阐发、教育普及、保护传承、创新发展、传播交流等方面协同推进并取得重要成果，具有中国特色、中国风格、中国气派的文化产品更加丰富，文化自觉和文化自信显著增强，国家文化软实力的根基更为坚实，中华文化的国际影响力明显提升。"习近平总书记在党的十九大报告中更是提出：要"深入挖掘中华优秀传统文化蕴含的思想观念、人文精神、道德规范，结合时代要求继承创新，让中华文化展现出永久魅力和时代风采。"于是，重视和加强并实质性全面展开作为中华优秀传统文化重要组成部分的徽州文化的研究，探索徽州文化在当代的创造性转化和创新性发展的路径与形式等就是时代的要求、社会的责任和学科的任务。这是一个必须的担当。

其二，基础资料的整理出版和数据库建设正在加快进行。徽州文书和谱牒目前已发现了80多万份（部），尽管到目前为止得到整理的仅十分之一左右，但这项工程的进度正在加快。拿整理后的影印出版来说，据笔者掌握的情况，此文写作时已出版和已交稿给了出版社即将出版的有21部共计244册，其中在20世纪之前出版的仅《徽州千年契约文书》1部40册，有《徽州合同文书汇编》11册、《徽州民间珍稀文献集成》30册及《徽州文书》第六辑与第七辑、《徽州谱牒》第一辑和第二辑等8部100册是在

2017年至2020年出版的。与此同时，有关徽州文书的数据库建设也在进行，上海交通大学每年都要整理出几千份文书以录入数据库；从2017年以后，广西师范大学出版社一直与笔者合作，开发建设徽州文书与谱牒数据库。这项工程的开展所产生的影响是很大的，拿已经出版的《徽州文书》来说，《徽州文书》的第一至第三辑的30卷获得2009—2010年度安徽省政府优秀社会科学成果一等奖；《徽州文书》第四辑10卷和第五辑10卷分别获得2011年度、2015年度全国优秀古籍图书二等奖；在由中国科学文献计量评价研究中心研制的《中国高被引图书年报》（2016版）中，《徽州文书》名列"中国高被引图书各学科TOP3名单（1949—2009年高被引图书）"。基础资料的加快整理与公布，是要让更多的人掌握到更多的第一手资料，带来的必然是徽学多学科研究价值的全面展开。

其三，国际化的学术交流正在升温。如2017年5月，安徽大学徽学研究中心、中国社会科学院历史研究所清史室、上海社会科学院历史所等主办了"文化传承发展与徽学研究"国际学术研讨会，有来自日本、韩国及中国大陆的学者百余位参加；2018年6月，安徽大学欧盟研究中心、法国驻上海总领事馆教育处等主办了首届"'徽州文化'对话'法语文化'国际论坛"，共有60余位国内外的专家学者参加；2018年10月，安徽大学徽学研究中心、中国社会科学院徽学研究中心、黄山市社会科学联合会主办了"徽学与中国传统文化"国际学术研讨会，共有来自英国、法国、日本、韩国等国家100多位专家学者参加等。

其三，徽学的研究服务于现实社会与文化发展的功能正在加强。以往的徽学研究，重在史学研究，现实关照不够；其成果一般停留在学术领域，为现实社会与文化发展服务不够。这种情况在2017年以后正在发生改变。2017年7月，安徽大学主办了"徽州'记住乡愁'村核心价值观培育与实践研讨会"，会上，安徽大学徽学研究中心还分别与休宁县万安镇、祁门县渚口乡渚口村、绩溪县瀛洲镇仁里村、黟县宏村镇屏山村、歙县许村签署了"安徽大学徽学研究中心与'记住乡愁'村促进'两创'发展合作协议"；2017年11月，光明日报社、中国人民大学和黄山市委与市政府在黄山市共同举办了"文化徽州高峰对话",主题是"乡贤、乡土、乡愁——乡村文化振兴的'徽州探索'";在安徽省社科联组织的"三项课题"研究之"应用对策研究"活动中,属于徽学研究成果转化的成果从2016年以后每年递增,并获得奖项。

综合评估,笔者的结论是:从2017年之后,徽学的研究开始预热升温,呈现出活跃,基础资料的整理出版和数据库建设正在加快进行,学术上的多学科研究和现实服务上的智库作用已开始展开,正要迈入一个新的发展阶段,前景光明。

四、结语

2017年10月,习近平总书记在十九大报告中指出:"经过长期努力,中国特色社会主义进入了新时代,这是我国发展新的历史方位。"徽州传统文化遗存的开发正是在新时代获得机遇、得到快速发展、进入新发展阶段的。徽州传统文化的本质是以儒家文化为核心的中国乡村民间文化,研究和探讨徽州传统文化遗存在新时代的开发路径及产业培育问题,既具有地域性的价值,也具有普遍性的示范意义。

国学研究的徽学担当

马克思主义的中国化、中国传统文化的现代化以及它们两者之间如何实现一体化，这是当今时代的重大课题。对第一个问题的研究，中国人民和中国共产党人已经有了近一个世纪的探索，理论上和实践上都有重大发展，取得了举世瞩目的成就；对第二个问题的研究，虽然早在20世纪二三十年代就已经开始，显著成果是"新儒学"的研究，真正的破题还是近些年的事情；而对第三个问题的研究，目前还只是刚刚提出。实际上，马克思主义中国化命题的意义和实践之所指是中国的社会与文化，而源远流长、博大精深的中国传统文化至今还在深刻影响着中国人，内禀于当下中国的社会与文化之中。因此，马克思主义中国化的真正实现要深刻依赖于中国传统文化的现代化，两者是内在相依的共存，由之直接导致如何实现一体化。适逢当今时代的哲学社会科学工作者，应该自觉担当，开展相关研究。

中国传统文化始终存在一个如何实现自身的现代化以及如何内在契合马克思主义哲学的问题，对此，就需要我们对中国传统文化进行重新审视和有针对性的判断。基于唯物辩证法和唯物史观的立场、观点与方法，客观认真地考察中国传统文化史和中国传统文化研究史，我们就可以发现：对中国传统文化我们确实还存在重新认识的问题，对中国传统文化的研究还存在诸多具有补课性质的再研究空间。依照笔者之所见，至少以下两个方面就该予以重视：

第一，重视对"群众"的研究。马克思主义的唯物史观认为人民群众是社会历史发展的主体，是历史的创造者，也是实现社会变革与发展的决定性力量。中国传统文化是整个民族文化的大集合体，其内容博大精深，涉及社会的方方面面，包括各个阶层。但纵观我们对中国传统文化的既有研究，却多是对仕宦文化、精英文化的研究，很少触及下层民众，较少问及平民布衣。中国的文史典籍浩如烟海，其数量之大、质量之高、历时之长、持续性之强，是世界上其他任何民族或国家不可比拟的。二十四史，主要是关于帝王将相的历史，是有关国家层面、统治政权层面、上层社会层面的历史，即使是方志、野史、逸文、杂记、笔记、小说等，也很少问及民间和老百姓的事情，平民布衣阶层所占的地位和分量总是不高。诸如一些出自平民布衣的科技发明与文化创造等充其量归为"方技"类。即使有些正直文人、学富五车的彦儒、文士记述了一些下层社会的事件，也总难免受中国传统价值观念的内在影响而不自地存有偏见，或囿于一叶障目。于是反映中国农村基层社会与文化的资料甚少，且多有选择和文饰，由之直接导致了人们在利用这些历史文献资料进行各项研究时，淡落了"人民群众"，对民众的生产、生活、社会交往、精神意识、文化习俗等的实态缺乏全面、具体的把握。这是我们在研究上的一大缺憾，应该予以弥补。

第二，重视对实践的研究。马克思主义哲学的核心观点是实践的观点。正如马克思所指出的，全部社会生活在本质上是实践的。凡是把理论引向神秘主义的神秘东西，都能在人的实践中以及对这种实践的理解中得到合理的解决。中国传统文化也非常重视"知与行"的关系，这是中国哲学史上一对古老的范畴，从春秋战国一直争论到近代。中国历史上有许多关于重视"行"的论述，但我们对中国传统文化的研究却还是过多地注重了关于"知"的言论而或缺了"行"的实践。这里仅举两点。其一，在国家政治制度与政策的研究方面。过去我们注重制度和政策本身的叙述及制定过程的研究，而缺乏对践行情况的把握。宋代以来，中国出现多次"改革"，但北宋仁宗庆历年间的"庆历新政"推行一年四个月就失败了，北宋神宗熙宁年间的王安石变法推行不到十年也告终等。究其原因有很多，但缺乏合理的操作性、政策执行不力等践行性因素应该是最主要的，而恰是在这个方面我们的研究还不够。明代万历年间，张居正的变法尽管绝大部分也失败了，但针对中国封建社会赋役制度改革的"一条鞭法"却取得了长效推行，清代康熙以后发展为"摊丁入亩"制度，之后一直影响到民国。这可算作变法的成功事例。但"一条鞭法"和"摊丁入亩"在中国的乡村究竟是如何实施的？它们践行的实态情况如何？我们目前的研究都有所欠缺。其二，在传统伦理的研究方面。中国是个伦理大国，也是个农业大国，研究中国伦理应该重点把握中国乡村社会的伦理。但过去我们的研究多是在阐发和宣讲伦理规范与范畴，停留在畅谈伦理要求的层面，殊不知伦理的要求与伦理的实践并非一回事。伦理要求是伦理的期盼和呼唤，它是抽象的、理念性的，而伦理实践则是伦理要求的具体展开和体现，它是具体的、操作性的。中国传统社会的伦理主导是儒家所倡导的伦理，它作为普遍的伦理要求，在具体下沉的过程中要转化为一个个的具体实践，在下沉到乡村社会时会带有一定的乡土性，而再具体到每一个村民的身上又要体现出行为的实在性以及个体行为的多样复杂性。研究中国伦理不仅要研究中国伦理的要求，更要研究中国伦理的实践，而后者恰是我们欠缺的。

重视"群众"和"实践"的实质就是要重视社会基础本身，关注社会发展在各个时代的历史实态，对传统的农业大国来说，重点就是要重视研究中国的乡村社会，关注传统中国的农村、农业与农民的具体情况。只有对中国乡村社会本身在各个历史时期存在与发展的真实情况全面、系统、准确地把握了，我们探讨中国传统文化的现代化才会落到实处，保证我们的文化归位于时代的发展与社会的本身。这是一个时代的课题，是我们哲学社会科学工作者必须完成的任务。也许有人会说，这里存在一个悖论：要研究，就要有可供研究的资料与路径，而中国传统文化所遗存的文献资料鲜有关于乡村平民的完整资料，那么我们的研究如何实现？对此，笔者以为，这是一个过时的看法。

中国历史文献的概念不能仅仅是传统的经、史、子、集，而是要包括更广，大凡谱牒、碑刻、文书等皆在其中。中国历史文化研究的资料也不应仅限于纸质、绢质等文献资料，还要包括更多，如物质文化遗产、非物质文化遗产、口碑资料、风俗民情、传统村落和街区的综合文化等。其中民间和地方文书档案资料显得更为重要。文书档案是人们在实际的生产、生活及社会交往过程中形成的原始记录，它具有唯一性和真实性特征，近几十年来在中国许多地方都有发现。其中具有一定规模的就有徽州文书、贵州清水江文书、清顺天府宝坻县档案、东北和内蒙古地区土地文书、明清山东曲阜孔府档案、清江苏商业文书和太湖厅档案、明清浙江严州府土地文书、明清福建契约文书、清四川南部县衙档案、清四川自贡盐业档案、清云南武定彝族那氏土司档案、江西鄱阳湖文书、珠江三角洲土地文书、清香港土地文书、清台湾淡新档案等。这些民间文书档案及各种乡土文化遗产都根植于乡村民间，直接反映了中国乡村社会与文化的实态。这也应该是国学研究不可或缺的另一面，为我们进行中国乡村的综合实态研究提供了可能与路径，藉此可弥补"群众"和"实践"问题既有研究上的不足。

拿徽州的情况来说。徽州介于万山丛中，历史上少有战祸，人文荟萃，文风昌盛，教育发达，素有"东南邹鲁""文物之海"之誉称，加上徽州人由于宗族观念强、文化素质较高，对文物、文化的保护、保存意识极强，方法也极多且极有效，即使"文化大革命"期间，也有许多历史文物资料留存下来。在物质文化遗产方面，仅黄山市境内的古代地面文物如古牌坊、古祠堂、古民居、古桥、古塔等就留存5000多处，其中黟县的西递、宏村是世界文化遗产，有20处为国家级重点文物保护单位；在非物质文化遗产方面，仅黄山市登记立项的就有2000项，其中徽剧、万安罗盘制作技艺等17项为国家级非物质文化遗产；在文献资料遗存方面，《中国家谱联合目录》著录的徽州家谱有700余部，而据笔者的调查，目前已发现但尚未著录的至少有1000多部，散藏于民间的至少还有1000—2000部；特别是徽州文书的大量保留和发现，更称得上是世界一大奇迹，至今已发现近百万份，被誉为20世纪继甲骨文、汉晋简帛、敦煌文书、明清大内档案发现之后中国历史文化上的第五大发现。

这些徽州文书内容丰富、种类繁多，所涉内容近乎包括了徽州的政治、经济、文化、社会生活、民间交往及习俗、信仰等各个方面，所涉种类几乎包括了中国传统社会后期农村社会与文化的发展所应形成和产生的文书种类的绝大部分；时间跨度大，已知文书原件最早的是中国社会科学院历史研究所收藏的《淳祐二年休宁李思聪等卖田、山赤契》，较晚的为《公元一九八八年元月吴金立卖房间厨房契》，时间跨度达746年；内容连续系统，有很强的归户性，往往一户的文书就达几百份甚至上千份，时间跨度达百年甚至六七百年。关于徽州文书的研究价值，美国学者约瑟夫·麦克德谟特在《徽州原始资料——研究中华帝国后期社会与经济史的关键》一文中指出，徽州文书是研究中国封建后期社会史和经济史不可或缺的关键资料。日本学者臼井佐知子在《徽州文书与徽州研究》一文中指出，包括徽州文书在内的庞大资料的存在，使得对以往分别研究的各种课题做综合性研究成为可能，这些课题如土地所有关系、商工业、宗族和家族、地域社会、国家权力和地方行政系统、社会地位和阶级以及思想、文化等。这些资料是延至民国时期的连续不断的资料，给我们提供了考察前近代社会和近代社会连续不断的中国社会的特征及其变化的重要线索。

附 录

徽州的历史沿革与区划

一、石器时代

1.新洲遗址：位于歙县北郊一公里处，1984年9月发现，1986年5月试掘。出土新石器时代的器物有：蚌形单面磨刀砍砸器、长方形带孔石刀、半月形石质挂饰、石磷、石凿、石砧、刮削器、柳叶形无铤镞、断面菱形短铤镞、断面三角形短铤镞、石网坠、陶网坠、鱼尾形鼎足、鸭嘴形鼎足、斧形鼎足、鬲足、高圈足杯、敛口扁腹平底罐、粗细高座豆杷、牛鼻耳、玉璜残件等石器、陶器等。陶器多有刻划纹、蓝纹、堆纹、弦纹、绳纹等。

2.下冯塘遗址：位于歙县富碣镇冯塘村，出土旧石器时代器物有砍砸器、尖状器、盘状器、船形器、刻镌器、石矛等，新石器时代器物有石斧、半石形挂饰、柳叶形石镞、石磷、石凿、刮削器、雕刻器及陶器残件等。

3.桐子山遗址：位于徽州区朱坊农场，1988年春发现，出土新石器时代器物有石斧、石磷、石凿、石镞、刮削器、石网坠及各种陶鼎足、陶器口沿、器壁、陶钫轮。鼎足有刻划纹和点戳纹、器壁上有绳纹。遗址内还有印纹硬陶，纹饰多为方格纹、席纹等。

4.胡家村遗址：又名庵顶上遗址，位于绩溪县长安镇胡家村北，1955

年1月发现，出土新石器时代器物有有孔石斧、石镖、石凿、石镞、陶轮及各种红、灰色印纹陶片82件。陶片的印纹有席纹、回纹、蓝纹、云雷纹、几何纹。另在镇头乡附近又发掘有属同期的水楂山遗址（镇头乡中屯村）和社屋上遗址（上庄乡瑞川村），出土有石镞、双孔石刀、单孔石斧及陶片等。

5.方家园遗址：位于绩溪华阳镇方家园村头，1981年发现，出土新石器时代器物有石斧、石镞、石凿、石磲等。

6.龟山遗址：位于绩溪县瀛洲镇仁里村南，1972年发现，出土新石器时代器物有石斧等各种石器、采陶、骨片等。

7.横冈遗址：位于黟县碧阳镇黄冈村古岭坡地上，1980年发现，挖掘出新石器时代器物有石镞数枚及各种红、灰陶片等。

二、传说时代

传说时代的亚洲东部大陆分布着三个部落，即华夏部落，发祥于黄土高原，后沿黄河东进，散布于中国的中部及北部的部分地区，即仰韶文化、河南龙山文化分布区，有黄帝族和炎帝族两支；东夷部落，在今山东，河南东南和安徽中部一带，即大汶口文化、山东龙山文化、青莲岗文化江北类型分布区，有太少皞氏、蚩尤等；苗蛮部落，在今湖北、湖南、江西一带，即大溪文化、屈家岭文化分布区，向东延伸有河姆渡文化，良渚文化，有伏羲、女娲、三苗、祝融氏，可析分为五族，即苗、越、濮、羌、藏。

徽州属苗蛮部落，为其越一族。

后三大部落争斗，华夏族与东夷、苗族融合，其中苗蛮族最后是被华夏族的禹征服的。

三、夏、商、周

1.善山商周遗址：位于婺源县中云镇善山，1981年发掘，出土有西周早期制作的兽面纹青铜鼎、商周陶器、原始瓷残片、陶纹轮、石镞、石网坠、骨针等。

2.王封商周遗址：位于婺源县镇头镇王封村，1983年发掘，出土有商周遗物印纹陶征、石斧、石凿等。

3.屯溪西郊西周墓葬群：位于屯溪西郊飞机场附近，1959年3月开始发掘，现已发掘7座土墩墓，时间跨度从西周初年至春秋，出土文物有陶器、釉陶器、青铜器、玉器、漆皮等，有陶纺轮、孟、豆、尊、碗、盘、钵、瓿、簋、罐及水器和乐器等，许多有刻划符号，硬陶上多为几何印纹，一只尊内底有铭刻文"闭父乙"。

徽州此时属越族人之地，当属古越一族国，其国名曰"闭"。

四、春秋战国

无明确建置，唯有归属：

1.春秋属吴国；

2.吴亡（前473年）属越国；

3.越灭（前306年）属楚国。

徽州此时乃为越族人之地，当为相对独立的越人小族国"闭"。

五、秦朝、楚汉

1.前221年左右始设黟县、歙县，归会稽郡。

从此，徽州境内始有建置。

2.约前206年楚汉之际，黟、歙归鄣郡。

六、汉朝

1.汉初期，黟、歙两县曾有几次分别归属荆国、吴国、江都国的变动，在汉武帝元狩二年（前121年）归丹阳郡。

2.汉成帝鸿嘉二年（前19年），立刘云客为广德王，黟县属广德王国，歙县仍属丹阳郡。

3.王莽始建国元年（9年），黟、歙复归丹阳郡。

4.汉献帝建安十三年（208年），东吴孙权部将贺齐平定歙县金奇、毛甘及黟县陈仆、祖山所率的山越人暴乱后，为加强统治，析分歙县东部为始新县（今淳安）、南部为新定县、西部为黎阳县和休阳县，并黟县、歙县共6县，设新都郡，隶属扬州。吴永安元年（258年），休阳县因讳吴主孙休，改为海阳县。

从此，"新都"为徽州旧称。

从此，休宁县得地。

七、魏晋南北朝

1.晋武帝太康元年（280年），晋灭吴，新都郡更名新安郡，郡治在始新县，仍属扬州，其属下的新定县改为遂安县，海阳县改为海宁县，余不变。

从此，"新安"为徽州的另称。

2.南朝宋孝武帝大明八年（464年），黎阳县并入海宁县。

八、隋朝

1.隋文帝开皇九年（589年），全国取消郡，以州代之，新安郡改为歙州，治所海宁，领海宁县、黟县、歙县。

从此，"歙州"为徽州旧称；

从此，始新、遂安不归徽州。

2.隋开皇十八年（598年），改海宁曰休宁。

从此，休宁县得名。

九、唐朝

1.唐高祖武德四年（621年），歙州改治所歙县，设歙州总管府。

从此，歙县成为徽州的政治中心。

2.唐高宗永徽五年（654年），镇压青溪陈硕真起义后，为加强统治，析歙县东部置北野县（后改绩溪县），歙州领县歙县、黟县、休宁县、北野县。

从此，绩溪县得地。

3.唐玄宗开元二十八年（740年），析休宁县部分和饶州的鄱阳县怀金乡增置婺源县。歙州辖县王，归属江南道。

婺源县由此始。

4.唐代宗永泰二年（766年），为镇压方清起义，析歙县、休宁县两县地，增置归德县；合黟县赤山镇及饶州浮梁地，增置祁门县；改北野县为绩溪县。歙州辖县七，归属宣歙池观察使。

祁门县由此始。

从此，绩溪县得名。

5.唐大历四年（769年），归德县并入休宁。歙州辖县六，归属宣歙池观察使。

从此，徽州六邑出，并一直保持稳定。

笔者按：隋唐期间，歙州与新安郡曾多次州郡互更，然称歙州时间最长。

隋期间，徽州一直隶属扬州；唐期间，或归属江南道，或归属宣歙池观察使，或归属浙江观察使等。

十、五代十国

1. 919年，歙州归吴。

2. 971年，歙州归南唐。

十一、宋朝

宋徽宗宣和三年（1121年），平定方腊起义后，改歙州为徽州，治所歙县，乃辖县六，隶属江南路。

从此，徽州得名，以后基本未改。

附：各县区划设置

歙县：设16乡、80里。

黟县：设4乡、20里。

婺源：无考。

祁门：设7乡、23里。

休宁：设11乡、60里。

绩溪：设10乡、25里。

十二、元朝

1. 元世祖至元十四年（1277年），升徽州为徽州路，乃辖县六，隶属江浙等处行中书省。

2. 元成宗元贞元年（1295年）婺源升为州，余不变，徽州路辖一州五县。

3. 元至正十七年（1357年），改徽州路为兴安府，余不变。

4.元至正二十七年（1367年），朱元璋改兴安府为徽州府，余不变。

附：各县区划设置

歙县：承宋置，设16乡、80里。

黟县：无考。

婺源：无考。

祁门：设6乡、22里。

休宁：承宋置，设11乡、60里。

绩溪：设10乡、15里。

十三、明朝

明洪武二年（1369年），婺源州降为县，余不变，徽州府仍辖县六。

明代徽州或隶属中书省、中央六部，或隶属南京，后隶属浙江按察司。

附：各县区划设置

歙县：设16乡、37都。

黟县：设4乡、12都。

婺源：明初设6乡、50都，洪武二十四年后渐归并为40都。

弘治《徽州府志》卷一《地理一·厢隅乡都·婺源县》记载："原有十五都、二十都、二十六都、二十九都、三十二都、三十七都、四十都、四十四都、四十八都分并入各都。"

笔者按：弘治《徽州府志》在此段文字前，有"洪武二十四年后渐归并为四十都"，当归并10个都，然上述所记仅为9个都，少记"二十二都"。

祁门：设6乡、22都。

弘治《徽州府志》卷一《地理一·厢隅乡都·祁门县》记载：明

初"置六乡，并三、四都为一都，析十为东西都，仍计二十二都。"

笔者按：祁门从此有三四都、十东都、十西都。

休宁：设12乡、33都。

绩溪：设7乡、15都。

十四、清朝

清朝沿明制，唯隶属有动。

1.清世祖顺治二年（1445年），徽州府辖县六，隶属江南省左布政使司。

2.清圣祖康熙六年七月十二日（1667年8月30日），清政府撤江南省分置安徽省、江苏省，改原江南省左布政使为安徽布政使，省名取安庆府和徽州府的首次合成，简称皖，徽州隶属之。

从此，徽州归属安徽，至今。

附：各县区划设置

歙县：承明置，设16乡、37都。

黟县：承明置，设4乡、12都。

婺源：承明置，设6乡、40都。

祁门：承明置，设6乡、22都。

休宁：承明置，设12乡、33都。

绩溪：设3乡、15都。

十五、民国

1.民国元年（1912年）废徽州府，但仍保留所辖六县，直属安徽省；民国二十年（1931年）设"首席县长制"，徽州首席县长驻歙县。

2.民国二十一年十月（1932年10月），徽州设安徽省第十行政督察区，治所休宁。

3.民国二十三年七月（1934年7月），婺源县划归江西省。

此为婺源第一次出徽州。

4.民国二十九年八月（1940年8月），安徽省设第七行政督察区，辖休宁县、黟县、祁门县、歙县、绩溪县。

5.民国三十六年六月（1947年6月），婺源县回归徽州。

笔者按：民国期间各县下属区划名称几多反复变动，内部调整反复也频。

十六、1949年以后

（一）徽州所辖市县变更情况

1.1949年5月，徽州全境解放，成立徽州专区，原休宁县的重镇屯溪设为市，婺源划归江西省。徽州辖6县1市，为绩溪、旌德、歙县、休宁、黟县、祁门和屯溪市。

此为屯溪第一次设置为市。此后几十年，屯溪曾在市与镇之间几经更变，1953年至1958年还一度升为安徽省直属或省辖市。

此为旌德第一次归属徽州。

此为婺源第二次出徽州，至今。

2.1952年2月，太平、石埭、宁国县三县划归徽州专区。徽州辖9县1市，为绩溪、旌德、歙县、休宁、黟县、祁门、太平、石埭、宁国和屯溪市。

此为太平、石埭、宁国第一次归属徽州。

3.1959年，旌德并入绩溪县，黟县并入祁门县，石埭县并入太平县，屯溪交由休宁县领导。徽州辖县6，为绩溪、歙县、休宁、祁门、太平、宁国。

4.1961年，旌德、黟县复置，8月屯溪市复出。徽州辖8县1市，为绩溪、旌德、歙县、休宁、黟县、祁门、太平、宁国和屯溪市。

5.1965年8月，从太平县划出原石埭县区域和贵池县部分地区设石台县，属池州专区；屯溪已降为镇，归属休宁。徽州辖8县，为绩溪、旌德、歙县、休宁、黟县、祁门、太平、宁国。

此为石台县正式成立。

6.1974年，太平县划归池州地区。徽州辖7县，为绩溪、旌德、歙县、休宁、黟县、祁门、宁国。

7.1975年，屯溪复设为市，徽州辖7县1市，为绩溪、旌德、歙县、休宁、黟县、祁门、宁国和屯溪市。

8.1980年，宁国县划归宣城地区，太平、石台划归徽州地区。徽州辖8县1市，为绩溪、旌德、歙县、休宁、黟县、祁门、太平、石台和屯溪市。

此为石台第一次归属徽州。

9.1983年12月，撤消太平县，划歙县黄山人民公社、石台县广阳公社和太平县所辖区域建立黄山市（县级），直属安徽省。徽州辖7县1市，为绩溪、旌德、歙县、休宁、黟县、祁门、石台和屯溪市。

10.1986年黄山市改由徽州地区代管。徽州辖市7县2市，为绩溪、旌德、歙县、休宁、黟县、祁门、石台、屯溪市和黄山市。

11.1987年11月，国务院发出《关于安徽省调整徽州地区行政区划的批复》，撤消徽州地区建制，设立地级黄山市；撤消屯溪市，改设屯溪区；撤消县级黄山市，改设黄山区；划石台县归属池州地区；划绩溪、旌德2县归属宣城地区；析歙县下属的岩寺镇和罗田、潜口、呈坎、洽舍、杨村、富溪乡成立徽州区。

此为绩溪第一次出徽州，至今。

此为徽州区正式成立，至今。

12.1988年4月，地级黄山市正式成立，辖屯溪区、徽州区、黄山区、歙县、休宁县、黟县、祁门县。

(二)徽州六县的区域变动情况

1. 歙县。

（1）1949年10月，璜尖乡划归休宁。

（2）1952年，上源、茶源乡划归绩溪县；同年，黄口村划归屯溪市；同年，旃田、呈田划归休宁县。

（3）1955年12月，坦头、大源两乡划归绩溪县。

（4）1956年元月，溪头乡的溪东、洪塘、盈坑、汪村和竦口乡的江村、环村划归绩溪县；同年4月，金坑乡划归绩溪县；同年11月，休宁县白际乡的结竹营划归本县，本县旃田乡的湖驾划归休宁。

（5）1964年3月，休宁县柿树岭生产队划归本县。

（6）1984年元月，黄山乡（含黄山风景区）共154平方公里范围，划归县级黄山市（原太平县）。

　　笔者按：1952年屯溪市的草市村曾划归歙县，1973年复归。

2. 绩溪县。

（1）1952年，七区（磡头）泽民行政村的安竹坞、玉石磡划归宁国县；同年12月，三区蜀马乡的油麻尖、西坑乡的蓬川村划归旌德县。

（2）1954年8月，旌德县的社屋坑村划归绩溪，绩溪的唐川村划归旌德。

（3）1956年1月，歙县的坦头乡、大源乡共有24个自然村划归绩溪，归属后，合并为大源乡；歙县竦口乡的江村、环村划归绩溪，为江村环村；歙县溪头乡的溪东、洪塘、盈坑、汪村划归绩溪。

（4）1956年1月，宁国县的金沙乡共51个自然村划归绩溪，面积为53平方公里。改属后，磡头乡的上坞、中坞、下坞和胡家乡的兵坑划入金沙乡。

笔者按：绩溪的区划在1949年以前一直稳定，仅靠浙江界的荆州地域因绩溪与昌化两县人插花居住，民国时曾一度两县分管，至民国二十年五月，由行政院裁定划归绩溪。

3.休宁。

（1）1949年4月30日，本县的屯溪镇设置为市。

笔者按：之后几十年，屯溪又曾多次复归休宁。

（2）1949年10月，婺源县的浙东乡划归休宁。

笔者按：休宁花桥（后划入溪口镇）、板桥二乡。

（3）1952年3月，白际乡的结竹营自然村划归歙县；同年10月，本县商山乡的傍霞自然村、榆村乡兖山渠自然村划归屯溪市，歙县旃田乡湖架自然村划归休宁。

（4）1958年3月，临溪区的扎源乡划归浙江省遂安县（今淳安县）。

4.黟县。

（1）1950年，石台县的柯村乡、美溪乡和太平县的宏潭乡划归黟县。

（2）1959年4月18日—1961年4月5日，黟县曾并入祁门县。

5.祁门县。

（1）1956年，江西省浮梁县蟠溪乡的良禾仓、珠琳两村划归祁门。

（2）1959年，石台县安凌公社划归祁门，面积187平方公里。

6.婺源县。

（1）1949年5月，浙东乡的10个自然村共670户和裔官乡的回岭背村划归休宁县。

（2）1954年11月，虹川乡的周坑、回家坑两个自然村共66户划归乐平县，隶属沿沟乡。